普通高等院校创新创业教育系列丛书

设计思维
创新创业原理与实务
（第2版）

主　编　吴晓义
副主编　陈　静　李春燕　彭　华　唐志旭

清华大学出版社
北京

内 容 简 介

本书立足新时代对创新创业的现实需求，以设计思维的操作流程为主线，从创新创业概述、创业者与创业团队、创业机会与创业风险、同理心与市场调查、问题界定与项目选择、创意激发与商业模式、原型制作与用户测试、创业资源与创业融资、创业计划与创业管理等方面，对创新创业的原理与实务进行了深入浅出的讲述和理实结合的呈现。以上内容既覆盖了教育部"创业基础"教学大纲规定的全部内容，又体现了国内外创新创业教育研究的最新进展。本书的突出特点是：注重通识性创新创业知识学习与参加创新创业大赛等课外活动结合，具有较强的时代性和可操作性，提供了丰富的线上学习资源和线下实践训练。

本书既可作为高校创新创业通识必修课教材，也可供大学生创业者、社会创业者学习和参考使用。

本书封面贴有清华大学出版社防伪标签，无标签者不得销售。
版权所有，侵权必究。举报：010-62782989，beiqinquan@tup.tsinghua.edu.cn。

图书在版编目(CIP)数据

设计思维：创新创业原理与实务/吴晓义主编. —2版. —北京：清华大学出版社，2023.9
普通高等院校创新创业教育系列丛书
ISBN 978-7-302-64476-7

I. ①设… II. ①吴… III. ①产品开发—高等学校—教材 IV. ①F273.2

中国国家版本馆 CIP 数据核字(2023)第 147574 号

责任编辑：王　定
封面设计：周晓亮
版式设计：孔祥峰
责任校对：马遥遥
责任印制：杨　艳

出版发行：清华大学出版社
　　　　　网　　址：http://www.tup.com.cn，http://www.wqbook.com
　　　　　地　　址：北京清华大学学研大厦 A 座　　邮　编：100084
　　　　　社 总 机：010-83470000　　邮　购：010-62786544
　　　　　投稿与读者服务：010-62776969，c-service@tup.tsinghua.edu.cn
　　　　　质 量 反 馈：010-62772015，zhiliang@tup.tsinghua.edu.cn
印 装 者：三河市少明印务有限公司
经　　销：全国新华书店
开　　本：185mm×260mm　　印　张：18.5　　字　数：462 千字
版　　次：2020 年 9 月第 1 版　2023 年 9 月第 2 版　印　次：2023 年 9 月第 1 次印刷
定　　价：59.80 元

产品编号：101821-01

前　言

根据党的二十大报告精神和《教育部办公厅关于印发<普通本科学校创业教育教学基本要求(试行)>的通知》(教高厅〔2012〕4号)、《国务院办公厅关于深化高等学校创新创业教育改革的实施意见》(国办发〔2015〕36号)、《国务院关于推动创新创业高质量发展 打造"双创"升级版的意见》(国发〔2018〕32号)和《国务院办公厅关于进一步支持大学生创新创业的指导意见》(国办发〔2021〕35号)等文件的要求，以及全国各高校开展创新创业教育工作的实际需要，清华大学出版社召集国内创新创业教育专家和一线教师，对高校创新创业通识教育教材——《设计思维：创新创业原理与实务》进行了全面修订。

当前我国正处在经济转型升级的关键时期，经济结构调整和产业转型升级都需要大量创新创业人才。为此，我国政府不但提出了"大众创业、万众创新"，而且对高等学校如何开展创新创业教育做出了明确规定，提出了具体要求。但是，由于受办学思想、教师队伍和教学条件等因素制约，我国大多数高校在创新创业课程开设、创新创业活动组织和创新创业实践训练等方面都与国家的要求有较大距离，一些高校在创新创业教育方面甚至出现了形式主义、面子工程和弄虚作假等问题。

在这种背景下，如果有一本教材在满足高校创新创业通识必修课教学需求的同时，能够把创新创业竞赛等活动的组织实施，以及创新创业实践训练整合起来，必将受到全国各高校的普遍欢迎。因此，我们以培养党的二十大提出的全面建成社会主义现代化强国所需要的创新创业人才为出发点，在体例设计上打破了传统的教材结构，以"三全育人"和备战中国国际"互联网+"大学生创新创业大赛为主线，实现了课程知识内容与创业计划编制各个环节的有机结合。

本书的定位是高校创新创业通识教育教材，没有专业和年级的限制，既可以作为高校创新创业通识必修课教材，也可以作为暂无条件开设线下创新创业通识必修课高校的通识选修课、慕课教材。本书以设计思维的操作流程为主线，对创新创业的原理与实务进行了深入浅出的讲述和理实结合的呈现。全书共有9章，各章节的划分和内容选择既满足了教育部提出的"创业基础"课程教学要求，又体现了新时期培养社会主义建设者和接班人的课程思政要求。

为充分调动学生学习的积极性、主动性和创造性，不断提高教师的教学质量和教学水平，我们在体例设计上为每章内容设置了本章目标、问题与情境、扩展阅读、案例分析、本章小结、网络情境训练、真实情境训练和创业竞赛指导等栏目，增加了许多有助于学生自主学习和实践体验的元素，形成了有别于传统教材的鲜明特色。

- 本章目标：每章开始设置"本章目标"，让学生了解本章的学习要求，从而增强学生学习的目的性和有效性。本章目标的制定，不但体现了教育部"创业基础"教学大纲的要求，而且充分考虑了教学内容内在的逻辑结构，以及学生学习的心理规律。

- 问题与情境：每章设置"问题与情境"的目的在于引出主题，带出关键知识点，建立所学知识与创业实践的联系。因此，在每章的"问题与情境"之后还配有思考题，引导学生结合所学案例来理解本章所要探讨的主要问题。
- 扩展阅读：每章均设置"扩展阅读"，结合所讲内容进行延伸介绍。学生可扫描书中的二维码阅读相关内容，提高自己的阅读量。
- 案例分析：在"创新创业基础"课程教学中，教师面临的最大困难是难以找到恰当的案例和缺乏案例分析能力。因此，我们在编写过程中将"案例分析"作为重点内容进行展示。每个章节都有与所学关键知识点相吻合的"案例分析"，以帮助学生理解所学知识。
- 本章小结：每章均设置"本章小结"，对章节内容进行概括总结，让学生系统地回顾所学内容，了解本章重点和难点。
- 网络情境训练：每章设置"网络情境训练"的目的在于引导学生充分利用网络资源进行学习。学习内容主要包括以下四个方面：一是在线观看视频资料，在仿真情境中学习；二是在网上进行测评、测验和交互式学习；三是在网上搜集资料，进行研究性学习；四是在网上进行仿真创业实践。
- 真实情境训练：每章设置"真实情境训练"的目的主要是引导学生走出去、做起来，切身体验课堂上所学知识的产生情境和应用领域。"真实情境训练"的主要方法有角色扮演、创业人物访谈和创业能力训练等。它与创业实践的区别是侧重体验和训练，由学生独立完成。
- 创业竞赛指导：每章设置"创业竞赛指导"的目的在于引导学生将课程学习与备战中国国际"互联网+"大学生创新创业大赛有机结合起来。这部分既有竞赛指导，又有参赛体会和备赛任务。根据"创业竞赛指导"的引领，学生在完成本书的学习任务后，就可完成创业计划书的撰写和项目路演的准备工作了。

"创新创业基础"是一门理论性和实践性很强的课程，尽管教育部对这门课程提出了统一的要求，但各高校还应根据自己所在地区、不同专业的实际情况，创造性地开展本校的"创新创业基础"课程教学。因此，我们不仅希望上述教学资源能够为大家的教学工作提供一定的帮助，更希望大家在此基础上创造性地开发出具有自己特色的课程。

本书由吴晓义统筹规划，吴晓义、陈静、李春燕、彭华、唐志旭负责内容选择和体例设计，吴晓义、陈静、李春燕组织协调编写工作。其中，第1章由吴晓义编写，第2章由陈静、吴格、简国明编写，第3章由吴晓义、秦印、曹小臻编写，第4章由吴晓义、杜今锋、何小姬编写，第5章由李春燕、吴晓义、陈伟、刘鑫编写，第6章由彭华、吴晓义、何小姬、李文胜编写，第7章由吴晓义编写，第8章由吴格、余永龙、许文健编写，第9章由唐志旭、吴晓义、林娜辉编写。书稿完成后，由吴晓义、吴格、李春燕负责统稿，李春燕、吴格、杜今锋负责课后训练的收集和整理，吴晓义、李春燕、吴格、杜今锋、林娜辉负责后期的技术处理和最后审定。

本书是广东省高等教育教学研究和改革项目"教育信息技术与课堂革命：场景化课堂建设的行动研究"，以及广东省高等教育学会和广东培正学院课程思政建设项目的阶段性成果。本书的编写得到了广东培正学院、广州理工学院、广东理工学院、广州工商学院、广州城市理工学院等高校的大力支持。清华大学出版社更是为本书的编辑、出版付出了大量心血。在此，我对大家的支持和辛勤付出表示衷心的感谢！在编写过程中，我们参考、借鉴和引用了许多专家、

前言

学者和培训机构的研究成果，在此一并表示感谢！

由于时间较为仓促，加之编者水平有限，书中不当之处敬请读者批评、指正，以便我们进一步修改完善。

本书免费提供如下教学资源，读者可扫描二维码获取。

"创新创业基础"　　"创新创业基础"　　"创新创业基础"　　"创新创业基础"　　"创新创业基础"
　　课程简介　　　　　教学大纲　　　　　教学进度表　　　　　课件　　　　　　　在线学习

吴晓义

2023 年 6 月

目　　录

第1章　创新创业概述 ··· 1
　　【本章目标】·· 1
　　【问题与情境】··· 1
　1.1　大众创业与万众创新 ··· 2
　　1.1.1　如何理解创新··· 2
　　1.1.2　如何理解创业··· 3
　　1.1.3　时代呼唤大众创业与万众创新 ···· 4
　　【扩展阅读】·· 5
　　【案例分析】·· 6
　1.2　创业精神与人生发展 ··· 8
　　1.2.1　创业精神的概念··· 8
　　1.2.2　创业精神与个人发展 ······································· 8
　　1.2.3　创业精神与社会进步 ······································· 9
　　【扩展阅读】·· 10
　　【案例分析】·· 10
　1.3　设计思维与人生设计 ··· 14
　　1.3.1　像设计师一样思考 ··· 15
　　1.3.2　设计思维的基本原则 ····································· 17
　　1.3.3　设计思维的操作程序 ····································· 18
　　1.3.4　基于设计思维的人生设计 ····························· 21
　　【扩展阅读】·· 22
　　【案例分析】·· 23
　　【本章小结】·· 25
　　【网络情境训练】·· 25
　　【真实情境训练】·· 27
　　【创业竞赛指导】·· 28

第2章　创业者与创业团队 ··· 30
　　【本章目标】·· 30
　　【问题与情境】·· 30

　2.1　什么样的人能成为创业者 ··································· 31
　　2.1.1　创业者的概念与人格特征 ····························· 31
　　2.1.2　创业者的知识与能力结构 ····························· 32
　　2.1.3　创业动机与创业者分类 ································· 34
　　【扩展阅读】·· 35
　　【案例分析】·· 35
　2.2　创业团队组建 ·· 38
　　2.2.1　创业团队的组建要素 ····································· 38
　　2.2.2　创业团队的组建程序 ····································· 40
　　2.2.3　创业团队的组建原则 ····································· 41
　　【扩展阅读】·· 42
　　【案例分析】·· 42
　2.3　创业团队管理 ·· 45
　　2.3.1　打造共同愿景··· 45
　　2.3.2　明确权力分配··· 45
　　2.3.3　建立管理规则··· 46
　　2.3.4　健全运行机制··· 46
　　【扩展阅读】·· 47
　　【案例分析】·· 47
　　【本章小结】·· 50
　　【网络情境训练】·· 50
　　【真实情境训练】·· 52
　　【创业竞赛指导】·· 53

第3章　创业机会与创业风险 ···································· 56
　　【本章目标】·· 56
　　【问题与情境】·· 56
　3.1　创业机会 ·· 57
　　3.1.1　创业机会的来源··· 57
　　3.1.2　创业机会的识别··· 58

设计思维：
创新创业原理与实务(第2版)

   3.1.3 创业机会的评价·················59
  【扩展阅读】···························62
  【案例分析】···························62
 3.2 创业思维·····························63
   3.2.1 创业思维的主要特征···········64
   3.2.2 创业思维的基本原则···········65
   3.2.3 创业思维与管理思维···········66
  【扩展阅读】···························67
  【案例分析】···························67
 3.3 创业风险·····························70
   3.3.1 创业风险的特征···············70
   3.3.2 创业风险的分类···············71
   3.3.3 创业风险的管理···············71
  【扩展阅读】···························72
  【案例分析】···························73
  【本章小结】···························77
  【网络情境训练】·······················77
  【真实情境训练】·······················79
  【创业竞赛指导】·······················81

第4章 同理心与市场调查···············85
  【本章目标】···························85
  【问题与情境】·························85
 4.1 同理心：设计思维的起点···············86
   4.1.1 同理心概述···················87
   4.1.2 同理心解析···················88
   4.1.3 同理心修炼···················90
  【扩展阅读】···························91
  【案例分析】···························91
 4.2 基于同理心的市场调查···············93
   4.2.1 市场调查准备·················93
   4.2.2 同理心观察···················95
   4.2.3 同理心访谈···················97
  【扩展阅读】···························99
  【案例分析】···························99
 4.3 基于同理心的市场分析···············102
   4.3.1 宏观环境分析·················102
   4.3.2 行业发展分析·················103
   4.3.3 目标市场分析·················105

  【扩展阅读】···························107
  【案例分析】···························107
  【本章小结】···························110
  【网络情境训练】·······················111
  【真实情境训练】·······················112
  【创业竞赛指导】·······················114

第5章 问题界定与项目选择···············117
  【本章目标】···························117
  【问题与情境】·························117
 5.1 问题界定·····························118
   5.1.1 问题发现与问题梳理···········118
   5.1.2 问题界定与问题分析···········119
   5.1.3 问题重构与问题呈现···········120
  【扩展阅读】···························122
  【案例分析】···························122
 5.2 需求分析·····························127
   5.2.1 需求分析框架·················127
   5.2.2 需求分析工具·················129
   5.2.3 需求分析策略·················132
  【扩展阅读】···························134
  【案例分析】···························134
 5.3 项目选择·····························137
   5.3.1 市场需求测算·················138
   5.3.2 项目选择流程·················140
   5.3.3 项目选择原则·················140
   5.3.4 项目选择模型·················141
  【扩展阅读】···························141
  【案例分析】···························141
  【本章小结】···························145
  【网络情境训练】·······················145
  【真实情境训练】·······················147
  【创业竞赛指导】·······················149

第6章 创意激发与商业模式···············151
  【本章目标】···························151
  【问题与情境】·························151
 6.1 创意激发·····························152
   6.1.1 如何理解创意·················152
   6.1.2 个体创意激发·················153

　　　　6.1.3　群体创意激发·············155
　　　　【扩展阅读】·················157
　　　　【案例分析】·················157
　6.2　商业模式概述·················158
　　　　6.2.1　商业模式的定义·············159
　　　　6.2.2　商业模式的本质·············159
　　　　6.2.3　商业模式的结构·············160
　　　　【扩展阅读】·················163
　　　　【案例分析】·················163
　6.3　商业模式解析·················165
　　　　6.3.1　客户中心模式·············165
　　　　6.3.2　多边平台模式·············166
　　　　6.3.3　开放共享模式·············167
　　　　【扩展阅读】·················168
　　　　【案例分析】·················168
　6.4　商业模式设计·················173
　　　　6.4.1　商业模式设计思路···········173
　　　　6.4.2　商业模式设计程序···········173
　　　　6.4.3　商业模式检验标准···········174
　　　　【扩展阅读】·················175
　　　　【案例分析】·················175
　　　　【本章小结】·················178
　　　　【网络情境训练】···············178
　　　　【真实情境训练】···············180
　　　　【创业竞赛指导】···············182

第7章　原型制作与用户测试·············184
　　　　【本章目标】·················184
　　　　【问题与情境】················184
　7.1　快速原型·····················185
　　　　7.1.1　原型概述···············185
　　　　7.1.2　原型设计···············187
　　　　7.1.3　原型制作···············188
　　　　【扩展阅读】·················190
　　　　【案例分析】·················190
　7.2　用户测试·····················192
　　　　7.2.1　用户测试概述·············193
　　　　7.2.2　用户测试流程·············194
　　　　7.2.3　用户测试要领·············195

　　　　【扩展阅读】·················196
　　　　【案例分析】·················196
　7.3　产品开发·····················199
　　　　7.3.1　精益理念···············199
　　　　7.3.2　MVP 开发···············201
　　　　7.3.3　产品迭代···············203
　　　　【扩展阅读】·················205
　　　　【案例分析】·················206
　　　　【本章小结】·················208
　　　　【网络情境训练】···············209
　　　　【真实情境训练】···············210
　　　　【创业竞赛指导】···············212

第8章　创业资源与创业融资·············215
　　　　【本章目标】·················215
　　　　【问题与情境】················215
　8.1　创业资源·····················216
　　　　8.1.1　创业资源概述·············216
　　　　8.1.2　创业资源获取·············218
　　　　8.1.3　创业资源整合·············218
　　　　【扩展阅读】·················219
　　　　【案例分析】·················219
　8.2　创业拼凑·····················222
　　　　8.2.1　创业拼凑的界定···········222
　　　　8.2.2　创业拼凑的意义···········223
　　　　8.2.3　创业拼凑的策略···········223
　　　　【扩展阅读】·················224
　　　　【案例分析】·················224
　8.3　创业融资·····················225
　　　　8.3.1　创业融资准备·············225
　　　　8.3.2　创业融资渠道·············226
　　　　8.3.3　创业融资策略·············228
　　　　【扩展阅读】·················230
　　　　【案例分析】·················230
　　　　【本章小结】·················231
　　　　【网络情境训练】···············232
　　　　【真实情境训练】···············233
　　　　【创业竞赛指导】···············234

第9章　创业计划与创业管理·············237

【本章目标】……237
【问题与情境】……237
9.1 创业计划……238
　9.1.1 创业计划概述……238
　9.1.2 创业计划解析……240
　9.1.3 创业计划撰写与展示……243
　【扩展阅读】……245
　【案例分析】……246
9.2 新企业创建……250
　9.2.1 新企业的组织形式……250
　9.2.2 新企业的注册登记……251
　9.2.3 新企业的组织架构……252
　【扩展阅读】……254
　【案例分析】……254
9.3 新企业管理……257
　9.3.1 新企业管理的特殊性……258
　9.3.2 新企业营销管理……259
　9.3.3 新企业财务管理……260
　【扩展阅读】……263
　【案例分析】……263
9.4 新企业成长……265
　9.4.1 企业的生命周期……266
　9.4.2 新企业成长面临的挑战……267
　9.4.3 新企业成长管理……268
　【扩展阅读】……269
　【案例分析】……269
【本章小结】……272
【网络情境训练】……273
【真实情境训练】……275
【创业竞赛指导】……276

参考文献……279

第1章
创新创业概述

本章目标

1. 掌握创新创业的基本概念和主要特征。
2. 掌握设计思维的理念、原则和操作流程。
3. 了解设计思维的形成过程及其在创新创业中的作用。
4. 理解"大众创业、万众创新"的内涵和作用。
5. 理解为什么在VUCA时代"人人都将成为创业者"。
6. 理解创业精神及其在个人和社会发展中的作用。
7. 能够运用设计思维进行人生设计。

问题与情境

小鹏将在2023年率先推出全自动驾驶汽车

在广东省高质量发展大会上,广州小鹏汽车科技有限公司(以下简称小鹏科技)董事长何小鹏表示,2023年小鹏汽车会在中国率先推出全自动驾驶汽车。他说:"我相信高质量发展是中国企业,特别是中国的制造企业,走出中国、走向全球的必由之路。新的一年,小鹏汽车继续探索智能和科技,引领未来出行的变革,为广东省智能制造的高质量发展继续添砖加瓦。"

据悉,小鹏汽车2022年累计交付量达120 757辆,同比增长23%。截至2022年12月31日,小鹏汽车自营充电站已累计上线超过1000座,其中超充和480kW超快充站超过800座,目的地站超过200座,贯通全国337座城市,覆盖全国所有地级行政区和直辖市。

其实早在2021年6月10—12日的第十三届中国汽车蓝皮书论坛上,何小鹏就发表了自己对造车行业未来战略、定位、布局等的想法,谈到了智能汽车制造要取得主动权。可见他对智能汽车在未来发展的信心和坚定选择。

在接受媒体采访时,何小鹏说,最初投资小鹏汽车时,并没有想去做,甚至在刚开始加入的时候,前一两个月还在犹豫和思考。他表示,越想就会发现越多事情,发现越多事情就越会想它的依赖关系,又会发现更多事情。

比如,汽车的电机、电池、充电、安全、销售、营销、品牌等是一个复杂的系统,一环扣一环,和以前的互联网企业完全不同。直到后来对造车的憧憬,对智能汽车、新出行的了解,以及对让国产汽车品牌走进全球的追求,才让何小鹏一点一点坚定了加入智能汽车行业的信念。何小鹏还决定要花至少 10 年的精力放在造车这件事情上,对信任自己的人负责。

对于原来通过代码在虚拟世界里打造产品,并且已经带着 UC 优视科技有限公司从 2G 时代跨入 4G 时代,被阿里看中,36 岁实现财务自由的何小鹏来说,从虚拟代码转变到现实造车无疑是一个全新而艰难的挑战,这个转变是大的。他的选择,将他身上的创业精神、战略思维和机遇把握能力展现得淋漓尽致。

(资料来源:作者参考相关资料编写)

思考题:
1. 你是否认同何小鹏的事业选择?
2. 如何面对当今世界的复杂性和不确定性?
3. 人工智能将对人类社会产生哪些影响?
4. 本案例对你有哪些启示?

1.1 大众创业与万众创新

"大众创业、万众创新"出自 2014 年 9 月夏季达沃斯论坛上李克强总理的讲话,李克强提出,要在 960 万平方千米的土地上掀起"大众创业""草根创业"的新浪潮,形成"万众创新""人人创新"的新势态。2015 年 6 月,《国务院关于大力推进大众创业万众创新若干政策措施的意见》(国发〔2015〕32 号),从 9 个领域、30 个方面明确了 96 条政策措施,要求全方位、有针对性地推进"大众创业、万众创新"。那么,如何理解创新和创业,为什么要倡导"大众创业、万众创新"呢?

1.1.1 如何理解创新

创新是一个舶来的概念,其英文对应词 innovation 起源于拉丁语,有三层含义:第一,更新;第二,创造新的东西;第三,改变。有关创新的学术研究始于美籍奥地利政治经济学家、哈佛大学教授约瑟夫·阿洛伊斯·熊彼特(Joseph Alois Schumpeter),他在 1912 年出版的学术著作《经济发展理论》中首次提出了"创新理论"和"创造性破坏"的概念,进而得出了"经济发展是创新的结果"的著名论断。

在《经济发展理论》这部著作中,熊彼特将创新的概念界定为:所谓创新就是建立一种新的生产函数,即把一种生产要素和生产条件的"新组合"引入生产体系,它包括五种形式:开发新产品,引进新技术,开辟新市场,发掘新的原材料来源,实现新的组织形式和管理模式。

熊彼特认为,尽管生产中投入的资本和劳动力数量的变化能够导致经济生活的变化,但这并不是唯一的经济变化;还有另一种经济变化,即从体系内部发生的,能够引发生产方式变化的变化,这种变化就是"创新"。

在熊彼特看来,创新是一种"革命性"变化。他曾做过一个形象的比喻:不管你把多大数量的驿路马车或邮车连续相加,也决不能得到一条铁路。铁路的出现是经由创新实现的,而创新是一种"革命性"变化,它具有突发性和间断性的特点。

熊彼特发现,并不是驿路马车的所有者去建铁路,恰恰相反,铁路的建设意味着对驿路马车的否定。因此,在竞争性的经济生活中,"新组合"意味着通过竞争去消灭旧组织,尽管消灭的方式不同。

熊彼特把"新组合"的实现称为"企业",那么以实现这种"新组合"为职业的人便是企业家。在他看来,企业家是促进经济发展最宝贵的资源,企业家的核心职能不是经营或管理,而是引入和执行这种"新组合",即创新。

20世纪60年代以来,有关创新的研究日益丰富。人们不仅从经济学角度提出了技术推动模型、需求拉动模型、相互作用模型、整合模型、系统整合网络模型,而且从哲学、心理学和社会学等不同学科的角度对创新进行了更为广泛、深入的研究,从而使创新概念的外延得到了较大拓展。

例如,社会学视角的研究者对创新概念的界定:创新是指人们为了发展需要,运用已知的信息和条件,突破常规,发现或产生某种新颖、独特的有价值的新事物、新思想的活动。该研究认为创新的本质是突破,即突破旧的思维定式和常规戒律。创新活动的核心是"新",它或者是产品的结构、性能和外部特征的变革,或者是造型设计、内容表现形式和手段的创造,或者是内容的丰富和完善。

再如,企业视角的创新概念界定:企业家抓住市场的潜在盈利机会,以获取商业利益为目标,重新组织生产条件和要素,建立起效能更强、效率更高、费用更低的生产经营方法,从而推出新的产品、新的生产方法,开辟新的市场,获得新的原材料或半成品供给来源或建立企业新的组织,它包括科技、组织、商业和金融等一系列活动的综合过程。

对于创新,我国学者陈劲和郑刚在他们编著的《创新管理(精要版)》一书中给出了一个具有较强的可操作性的定义。他们认为,创新是从新思想(创意)产生、研究、开发、试制、制造到首次商业化的全过程,是将远见、知识和冒险精神转化为财富的能力,特别是将科技知识与商业知识有效结合并转化为价值。广义上说,一切创造新的商业价值或社会价值的活动都可以被称为创新。

具体而言,在创新启动时既要有问题导向,又要有战略性前瞻思考,以明确创新的战略方向;在创新过程中,要与组织的成员以及用户、合作企业、大学、投资者等利益相关者保持密切的互动;在创新心态方面,要有极大的勇气和自由探索精神,勇于承担风险,以积极的态度正确看待失败;在创新绩效方面,要高度关注商业价值的实现,但也要注重创新成果对社会发展和环境保护的贡献。

1.1.2 如何理解创业

提起创业,许多人首先想到的是创办企业,自己当老板,这其实是对创业概念的狭义理解。而在"大众创业、万众创新"中的创业则是广义的创业。教育部颁布的"创业基础"教学大纲对它的界定是:不拘泥于当前的资源约束,寻求机会,进行价值创造的行为过程。该定义包括以下四个方面的内容。

(1) 创业是一个创造新事物的过程。 创业创造出某种有价值的新事物,这种新事物必须是有价值的,不仅对创业者本身是有价值的,而且对其开发的目标对象也是有价值的。

(2) 创业需要消耗大量时间和付出极大的努力。 创造新的、有价值的事物是一个艰巨的、复杂的过程，不花大量时间，付出极大的努力是不可能成功的。

(3) 创业必须承担一定的风险。 创业是一个充满不确定性的过程，在这个过程中，创业者可能会遇到各种各样的风险，必须具备承担风险的勇气和能力。

(4) 创业是一个实现价值增值的过程。 创业成功会丰富社会的产品或服务，推动社会进步；同时，会使创业者获得一定的物质方面和精神方面的回报。

广义的创业概念突破了传统的狭义创业概念的束缚，其外延覆盖了所有整合资源进行价值创造的活动。按照这种广义的创业概念界定，企业创办者、企业内创业者、个体劳动者、自由职业者、项目合作者等以各种身份从事价值创造的人，都可以称为创业者。在"创业基础"课教学中，虽然会涉及狭义的创业问题，但在大多数情况下，探讨的都是广义的创业。

创业是一项艰苦的事业，也是一个复杂的系统。创业需要很多前提、条件、资源和要素。"创业教育之父"杰弗里·蒂蒙斯(Jeffry Timmons)在长期研究的基础上提出了创业要素模型——蒂蒙斯模型。蒂蒙斯模型在创业领域有着深远的影响，对深入理解创业的概念和本质具有重要的启发和借鉴作用。

首先，该模型简洁明了，提炼出了创业的关键要素：机会、创业者及其创业团队、资源。这三个要素是任何创业活动都不可缺少的。没有机会，创业活动就成了盲目的行动，根本谈不上创造价值；机会普遍存在，没有创业者及其创业团队识别和开发机会，创业活动也不可能发生；合适的创业者把握住合适的机会，还需要有资源，没有资源，机会就无法被开发和利用。

其次，该模型突出了要素之间匹配的思想，这对创业来说十分重要。蒂蒙斯认为，在创业活动中，不论是机会还是团队，抑或是资源，都没有好差之分，重要的是匹配和平衡。这里说的匹配，既包括机会与创业者之间的匹配，也包括机会与资源之间的匹配，机会、创业者、资源之间的平衡和协调是创业成功的基本保证。蒂蒙斯说的这些道理虽然很简单，但对创业活动而言却非常重要，而且要真正做到，也不是一件很容易的事情。

最后，该模型具有动态特征。创业的三要素不是静止不变的。随着创业的展开，其重点也会相应地发生变化。创业过程实际上是创业的三个要素相互作用，由不平衡向平衡方向发展的过程。成功的创业活动不但要将机会、创业者及其创业团队、资源三者做出最适当的搭配，而且要使其在事业发展过程中始终处于动态平衡的状态。

1.1.3　时代呼唤大众创业与万众创新

《国务院关于大力推进大众创业万众创新若干政策措施的意见》(国发〔2015〕32号)指出：推进大众创业、万众创新，是发展的动力之源，也是富民之道、公平之计、强国之策，对于推动经济结构调整、打造发展新引擎、增强发展新动力、走创新驱动发展道路具有重要意义，是稳增长、扩就业、激发亿万群众智慧和创造力、促进社会纵向流动、公平正义的重大举措。

今天的中国和世界已经进入了VUCA时代。VUCA是volatility(易变性)、uncertainty(不确定性)、complexity(复杂性)和ambiguity(模糊性)4个英文单词的缩写，它源于20世纪90年代的美国军方，概括了当今世界——后互联网时代商业世界的基本特征。

VUCA时代是一个知识在经济社会发展中占主导地位的时代，其基本特征是知识型企业大量出现，并在经济活动中起着越来越重要的作用，运用所学专业知识创业已经成为这一时代创业者的突出特征。

在 VUCA 时代，人类的社会生活、产业的组织形式、企业的组织与运行方式都发生了巨大变化。正如著名管理学家德鲁克所言，目前世界经济已由管理型经济转变为创业型经济。在这种背景下，谁都无法依赖他人生活，人人都将成为创业者。

VUCA 时代下的中国正处在经济转型升级的关键时期，经济结构的调整和产业的转型升级都需要大量创新创业人才。"大众创业、万众创新"正是对经济转型升级所提出的各种客观要求的及时回应。

首先，推进"大众创业、万众创新"是培育和催生经济社会发展新动力的必然选择。随着我国资源环境约束日益强化，要素的规模驱动力逐步减弱，传统的高投入、高消耗、粗放式发展方式难以为继，经济发展进入新常态，需要从要素驱动、投资驱动转向创新驱动。推进"大众创业、万众创新"就是要通过结构性改革、体制机制创新，消除不利于创新创业发展的各种制度束缚和桎梏，支持各类市场主体不断开办新企业、开发新产品、开拓新市场，培育新兴产业，形成小企业"铺天盖地"、大企业"顶天立地"的发展格局，实现创新驱动发展，打造新引擎，形成新动力。

其次，推进"大众创业、万众创新"是扩大就业、实现富民之道的根本举措。我国有14亿多人口、9亿多劳动力，每年高校毕业生、农村转移劳动力、城镇困难人员、退役军人数量较大，人力资源转化为人力资本的潜力巨大，但就业总量压力较大，结构性矛盾突出。推进"大众创业，万众创新"就是要通过转变政府职能、建设服务型政府，营造公平竞争的创业环境，使有梦想、有意愿、有能力的科技人员、高校毕业生、农民工、退役军人、失业人员等各类市场创业主体"如鱼得水"，通过创业增加收入，让更多的人富起来，促进收入分配结构调整，实现创新支持创业、创业带动就业的良性互动发展。

最后，推进"大众创业、万众创新"是激发全社会创新潜能和创业活力的有效途径。目前，我国创新创业理念还没有深入人心，创业教育培训体系还不健全，善于创造、勇于创业的能力不足，鼓励创新、宽容失败的良好环境尚未形成。推进"大众创业、万众创新"就是要通过加强全社会以创新为核心的创业教育，弘扬"敢为人先、追求创新、百折不挠"的创业精神，厚植创新文化，不断增强创新创业意识，提高创新创业能力，使创新创业成为全社会共同的价值追求和行为习惯。

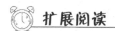

扩展阅读

扩展阅读 1-1
设计思维：右脑时代
必备创新思考力

扩展阅读 1-2
颠覆式创新：移动互
联网时代的生存法则

扩展阅读 1-3
创新十型

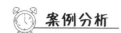 **案例分析**

逆势增长的海尔集团2023年创业再出发

2023年1月9日,海尔集团(以下简称海尔)召开2022年工作总结表彰大会暨第八届职工代表大会第四次会议。会上,海尔董事局副主席、总裁梁海山发布"海尔集团2022年度创新成果",海尔董事局主席、首席执行官周云杰做了题为"创业,再出发"的演讲。

业绩稳中有升 逆势增长

2022年,海尔全球营业收入3506亿元,增长5.4%,生态收入450亿元,增长16.3%,全球利润总额252亿元,增长3.7%。面对反复的疫情和复杂严峻的环境,海尔锚定"世界一流企业"目标,稳中有进,逆势增长。这是新一届董事会交出的首份答卷,展示出企业强大的发展韧性。

梁海山表示,海尔已经连续14年蝉联全球大型家电第一品牌,同时作为全球唯一物联网生态品牌,连续4年入选最具价值全球品牌百强,其旗下子公司海尔智家连续5年入选《财富》世界500强,雷神科技作为海尔孵化的第一批创业小微企业成功登陆北交所……一个全球化企业引领的发展图景跃然纸上,令人振奋!

以创新彰显价值,以赋能提质增效,这是海尔持续创新的重要路径。创业38年以来,海尔始终将创新根植于基因之中,持续聚焦科技创新。数据显示,2022年,海尔集团所获中国专利金奖增至11项,海外发明专利超1.6万件,均为行业第一;实现气悬浮压机、零嵌冰箱、航空集装箱等原创技术重大突破,国际领先技术鉴定累计264项,位居行业第一。其引领的创新科技,创新着用户体验,为企业发展注入了不竭动力。

做强生态价值,赋能生态伙伴,是海尔生态品牌战略发展成果的集中体现。这也意味着其创新成果不只关注自身发展,更谋求生态价值的最大化。数据显示,"卡奥斯"链接企业90万家,服务企业8万多家,"工赋青岛"2022年赋能企业4500多家,新增产值300多亿元。"海创汇"构建赋能中小企业"专精特新"发展的创业生态,服务中小企业4000多家,孵化出7家上市公司、120家专精特新"小巨人"企业。

生态品牌战略驱动创业生态建设

其实,在2019年海尔创业35周年暨企业文化发布仪式上,海尔董事局主席、首席执行官张瑞敏,海尔前董事局副主席、总裁杨绵绵,海尔集团前董事局副主席武克松作为联合创始人,就共同宣布了海尔进入第六个战略阶段。张瑞敏还对海尔全新战略——"生态品牌战略"进行了详细解读。这标志着海尔正式开启了第六个战略阶段,并向着物联网生态的方向全面迈进。正如张瑞敏所说:"产品会被场景替代,行业会被生态覆盖。"海尔开启的生态品牌战略便是在向传统的商业模式发起的挑战。

自2012年开启"人人创客"时代后,海尔便让员工化身创客,在实现用户价值的同时实现自身价值。从制造产品的企业到孵化创客的平台,海尔正让自己的创业生态圈走向"群星闪耀"的状态。在纪念活动的"创客说"环节,来自不同行业、不同领域的创客分享了自己的创业故事,从微观角度展现了海尔这片"创业雨林"的生生不息。

作为海尔内部孵化出的创客代表，孙传滨说："海尔创业文化深入肌肤，融入血液，刻入骨髓。"在加入海尔的15年中，他完成了从员工到创客的转变。依托海尔衣联网平台与物联网技术，孙传滨与他的云裳物联实现了智能衣物的数字化管理，并联合衣物全产业链资源搭建了衣联生态联盟，为用户提供了"洗护存搭购"的衣物全生命周期解决方案。

上海永慈康复医院副院长成鹏则是被吸引至海尔平台的外部创业者。自2016年进入海尔以来，成鹏和上海永慈康复医院一起进行着物联网转型的探索，并将"人单合一"模式跨行业应用于医疗领域，形成了"医患合一"的以患者为中心的全新管理模式。

来自海尔生物的疫苗网链群主巩燚见证了生物医疗新物种的诞生。疫苗网不仅凭借物联网技术全面革新了传统疫苗接种流程，也通过科学、安全、高效的管理手段重塑着疫苗行业的自信。不仅如此，海尔的创业精神从传统领域到物联网领域，不断诞生"新物种"。

以归零心态创业再出发

沧海横流显砥柱，万山磅礴看主峰。2022年海尔取得了突破性的成绩，但在"世界之变"的时代大背景下，2023年，企业如何在风险中抓住机遇，行稳致远？周云杰给出了答案。

第一，要聚焦，保持战略定力，心无旁骛做主业，持续聚焦智慧住居和产业互联网两大赛道：以海尔智家为载体，实现在物联网智慧住居领域的全球引领；抓住数字经济的新机遇，做优"卡奥斯"工业互联网平台，做深大健康产业、城市治理互联网、汽车产业互联网和新能源产业互联网四个垂直领域。

第二，要稳健，守住风险底线，守住企业发展的压舱石。"任凭风浪起、稳坐钓鱼台。"周云杰在演讲中强调，全体海尔创客要守住现金流、守住质量底线、守住法律法规底线。

第三，要有原动力，让创客制成为企业自我成长的永动机。海尔通过创客制，释放创客活力、激发潜能，让创客成为企业持续发展的主人。2023年，海尔将推进创客制升级，机制完全市场化，也将更利于激励创客持续创业、与事业共进退。

第四，要有根，创建卓越文化，让每个人都具有企业家精神。海尔在传承文化基因的基础上，要培育、创建卓越的企业文化，引领海尔生态生生不息。卓越的企业文化创造强大的凝聚力和引领力，让卓越企业的发展更有力量。

百尺竿头更进步，千仞绝顶再攀登。周云杰表示，展望2023年，依然面临很多挑战，海尔要成为一个"时代的企业"，必须将生态转型、数字化转型和科技自立自强在战略高度进行布局，并以归零心态，创业再出发。

（资料来源：作者根据相关资料改写）

思考题：

1. 如何理解海尔的"生态品牌战略"？
2. 如何理解海尔的"人单合一"模式？
3. 你是否认同海尔将员工转变为创客的改革举措？
4. 海尔员工的创业故事对你有哪些启示？
5. 海尔的创业再出发对你有哪些启示？

1.2 创业精神与人生发展

开展创新创业教育，培养创新创业精神，对当代大学生个人发展具有非常重要的意义。著名管理学家德鲁克曾经指出，世界经济已由管理型经济转变为创业型经济，企业唯有重视创新创业精神，才能再创企业生机。创业精神是从事任何职业的人都需要具备的精神，创业精神中思想观念的开放性、开创性容易让人接受新思想、新事物，形成开放的态度，敢于开风气之先河，从而想他人未曾想，做他人不敢做，成为事业上的领跑者。

1.2.1 创业精神的概念

创业精神的概念最早出现于 18 世纪，其含义一直在不断变化。综合已有的创业精神定义，本书将创业精神界定为：创业精神是创业者在创业过程中的重要行为特征的高度凝结，主要表现为勇于创新、敢当风险、团结合作、坚持不懈等。

创业精神的内涵可以从哲学、心理学和行为学三个层面加以理解。从哲学层面看，创业精神是人们对创业行为在思想上、观念上的理性认识；从心理学层面看，创业精神是人们在创业过程中体现的创业个性和创业意志的心理基础；从行为学层面看，创业精神是人们在创业行为中所表现的创业作风、创业品质的行为模式。

创业精神不但是一种抽象的品质，而且是推动创业者进行创业实践的重要力量。这具体表现在以下三个方面。

(1) 创业精神能让创业者发现别人注意不到的趋势和变化，看到别人看不到的市场前景。

(2) 创业精神能让创业者在新事物、新环境、新技术、新需求、新动向面前具有较强的吸纳力和转化力。

(3) 创业精神能让创业者不断地寻找机会，不断地创新，不断地推出新产品和新的经营方式。

创业精神从本质上说也是一种思维方式的体现。创业者的思维方式不但使他们对新想法持开放态度，具有远见卓识，看到他人看不到的商业创意价值，而且使他们愿意承担经过计算的风险，既能专注于实现目标，又愿意尝试各种新思路、新方法和新工具，具有灵活性、坚忍性和适应性。

1.2.2 创业精神与个人发展

在 VUCA 时代，创业精神是从事任何职业的人都需要具备的精神。创业精神中思想观念的开放性、开创性能让人接受新思想、新事物，形成开放的态度，敢于开风气之先河，从而想他人未曾想、做他人不敢做的事，成为事业上的领跑者。创业精神不是与生俱来的，而是在后天的学习、思考和实践中逐渐形成的。创业精神一经形成，就会对人一生的发展产生重要影响。从某种意义上说，创业精神不仅决定了个人发展的态度，而且决定了个人发展的高度和速度。

作为一个社会人，其生涯发展必然要受到各种社会因素的影响。但是，不同的人由于生涯发展的方向不同，在面临各种各样的发展机遇时，选择也不同。创业精神作为一种思想观念、个性心理特征和行为模式的综合体，必然会对其生涯发展态度具有重要影响。例如，创业精神中的创新精神、拼搏精神、进取精神、合作精神等能使人产生积极的生活态度，在顺境中居安思危、不懈奋进，在逆境中不消沉萎靡，排除万难、励精图治，重新找到生涯发展的方向。有道是"态度决定一切"，在相同的个人禀赋和社会条件下，具有创业精神的人因为有更积极的人生态度，所以更有可能发现和把握机会。创业精神也是一种求真务实的精神，这种精神有助于形成实事求是、讲求实效、实干苦干、反对浮夸和反对空谈的工作态度，让人一心一意干实事，从而更有可能取得事业上的成功。

创业精神是一个人核心素质的集中体现，它不仅决定了一个人在机遇面前的选择，而且决定了一个人的生涯目标和事业追求。具有创业精神的人，无论是创办自己的企业，还是在各种各样的企事业单位就业，都会志存高远、目光远大、心胸宽广。这样的人不但在事业上会取得更大的成绩，在个人品德和修为上也会达到更高的境界。随着国家经济、政治、文化、社会、生态"五位一体"的深入改革，社会结构将发生重大调整，各行各业将在变革中重新达到利益均衡，这既为个人的发展提供了更多的机会，也给其带来了更大的挑战。在这种背景下，大学生如果能够有意识地培养自己的创业精神，让个人理想与社会发展的趋势和节奏相吻合，就有可能使自己事业的发展达到无法想象的高度。但是，大学生如果不去主动规划自己的生涯，一切等着家长、学校和政府安排，一心想找个安稳、清闲的"铁饭碗"，就很可能一辈子也找不到理想的工作，甚至毕业就"失业"。

创业精神是一种主动精神和创造精神，这种精神能让人积极主动、优质、高效地做好自己承担的每一份工作，从而在平凡的岗位上做出不平凡的贡献。实践证明，具有创业精神的人，不管在什么岗位，不管从事什么职业，其强烈的成就动机，追求增长、追求效益的欲望，都将转化为其内心强劲的追求事业成功的动力。在这种动力驱使下，人们会将眼前的工作作为未来事业发展的起点，把握好生命中的每一个机会，做好自己从事的每一项工作。在人类社会的发展史上，许多企业家正是凭借这种精神创造了从白手起家到富可敌国的财富神话；许多科学家、思想家、政治家、教育家和劳动模范也正是凭借这种精神，从一个普通学子成长为举世瞩目的业界精英。当前，我国正处于改革开放的攻坚时期，改革是一条从来没有人走过的路，既不能在"本本"中找到现成的答案，也无法从前人的经验中寻找固有的模式，更不能靠幻想和争论来解决出路问题。在这种背景下，富于创业精神的人会接受更多的挑战，完成更多的任务，取得更大的业绩，因而会得到更快的发展。

1.2.3 创业精神与社会进步

创业精神也是一种实事求是、讲求实效、实干苦干、反对浮夸、反对空谈的精神。科技是第一生产力，但要发挥这一生产力的作用，就要做到两个促进：一是要促进科技成果的产生，二是要促进科技成果快速、顺利地转化为现实的生产能力。倡导创业精神，鼓励更多有创业意愿的人去创业，则是实现上述两个促进的根本性措施。

创业精神对一个国家和地区的经济发展都具有非常大的推动作用。创业精神不但能够催生大批创业者和新企业，而且能够造就快速发展的新行业。事实证明，创业是一个国家经济活力的象征，一个国家的经济越繁荣，它的创业活动就越频繁。

创业是具有重大社会意义的行为，它对一个国家和地区的经济发展具有巨大的推动作用。

创业一方面能够迅速催生大批新企业,另一方面能够造就快速发展的新行业。美国经济学家罗斯托的"经济成长阶段论"把人类社会的发展划分为六个依次更替的成长阶段,每个阶段都有与之相适应的、起主导作用的、带动经济起飞的部门,即主导部门,而企业家正是富有创新精神、不怕冒风险,能够完成主导部门创立的带头人。

企业家的创新、创业活动既是对原有产业结构均衡的创造性破坏,又预示着产业结构演进发展的趋势。例如,20世纪30年代,创业革命不但推动了美国经济的高速发展,而且改变了美国的经济结构。在今天的美国财富中,超过95%是由1980年以后,以比尔·盖茨为代表的"E世代"创造的。小企业承担美国税收总数的54%,鼓励和扶持创业已经成为美国经济发展的动力源泉。

改革开放40多年来,国人的创业激情得到了充分释放。中小企业总数已占全国企业总数的99%以上,它们在繁荣经济、推动创新、扩大出口、增加就业等方面发挥了重要作用。在我国的中小企业中,创业者的学历层次也在逐年提高,越来越多的大学生加入了创业的洪流,成为创办中小企业的主力军。

扩展阅读

扩展阅读 1-4
反直觉思考:斯坦福
大学思维自修课

扩展阅读 1-5
人人都要有
创业者精神

扩展阅读 1-6
拯救生命的
温暖拥抱

案例分析

科大讯飞缔造者的创业历程与企业家精神

2003年年初,科大讯飞正式发布"讯飞2030超脑计划",向"全球人工智能产业领导者"的长期愿景迈进。该计划显示,公司计划在第三阶段(2025—2030年)推出懂知识、会学习的陪伴机器人和自主学习虚拟人家族,全面进入家庭,而新领域的持续有效开拓,无疑为公司未来发展增添了巨大的成长空间和想象空间。

普通家庭走出的"学霸"

1973年出生于安徽省泾县一个普通家庭的刘庆峰,在少年时期就表现出了不凡的数学天分。在那个买东西还需要用票的时代,孩提时期的刘庆峰就已经能够轻松把让大人都头痛的钱、票算得清清楚楚。步入学校之后,他这种天分就表现得更加淋漓尽致了。进入初中之后,在别的同学还在按部就班地学习数学基础知识时,刘庆峰已经开始自学微积分、线性代数、立体几何这样的高等数学了。1985年刘庆峰参加了泾县初中数学、物理竞赛,最终包揽了两个项目的第一,成为实实在在的"学霸"。次年,刘庆峰又以泾县全县第一名的好成绩进入了宣城中学。

步入高中的刘庆峰继续保持着自己的"辉煌"成绩。1990年,刘庆峰因为成绩优异获得了清华大学汽车工程专业的保送资格。然而这样一个令旁人羡慕不已的资格却被刘庆峰毫不犹豫地放弃了，原因是当时他已经有了自己的目标，那就是在那个年代更加难考的中国科学技术大学(以下简称中科大)。事实证明，刘庆峰的选择是有底气的。在放弃了保送资格后，他以高出清华大学录取分数线40多分的好成绩考入了中科大无线电电子学专业。这个专业在当时是一个面向未来、面向数字时代的专业，当时很多人都不知道这个专业究竟是做什么的。刘庆峰也是毫不知情，只是因为"学了电子学，以后就知道怎么修彩电"这样一个质朴的念头而选择了这个专业。

误打误撞进入这个专业之后，刘庆峰难免有些后悔。在那个时代，我国的科研环境和条件都远不如发达国家，而数学系、物理系出国的机会最大，因此刘庆峰进入中科大后就萌生了转到数学系从而出国深造的念头。在群英荟萃的中科大，刘庆峰仍然保持着自己在学习方面的强大优势。在进入中科大的摸底考试中，刘庆峰就拿到了高等数学以及理论物理两科第一。在随后的学习当中，刘庆峰尽管一心想着转系，却获得了光学、数理方程、力学、电磁场等课程的第一名，这为他以后在语音技术方面的研究以及科大讯飞的创办打下了坚实的基础。

在有了堪称"豪华"的成绩之后，刘庆峰的转系出国深造之路看起来即将顺风顺水。然而在这个关键的时刻，一个人的出现改变了刘庆峰的一生，他就是时任中科大电子工程系教授的王仁华。王仁华教授长期从事人机语音通信、数字信号处理、多媒体通信方面的科研和教学工作，是当时国内语音行业的领军人物之一。刘庆峰当时虽然只是一个本科生，但王教授却看到了这个年轻人在语音方面的天分。在得知刘庆峰的出国深造计划之后，王教授并没有苦口婆心地劝导，而是直接带他去了人机语音科技实验室。在看到仅靠计算机就能发出跟人声一样的声音的"神奇"技术后，刘庆峰被震撼到了，他第一次认识到自己所学专业的实用价值，并开始对自己所学专业产生了浓厚的兴趣。

在此之后，刘庆峰就一心跟着王教授从事语音合成领域的研究，成为中科大最早进入实验室的本科生。事实证明，王教授并没有看错人，在进入人机语音通信实验室之后，刘庆峰就表现出惊人的实力。1995年，刘庆峰以优异的成绩被保送中科大通信与电子系统专业的研究生，并成为人机语音通信实验室所承担的国家"863计划"项目"KD系列汉语文语转换系统"的主要负责人。1996年，刘庆峰获得了中国科学院院长特别奖学金，这是中国科学院给予科研工作者的最高奖项。20多年后的现在，对于已经无数荣誉加身的刘庆峰而言，这个奖项仍然是他心中最值得自豪的。

在创新实践中产生的创业念头

1996年对于刘庆峰而言注定是不平凡的一年。除了获得特别奖学金之外，当年的夏季刘庆峰带队参加了"挑战杯"全国大学生课外学术科技作品竞赛。刘庆峰团队设计的语音合成系统是这次大赛参赛作品中唯一达到实用门槛的，也理所当然地获得了一等奖。刘庆峰看到了中国语音合成技术仍存在很大的进步空间，同样，中国的语音行业市场也存在很大的拓展空间。与此同时，刘庆峰在比赛中的优异表现也让各大科技公司开始关注这个来自中科大的小伙子的潜力与价值。

就在这年暑假，华为邀请刘庆峰去深圳优化114语音平台。刘庆峰不负众望，仅仅花了两个月的时间就完成了优化任务并在华为原本研究经费之外额外获得了1万元的奖励。有眼光的远不止华为，时任微软中国副总裁的李开复于1998年7月在中国创建并领导了微软中国研究院，求贤若渴，也对刘庆峰发出了邀请，希望刘庆峰去微软进行为期一个月的研究。面对这种对常人来说难得一遇的机会，刘庆峰却如同当年放弃清华保送资格一样再次选择了放弃，甚至在微软将条件放宽到研究两周时仍然不为所动。原因也正如当年一样，刘庆峰有着自己的目标。

原来，当时IBM(国际商业机器公司)、微软、英特尔、摩托罗拉这些国际大企业面对近乎空白的中国市场都纷纷建立起研究院，大量吸收中国语音专业优秀毕业生，想要尽快抢占市场以备应对将来激烈的竞争。刘庆峰看到了当时国内语音市场的情况，想到国内语音市场将要被这些国际大企业瓜分，抱着"中文语音技术应当由中国人做到全球最好，中文语音产业应当掌握在中国人自己手中"的信念，萌发了创业的念头。

想法是定下来了，但真要去实施还是会有很多困难。首先就是在当时，刘庆峰还在攻读博士学位。一般来说，博士生是需要专心进行研究而无暇去创业的，更何况刘庆峰研究的是如此超前的技术。幸运的是，刘庆峰的导师王教授并非那种完全钻研理论而忽视实用价值的迂腐之人。在听到刘庆峰关于创业的计划之后，王教授不仅表示了同意还伸出了援手，为刘庆峰的创业提供了坚实的后盾。

在有了导师的肯定之后，刘庆峰就开始组建自己的创业团队。正如前面所说，当时的中科大学生大部分还是与刘庆峰原本的想法一样——一心想着出国深造，在科研方面做出更大的成就。另外，语音合成技术在当时还远远不如现在成熟，刘庆峰联系的很多同学本身对于这个技术就不熟悉，更不用说对于市场未来的发展有多少信心了。

对于刘庆峰的想法，同学们都持将信将疑的态度。然而刘庆峰绝非只会埋头学习的"书呆子"，在进入大学之后他就通过出色的演讲能力以及利索的办事风格成为班长，在参与语音合成技术的研究过程中，他也一直担任领头人的角色。这些经历培养出刘庆峰领导者的气质以及演讲的艺术，在他晓之以理动之以情的动员下，以刘庆峰为核心的6个大学生与12个员工，号称"十八罗汉"的创业团队终于建立起来了。

曲折的创业之路

创业初始，刘庆峰虽然有了成为一位优秀领导者的不俗才能，但他毕竟只是一位理工科出身、专注于技术钻研的学术男。而他的创业团队基本上也都是由专业技术人员组成的，因而并没有认识到市场营销的重要性，也没有建立公司的想法，只是想着以创业的方式来专心做技术和产品，在技术方面赶超国际上的大企业。

由于没有建立公司的想法，他们便找上了中国银行福建省分行下的一家企业——福建中银集团合作，由这家企业出钱在中科大建立了一个实验室，全称叫"中国科大中银天音智能多媒体实验室"。刘庆峰担任这个实验室的主任，带着自己的团队投身于技术研究，至于运营、市场推广以及产品上的事情，完全交给了福建中银集团公司。

创业的道路总是艰苦的，当时的刘庆峰团队由于正处于初创期，资金也不是很充足。团队的办公场所就是五里墩立交桥下面一处三室一厅的民居，所有的电脑围成一圈，上面吊一台电扇，夏天大家一边擦汗一边敲键盘。最艰苦的时候，刘庆峰创业团队的成员连显示器出了问题都只能将就着使用，没钱换新的。

辛苦的付出总有收获，刘庆峰团队确实做出了一些令人叫好的产品。然而福建中银集团对市场的把控不够，对刘庆峰团队的产品也不太了解，加上想要尽快收回投资获利，便一个劲地要求刘庆峰团队不断试错，尝试不同方向的产品，今天做这个明天做那个。这么一折腾，刘庆峰团队尽管足够努力，做出的产品却叫好不叫座。

到了1999年春节前后，福建中银集团自身的经营也出现了困难，连实验室员工的工资都拿不出来。难道刚刚建立的团队就要解散了吗？在这个关键时刻，刘庆峰为了稳住军心，不仅当着团队成员的面要表现出胸有成竹、对未来有极大信心的样子，更要背着大家到处打借条借钱给大家发工资。

然而这种方法毕竟只是权宜之计，在得知这种情况后，实验室成员也不想所有人的理想就这样胎死腹中，纷纷要求刘庆峰自己开公司，把命运把握在自己手中。刘庆峰也觉得好不容易聚集起来的"学霸"团队若是这么散了也实在可惜，于是两边一拍即合，于1999年6月建立起了安徽硅谷天音信息科技有限公司，专心回到语音合成的道路上来。

原以为总算可以好好做事业了，然而巨大的基础研究投入让大家再次傻了眼，不到半年好不容易筹集到的300万元资金就花得差不多了。看着刚刚创办的小公司摇摇欲坠，合肥市的领导坐不住了，他们看到了这些小伙子的奋斗之心，经过认真探讨，也认为这些小伙子做的事业确实是有前途的，于是牵线三家国企对刘庆峰团队伸出了援手，投了3060万元的资金，占股51%，却仍保留刘庆峰单个最大股东的地位。

在政府帮助下创业再出发

得到政府帮助的刘庆峰正式开始了自己的创业之路，1999年12月30日，公司改名科大讯飞。2000年电脑开始流行，科大讯飞顺势推出了公司的第一款产品——"畅言2000"。它主要是基于IBM研发的语音识别系统，结合科大讯飞的语音合成技术，产品的功能其实就类似于电脑上的Siri，定价是1000多元。不过理想丰满，现实骨感。这款产品并不能迎合用户的需求，价格在当时也偏高，亏掉了2000多万元。

2001年，刘庆峰和其他20余名公司的先驱者一起来到巢湖半汤温泉，召开了科大讯飞历史上著名的半汤会议。因为"畅言2000"的失利，公司的财务状况很不好，会上就有人提出把公司解散，也有人说可以用科大讯飞的名号和政府的支持靠炒房赚钱，就在大家各抒己见却没有定论的时候，刘庆峰提出基于B端市场的顺利开拓，还是继续做语音。这一决定被记录在科大讯飞的发展历史中。

2004年是科大讯飞遇到的又一个转机的一年，当时教育部领导到科大讯飞考察，提出把科大讯飞的语音识别技术用在普通话考试上，也是从这个时候开始，科大讯飞切入了智能教育行业，并且因此开始赚钱。2005年，国内开始流行彩铃，科大讯飞也抓住了这次机会，首先成为全球语音巨头Nuance的代理，随后开发了一套可以让用户使用语音选择彩铃的系统——"声动炫铃"，之后被联通、电信、移动三大运营商采用。

2005年，科大讯飞研究院正式成立，荣获中国信息产业重大技术发明奖。2006年，科大讯飞获得国际语音合成大赛(Blizzard Challenge)冠军。此后，科大讯飞连续12年参加该比赛并连获冠军，保持了自己在国际语音合成上的领先地位。2007年，科大讯飞营业收入突破2亿元，净利润突破5300万元。

2008年，科大讯飞在深圳证券交易所上市，成为中国第一个由在校大学生创业的上市公司，也是中国语音产业唯一的上市公司。科大讯飞上市初的市值为32亿元，2018年，科大讯飞上市10周年之际，市值已经增长到了原来的24倍。

2019年，科大讯飞入选"中国互联网企业100强""2019福布斯中国最具创新力企业榜"

"2019中国VR(virtual reality，虚拟现实)50强企业""2019中国人工智能企业知识产权竞争力百强榜""2019中国品牌强国盛典榜样100品牌"和 70年70企70人"中国杰出贡献企业"。2022年，科大讯飞入选 "2022中国VR 50强企业""中国最受尊敬企业""全国和谐劳动关系创建示范企业""2022中国创新力企业50强""2022中国数字经济100强""最具价值中国品牌100强"和"2022中国品牌500强"。

科学家般的企业家精神

从风浪当中走来的科大讯飞从一艘摇摇晃晃的小船变成如今的远航巨轮，刘庆峰这位掌舵人的功劳不言而喻。作为一个技术人员出身的领导者，刘庆峰身上有一种令人赞叹的企业家精神。无论是艰苦奋斗期的垫付工资激发斗志，还是"半汤会议"上的毅然决断，抑或是后期高速发展时对于大方向的把控，刘庆峰的卓越领导可以说是科大讯飞能走到今天的决定性因素之一。

更可贵的是，刘庆峰拥有一种科学家般的企业家精神，这种精神体现为敢于试错并能在错误中快速准确地吸取教训，对于企业发展谨慎理性的分析，以及对待自己认为正确的方向，撞破南墙也不回头的决心。正如刘庆峰所言，"如果企业家没有科学家精神，你的判断会不准确；科学家对企业家不了解，就会很难做"。科学家与企业家的结合或许正是一位优秀的领导者应当拥有的特征。

如果说科大讯飞在这么多年的发展当中有什么事情是一直在坚持而从未改变的，那么创新肯定是其中之一。自刘庆峰发出"要么率先燎原，要么最先熄灭"的豪言壮语后，科大讯飞在技术创新上就从未停下过脚步。居高不下的研发投入占比，一次又一次的国际奖项的获得等都表明这家企业在技术上一直处于行业的领先地位。

不仅是技术，在技术的整合方面，科大讯飞在本行业也进行了创新，率先开始产学研合作，将研究机构与高校的技术优势有机结合起来进行商业化，最大化技术的价值，为以后多行业、多企业的产学研之路提供了一盏明灯。

除此之外，科大讯飞还在技术应用以及面向市场方面不断创新。科大讯飞在这些年不断拓宽智能语音的应用领域，如汽车、电信、教育以及司法等，并将To B和To C两个市场同时抓，不仅推出面向企业的产品与服务，也积极满足个人的需求。多方向以及不间断的创新正是科大讯飞不仅能"做得大"，还能"做得久"的秘诀之一。

(资料来源：作者根据相关资料改写)

思考题：
1. 科大讯飞是一家什么性质的企业？
2. 刘庆峰作为企业家，有哪些突出的个人特征？
3. 怎样理解刘庆峰身上的企业家精神？
4. 刘庆峰在创业之初走过哪些弯路？
5. 本案例对你有哪些启示？

1.3 设计思维与人生设计

设计思维(design thinking)是从传统的设计方法论中演变出来的一种思维方式，它是可以让所有人都能掌握和运用的一套创新式解决问题的方法与工具。全球知名设计公司IDEO首席执行官蒂姆•布朗认为，设计思维是"运用设计师的灵感和方法，设计出技术上可行、战略上可取且能满足顾客价值并抓住市场机会的思维方式"。

1.3.1 像设计师一样思考

从蒂姆•布朗对设计思维的解读中可以看出，设计思维作为一种思维方式，被普遍认为具有综合处理能力的性质，它能够理解问题产生的背景，能够催生洞察力及解决方法，能够理性地分析和找出最合适的解决方案。

1. 设计的本质与设计师的思维方式

设计从本质上说不是艺术创作，而是一种思维方式。因为设计关注的是为谁解决问题，以及如何才能够让这个世界变得更美好。正如宝马(BMW)设计指导克里斯•班戈所言：每一个设计作品后面都有一个过程——思维过程。

因此，可以说设计的源头是"对潜在需求的洞察"，设计的产出是"有形的或无形的解决方案"。设计师的思考过程，简单来说就是从"？"到"¥"的过程，也就是从"问题"到"价值产出"的过程(图1-1)。

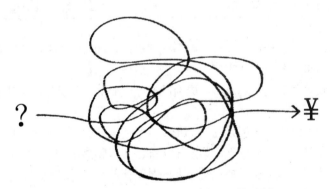

图1-1　从"问题"到"价值产出"的过程

当然，这里的"价值产出"不仅指商业价值，还包括社会价值。另外，在日常生活中，并不是所有的设计都要带来商业价值，它的产出也可能是愉快的体验或使生活变得丰富多彩。一般来说，设计可以分为两种：一种是从无到有的设计，另一种是在原有基础上改良优化的设计。因为人们总有潜在的需求要被满足，所以总会有设计存在。

设计思维与科研的方式有所不同，科研的方式是先确定问题的所有变量，再确定解决方案；而设计思维解决问题的方式是先设定一个解决方案，再确认能够使目标达成的足够多的因素，使通往目标的路径得到优化。因此，在设计思维看来，解决方案实际上是解决问题的起点。

例如，一位客户准备拜访一家建筑公司，在此之前他可能已看过该公司建好的房子。客户手上已经购买了一块"完美"的土地，于是他就可能要求建造一所同样"完美"的房子。设计师需要构思出一个解决方案作为起点，填充许多参数，以便专门针对这位新客户，在原有框架的基础上给出一个新的解决方案。

当然，设计思维不仅仅是告诉我们"什么都可以被设计"这么简单，它作为一套创新式解决问题的方法和工具，开启的是人的价值观和信念。人们通过了解设计师的思维方式，从而更好地处理和解决问题。

2. 设计思维与传统商业思维的区别

从本质上说，设计思维与传统商业思维属于两种不同的思考问题和解决问题的方式。传统商业思维是站在现状的基础上考虑问题，找出将发现的问题解决掉的方案。设计思维是站在客户需求或者潜在需求的基础上考虑问题，找出如何实现客户渴望的解决方案。表1-1给出了设计思维与传统商业思维的主要区别。

表1-1 设计思维与传统商业思维的主要区别

项目	设计思维	传统商业思维
根本假设	主观、感性，事实是人为构建的	理性、客观，事实是不变的、可量化的
方法	通过不断迭代，寻求更好的答案	通过分析找到最好的答案
过程	不断动手做	不断做计划
决策	依靠情感洞察，经验模型	依靠逻辑推理，数学模型
价值观	追求创新，不满足于现状	追求控制、稳定，对不确定性感到不安
聚焦点	在抽象和具象之间来回穿梭	要么抽象，要么具象

传统商业思维属于传统价值链思维，它是在现有产品和服务的基础上，从了解客户对该产品和服务的体验、需求出发，发现客户在使用产品或服务过程中产生的需求、不满、投诉以及问题，进行研发、设计、改进、制作，形成新的产品或服务，再进行营销策划，实现对新产品或服务的改进。

传统商业思维的产品设计一般是在产品形状、颜色上的改变，或者是在某些功能上的加强或增加。这种做法虽然也是一种创新，却属于头痛医头、脚痛医脚的"打补丁"式创新法。这种创新的优点是成本低、风险小，缺点是需要的时间比较长，而且很难产生让人惊叹的、有震撼力的、颠覆性的产品。

设计思维属于创新价值链思维，它是站在客户的角度，以客户为中心考虑问题，从客户日常的活动、行为、习惯、想法、情感和遇到的难点问题出发，来探索和发现客户隐藏的需求，进而寻找新的技术、利用新的方法和采用全新的商业模式，来实现产品或服务的颠覆性创新。

设计思维是当今商业世界中流行的新理念，特别是随着苹果公司和IDEO公司令人瞩目的成就，设计思维已经为许多组织所接受，并被视为更好地应对自身发展与创新带来的日益增长的压力的有力武器。在这些组织中，既有初创企业和中小型科技企业，也有大型公司和一些政府及社会服务机构。

3. 设计思维的主要特征

关于设计思维，特别需要强调的是，它的基本理念是"以人为中心"。"人"在整个设计思维实践中占据最重要的位置。设计的产出不仅要具有商业价值，而且要具有更深层次的社会价值。

以人为中心，意味着把人的利益、尊严放在首位，把大量的注意力放在人的身上；以人为中心，意味着关注人的需求和渴望，以及不同个体的个性差异；以人为中心，意味着对人类共同命运的关心，尊重不同地域、不同文化背景的人的差异。

设计思维与传统商业思维相比，在很多方面都存在着明显的差异。如果说传统商业思维是数据驱动的结构性思维，那么设计思维则是基于用户需求的实践性、本能性思维。作为未来主流的思维方式，设计思维的主要特征如下。

(1) 图像思维。图像思维也称视觉思维，简单地说就是用地图、图解等方式来表达想法、概念、流程及关系等。图像思维的关键是"视觉化"。心理学研究表明，人类大脑 50%以上的信息处理能力都是用来处理视觉信息的。图像表达的好处在于直观、有趣和便于沟通。

(2) 情景思维。情景思维也称场景思维，是一种以场景中的人为思考对象，以交互关系为思考核心的思维方式。情景思维的本质是从用户的真实需求出发，以人为中心的思考。其好处在于：能够更好地理解场景中人的需求；能够突破单一的以物为中心的思维局限，为用户营造更好的体验。

(3) 关联思考。关联思考是指将看似不相关的一组事物、问题或想法关联起来思考的思维方式。常见的关联包括概念之间的关联、事件之间的关联和领域之间的关联。关联思维不但可以解决复杂问题和在不确定的环境中发现机会，而且能够帮助人看到事物内在的关联性，有助于启发新的视角和创造力。

(4) 用手思考。用手思考是一种在做的过程中去探索和发现的思维方式。用手思考具有敢于试错、善借原型和重视反馈等特征。用手思考可以让具体的道具成为思考的跳板，同时能让想法更好地得到检验。另外，把想法具象化的过程可以让人发现更多，不但可以使人看到某些不可行的地方，更有助于激发人更多的灵感。

1.3.2 设计思维的基本原则

设计思维的最大贡献在于它能帮助普通人像设计师一样思考。在设计师眼中，一个好的设计一定是在满足人的需求、商业可持续性和技术可行性三者结合的地方。

1. 满足人的需求原则

满足人的需求是基于设计思维进行项目选择的第一原则。创业者在进行项目选择时，一定要以真实的市场需求为出发点，而不是以自己要做什么为出发点。具有较强专业背景，特别是拥有自己发明专利的人，很容易犯"手里拿着锤子，看什么都是钉子"的错误。

运用设计思维的第一步，不是要思考设计什么，而是要考虑为谁设计，这是一种以终为始的思考方式。根据史蒂夫·乔布斯(Steve Jobs)回忆，iPod 的推出不是来自成堆的 MBA 数据，而是对消费者听音乐体验的理解。

与此形成鲜明对照的是，家用电器制造商伊莱克斯(Electrolux)的管理层根据调查数据判断，欧洲也像美国一样，仅靠几个大型制造商提供几款固定的设计即可。但是，由于欧洲拥有众多文化，它们拒绝接受美国模式，结果伊莱克斯为此付出了昂贵的代价。

把关注点放在人的身上、放在真实客户的需求和期望上来解决问题和提出足以改变世界的创新，这就是以人为中心的设计，也是设计思维的核心思想。以人为中心的设计倡导同理心、合作、乐观和实验精神。

2. 商业可持续性原则

商业可持续性说的是项目的盈利能力。在现实生活中，有许多产品对消费者来说是可有可无的，这类产品在经济形势好时卖得不错，可是一旦经济不景气，就会立刻成为无人问津的赔钱货。有一些靠补贴打市场而最终失败的初创企业，犯的也是这种错误。

例如，苹果牛顿(Apple Newton)是世界上第一款掌上电脑(PDA)，由苹果公司 1993 年开始制造，大约投入了 5 亿美元的研发资金，但是这款便携式数据助理设备在推出伊始就遭遇了彻底失败，1997 年便停止了生产。

RIM(黑莓手机的制造商)公司的迈克·拉扎里迪斯(Mike Lazaridis)说："这款产品没有未来。它解决了什么问题呢？它创造了什么价值呢？没有，它只是一个研究项目而已。你能用它做其他笔记本做不到的什么事情吗？不能。而且，你可以用它做的任何事情，用笔记本来做可能会做得更好。"

亨利·德雷夫斯(Henry Redforth)在 1950 年 11 月的《哈佛商业评论》(*Harvard Business Review*)中写道："需牢记的是，正在做的东西是要乘坐的、对谈的、活动的、操作的，是某种方式下给一个人或一群人用的。当产品在使用过程中使人产生不适时，设计师便失败了。"

3. 技术可行性原则

技术可行性说的是现有技术对项目盈利的支撑程度。在埃隆·马斯克(Elon Musk)接手特斯拉之前，人们早就发明了电动车，但是由于电池成本极高，一直不能成为可以落地的商业项目。直到马斯克找到了降低电池成本的方法，电动车才真正进入市场。

IDEO 公司首席执行官蒂姆·布朗经常说，设计必须考虑技术上的可行性，但遗憾的是，很多设计者对此并没有给予充分的重视。例如，在互联网发展初期，一些软件设计师推断互联网的快速发展会影响消费者的购买形式，于是大力推进网上购物，但由于网络购物的安全性和后台设施不完善，以失败告终。

这样的例子在中国也有很多，如 1999 年以前建立的 B2C(business to customer，企业对消费者)网站，由于没有足够多的消费者在线购物，以及解决不了物流配送和网络支付等问题，基本上都销声匿迹了。直到上述技术问题得到解决，各种类型的电子商务业务才发展起来。

再如，杨澜的阳光文化网络电视，也是因为相关技术的不成熟等以失败告终。这里需要强调的是，技术的可行性不是指能否造出产品，而是指能否支持项目的量产和商业化运作，即能否以市场接受的价格，生产出方便用户使用的产品或服务。

1.3.3　设计思维的操作程序

传统的产品设计思路主要包括以下四个步骤：定义问题、创意激发、快速原型、用户测试。而设计思维强调以人为中心，要求设身处地体验用户需求，所以它就多了一步同理心。其具体操作程序如图 1-2 所示。

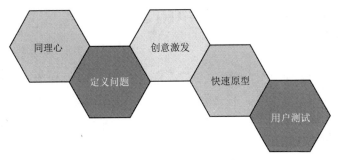

图1-2 设计思维的操作程序

1. 同理心

同理心是设计思维最重要的环节，它是定义和解决问题的基础。同理心的突出特征就是尽一切可能站在利益相关者的角度去思考问题，并以此为出发点去解决问题。这一步包括以下重要方法。

(1) 观察。 观察要求结合被观察者的生活场景去进行，看他做了什么、怎样做的，思考他为什么这样做、目的是什么，他的这个行为的连带效应是什么。在有些情况下，被访谈者不愿说太多关于自己的事情，而观察恰能弥补这一不足。通过观察不但可以看到被访谈者没有说出的事情，而且可能其发现所说出来的与实际行为不一致的事情。

(2) 访谈。 访谈可以进一步了解被访谈者行为背后的动机是什么。一次成功的访谈离不开必要的准备，这就要求访谈者在访谈之前想清楚自己要了解哪些问题，然后将这些问题写下来，并通过归类和系统化形成访谈提纲。另外，访谈者还可以通过与被访谈者邂逅式的接触，进一步了解被访谈者行为背后的真实想法。

(3) 沉浸。 沉浸即通过将自己置身于用户的角色，亲身去体验和细细去体会用户的感受。比如，当为老年人或者行动不便的人士设计产品时，与其花大量时间调查，不如找把轮椅自己坐上去，尝试穿越马路和推开商店的大门。这个过程虽然要花费很长时间，但却是非常必要的，而且往往会有意想不到的收获。

2. 定义问题

定义问题就是清楚地界定自己想干什么。这个步骤的重要产出就是对问题形成一个有意义且可行的表述。

一个完整的问题表述由三个部分组成：利益相关者、需求、洞察。简单地说就是：我们的客户是谁？我们想解决的是什么问题？对于这个我们想解决的问题有哪些已有的假设？有什么相关联的不可控因素？我们要实现的短期目标和长远目标是什么？我们有什么样的价值主张？我们的基本方法是什么？

在了解需求阶段，设计师通过观察、访谈和沉浸等方式，从用户身上直接收集问题，而收集到的问题与设计师真正需要解决的问题并不一定相同，往往存在繁复冗余的情况。因此，设计师需要从庞杂的问题中提取出核心问题，这样才能找到最佳落脚点，才能省力高效地完成任务。

人们在遇到问题时，常常会忽略问题本身而直奔解决方案，结果南辕北辙。学会从用户角度出发，利用"同理心地图"等工具对原始需求进行分析，可以帮助设计师更加清晰地认识到问题的本质，从而找到更准确的切入点来解决问题。

3. 创意激发

创意激发就是通过群策群力，为解决上一步确定的问题产生尽可能多的好想法。它要求运用头脑风暴等方法激发群体创意，然后在此基础上形成具体的解决问题的方案。

创意激发是一个做加法的过程。在这个过程中，先不用考虑哪个想法是最佳的，哪个想法不可能实现。如果想要找到好的解决方案，就一定要拥有大量可供选择的方案，所以这个环节就是在寻找可能性。

在创意激发过程中，有一个非常重要的原则，即"延缓评判"，不但不能对他人的观点做评论，对自己头脑中萌生的想法也不要轻易怀疑和打压，要让想法尽可能地产生和生长，同时，要想办法刺激更多的想法产生。

在创意激发结束后，要从通过集体智慧得到的众多想法中选择 2~3 个进行完善，形成可供下一步参考的问题解决方案。创意激发阶段需要注意以下两点。

(1) 除头脑风暴外，还可以采用思维导图、六项思考帽等方法。
(2) 好的创意往往需要多次创意激发才能获得。

4. 快速原型

快速原型即以较快的速度和较低的成本做出产品原型。它要求将抽象的想法变成人们可以感知的东西，借由它直接与用户沟通并寻求反馈。

快速原型的优势就是能让设计师快速且低成本地试错。任何设计都可能失败，与其高成本失败，还不如低成本失败。制作原型的过程也是一个思考的过程，不断进行试错和完善，会越来越接近最终的解决方案。

原型的形式有很多种，可以是一个实物产品、一个简单的装置、几幅手绘草稿、一个故事板、一段视频等。制作原型的关键是快速，不要花太多时间去思考和寻找材料，身边任何一种材料都可以用来制作原型。

快速原型的关键在于将抽象的想法变成可被感知和测试的东西。在制作原型的过程中，一定要带着如下问题思考：我们想让这个原型看起来是什么样子？我们想与用户有怎样的互动？有时为了找到问题的答案，还可以制作两个相似的原型，只是在某个点上有所不同。

5. 用户测试

用户测试即寻找潜在的用户试用原型。它要求在试用过程中认真观察潜在用户的试用过程和反应，并耐心听取其意见。

测试环节提供了一个很好的机会，让设计师可以更深入地去了解用户，以及利益相关者的反应。这里说的利益相关者包括对这个项目产生影响的人、被这个项目的产出影响的人、对这个项目的成败感兴趣的人等。

用户测试虽然是设计思维的最后一步，但这并不意味着即将成功。在测试之后很有可能需要重新制作原型，然后反复测试、不断迭代；还有可能发现当初的需求点没有找对，需要重新定义问题，于是从定义问题开始进入再循环的过程。

在用户测试阶段，设计师要特别注意，测试不是要证明自己正确，而是要获取真实的反馈信息。测试可以帮助设计师判断设计的可行性，帮助设计师更好地了解用户的需要，但它的前提是：要有一个以用户为中心的心态。

这里需要指出的是，设计思维的上述程序并不总是连续的，它们不需要遵循任何特定的顺序，而是可以并行发生和迭代重复。因此，设计思维的各个步骤应该被理解为对项目有贡献的不同模式，而不是固定不变的顺序和步骤。

1.3.4 基于设计思维的人生设计

设计思维作为一种思维工具和创造性解决问题的方法论，不但能够用于解决产品设计和产品开发问题，而且能够用于职业选择和人生设计。在斯坦福大学，由比尔·博内特(Bill Burnett)和戴夫·伊万斯(Dave Evans)开设的"设计人生"课程就是以设计思维为方法论和工具开发的。

1. 探索人生更多的可能性

关于如何运用设计思维进行人生设计，博内特和伊万斯在斯坦福大学进行了卓有成效的探索。博内特是苹果公司的明星设计师，伊万斯是美国艺电公司联合创始人。他们在担任斯坦福大学设计项目讲师和管理顾问的同时，结合个人生涯经历创办了人生实验室，并开设了在斯坦福大学最受学生欢迎的课程——"设计人生"。

博内特和伊万斯认为，人生并不存在唯一的最优解，人生也不可能被完美规划。正如设计师不会一味思考未来，而是主动去创造未来一样，人们需要通过大胆的尝试找到自己的生活目标，然后集中精力，脚踏实地地苦干，这样才能取得成功。

博内特和伊万斯在"设计人生"课程的基础上，出版了一本在美国非常畅销的书——《设计人生：如何打造美好快乐生活》(*Designing Your Life*：*How to Build a Well-lived, Joyful Life*)。该书中文版于 2017 年由中信出版社出版，书名为《斯坦福大学人生设计课》。书中强调，在人生设计时，特别需要准确识别和正确处理如下两类问题。

(1) 重力问题。 这类问题是无法被改变和解决的问题，如自然规律、大的环境趋势和不具有可操作性的问题等。对于这类问题，首先要学会坦然接受，不要被它们困住，然后去改变自己能改变的东西。

(2) 锚定问题。 这类问题是我们工作和生活中经常会遇到的难题，它们常把人固定在一个地方，让人无法前进。这类问题虽然不会自行消失，但其实是可以解决的，只是由于我们针对问题过早下了结论，并只盯着根本不起作用的解决方案，才无法找到答案。

设计思维的"快速试错和在失败中前进"原则，可以帮助我们解决锚定问题。这一原则要求我们在寻找人生方向时学会重新定义问题，快速地用小而更具创意的解决方案去试错，进而找到解决问题的突破口。

2. 想和做是两回事

博内特和伊万斯的"设计人生"课程不是教学生如何对未来进行虚构或幻想，而是让学生跳出惯性思维，利用设计思维探索人生更多的可能性。在他们看来，一种真正好的人生状态是：发现了很多适合自己的选择，而且决定从某个选择开始先试试看。

博内特和伊万斯认为，进行人生设计首先要了解自己究竟想过什么样的生活、想要成为什么样的人以及如何拥有自己理想的生活。广义的创业按风险程度可分为自己创办企业、合伙创业、企业内创业、自由职业和岗位创业等。人们可根据自己的风险偏好、能力倾向和所拥有的资源等来选择自己在什么时候和以什么方式创业。当然,这种选择不能只靠想,想和做是两回事,很多事情只有做了才知道到底是否喜欢、能否胜任。

博内特和伊万斯建议,在设计人生时,最有效的办法是设计多种人生选择计划。你可以针对未来五年,设计三种完全不同的人生选择计划:第一种选择计划,你已经在做的事,或者已有的酝酿许久的想法。第二种选择计划,你突然无法做当下的事(第一种选择)时,接下来你想要做的事。第三种选择计划,在不考虑金钱和他人看法的前提下,你特别想做的事,或者你想过的生活。他们把这种方法称为"奥德赛计划"。

当你同时有多个想法、多种选择计划时,你的思维会更加开放。博内特和伊万斯强调,在人生设计的过程中,特别需要注意如下五个问题。

(1) 保持好奇。激发你的探索欲,发现自己的兴趣所在。
(2) 不断尝试。将目标付诸行动,不断尝试,切忌空想。
(3) 重新定义问题。重新审视目前的状况,转换思维模式。
(4) 保持专注。学会放手,专注于过程。
(5) 深度合作。与他人合作,适度求助。

3. 快速失败,经常失败

在斯坦福大学,还有一门非常受学生欢迎的课程——"快速失败,经常失败"(fail fast, fall often)。这门课程是由心理学家、职业咨询师赖安·巴宾诺(Ryan Babineaux)和教育心理学家、职业咨询师约翰·克朗伯兹(Jahn Krumboltz)共同开设的。该课程从心理学的角度剖析了过分思虑、恐惧失败的危害,并从理论与实践上提出了克服恐惧及从失败中获得成功的方法和路径。

巴宾诺和克朗伯兹认为,最好的学习方式就是快速试错,快速失败是为了快速成长。其核心理念是:只有真正去实践,你才能看到这件事的全貌,发现自己的感受,然后看到它带来的结果。失败并不可怕,可怕的是害怕本身。因为害怕犯错而回避犯错,只会让人在失败的道路上越走越远。

事实表明,那些热衷于制订计划的人,往往因为思虑过多而停滞不前。生活幸福的成功人士大多数是行动派,他们很少将时间用在计划上,而是直接付诸实践。尽管他们在尝试各种新鲜事物的过程中会不断遭遇失败,但却在失败中获得了意想不到的经验和机遇。因此,如果你没有过上自己想要的生活,也许不是野心太小,而是失败太少!

扩展阅读 1-7
中国国际"互联网+"
大学生创新创业大赛

扩展阅读 1-8
"挑战杯"课外学术与
科技竞赛

扩展阅读 1-9
"挑战杯"中国大学生
创业计划竞赛

 案例分析

王志纲的人生选择思考

王志纲是中国著名的战略策划师，从社科院到新华社，从碧桂园、星河湾的地产策划开创者到成都、丽江、烟台等城市区域规划的战略推动者，他始终站在中国变革发展的风口浪尖，用知识和智慧充分冒险和探索，为中国创造了一个蓬勃发展的行业。他的《第三种生存：王志纲社会经济观察录》等著作更是深深地影响了一代知识分子。

王志纲认为，虽然我们不能选择时代，但都有追求幸福的权利。在他看来，我们所处的时代尽管还有种种不足，但它仍无愧于一个伟大的时代，因为人们终于有了过去不曾有过的、自由选择人生道路的权利。在这个时代，如何在有限的生命中最大限度地释放自我，过得幸福而充实，不走或少走弯路？面对诸多选择，如何把握大势、顺应规律，主动地规划人生之路，而不是被动地让命运牵着走？这些成为当今人们绕不开的命题。

王志纲经常说：人生是一场博弈，你不去规划人生，人生就要来规划你。如果说过去人们面对的是一种因匮乏和限制而无法选择的痛苦，那么今天人们遭遇的则是因为丰富和诱惑而难以抉择的茫然。一个人的迷茫是一个人的痛苦，而一个群体乃至一代人的迷茫则是一种社会危机。

无论是小到一个人，还是大到一个企业、一个城市乃至一个区域、一个国家，其成功无不是因为能清楚地认识到发展的大势、规律和自己所处的位置，顺势而为。孙中山的"世界潮流，浩浩荡荡，顺之则昌，逆之则亡"说的也是这个道理。因此，面临未来人生道路的选择时，把握社会发展的大趋势，找准方向尤为关键。

在王志纲看来，所谓谋生，第一层意思是谋生计，也就是解决安身立命之本的问题。如果连生计问题都没有解决，再美好的设想也只能是空中楼阁。年轻人容易好高骛远，追求不切实际的目标，在这个竞争激烈的时代，不妨先问问自己的立身之本是什么。任何人对于自己的生涯规划都不能脱离这样一个基本问题。

谋生的第二层意思是谋生活，在解决生计问题的基础上追求更好的生活。什么叫更好的生活？是更大的房子、更好的汽车还是有更多的自由时间？其实这个问题的答案取决于你的价值观，取决于你对幸福的理解。谋生是对于生活的一种谋划。一个人要实现什么样的价值，选择什么样的道路，要实现什么样的理想，这些看似涉及终极追求的大问题，其实关系到我们怎样面对每一天的生活。

每个人对于他的人生必然会有自己的设想和计划，世界上没有也不可能有放之四海而皆准的生涯规划，但是有一些规律和方法被无数人的经验或者教训证明过，也应该会对更多的人有所帮助，如"让别人接受你，让别人喜欢你，让别人离不开你"。无论多成功的伟大人物，一路走来都要依照这个节奏，这就是规律。

作为资深的策划大师，王志纲坦言："经过这些年的折腾，策划于我来说已不单纯是一个找饭吃的借口、一个职业，而且还成了一个极具成长性的行业。在很多认识和不认识我的人眼里，我不仅是一个道道地地的策划人，而且还是一个代表性的人物。仿佛是一场梦，策划本身也经历了一个大起大落的过程……但是我仍然喜欢说自己是一个策划人。"

王志纲在《财智时代》一书中有如下描述：

记得当初我试图去把握、界定和概括自己的职业和所要探索的领域的时候，作为一个中国人，自然首先会从祖先留给我们的知识和智慧的宝库里去寻找一种最贴切的语言和语汇，来界定这个全新的领域和职业。我呢，就相当于一个赶海的小孩，看到了一个非常漂亮的贝壳，把它捡回来。这个贝壳当时不叫策划，可是我发现现有的词汇都很难概括我所正在从事的工作，CI、广告、创意、市场调查、咨询、点子、营销……都不是，正好中国博大精深的文化给了我一个很大的启发，于是，我找到了"策划"这两个字来概括和体现我们所从事的职业。策，策动、政策、谋略、计策；划，谋划、规划、计划。这两个字组合起来非常神奇，可以说"海阔凭鱼跃，天高任鸟飞"。然而富有戏剧性的是，策划一夜之间竟如阿拉丁的神灯，突然焕发出无穷无尽的魔力来，令很多人都头晕目眩，欢呼雀跃。

记得我曾看过一部美国电影，大概情节是这样的：一个成天做着发财梦的西部牛仔，在自家的沼泽丛林中打猎时，伴随"砰"的一声枪响，意想不到的事情发生了，地壳被震开了，"哗"的一声石油喷了出来，他一下子就发达起来，成了阿拉伯酋长式的富翁。策划业的情形也很有些类似，由于社会的发展正好到了一个临界点，也就是财智时代的前夜，很多先富起来的人已经开始意识到要寻找外脑了，正在这个时候，油井打开了，推动石油开采的就是企业家和市场的力量。现在回想起来，当时的情景还历历在目。策划开始风靡中国了。做一个策划人，又是一件多么骄傲的事情啊。在这种背景下，几乎所有从事与这个行业有关的人，都好像是听到了一声口令——"向左转"，什么广告、创意、CI、营销等，都在各自的名字里加上了"策划"，全部转正。就像鲁迅先生笔下的未庄，革命党来了，一夜之间来了个策划时代，所有报纸、媒体都充斥着对策划的赞美之声。

……

但当今天很多人急不可待地跟"策划"划清界限的时候，当很多人觉得"策划"这两个字眼已经人老珠黄的时候，我反而要说："我还是一个策划人。我们所从事的，还是策划。"倒不是存心做一个逆潮流而居的"遗老"，促使我不愿意改个说法的原因也很简单：至今我仍认为，只有这个概念最能够概括中国文化和智慧的神韵，只有这个概念才能够有效地从外延到内涵把握和概括我们所从事的几乎一切已知、未知的领域和行为。如果有更合适的词汇，我倒也想试一试。

遗憾的是，现在我还没有找到。既然策划本身并没有什么不是，我们这些策划人，更要通过自身丰富的实践，通过自己不断的探索，最终给中国式的策划这个神奇的概念赋予应有的丰富的内涵，使那些投机者、钻营者、攻击者无计可施，让这个现在有点讨人嫌的词最终变成一个褒义词，至少是一个中性的词，还策划一个本来的面目。

(资料来源：作者参考相关资料编写)

思考题：

1. 怎样理解"你不去规划人生，人生就要来规划你"？
2. 如何理解王志纲所说的"谋生"？
3. 如何"让别人接受你，让别人喜欢你，让别人离不开你"？
4. 怎样从策划的角度进行人生设计？

本章小结

本章的主题是设计思维与创新创业,作为全书的开篇,其主要任务是让学习者了解什么是创新创业,为什么在 VUCA 时代人人都将成为创业者,以及为什么要用设计思维取代计划思维进行人生设计。本章包括三个相对独立的模块:一是大众创业与万众创新,基本内容是创新创业的概念,知识经济时代的创新创业特征,以及为什么要倡导"大众创业、万众创新";二是创业精神与人生发展,基本内容是如何理解创业精神,以及创业精神与个人发展和社会进步的关系;三是设计思维与人生设计,基本内容是设计思维的基本理念、基本原则和操作程序,以及基于设计思维的人生设计。本章的重点是创新创业的概念和创业精神,难点是社会责任和基于设计思维的人生设计。

网络情境训练

一、观看与思考

在网上搜索推荐的视频,在反复观看的基础上,思考相关问题并与同学交流。

1. 罗振宇之罗辑思维:《真实世界的创新》

思考题:
(1) 为什么说创新是普通人能够做的事?
(2) 倡导万众创新为什么要打破智力崇拜?
(3) 怎样理解持续改进和系统改进?

2. 蒂姆·布朗的 TED 演讲:《设计又变大了吗?》

思考题:
(1) 为什么说人人都是设计师?
(2) 如何理解好的设计思维的应用应从提出正确的问题开始?
(3) 如何理解设计思维的目的不在于能造出什么,而是为了思考而建造?

3. 李开复的演讲:《我与梦工厂(上、下)》

思考题:
(1) 在知识经济时代,创业呈现出哪些新变化?
(2) 结合本视频谈谈创业精神对创业的意义。
(3) 你是否认同创业的最高境界是能引导社会发展趋势?

二、阅读与思考

在网上搜索推荐的资料,在反复阅读的基础上,思考相关问题并与同学交流。

1. 张凌燕. 设计思维——右脑时代必备的创新思考力[M]. 北京:人民邮电出版社,2015.

思考题：

(1) 什么是设计思维？

(2) 如何理解"以人为中心"的设计理念？

(3) 为什么要将设计思维作为创新创业的方法论？

2. 彼得·蒂尔，布莱克·马斯特斯. 从 0 到 1：开启商业与未来的秘密[M]. 高玉芳，译. 北京：中信出版社，2015.

思考题：

(1) 彼得·蒂尔、布莱克·马斯特斯为什么倡导从 0 到 1 的创新？

(2) 如何理解从 0 到 1 的创新与从 1 到 N 的创新的区别？

(3) 彼得·蒂尔、布莱克·马斯特斯为什么强调今天的创业者不能复制昨天的成功故事？

3. 比尔·博内特，戴夫·伊万斯. 斯坦福大学人生设计课[M]. 周芳芳，译. 北京：中信出版社，2017.

思考题：

(1) 如何借助设计思维进行人生设计？

(2) 如何面对人生路上的重力问题和锚定问题？

(3) 借助书中提供的方法设计三种完全不同的人生计划。

三、体验与思考

在网上搜索推荐的网站或 App，在反复体验的基础上，思考相关问题并与同学交流。

1. 海尔的网站与电商平台。

思考题：

(1) 海尔为什么要让每一个员工都成为创业者？

(2) 如何理解海尔的企业文化？

(3) 海尔实施"生态品牌战略"的主要目的是什么？

2. 在网上搜索粤商历史、粤商精神和粤商的创业故事。

思考题：

(1) 你是如何理解粤商精神的？

(2) 请举例说明"敢为天下先"的粤商精神是如何让广东成为改革开放排头兵的？

(3) 写下你最深刻的三点体会。

3. 登录学习强国 App 学习党的二十大报告。

思考题：

(1) 党的二十大主题是什么？

(2) 党的二十大为什么要求全党同志务必不忘初心、牢记使命？

(3) 为什么说中国共产党的历史是一部典型的创业史？

真实情境训练

一、阅读与思考

阅读以下节选的党的二十大报告内容,在反复阅读的基础上完成思考题并进行小组讨论。

中国共产党已走过百年奋斗历程。我们党立志于中华民族千秋伟业,致力于人类和平与发展崇高事业,责任无比重大,使命无上光荣。全党同志**务必不忘初心、牢记使命,务必谦虚谨慎、艰苦奋斗,务必敢于斗争、善于斗争**,坚定历史自信,增强历史主动,谱写新时代中国特色社会主义更加绚丽的华章。

我们隆重庆祝中国共产党成立一百周年、中华人民共和国成立七十周年,制定第三个历史决议,在全党开展党史学习教育,建成中国共产党历史展览馆,号召全党学习和践行伟大建党精神,在新的征程上更加坚定、更加自觉地牢记初心使命、开创美好未来。

思考题:
1. 中国共产党的指导思想是什么?
2. 中国共产党的宗旨是什么?
3. 中国共产党为什么能够带领中国人民取得中国革命的胜利?

二、角色体验

请同学们观看电视剧《觉醒年代》,搜集鸦片战争后中国知识分子寻求救国道路的相关资料,并在个人学习的基础上,以小组为单位进行讨论。学习和讨论时,注意将自己抛锚在资料所处的不同历史时期,并进入不同历史时期、不同社会阶层家庭长大的人的角色,然后从各角色的经济地位、社会态度和价值取向出发,思考其在不同场景下的救国道路选择。

请教师通过学习指导和个别辅导等方式,帮助学生借助效果逻辑,理解李大钊和陈独秀等进步知识分子毅然决然地扛起了"民主"与"科学"两面大旗,并将马克思列宁主义作为推翻三座大山、夺取中国革命胜利的指导思想的心路历程和选择过程,培养学生的家国情怀和社会责任,在此基础上引导学生在国家和民族的奋斗目标与发展大计中寻找自己的发展定位和奋斗目标。

三、模拟党的一大会议

中国共产党的历史是一部典型的创业史,共产党的成功在于其创建之初就树立了"为中国人民谋幸福,为中华民族谋复兴"的奋斗目标。

请同学们搜集中国共产党第一次全国代表大会相关资料,然后以小组为单位模拟党的一大会议,要求每个同学扮演一位一大代表。分组模拟后,进行个人反思和小组讨论。

请教师帮助学生理解党的初心和使命,培养学生正确的世界观、人生观和价值观,以及作为社会主义建设者的家国情怀和社会责任,培养学生的创业精神,特别是其中蕴含的创新精神、拼搏精神、坚持精神和艰苦奋斗精神。

创业竞赛指导

一、了解创新创业大赛

结合本课程学习，了解大学生创新创业大赛等竞赛的准备，力争在本课程结束前，能够完成一份符合参赛要求的创业计划书。

1. 了解竞赛要求

通过参加创新创业竞赛宣讲会等渠道，了解国内外各种创新创业竞赛，特别是中国国际"互联网+"大学生创新创业大赛和"挑战杯"中国大学生创业计划竞赛的参赛要求与评审规则。

2. 评估个人资源

在了解国内外各种创新创业竞赛参赛要求和评审规则的基础上，评估个人能够整合的资源，分析个人参加各种竞赛的优势、劣势及参赛可能带来的收获。

3. 选择参赛方向

结合社会需求、所学专业、能力倾向、兴趣爱好以及所在学校和专业的办学定位、学科专业优势、教师队伍、科研与实验条件等因素，选择自己的参赛方向。

二、中国国际"互联网+"大学生创新创业大赛金奖作品分析

交叉双旋翼复合推力尾桨无人直升机

2019年10月15日，第五届中国国际"互联网+"大学生创新创业大赛在浙江大学圆满闭幕。清华大学清航装备的"交叉双旋翼复合推力尾桨无人直升机"项目以1250分的成绩夺得总冠军，这也是清华大学首次在该赛事中夺冠。

清航装备成立于2015年年底，创始人李京阳是清华大学的博士，创业团队成员基本上都是清华大学的博士研究生。经过近3年的发展，该公司已经在交叉双旋翼构型设计、刚性旋翼设计、高性能电传飞控系统设计等方面形成了自己的核心竞争力，成为国内先进无人飞行器研发领域的领跑者。

公司的拳头产品——世界首架交叉双旋翼复合推进无人直升机，获得了全军多项科研立项的经费支持，并被纳入全军武器系统采购网。该公司旗下的交叉双旋翼武装无人直升机、系留无人直升机、仿生人工智能飞行器等多款产品，其型号研制列入"十四五"规划，2019年企业采购订单约2000万元。

李京阳出生于1987年，本科、博士就读的都是航空专业，他是全国优秀博士，曾获清华大学优秀博士毕业生(2015年)，其论文曾获优秀博士学位论文一等奖(2015年)，是国家自然科学基金、中国博士后科学基金面上和特别资助获得者，也是我国最年轻直8G、直10、直××军用直升机型号研制及定型评审组专家。

作为一个"大神级"的科学家创业者，他虽然已经获得各种荣誉，但在创业过程中依然以一个小学生的心态，认真对待公司创建和发展中的每一件事情。在产品设计方面，他不断跟进技术发展趋势，在生产制造环节又是个技术"细节控"。

基于对专业领域的了解，他带领团队在无人直升机领域，从科研项目到创办企业，一路披荆斩棘，创新性地提出了交叉双旋翼无人直升机，改变了传统无人直升机用旋翼同时提供动力

和推力的方式,增加了一个提供推力的尾翼,极大地提升了航程和负载量,最高可以载重5吨,相当于一辆小型装甲车。

李京阳在接受采访时说:创新的成果源于创新的精神。创新的关键就是要保持乐观,并且要能耐住寂寞、能吃苦。他们的创业过程很艰苦,在高原做实验的时候,大雪封山没地方吃饭,只能吃泡面,大家都冻得不行。但这些从小就能吃苦的学霸,每个人都是一只不死鸟,不管条件多么艰苦,始终都朝着共同的梦想飞翔。

(资料来源:作者根据网上资料和大赛现场录音编写)

思考题:
1. 清航装备团队的创业项目有什么特点?
2. 作为创业者的李京阳身上有哪些值得我们学习的地方?
3. 在说到他们团队时,李京阳为什么特别提出"不死鸟"与"梦想"?
4. 这个案例对你有哪些启示?

三、中国国际"互联网+"大学生创新创业大赛参赛经验分享

让实验室的样机变成产品

在中国国际"互联网+"大学生创新创业大赛主赛道创意组、初创组和红色筑梦之旅赛道的评审中,创新性都是非常重要的评审指标。在"挑战杯"全国大学生课外学术科技作品竞赛和"挑战杯"中国大学生创业计划竞赛中,创新性也是重要的评审指标。那么,怎样让自己的项目更加具有创新性呢?

第三届中国国际"互联网+"大学生创新创业大赛总决赛冠军、浙江大学博士研究生、浙江光珀智能科技有限公司(以下简称光珀)创始人兼CEO(首席执行官)白云峰的体会是:让实验室的样机变成产品。光珀团队在大赛中展示的三维相机,最早就是根据浙江大学光电学院一位教授发明的三维成像方法研制的。然而,在白云峰与该教授合作之前,这项技术被"锁"在实验室有两三年的时间。

白云峰说:"这些年来,我一直想要做的创业其实是链接大学实验室和市场,填埋两者之间的鸿沟。"其实,结合专业选择创业项目,充分利用学校的学科优势和科研基地、科研设施,几乎是所有全国金奖获得者的共同做法。

(资料来源:作者根据网上资料和大赛现场录音编写)

第 2 章
创业者与创业团队

本章目标

1. 了解创业者的知识与能力结构。
2. 理解什么样的人能成为创业者。
3. 掌握团队的概念与主要类型。
4. 理解团队创业的优势和劣势。
5. 掌握组建创业团队的要素、原则和基本策略。
6. 理解目标、愿景、规则和制度建设在创业团队管理中的作用。
7. 能够有效组建和管理创业团队。

问题与情境

快手团队的奇妙组合

快手能发展到现在充满戏剧性。假设程一笑和宿华没有相遇,假设他们没有及时转型,快手也许早已销声匿迹。快手 CEO 宿华是一个技术男,甚至可以说是一个宅男。在大街上遇到他,你很难把他视为一个有 3 亿用户的互联网公司的 CEO。作为理科生,宿华十分低调,几乎不在公开场合演讲。唯一的一次是 2016 年 6 月,在母校清华大学软件学院,他向学弟学妹做了一个分享,题目是"宇宙中心 15 年——宅男工程师的蜕变"。从主题可以看出宿华对自己的认知,以及创业 8 年来,他从工程师到企业领导者所经历的蜕变、痛苦,还有对于产品的理解。他用一句话总结这些年的创业或者说成功经历——"努力把最简单的事情做到最好"。

快手的另一位合伙人程一笑,当时在天通苑带着四个人,做一款把短视频和照片转成 GIF 动图的工具 GIF 快手。晨兴资本合伙人刘芹披露,2012 年他们拿出 30 万美元投资快手,最初只有产品形态,没有用户基数。一年多后公司的日活跃用户虽然达到了 50 万人,但却徘徊不前,进入了瓶颈期。投资人继续追加了两轮投资后发现,表面上看阻碍这家公司发展的是市场份额问题,但本质上是创业者的能力模型有短板。当意识到这个问题后,晨兴资本开始为程一笑物色合伙人,此时正在进行第三次创业的宿华进入了他们的视野。据说,宿华和程一笑是在

2013年夏天的一个晚上相见的,两人一直聊到凌晨两点。结果,两家公司决定合并一起做,宿华担任新公司CEO。合并后新公司只用了2~3个季度,用户数就翻了几十倍。

(资料来源:作者参考相关资料编写)

思考题:
1. 程宿组合的优势是什么?
2. 快手技术团队的主要作用是什么?
3. 这个案例对你有哪些启示?

2.1 什么样的人能成为创业者

哈佛大学拉克教授说过这样一段话:"创业对大多数人而言是一件极具诱惑的事情,同时也是一件极具挑战的事。不是人人都能成功,也并非想象中那么困难。但任何一个梦想成功的人,倘若他知道创业需要策划、技术及创意的观念,那么成功已离他不远了。" 创业没有想象的那么难,创业者不是完人也不是神人。在古今中外的创业史上,大多数创业者都是普通人。

2.1.1 创业者的概念与人格特征

早期的创业学者将创业狭义地理解为"创办企业等经济实体",与此相联系,也将创业者狭义地定义为企业的创办者,即组织、管理一个公司或企业并承担其风险的人。创业者的英文是entrepreneur,有两种基本含义:一是指企业家,即在现有企业中负责经营和决策的领导人;二是指企业创始人,通常理解为即将创办新企业或者是刚刚创办新企业的领导人。但是随着创业学研究的不断深入,开始有越来越多的学者从更广泛的角度来理解创业和创业者,于是就出现了广义的创业和创业者的概念。

1. 狭义的创业者

关于狭义的创业者的概念,目前有两个很值得注意的已被广泛接受的观点:一是创业者并不等于企业家,因为大多数创业者并不具备企业家的眼界、格局和个人品质。从创业者转变为企业家,需要一个逐渐成长和完善的过程。二是狭义的创业者是指参与创业活动的核心人员,而不限于企业的法人代表或领导者、组织者。因为在当今的创业活动中,高新技术企业、合伙制企业所占的比例越来越大,离开了核心技术专家和主要合伙人,很多创业活动根本无法进行,所以核心技术专家与主要合伙人也应被视为创业者。

那么,什么样的人能成为狭义的创业者呢?在对古今中外创业者进行研究的基础上,我们从创业者所承担的责任、义务的角度,将成为狭义的创业者的基本条件概括为:愿意承担创业过程中的所有不确定性和风险,并有激情和勇气克服创业中的各种困难,持之以恒地为实现自己的创业目标努力奋斗的人。当然,在科学技术飞速发展、产品和技术老化周期日益缩短、社会分工日益细化的今天,创业者还应熟悉自己所从事的创业领域,并具有较强的创新意识、创新精神和创新能力。

2. 广义的创业者

关于广义的创业者的概念，目前主要有两种界定方式：一种是从人们在工作中所扮演的角色的角度，将创业者界定为参与创业活动的全部人员。在这种界定方式下，创业活动的发起者、领导者与创业活动的跟随者都被视为创业者。另一种是从人们所从事的工作的性质的角度，将创业者定义为主动寻求变化，对变化做出反应，并将变化视为机会的人。这种界定方式打破了传统的创业的概念，将其外延扩大为所有主动寻求变化并对变化做出反应的活动。在这种界定方式下，企业创办者、企业内创业者、个体劳动者、自由职业者、项目合作者等以各种身份从事具有创新性活动的人都可以称为创业者。

在我国普通高校的"创业基础"课教学中，虽然会对狭义的创业活动、创业要素、创业过程以及狭义的创业者将要面对的问题、应该具备的素质和能力等进行探讨，但在大多数情况下，我们说的创业者是广义的创业者，而且这个概念的外延包含了参与创业活动的全部人员，以及以各种身份从事具有创新性活动的所有人员。从这个概念的外延可以看出，它整合了上述两种广义的创业者的概念，具有极大的包容性。在这一概念下，普通高校的所有学生都可以成为创业者，都可以在"创业基础"课中找到课程内容与自己未来发展的结合点，都可以从课程学习中直接受益。

3. 创业者的人格特征

所谓人格特征，是指一个人在先天遗传因素和后天环境影响下形成的个性心理特点的总和。因为每个人的先天遗传因素和后天环境影响都是不一样的，所以其人格特征也各不相同。创业是一项具有高风险性和不确定性的活动，虽然创业成功者的人格特征各不相同，但相关统计研究表明，大多数创业者都喜欢冒险，都有较高的承受不确定性生活的能力，其人格特征通常具有如下特点：积极、开放、独立、果断、友善、宽容、务实、坚忍、灵活、机警。

按照著名经济学家熊彼特对创业的理解，创业者应为创新者。在科学技术高度发达、商业竞争异常激烈的今天，创业者要想生存和发展，就必须具备一定的创新意识、创新精神和创新能力。而美国著名心理学家马斯洛的研究表明，创新者大多数都具有如下人格特征：远见卓识、冒险精神、奇思异想、批判精神、独辟蹊径、追求完美、关注细节。

当然，我们在这里归纳创业成功者的人格特征，并不是说只有具备上述特征的人，才能在创业中取得成功，更不是告诫大家只有具备上述特征的人才能去创业，我们只是强调：第一，对于想创业的人来说，上述人格特征比较重要，它们有助于创业者成功；第二，上述人格特征大多数是后天形成的，而且只能在创新、创业的实践中才能逐渐形成；第三，创业过程也是一个自我完善的过程，要想成为一个成功的创业者，就要做一个终身学习者，就要不断地进行自我提升和自我改造。

2.1.2 创业者的知识与能力结构

创业虽然没有想象的那么难，但创业也绝非易事，创业者不可能随随便便就能取得成功。有关研究表明，要想取得创业成功，创业者除要勇于创业，有所担当之外，还必须具备相关知识和能力。

1. 创业者的知识结构

创业者的知识结构对创业起着举足轻重的作用。在商业竞争日益激烈的今天，单凭热情、勇气、经验或只有单一的专业知识，创业成功是很困难的。一是即使最简单的创业也需要一定的文化基础，二是并非学历越高创业成功的概率越大。创业不是搞学术研究，它需要的知识是能解决实际问题的知识，这种知识从结构上说包括常识性知识、来自实践的经验性知识和创业活动所涉及的专业性知识。

(1) 常识性知识。常识性知识主要涉及商业常识、社会常识和管理常识。具体地说，商业常识有助于创业者了解经济发展的基本规律，遵守商业活动的基本规则，维护企业自身的正常运行。社会常识有助于创业者理解自身的社会角色，了解和满足消费者的个性化需求，理解和用好国家政策，以及维护好自己的合法权益。管理常识有助于创业者理解人类的特性和行为方式，了解科学的经营管理知识和方法，提高管理水平。

(2) 经验性知识。经验性知识主要涉及商业经验、社会经验和管理经验。这里说的经验是指通过亲身实践所获得的经验，因为创业活动所需要的上述经验，只有通过亲身实践、亲身体验才能真正领会。有些学生说："我看过很多创业成功者的故事，有很'丰富'的经验了。"但是过来人都知道，不经过亲身实践，这些成功者的经验是没法变成个人经验的，书读得再多也没有用，因为创业的成功是不可直接复制的。

(3) 专业性知识。专业性知识主要涉及与创业活动密切相关的具有较强专业性的知识。创业是开创一番事业，这个事业不管规模如何，都需要从事它的人比其他人做得更好、更专业，而要做到这一点，创业者必须具备从事这个事业所需要的专业性知识。在创业界有个不成文的戒律——"不熟不做"。为什么"不熟不做"？因为各行各业都有一些特殊的地方，如果对它不熟悉，不具备从事这个行业所必须具备的专业知识，就很难把它做好。

2. 创业者的能力结构

对创业者而言，能力比知识和素质更重要。因为知识和素质都是潜在的，它们只有转化为能力，才能变成从事创业活动和实现创业目标所必须具备的本领，才能在创业实践中真正发挥作用。创业者所需要的能力虽然是多种多样的，但从总体上说，主要包括五种，即机会捕捉能力、决策能力、执行能力、经营管理能力、交往协调能力。

(1) 机会捕捉能力。创业机会是创业的切入点和出发点，发现一个好的创业机会，是创业成功的关键因素。纵观古今中外的创业成功案例可以发现，绝大多数创业成功者都具有非常强的机会捕捉能力。他们能够看到日常生活中被人忽略的细节，并在看似平常的反常现象中抓住问题的关键；他们有爱问问题和重新界定问题的习惯，能够从不同角度看待问题，并善于挖掘隐藏在偶然事件中的必然规律。

(2) 决策能力。决策能力是创业者根据主客观条件，正确地确定创业的发展方向、目标、战略以及具体选择实施方案的能力。创业者的决策能力具体包括分析能力和判断能力，即创业者要能够在错综复杂的现象中，通过分析理清事物之间的联系，通过判断把握事物的发展方向。从某种意义上说，创业者的决策能力就是良好的分析能力加上果断的判断能力。

(3) 执行能力。好的决策必须有好的执行才能变成现实。创业者与梦想者的最大区别就在于创业者不但有发现商业机会的眼光，而且能够果断地决策和坚定不移地执行。好的执行能力首先是一种行动能力，不能光想、光说，不去做，而应有了想法就马上去做，正所谓心动不如行动。好的执行能力还是一种能够克服重重困难执行到位的能力，遇到困难就放弃不是好的执行，执行不到位等于没有执行。

(4) 经营管理能力。成功的创业者不仅要眼光锐利、决策果断、执行到位，而且必须善于经营管理。经营管理能力是一种较高层次的综合能力，是运筹性的能力。它涉及人员的选择、使用、组合和优化，也涉及资金的聚集、核算、分配和使用等。经营管理也是生产力，它不仅会影响创业活动的效率，更能决定创业的成败。

(5) 交往协调能力。在社会分工日益细化的今天，创业者很难靠个人的单打独斗取得成功，必须具备交往协调能力。交往协调能力既包括妥善处理与政府部门、新闻媒体和客户之间的关系的能力，也包括平等地与下属交往和善于协调下属部门各成员之间关系的能力。企业与外界的接触越多，企业的规模越大，对创业者交往协调能力的要求就越高。

2.1.3 创业动机与创业者分类

创业动机是指引起和维持个体从事创业活动的内在原因和内部驱动因素，它是鼓励和引导个体为实现创业成功而行动的内在力量。对创业者的传记和访谈研究发现，不同的创业者有不同的创业动机：有的希望获得丰厚的物质报酬，有的希望拥有一份属于自己的事业，有的希望满足自己的兴趣，有的希望获得个人的独立和自主……根据创业动机的不同，可以将创业者分为以下四种类型。

1. 物质追求型

物质资料是人类赖以生存的基础，而生存是人类的第一需要。在物质资料极度短缺、劳动就业竞争十分激烈的情况下，许多人为了谋生被"逼上梁山"，不得不自己创业。创业者中的城镇下岗工人、失去土地的农民、毕业后找不到工作的大学生，多数都属于这种类型。另外，人们对物质追求的程度是有很大差异的，许多人在满足了基本的生存需要后，还会有很强的物质追求，甚至是对奢侈生活的追求。在今天的物质追求型创业者中，有相当一部分属于这种情况。

2. 事业追求型

马斯洛认为，开创一番事业，实现人生价值，是人类最高层次的需要。任何社会都有一些具有崇高理想和远大抱负的人，这种人以事业追求、改造社会、造福人类为己任，把对社会的贡献作为实现自我人生价值的目标。这种人当自己的生存有了基本保障之后，就会谋求满足自我实现的需要。改革开放以来，在党、政、军、行政、事业单位或国有企业中，既有较好的工作，也有不菲的收入的人，有一些毅然选择辞职创业；一些科研人员、研究生、大学生放弃安稳的职业，带着自己的专利和梦想创业……他们都属于事业追求型创业者。

3. 尊重满足型

赢得尊重的需要也是人类的基本需要。在物质需要获得满足后,人们就会追求精神方面的需要,赢得尊重的需要就属于这种需要。赢得尊重的方式虽然多种多样,但最常见的还是获得让人羡慕的社会地位和做出让人佩服的事情。有关大学生的创业动机调查表明,有近30%的大学生想创业是因为在他们看来,通过创业致富是最有面子的事,钱来得光明正大,自己花着潇洒,还有能力去帮助亲友和回报社会,从而获得亲友和社会的尊重。

4. 独立自主型

如前所述,由于遗传和环境影响,人们具有不同的人格特征。例如,在迈尔斯类型指标(Myers Briggs Type Indicator,MBTI)性格测试中,具有P型(知觉型)倾向的人,特别向往独立和自由,不愿意过受人控制的生活,喜欢自己当家做主。前述大学生创业动机调查表明,有近21%的大学生说自己之所以选择走自主创业的路,就是想获得更大的独立和自由。他们不愿意到机关和其他企业就业,过朝九晚五的日子,他们喜欢自行决定自己的工作时间和工作内容。

当然,上述创业者的类型划分仅仅是从创业动机的角度进行的粗略分类,不可能涵盖所有的创业者。另外,人们的创业动机是十分复杂的,有些人选择创业,既考虑了物质方面的因素,也考虑了精神方面的因素;既有独立自主的需要,也有获得尊重的需要。我们在这里之所以从创业动机这个角度对创业者进行分类,是要提醒同学们想清楚自己为什么要创业,想清楚自己到底想过一种什么样的生活。因为从某种意义上说,选择了一种工作方式,也意味着选择了一种生活方式。

扩展阅读

扩展阅读 2-1　　　　　扩展阅读 2-2　　　　　扩展阅读 2-3
90 后美女总裁　　　　李鹏的创业计划　　　　蒲易的商业眼光

案例分析

"90 后"新锐创业者"但行好事,莫问前程"

创新是一个民族的灵魂,也是一座城市发展的重要动力。在创新创业的热潮下,女性创业者凭借努力、智慧和坚忍,靠创业自立,凭创新出彩,已经成为各行各业中举足轻重的角色。"90 后"女性创业者、杭州巨岩欣成科技有限公司(以下简称巨岩科技)创始人兼 CEO 谢欣就是其中的杰出代表。

创业者用初心开出的花

2022 年年初,浙江体育产业界的"奥斯卡"——中国体育彩票第四届浙江省体育产业领军人物颁奖晚会在杭州隆重举行。巨岩科技CEO谢欣作为领军人物登台领奖，并应邀做了题为"科技赋能，快乐运动"的主题分享。

你可能想不到，台上这位侃侃而谈的浙江省体育产业领军人物，居然是"90后"的姑娘，并且达成这项成就仅用了4年多的时间。

她的成就远远不止这一项，这些年她先后斩获了2017接力浙商年度十大创变者评选"十大未来之星"、"之江创客"2018全球电子商务创业创新大赛冠军、2019杭州市留学生创新创业大赛冠军、2019年度"青云浙商"及"浙商青云榜"最具想象力企业奖、2020杭州市第四届女性创业创新大赛新锐女性创业项目奖、2021年第七届中国杭州大学生创业大赛特等奖等众多荣誉。

她完美诠释了"90后"新生代的能量，个性、创新、专注、严谨、努力都是她的闪光点，而她说所有的成就不过是创业者用初心开出的花。

时间退回到2016年，谢欣尚在香港中文大学读研深造期间就萌发了创业想法。2017年，从香港回到杭州，她拉上一位志同道合的校友创办了巨岩科技，将目光瞄准了智慧体育领域。

之所以会选择这个领域，是因为她本身就很喜欢去全世界各地的场馆看体育赛事和演唱会，在这个过程中，她发现外国场馆利用率很高、体育氛围浓厚，营运也很智能化，可当时国内的场馆相对还是比较封闭，全民参与度也较低。

针对这一问题，她开始思考如何让场馆更贴近生活，以及未来我们想要的与体育场馆相关的服务是什么样的，于是就有了通过智能化与体育场馆结合的方式来切入的想法，这也是她创业的初心。她认为，作为最大限度从中国的发展中受益的一代，更应该为未来的理想生活去承担责任并付诸实践。

说干就干的谢欣，回到杭州就开始接洽各类场馆的运营者。除了站在用户的立场上思考，更应该去满足场馆的需求，只有场馆才知道真正的营运欠缺了什么，才能给出相应的智慧化系统解决方案。

在这个过程中，她总结了场馆运营目前存在的主要痛点：管理成本居高不下、场馆利用率低、盈利能力低下等。针对这些问题，巨岩科技为场馆部署智慧化管理系统以及相关硬件配套设施，并汇聚体育相关数据至大数据后台。

在前端，为场馆个性化提供一套智慧化系统，能够使普通用户通过互联网实现在线预约、手机入场、智能更衣、智能门禁等便捷体验。在后端，为场馆个性化提供一套智慧化系统，除了能够将场馆产出的运营数据和财务指标以图形化实时呈现外，还能协助场馆进行大数据营销，实现盈利提升。

经过多年的反复打磨与迭代升级，这套系统已建立了智慧运营、手机管理、数据展示等400多个功能模块，能够满足场馆的全面需求。

创新科技照亮智慧场馆

企业的成长对于创始人而言是一个非常痛苦的过程，创业的每一天都会遇到各种困难。因为这与学习完全不同，读书时会有老师教导你，而创业是完全未知的，随时都可能面临各种各样的问题，你必须自己去寻找解决问题的方法，没有人可以教你。

"我们都知道在做题的时候有正确答案，但在做企业的时候，哪怕我们有机会向最厉害的企业家学习，但他所遇到的问题和场景都是和你不一样的。所以，你所遇到的种种困难，往往是很难从别人那儿复制到解决经验的。"

尤其是作为"90后",她却要领导"70后""80后"员工,"95后"员工也都个性鲜明,磨合的过程中总是会产生一些思维和决策上的分歧,初出茅庐的谢欣选择用一次次成功的市场验证和业务拓展说服员工,在这个过程中也加强了团队的凝聚力和向心力。

谢欣的坚持与创新,加上团队的共同努力,为巨岩科技插上了飞翔的翅膀,使巨岩科技在行业内渐渐崭露头角。

仅仅4年多的时间,巨岩科技已经成为中国智慧体育领域的领军企业,参与承担了科技部的国家重点研发计划(原863计划)——"智慧健身区域服务综合示范",并具体承担"体育场馆信息化集成管理与服务系统"和"智慧健身区域服务综合示范与评价"这两个子课题。同时,还参与编写了迄今智慧体育行业全部的四个国家级标准,让巨岩科技成为"一流企业定标准"的标准制定者。

此外,巨岩科技还承担了第三十一届世界大学生夏季运动会智慧场馆管理平台建设的重任,该项目被国家网信办、发改委等8部委评为"国家社会智能治理实验基地"。

目前,巨岩科技是阿里巴巴在智慧体育领域的独家战略合作伙伴,还成为华为"认证级ISV生态合作伙伴",树立了多个智慧场馆的全国性标杆,包括南京奥体中心、杭州国际博览中心、山东体育中心、阿里中心体育馆、浙江大学国际学院体育馆、杭州西湖文体中心等。

谢欣本人也在创业的过程中不断成长,前不久还当选浙江青年创业导师,是省属高校系统推荐并当选的最年轻的创业导师。此外,她还是浙商总会体育产业委员会副会长,浙江省青年企业家协会会员,杭州市青年企业家协会会员,杭州市余杭区政协委员,杭州市余杭区青联委员,杭州市余杭区侨联委员。

以梦为马 未来可期

光环加身,谢欣却从未忘记自己的初心,她知道要想在时代淘沙之下存活下来,就必须拥有足够的底气:"我认为这份底气就是做有价值、真正实用的产品的初心。"

在她的思想中,创业是一个"曲线救国"的过程。创业是实现自己的价值,做一件对市场有价值的产品。而她所专注的这份智慧体育事业恰恰是一定正确、不一定容易,利润有限,但意义无限的事业,她希望最终可以从这个切入点来实现她自己热爱的"公益",做一些对社会有贡献的事情。

就如她在第四届浙江省体育产业领军人物颁奖晚会的演讲中所说的:"近三年,巨岩持续增长,去年我们达到了200%的增长率,不见得是我和团队的能力,更多得益于行业发展自然带来的红利,未来的体育事业中,依旧会坚信但行好事,莫问前程。时间会给予公允的奖惩。"

尽管艰难的创业让她一直处于高强度的工作中,但是很庆幸她还是遇到了生命中那位对的人,组建了幸福的家庭,还在2020年生下了一个可爱的女儿。

"我爱我的女儿,但同时我也热爱自己的事业。"在怀孕和生孩子的过程中,她都一直坚持工作。有了孩子之后,她坚持母乳喂养,可公司的运营离不开她。为了兼顾家庭与事业,她做了一个大胆的决定,带着孩子一起出差,孩子从1个半月开始就跟着她到处飞,一直到13个月才断奶。

很多人都说女性要平衡事业与家庭很难,在这个过程中,谢欣同样付出了很多,但是她认为只要心中有爱,就会甘之如饴。做好一份事业,本身也是对孩子最好的言传身教。

当然，这一切的背后也要感谢丈夫的默默付出。在工作中，丈夫会在她焦虑、压力大的时候帮助她排解困难，分担压力；在家庭中，丈夫会对孩子和她照顾有加，让她能够全身心地投入到事业的打拼中。

工作之余，让谢欣觉得最放松的就是和家人一起出去旅行。她特别喜欢走出去看外面的世界，一方面是让自己在繁忙的工作中得到舒缓，更重要的一方面，本身巨岩科技萌芽期的灵感也来源于旅途中的见识，因此现阶段她也会结合旅行的方式考察各种新的事物，学习新的东西，赋能到自己的事业中。

她认为，书本是别人告诉你自己理解的东西，而自己眼见为实地提升自我认知更是直接，因此开阔眼界很重要，眼界到一定的高度，想一些问题的时候，会更容易找到解决问题的方法。

在谢欣身上我们看到，在创新创业领域，女性的能力与责任被更加深刻地体现出来。她们用头脑做武器，在世间开辟一条路，成为发光的女性。

(资料来源：作者参考相关资料编写)

思考题：
1. 谢欣为什么要选择创业？
2. 巨岩科技是怎样诞生的，它要解决的问题是什么？
3. 作为创业者的谢欣最突出的人格特征是什么？
4. 谢欣是如何平衡事业与生活的？
5. 本案例对你有哪些启示？

2.2 创业团队组建

创业团队是指由两个或两个以上具有一定利益关系的，共同承担创建新企业责任的人组成的工作团队。创业团队按其成员构成的不同，可以分为狭义的创业团队和广义的创业团队。狭义的创业团队是指有共同的奋斗目标，共同承担责任与风险，并共同分享创业收益的新创企业的合伙人团队。广义的创业团队不仅包括合伙人，还包括创业过程中的各种利益相关者，如风险投资机构、董事会成员和专家顾问等。本书所说的创业团队是狭义的创业团队。

2.2.1 创业团队的组建要素

团队是一个发展中的概念。团队指由两个或两个以上相互作用、相互影响的个人构成的群体，他们是为实现共同目标而组织起来的。在 VUCA 时代，团队是一个学习型组织。团队成员为了实现共同目标，不但需要相互依赖相互协作，而且需要共同学习和共同成长。

团队与工作群体的区别是：工作群体虽然是人们因工作任务而聚在一起，但他们不需要相互依赖和高度协调；团队则通过成员的共同努力，能够产生积极的协同作用，团队队员努力的结果会使团队绩效远远大于个体绩效之和。所有的团队都是工作群体，但工作群体不一定都是团队。从图 2-1 中可以看到团队与工作群体的区别。

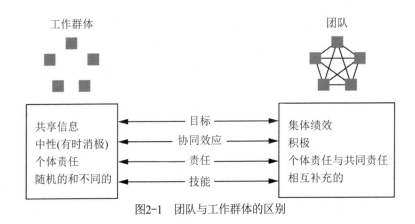

图2-1 团队与工作群体的区别

1. 团队类型

自20世纪中叶以来,团队被越来越多的组织所采用。团队可以从事生产、提供服务、处理谈判、协调项目、提出建议以及做出决策等。这里我们只讨论最主要的四种团队类型:问题解决团队、自我管理团队、交叉功能团队和虚拟团队,如图2-2所示。

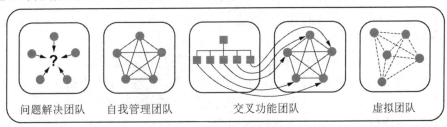

图2-2 团队的主要类型

(1) 问题解决团队。 在团队刚刚盛行时,大多数团队的形式很相似,一般由来自同一部门的5~12名员工组成,他们每周会面,用几个小时的时间来讨论提高产品质量、提高生产效率、改善工作环境等问题,我们把这种团队称为问题解决团队。在问题解决团队中,团队成员针对改进工作程序和工作方法互相交换看法或提出建议,但他们没有权力根据这些建议单方面采取行动。

(2) 自我管理团队。 问题解决团队在调动员工参与决策积极性方面存在不足,会导致企业尝试建立真正独立自主的团队——自我管理团队。自我管理团队通常由10~15人组成,队员之间或者是工作业绩息息相关,或者是从事具有相互依赖性的工作。他们不仅要解决问题,还要实施解决问题的方案,并对工作结果承担全部责任。完全的自我管理团队甚至可以挑选队员,并让队员相互进行绩效评估。

(3) 交叉功能团队。 交叉功能团队由来自同一等级但不同工作领域的员工组成,他们为了完成一些重要的任务而共同工作。在过去的几十年中,许多组织都采用了这种跨越部门界限的交叉功能团队。例如,20世纪60年代,IBM组建了一个大型的特别任务工作组,它的成员来自公司的各个部门,用于开发后来十分成功的IBM360系统。这个特别任务工作组其实就是一个临时性的交叉功能团队。

(4) 虚拟团队。 虚拟团队是利用网络技术把实际上分散的成员联系起来,以实现一个共同目标的工作团队。虚拟团队可以完成其他团队能够完成的所有工作,如分享信息、做出决策和完成任务。该团队成员可以为同一组织中的成员，也可以与其他组织中的成员取得联系。即使远隔千山万水，彼此相差 12 小时或更多的时差，虚拟团队成员也能够在一起共同工作。

与成熟企业的团队相比，创业团队通常具有不稳定、不成熟和不完整等特点。这些特点既是其劣势，也是其优势。因为这些特点往往使创业团队更有冲劲、更有活力和更具有创新精神。当然，除上述共同特征之外，不同的创业团队也各有其特征。一般来说，优秀的创业团队大多具有如下特征：共同愿景、共同目标、共担风险、共享回报、思维互补、技能互补、资源互补和性格互补。这些特征有助于创业团队克服创业路上的艰难险阻，并最终开创出属于自己的伟大事业。

2. 组建创业团队的要素

组建创业团队是一件涉及诸多因素的复杂活动，不同的创业者在选择创业伙伴或创业合伙人的过程中都会自觉或不自觉地带有自己的标准或偏好，如有的人偏向理性，强调严格从公司的实际需要出发进行选择；有的人偏向情感，强调实际接触中的感觉。为了更好地组建创业团队，应掌握组建创业团队的五个关键要素。

(1) 目标。 创业团队应该有一个既定的共同目标，作为团队成员前进方向的导航。如果没有这个共同目标，创业团队就没有存在的价值。在创业企业管理中，创业团队的目标通常体现为创业企业的远景和发展战略。

(2) 人员。 人是构成创业团队最核心的力量。3 个及 3 个以上的人就形成一个群体，当群体有了共同奋斗目标时就形成了团队。在创业团队中，人力资源是所有创业资源中最活跃、最重要的资源。团队应充分调动创业者的各种资源和能力，将人力资源进一步转化为人力资本。

(3) 定位。 定位包含两层意思：一是创业团队在企业中处于什么位置，由谁选择和决定团队的成员，创业团队最终应对谁负责，创业团队采取什么方式激励下属。二是创业者的定位，即作为成员在创业团队中扮演什么角色，是发起人、合伙人，还是仅为出资人。

(4) 权限。 创业团队当中领导人的权力大小与其团队的发展阶段和创业实体所在行业相关。一般来说，创业团队越成熟，领导者所拥有的权力相应会越小，在创业团队发展初期，领导权相对比较集中。高科技实体多数实行民主的管理方式。

(5) 计划。 计划有两层含义：一是目标的最终实现，需要一系列具体的行动方案，可以把计划理解为达成目标的具体行动方案。二是只有按计划行动才能保证创业团队目标的达成，即强调创业团队工作的计划性，将计划作为最终实现创业团队目标的手段。

2.2.2 创业团队的组建程序

一般来说，高成长企业约有 80%是由团队创建的。为什么团队创业的比例越来越大？这是因为相对于个体创业来说，团队创业具有整合资源能力强、抵抗风险能力强和发展后劲大等优势，而这些优势能在创业过程中发挥关键作用。那么，怎样组建创业团队呢？从设计思维的角度看，组建创业团队应特别注意如下问题。

1. 评估人才需求

创业者选择好创业方向，并下决心创业之后，就需要根据创业方向和创业者个人的情况，确定创业团队的人才选择标准。对任何新创企业而言，资源都是稀缺的，未来都是不确定的。在这种情况下，创业者必须在对个人的优势和劣势进行分析的基础上，根据创业项目运营的实际需要，选择拥有项目或个人所欠缺的资源和能力的人。比如，运作创业项目缺少市场营销方面的资源和能力，而创业者又缺少这方面能力，那就需要寻找拥有市场营销方面的资源和能力的人共同创业。

2. 寻找合作伙伴

在评估完人才需求之后，创业者就可以通过亲戚朋友介绍、媒体广告、互联网、各种招商洽谈会等形式，寻找创业合作伙伴。为了使创业合作伙伴了解创业项目和新创企业的未来发展，创业者应该认真准备一份创业计划书。创业计划书不但有助于吸引创业合作伙伴，而且能够帮助创业者更好地理清创业思路。另外，在寻找创业合作伙伴的过程中，创业者既需要考虑创业团队成员间的资源和能力互补，又需要考虑创业合作伙伴的人品，因为人品是创业团队成员相互信任的基础。

3. 落实合作方式

在寻找到有创业意愿的合伙人后，双方还需要就具体的创业计划、股份分配等合作事项进行全面深入的沟通，以确定创业团队成员之间的正式合作方式。具体地说，首先要妥善处理创业团队各成员之间的利益分配关系，注重用与长期绩效有关的利益分配方式激励创业团队成员为了团队的共同目标而持续努力。其次要制定创业团队的决策机制和冲突处理机制，该机制需具有可操作性和前瞻性，不仅要考虑创业初期团队管理的实际需要，也要兼顾未来企业壮大后的情况。

2.2.3 创业团队的组建原则

对创业者而言，组建团队是个极具挑战性的任务，因为创业过程是个充满不确定性的过程，要想在创业之初不但找到志同道合的人，而且让找来的人愉快地为了一个共同的目标而努力工作，确实是件非常不容易的事情。如何组建创业团队虽然存在明显的个体差异，但从总体上看都应遵循以下三项基本原则。

1. 适配性原则

这里的适配性是指新建企业的目标要与创业项目和创业者的现实情况相匹配，创业团队的人才选择标准要与新建企业的目标相匹配。对初创企业的团队建设而言，适合的才是最好的，盲目追求豪华的团队阵容，对人对己都不是好事。当然，如果创业者的胸怀足够宽广，创业项目的前景足够好，即使起步时的条件不够好，也可以考虑同高手合作。

2. 互补性原则

这里的互补性是指创业团队成员之间在资源、能力、知识、经验和个性等方面具有互补性。创业者之所以寻求团队合作，最重要的原因就在于缩小创业目标与自身资源和能力间的差距。只有当创业团队成员之间在知识、技能、经验等方面具有互补性时，双方才有可能通过相互协作产生"1+1>2"的协同效应。另外,由于创业是个十分复杂和充满风险的活动,一着不慎就会满盘皆输,具有互补性的异质结构团队可以从不同的角度观察和思考问题,能在一定程度上少犯方向性错误。

3. 高效性原则

这里的高效性是指新创企业运营的高效性。创业团队不同于一般团队,它的每一名成员都对公司的大政方针和重大事情的处理拥有表决权。为了减少创业初期的运营成本,使新建公司在面对变化多端的市场时始终保持快速反应能力,创业团队成员在数量够用的前提下应尽量精简,且各成员应具有相同的价值观。另外,创业团队组建应该从公司治理的角度让企业创始人或公认的带头人有充分的决策权。这样,当企业遇到紧急情况或在大家意见不一致时,创始人或带头人可以行使一票决定权。

扩展阅读

扩展阅读 2-4
阿里巴巴的"十八罗汉"

扩展阅读 2-5
这才是最牛团队:
从携程到如家、汉庭

扩展阅读 2-6
希望集团的分家之路

案例分析

Keep的创业历程与渐进式创业团队建设

从0到1000万用户,Keep用了289天;从1000万到2000万用户,Keep用了110天;从2000万到3000万用户,Keep用了68天。2016年5月完成C轮3200万美元融资;2018年7月完成1.27亿美元D轮融资,由高盛领投,腾讯、GGV纪源资本、晨兴资本、贝塔斯曼亚洲投资基金老股东跟投;根据Quest Mobile(北京贵士信息科技有限公司)报告,2022年Keep在运动健身App领域的渗透率为4成以上,占据行业内广告营收份额的8成以上。

从自己身上找到的创业机会

1990年出生的Keep创始人兼CEO王宁,是个长着张娃娃脸、戴着黑框眼镜的阳光大男孩。他平时爱穿叶绿色冲锋衣、卡其裤,还挽着裤脚,许多新员工都把他当作实习生。可就是这样一个"90后"大男孩,硬是把Keep做得风生水起。

2013年10月,身高1.76米、体重90千克的王宁意识到超胖的体型不但不利于找女朋友,甚至连走路也喘得厉害。于是王宁就开始减肥,他没钱去健身房请专业教练,就在知乎、贴吧等上搜集健身干货,摸索着练习,10个月减肥25千克。

他发现,有关减肥的视频、文章更新很慢,而且要找到优质内容如大海捞针,也缺乏系统性。知乎、豆瓣、贴吧中各种减肥组里的人也有这种困惑,如果有App能聚合各种减肥信息就好了。

王宁觉得这件事值得试一试，于是就找来他在猿题库工作时的同事彭唯、大学同学和另一名搞技术的朋友，搭了个4个人的草台班子，开启了做健身内容平台——Keep1.0 的创业之旅。

"埋雷"+内测积累第一批用户

2015 年 1 月，Keep 团队进入正常工作状态。当时他们的目标用户比较集中，就是运动或减肥爱好者。这些目标用户分散在知乎的运动健身区、豆瓣小组、减肥吧、健身吧、微信群和QQ 群里。这些渠道里的用户对健身方面的话题关注热度很高，王宁就带着两三个运营人员深挖这些渠道，写一些健身、减肥的帖子。

这些帖子丝毫不提 Keep，就是专注于运动健身的干货。当时互联网上相关的高质量内容不多，因此在社会化媒体里聚集了很多粉丝。这样操作了两三周，王宁团队拥有了一定话语权和影响力。

此时，Keep 也上线了，Keep 运营团队再在帖子里提到 Keep，推荐这款"新上线的、挺不错、几乎解决了所有事情"的 App。尽管有广告色彩，但因为运营团队埋了很长时间的"雷"，分享了很多干货，获得了大家的信任，因此在 Keep 上线初期，所有目标论坛和群都在讨论它，使得 Keep 在用户的核心群体里一下子火了。

2015 年 1 月，Keep 运营团队开始"埋雷"，2 月上线点燃之前埋的"雷"后，几乎每天新增上万用户。这样，Keep 就获得了第一批用户。

除了"埋雷"，他们还做了另一手准备：组织内测活动。他们在新媒体上招募了一些内测用户，原计划是邀请 400 人参加内测活动。出乎意料的是，内测包发出去之后，这近 400 人迅速把它推广给了几千人。产品还未上线，Keep 就有了 4000 多个注册用户。

"这 4000 多个注册用户，像核武器一样，迅速爆发推广。这 4000 多个内测核心用户加上我们在新媒体里面埋的"雷"，两股力量一起往前推进就走到了今天。"王宁说。

产品本身的力量

在推广过程中，除了重视运营方式，还要关注产品本身的力量。积累 20 万用户后，Keep 在商店分类榜 5~10 名的位置上下波动。苹果的编辑注意到了 Keep，在商店首页做了推荐，用户量一下子就增加了。Keep 是 2015 年苹果 App 商店年度精选，在大中华区苹果零售店摆的 iPhone 里全部预装了 Keep。

在产品设计上，Keep 鼓励用户分享，训练完的人也愿意在朋友圈、微博、QQ 空间等社交媒体里面"秀"一下，这个时候又会回流很多用户，这是滚雪球效应，用户基数越来越大，滚的速度就会越来越快，辐射到的用户也越来越多。Keep 微博粉丝 180 多万，微信粉丝 35 万。Keep 市场总监赵茜和她的同事每天会在微博上搜索与 Keep 相关的内容，对相关内容点赞、转发，用户得到鼓励后，会更加积极地在微博上分享 Keep。

王宁认为 Keep 能走到今天，是因为以下两点：第一，产品足够简单。Keep1.0 就只做一个功能，即提供简单的运动视频，让用户动起来。第二，产品能够保持足够好的调性，不管是 UI(user Interface，用户界面)的调性，还是运营调性，王宁希望年轻人使用 Keep 是给自己贴上年轻时尚的标签。

在 Keep 用户中，按性别划分，女性用户占 55%左右。按年龄划分，"90 后"用户占 50%，"80 后"和"00 后"用户各占 20%。

雪球要滚得大，需要雪下得大、下得厚。王宁站在了消费升级、注重健康运动的大势上。越来越多的人对运动、对身材有了追求。

渐进式团队建设

2012年，王宁加入猿题库实习，见证了猿题库从0到1的过程，他带着150个实习生团队做新项目——猿题库高考，从找房子、装修、招聘到管理这150个人的衣食住行，积累了丰富的管理经验："你可以理解为在运营一家迷你公司，除了技术部门没有接触，其他都做了。"

在猿题库实习时，王宁也不断摸索出一些技巧，小到CEO怎么给员工写邮件，大到公司如何做战略决策，他会去分析为什么CEO这样做。创业之后，王宁认识到了猿题库的踏实、有魄力。猿题库的实习经历也让王宁收获了他的合伙人彭唯。

彭唯是猿题库产品经理，王宁觉得和他的价值观相似，性格、做事风格又能互补："我的优势在团队整合、市场、运营上，彭唯的强项是产品、技术。"早期的创业公司，只要产品、技术、市场运营做好了，就能把产品做出来。

王宁的草台班子做Keep1.0，花了两三个月时间、二三十万元开发出来，靠着朋友推荐获得了泽厚资本天使轮300万元投资。2015年2月4日，Keep正式上线。

前期，王宁花了更多时间在组建团队上。他阅读了大量创业相关的书，意识到团队最重要，需要他信任团队，团队也信任他。他不断筛选身边的人，与他们深度接触，像沙漏一样，一层层筛选，确定一两个人，合作一段时间。

做Keep的过程中，王宁对团队管理最大的感悟是，彼此的信任非常重要。早期，王宁与彭唯分工不同，王宁负责市场运营，彭唯负责产品技术，两人在前期会进行充分的讨论，达成一致后，王宁就充分信任彭唯可以把这件事情做好。他觉得只要方向是对的，没有必要在细节上干涉合伙人特别多。

王宁是充分放权的人，他信任自己选择的人会做好事情。

做一个伟大的品牌

自2015年创立至今，Keep一直瞄准中国健身群体中最庞大的"小白"人群，在用户数量上保持持续增长，并且其运动内容当前已经涵盖了健身、跑步、瑜伽、骑行、足球、社区和饮食等领域。

在业务拓展方面，2018年Keep开始尝试与漫威、环太平洋、热血街舞团等品牌IP(intellectual property，知识产权)进行合作。2022年Keep站内流量持续增长，用户黏性不断增强，运动场景显著增加，跳绳、冥想、奖牌赛事和骑行成为2022年风靡全网的运动热点品类。

现在看来，Keep在尽可能纳入更多的内容，一方面是持续创造和保持目前的优势，另一方面是在寻求更多变现的内容和渠道。

王宁喜欢Airbnb，认为那不仅仅是一款帮助人们找到房子的App，也是分享精神的传道者。他认为伟大的公司都一定传递着某种价值观，他希望把Keep做成一家伟大的公司。

(资料来源：作者参考相关资料编写)

思考题：
1. Keep的创业团队是怎样形成的？
2. 在平台上线之前，Keep团队做了哪些重要工作？

3. 王宁为什么要花大量时间组建团队？
4. 你认为王宁像沙漏一样层层筛选合作者有必要吗？
5. 本案例对你有哪些启示？

2.3 创业团队管理

根据不同逻辑组建的团队各有优劣，在日后的团队管理方面的侧重点也不一样。对于理性偏好组建的创业团队，团队管理的重点在于经常沟通和协调，整合团队成员的技能，强化相互之间的信任。对于情感偏好组建的创业团队，团队管理的重点在于信任感的维持和外部资源的整合，尽量避免决策中的一致性倾向。但是，无论哪种类型的创业团队，都有必要借鉴以下方式加强对创业团队的管理。

2.3.1 打造共同愿景

真正有效的管理能够激发人的内在动机，依靠人的主观能动性进行自我管理。创业者要带领创业团队取得成功，最有效的办法是打造共同愿景，即共同的愿望和追求，并通过共同愿景的力量，激发创业团队成员发挥自身潜能去实现创业目标。共同愿景不是空洞的口号，而是能够唤醒人心里的热情的壮美蓝图。因此，打造共同愿景不是由创始人闭门造车，而是由团队成员共同去编织企业的未来之梦。

谈共同愿景有一个最基本的前提条件，那就是要搞清楚如下三个问题：你们的企业是什么？你们的企业将是什么？你们的企业应该是什么？如果仅仅是做一家抓住某个机会挣点钱的公司，根本不需要共同愿景，只要能"挣到钱，分好钱"就行。但是，如果要做成一番事业，就必须有长远打算，必须有共同愿景。而打造共同愿景的基础不是团队成员的物质欲望，而是其共同的理想信念和价值追求。换句话说，就是团队成员必须有相同的价值观和人生追求，因为任何团队都不可能适合所有人。

2.3.2 明确权力分配

在创业团队组建之后，建立合理的企业所有权分配机制，是创业团队必须解决的关键问题。合理的企业所有权分配机制能增强创业团队的凝聚力，激励创业团队成员更好地为实现企业目标而奋斗，有利于企业的长远发展。在确定企业所有权分配机制的过程中，需要注意以下几个原则性问题。

(1) 按照贡献分配所有权。 在现实中，按照出资额的多少来分配是最常见的做法，其弊端是忽略了没有出资但有关键技术的成员对企业的贡献。因此，较为合理的方式是：按照团队成员对企业的长期贡献来确定公司的股权和所有权。

(2) 控制权与决策权统一。 初创时期，应实现控制权与决策权统一。股份大的成员在不拥有公司控制权的条件下，其内心可能比其他成员更看重新创企业，更容易去挑战其他成员，甚至决策者的权威，从而引起团队冲突和矛盾。

(3) 树立共享财富的理念。 在企业所有权分配问题中，要做到兼顾公平和激励并不容易，但如果创业者拥有宽广的心胸和"与帮助你创造价值和财富的人一起分享财富"的理念，会使其不再纠结于持股的百分比问题，而关注如何把企业做大。

2.3.3　建立管理规则

要处理好团队成员之间的权利和利益关系，创业团队必须制定相关的管理规则。团队创业管理规则的制定要有前瞻性和可操作性，要遵循先粗后细、由近及远、逐步细化、逐次到位的原则。这样有利于维持管理规则的相对稳定，而规则的稳定有利于团队的稳定。企业的管理规则大致可以分为以下三个方面。

(1) 治理层面的规则。 该规则主要解决剩余索取权和剩余控制权问题。治理层面的规则大致可以分为合伙关系与雇佣关系。在合伙关系下，大家都是老板，大家说了算；而在雇佣关系下，只有一个老板，一个人说了算。

(2) 文化层面的规则。 该规则主要解决企业的价值认同问题。它包括很多内容，但也可以用"公理"和"天条"这两个词简要概括。所谓"公理"，就是团队成员共同的终极行为依据。所谓"天条"，就是团队内部任何人都碰不得的东西。

(3) 管理层面的规则。 该规则主要解决管理权问题。管理层面的规则最基本的有三条：平等原则，制度面前人人平等，不能有例外现象；服从原则，下级服从上级，一切行动要听从上级指挥；等级原则，不能随意越级指挥，也不能随意越级请示。

2.3.4　健全运行机制

随着团队效益的日益显现，各行各业纷纷引入团队方式进行组织管理。然而团队并非总是解决问题的答案，因为它比个体工作需要更多的时间和资源。例如，团队增加了相互沟通的要求，需要管理更多的冲突，需要召开更多的会议。因此，在实施团队方式之前，创业者要仔细评估工作的要求，看其是否可以从共同协作的努力中受益。

关于团队组建后能否有效工作，图 2-3 的团队效果模型给出了一套判定的方法和标准。这个模型显示，组织文化、团队设计和报酬等团队背景因素会生成一系列影响团队有效性的运作活动。反过来，绩效、成员满意、团队学习和外部满意等团队效果也会影响团队运作。团队运作由内部团队过程和边界管理两部分构成：内部团队过程主要包括思想交流、相互影响、团队任务以及维持功能、决策制定、冲突管理、气氛营造和情感流露；边界管理主要包括缓解团队的权力斗争，说服管理层支持团队工作，以及在工作期限上与其他团队协调和磋商等。

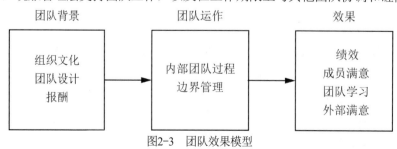

图2-3　团队效果模型

使用团队效果模型的关键在于形成健全的运行机制。其中主要包括组织文化、工作流程和报酬系统，这些条件如果得到满足，团队就会高效。这种效果反过来又会鼓舞团队士气并提高团队完成恰当进程的能力。接下来团队就会进入良性循环，它们的流程和效果会持续改进。但不幸的是，很多团队或是工作流程有缺陷，或是不容于组织文化。在这种情形下，团队就会进入恶性循环，不能实现充分运作，从而管理效果欠佳，而这又会反过来增加团队中的冲突和混乱，进一步降低团队管理效果。

因此，创业团队的管理一定要特别注意如下问题。

(1) 在激励机制上，优秀团队会在设计员工的各种奖励机制时，将奖励与个人在一段时期内的贡献和工作成绩挂钩，并随时根据实际情况做出调整。

(2) 创业团队要通过组织条例、财务条例、纪律条例、保密条例等各种约束制度，指导其成员避免做出不利于团队发展的行为，对其行为进行有效约束，保证团队的稳定秩序。

(3) 创业团队要通过各种积极、高效的沟通制度，维护创业团队成员间的互信与合作关系，同时要采取必要措施，有效预防和管理组织与组织、组织与个人和个人与个人之间的矛盾冲突，从而真正实现团队整体效益大于团队个体效益之和。

扩展阅读

扩展阅读 2-7
让优秀员工当老板

扩展阅读 2-8
"高手"诚聘高手

扩展阅读 2-9
复星集团五虎将

案例分析

复星创业团队的组建与成长

2022 年 12 月 15 日是复星"三喜临门"的好日子。一喜是举办了复星 30 周年全球员工嘉年华活动，二喜是复星旗下全球时尚奢侈品集团 Lanvin Group(复朗集团)在纽约证券交易所上市，三喜是旗下 Club Med(地中海俱乐部)位于日本北海道的又一家度假村 Kiroro 开业。从一个无技术、无资金、无人才的大学生创业企业起家，通过 30 年奋斗成长为一个总资产超 8000 亿元，年营收达 1612 亿元，全球员工超过 10 万名，领域横跨健康、快乐、富足、智造的全球家庭消费产业集团，复星是如何发展起来的，又是怎样让这 10 万名员工保持活力的呢？

复星团队的组建

复星创办于 2012 年，当时的名字叫广信科技。那时郭广昌是复旦大学团委干部，梁信军是校团委调研部部长，汪群斌是生命学院团总支书记，范伟是学校誊印社的经理，谈剑还在读书。如今，在复星多元化的产业链条中，郭广昌成了整个企业集团的灵魂；梁信军是副董事长兼副总裁，成为复星投资和信息产业的领军人物；汪群斌是复星实业总经理，专攻生物医药；范伟掌管房地产；谈剑负责体育及文化产业。

在梁信军眼中，郭广昌是个极有魄力的领导者。21年前，郭广昌带着一帮刚走出校门的年轻人靠38 000元开始创业，如今已经坐拥200多亿元资产，复星也成为中国民营企业前三甲，并在医药、房地产、钢铁、商业四个领域都有出色表现。虽然涉及的行业不少，但郭广昌有其原则：能买的不租，能租的不建。

他选择扩张对象的底线是：非要行业龙头不可。2005年，复星董事会的人数已由最初的5人增加到7人，新增的是财务、法律、人力资源等方面的专家。"做重大决策我们从来不举手表决，遇到矛盾时通过充分沟通以达成共识，没有形成共识的就放弃，以做到科学决策。"梁信军说。

在2004年5月复星投资的宁波建龙项目被曝光后，作为领军人物的郭广昌更是在风口浪尖上展现了一个领军人物的魄力。舆论一度猜测宁波建龙可能成为"铁本第二"，同时坊间对复星的资金链也一度产生疑问。

面对这次危机，郭广昌果断地采取了两条应对措施：聘请著名国际会计师事务所——安永会计师事务所对复星(包括非上市部分)进行了全面的财务审计，把有关的报告提供给利益关系人；对战略进行了调整，提出适度的多元化，但要坚决贯彻经营的专业化，同时请权威的国务院发展研究中心对复星的竞争力进行评估。

后来，郭广昌把这一场风波看成对复星的"体检"：检查民营企业的心态是否健康，体质是否健康。事实证明，复星经受住了宏观调控的考验。

复星团队的分工

当年推举郭广昌做领头人时，梁信军这样表述他的理由：郭广昌情商高，能很好地整合与协调团队。另外，在战略思考上，每次当一件事达到一个水准，我们觉得可以歇一口气的时候，他都能提出一个新的像大山一样的目标。他善思辨，新奇的想法从来不断。2004年，在王均瑶去世后，浙江东阳人郭广昌接任上海浙江商会会长。"在我和郭广昌身上表现出来的更多是浙商的共性。"梁信军说。

浙江台州人梁信军坦言，浙商以"四千"精神 (走遍千山万水，道尽千言万语，想尽千方百计，吃尽千辛万苦)著称，台州商人有浙商的共性，如低调、喜欢单打独斗(很多在外地的台州商人，当年都是背着修鞋机、挑着货郎担白手起家的)，但也有差异，如在复星，他们把企业文化与团队精神放在同一个战略高度。

梁信军的口才好、反应快、精力充沛、善于沟通交流，这些特点几乎是复星创业团队公认的，所以他做了集团的党委书记和新闻发言人。梁信军称，自己其实也是性情中人，坦言今天很多人都看到了复星成功的一面。"其实是'一将功成万骨枯'，"梁信军慨叹，"复星走过的30年中，民营企业面临的难题，我们都经历过，只是在大的成功面前，外界都习惯于把小的失败淡化。"

当年"五虎将"里的另外3人都在复星多元化产业里独当一面，"当年分工时就考虑到汪群斌、范伟和谈剑可能更适合做产业，做具体事情，"梁信军说，"如果没有汪群斌、范伟和谈剑他们兢兢业业地去操劳，再好的战略也等于零"。在复星的五人团队中，英俊的范伟略显沉默，也极少在媒体上露面，不过他麾下的复地集团在房地产业界倒是让人刮目相看。"他做的比说的要多。"梁信军评价道。

在5人中,梁信军、汪群斌、范伟均为复旦遗传学专业毕业,这样的一个团队注定会与医药行业结下不解之缘。汪群斌最早和研究部门的技术人员成功开发了复星第一个核酸试剂——乙肝DNA核酸试剂盒,为复星进军医药行业打下了坚实基础,后来他提出的"生物医药新经济"概念也引起了业界的广泛关注。1995年,PCR(polymerase chain reaction,聚合酶链式反应)乙型肝炎诊断试剂的成功为复星的"五虎将"赚到了第一个1亿元。

5人中唯一的女性谈剑,在公关等事务上有特殊优势,同时她是上海星之健身俱乐部总经理。从2000年复地房产在开发楼盘时,为了制造卖点,在小区内建设了一个足球场的无心插柳开始,至今,"星之"已有了12家门店,她的身影出现在很多住宅小区的会所中。这样的选址既避开了市中心商务楼昂贵的租金压力,也让健身与普通市民走得更近,这样一举多得的策略是谈剑成功的秘籍之一。

对此,梁信军称,他们5个人就像5根手指,哪根也少不得。五根手指攥紧,就是一只拳头。复星强调的是团队管理。梁信军认为,创业团队要经得起成功、失败的考验,仅靠友谊是不够的。除了他们几个人在学校就建立起来的良好关系之外,浙商的精神也在他们身上有所体现,由这种共同的文化演绎而成的企业文化,是五人同心的最大基础。

复星团队的发展

从高校走出的复星团队,抓住改革开放的历史机遇,以咨询业务、医药、地产等业务起步,获得了稳健、持续的高速发展。同时依托中国在顺周期下的成长动力,积极参与豫园、南钢、招金等国企混改,形成多产业的综合类企业,并成功实现在港交所上市。

2012年,复星以"创新驱动的家庭消费产业集团"为定位,践行"中国动力与全球资源"双轮驱动,以"全球化+新产业"进行布局,不断进入新的产业、领域,坚持"深度产业运营+产业投资",聚焦家庭客户健康、快乐、富足的需求,智造幸福生态系统。

基于新的发展定位,复星设立了"创新合伙人"制度,汇聚复星生态体系中的创新人才与资源。其中,科技发展类合伙人主要覆盖医药研发、智能科技、智能制造等创新领域,创意创新类合伙人主要是复星在产品设计、IP打造、建筑设计等领域的顶尖人才,名匠则包含了许多非遗传承人以及手工艺匠人等领军工匠。

从2016年开始,复星又针对核心管理人员便设立了"全球合伙人制度"。在郭广昌看来,全球合伙人不仅仅是在某个熟悉的领域或赛道攻城拔寨的将才,更应该是具有高瞻远瞩的大局观和全球领导力的帅才。截至目前,复星全球合伙人的数量已由最初的18位上升至140多位,其中有20位来自美国、法国、英国与葡萄牙等国家,支撑着复星的全球化战略。

2022年复星宣布进入共创业发展阶段,要求坚持"C端置顶、M端登顶",打造FC2M幸福生态,不断进化"万物智联"时代下的全球化组织与能力。对此,郭广昌对全球合伙人提出了更高的要求,即除夯实自己板块的业绩以外,还要能够在复星的最顶层打造FC2M的生态系统环境,以各个全球合伙人为生态融通的节点,促进集团板块、条线间产生乘数效应。

郭广昌认为,复星的将帅之才不仅要做好球员,能够躬身入局,本职工作扎实,也要做好教练,能够定好目标,有能力带好团队,更要做好董事,在工作中从集团角度出发考虑问题,到边到底地发挥好全球合伙人的重要作用。

除全球合伙人以外,复星还设有240多位产业合伙人、350多位各职能条线的合伙人,以及在科创、名匠等不同维度下的60多位创新合伙人。这些合伙人进一步为复星全球化和科技创新的战略落地提供坚实的保障。

(资料来源：作者参考相关资料编写)

思考题：

1. 复星创业团队能够在一起创业的最大基础是什么？
2. 复星创业团队具有哪些特点？他们的结构有哪些优势？
3. 复星创业团队带头人郭广昌的性格有哪些特点？
4. 复星创业团队是如何成长和发展的？
5. 本案例对你有哪些启示？

本章小结

本章的主题是创业者与创业团队。本章包括三个相对独立的模块：一是什么样的人能成为创业者，主要介绍了广义与狭义的创业者的区别，创业者的人格特征，创业者的知识结构和能力结构，以及基于创业动机的创业者分类。二是创业团队组建，主要探讨了创业团队的概念，创业团队的构成要素，创业团队的组建程序和组建原则。三是创业团队管理，主要探讨了创业团队管理应该注意的问题：打造共同愿景、明确权力分配、建立管理规则和健全运行机制。本章的重点是创业者的知识和能力结构，以及组建创业团队的程序和原则，本章的难点是什么样的人能成为创业者。

网络情境训练

一、观看与思考

在网上搜索推荐的视频，在反复观看的基础上，思考相关问题并与同学交流。

1. 电影：《中国合伙人》

思考题：

(1) 本片中的创业团队有什么特点？
(2) 本片中的团队创业有哪些优势？
(3) 你从这部电影中得到哪些启示？

2. 第四届中国国际"互联网+"大学生创新创业大赛总冠军："中云智车——未来商用无人车行业定义者"路演视频

思考题：

(1) 本项目的亮点是什么？它是怎样展现的？
(2) 本项目还存在哪些问题？应该怎样改进？
(3) 本项目的团队结构对你有哪些启发？

3. 第八届中国国际"互联网+"大学生创新创业大赛全国总决赛金奖(高教主赛道本科生创意组)："柔化科技——高精度柔性传感器引领者"

思考题：

(1) 他们是如何讲述自己的创业故事的？

(2) 你印象最深刻的三个信息点是什么？

(3) 如果你是投资人，打动你的三个关键点是什么？

二、阅读与思考

在网上搜索推荐的资料，在反复阅读的基础上，思考相关问题并与同学交流。

1. 高级幕僚. 这才是最牛团队——从携程到如家、汉庭[M]. 广州：广东经济出版社，2010.

思考题：

(1) 携程团队有哪些优势？

(2) 携程团队的组织架构对你有哪些启示？

(3) 携程团队为什么会拆分？

2. 曹磊，杨丽娟. 从13人到9000多万：史上最牛创业团队[M]. 北京：人民日报出版社，2020.

思考题：

(1) 中国共产党是在什么背景下成立的？

(2) 为什么说中国共产党是史上最牛创业团队？

(3) 本书对你有哪些启示？

3. 徐焰，解放军为什么能赢：写给新一代人看的军史[M]. 广州：广东经济出版社，2012.

思考题：

(1) 中国人民解放军是在什么背景下成立的？

(2) 解放军为什么能赢？

(3) 本书对你有哪些启示？

三、体验与思考

1. 请同学们在学习强国 App 上搜索习近平总书记在中国共产党第二十次全国代表大会上的报告，在反复学习和体验的基础上，思考如下问题并与同学交流。

思考题：

(1) 为什么说党的十九大以来的 5 年是极不平凡的 5 年？

(2) 如何理解党的十八大以来党和国家事业取得的历史性成就？

(3) 如何理解我们的工作中还存在一些不足，面临不少困难和问题？

2. 得到App与罗辑思维微信公众号。

思考题：
(1) 罗辑思维是一个什么样的组织？
(2) 罗辑思维是怎样激发员工创业热情的？
(3) 罗辑思维的组织结构和工作方式对你有哪些启示？

3. 韩都衣舍的网站和电商平台。

思考题：
(1) 为什么说韩都衣舍是一个创业平台？
(2) 韩都衣舍的组织结构和工作方式对你有哪些启示？
(3) 你现在可以与哪个平台或机构合作开展自己的创业实践？

真实情境训练

一、阅读与思考

阅读以下节选的党的二十大报告内容，在反复阅读的基础上完成思考题并进行小组讨论。

我们创立了新时代中国特色社会主义思想，明确坚持和发展中国特色社会主义的基本方略，提出一系列治国理政新理念新思想新战略，实现了马克思主义中国化时代化新的飞跃，坚持不懈用这一创新理论武装头脑、指导实践、推动工作，为新时代党和国家事业发展提供了根本遵循。

我们对新时代党和国家事业发展作出科学完整的战略部署，提出实现中华民族伟大复兴的中国梦，以中国式现代化推进中华民族伟大复兴，统揽伟大斗争、伟大工程、伟大事业、伟大梦想，明确"五位一体"总体布局和"四个全面"战略布局，确定稳中求进工作总基调，统筹发展和安全，明确我国社会主要矛盾是人民日益增长的美好生活需要和不平衡不充分的发展之间的矛盾，并紧紧围绕这个社会主要矛盾推进各项工作，不断丰富和发展人类文明新形态。

思考题：
1. 党的二十大报告如何评价党的十九大以来我党取得的成绩？
2. 理论、目标和战略对创业团队的发展有什么作用？
3. 中国共产党为什么能够带领中国人民取得中国特色社会主义建设的伟大胜利？

二、三湾改编模拟

请同学们在对三湾改编及相关党史资料认真学习的基础上，了解中国共产党领导的人民军队的建立和发展过程，编写《三湾改编》情景剧脚本，并进行角色扮演。分组模拟后，进行个人反思和小组讨论。

请教师引导学生理解中国共产党领导的人民军队能够由小到大、由弱到强，并最终取得中国革命的胜利，就在于其始终能够坚持党的领导，具有坚定的共产主义信念、官兵平等的民主制度和严明的组织纪律。

三、生涯人物访谈

生涯人物访谈是了解和选择职业的常用工具，它不但能帮助我们了解职业岗位的职责、要求、入职通道和晋升路径，而且能帮助我们了解其从业者的工作满意度、生活状态和心理感受。下面请结合个人所学专业和发展意愿，准备一次为期两周的生涯人物访谈。

生涯人物访谈的对象为 7~9 人，要求其工龄能覆盖从入职到退休的整个职业生涯的全部关键点，且具有一定的代表性。要做到这一点，需要找到相关领域的专业人士，对生涯人物选择给予一定的指导和帮助。

为了保证访谈能够取得预期效果，要在访谈之前设计一份访谈提纲，访谈提纲至少应该包括如下内容：岗位的职责和主要活动、岗位的综合素质和职业技能要求、岗位的薪酬水平、从业者的生活状态和自我效能感等。

在进行生涯人物访谈过程中要注意如下问题：访谈形式可以多样化，要注意控制访谈时间，不给访谈对象带来不必要的麻烦；访谈时要做好记录，在对方允许的情况下，最好进行录音或录像；访谈结束后要对访谈内容进行整理，并对访谈结果进行深入分析。

创业竞赛指导

一、组建创新创业团队

结合本章所学知识，以团队的方式组建研究性学习小组，在组建团队时除考虑彼此的合作是否有助于学习任务完成外，还要考虑是否参加下面的比赛、实践和项目申请。

(1) 参加中国国际"互联网+"大学生创新创业大赛。
(2) 参加"挑战杯"全国大学生课外学术科技作品竞赛。
(3) 参加"挑战杯"中国大学生创业计划竞赛。
(4) 在校内开展创业实践。
(5) 在校外开展创业实践。
(6) 申请"大学生创新训练"项目。
(7) 申请"大学生创业训练"项目。

注意： 在保证团队成员拥有共同目标的前提下，要注意团队成员的专业背景与创业项目之间的关联性，并尽量选择在教育背景、社会关系网络、个人经历之间存在差异的成员。

二、中国国际"互联网+"大学生创新创业大赛金奖作品分析

我知盘中餐——大数据精准助农平台

2018 年 10 月 13 日至 15 日，由教育部等 11 个部委联合主办的第四届中国国际"互联网+"大学生创新创业大赛总决赛在厦门大学举行，"我知盘中餐——大数据精准助农平台"项目荣获本届大赛红旅赛道金奖。

"我知盘中餐——大数据精准助农平台"项目是由厦门大学张德富教授指导，陈欢、江建烽、韩奕、杨露、高晨睿等 20 多名学生共同参与的创新创业项目。该项目利用大数据、人工智能等技术实现精准助农扶农，解决农业痛点难点，涵盖了种植规划、技术指导、市场营销以及品

牌建设等农业四大核心环节。

该项目的载体是我知盘中餐(厦门)电子商务有限公司,该公司成立于2015年,总部位于厦门。公司主营项目"盘中餐"大数据应用平台采用了HTML5跨平台技术,并成功研发了智能物流配送系统,实现了农产品到餐桌两点之间的智能对接。

"盘中餐"大数据应用平台是由张德富教授带领的51人技术大团队历经4年多时间研发出的农餐产业链平台,解决农产品产供销问题和餐饮业经营的痛点与难点,实现食品安全溯源和农餐大数据共创、共享、共赢。

"盘中餐"大数据应用平台的功能包括:①预订和点餐(含移动点餐)系统;②农产品供应商管理系统;③"农—餐"信息自动对接系统;④物流配送系统;⑤加盟商管理系统;⑥主后台管理系统;⑦金融系统。

"盘中餐"大数据应用平台也成了全国领先的农产品供需分析大数据平台以及可以整合运营与协调各地红旅项目的创新平台。它依附于数字福建大数据基础技术厦门研究院,承接了华为、易联众等大型企业大数据项目10余项,其中的一些核心技术已逐步应用到该平台。

该平台颠覆了传统市场模式,解决了以下问题:农产品的产、供、销问题,食品安全及溯源问题,餐饮业经营的痛点、难点,物流配送问题和大数据分析问题。这些问题的解决让农产品生产企业和餐饮企业实现了连锁式发展、规模化经营。

面世3年以来,该平台始终秉承"以透明可靠的销售渠道让农民满意,以品质和信誉让消费者放心,以平等互利让合作者依赖"的理念,每年都组建多支实践队,奔赴革命老区和贫困地区,依托"盘中餐"大数据应用平台开展精准扶贫和乡村振兴实践活动。

项目团队通过高校、企业、学校平台联合进行电商扶贫,利用大学生的知识和智慧,对农村地区原生态产品,从生产、包装设计、品牌策划到市场营销进行全方位指导和帮助,有效地解决了很多高校实践团队没有自己的平台、难以把电商扶贫做实做细、做出成效的问题。

项目团队还针对农产品销售及食品安全等问题,组织当地农民依托"盘中餐"大数据应用平台开展创业培训,让互联网大数据助力农业生产,让农民了解互联网、大数据、电商等知识,从而拓宽农民脱贫致富的思路,激发当地群众创业致富的内生动力。

在培训过程中,项目团队一方面现场解答农民提出的问题,手把手教农民使用平台销售农产品;另一方面通过文创和宣传等活动,提高农特产品的附加值,从而拓宽了农产品销路,提高了农民的收入。

截至2018年10月参加决赛,项目团队已实地对接了贫困村400多个、农村合作社300多家,并与全国50多个贫困县签署了合作协议。平台的成效先后得到了福建省教育厅、厦门大学、中国银行咸阳扶贫工作组、建设银行厦大分行等各地政府和组织的大力赞扬。

该项目也获得新闻联播、新华社、人民网、中国网、光明网、网易新闻、搜狐、今日头条、中国大学生网等多家媒体的报道,产生了一定的社会影响,使扶贫等问题得到广泛关注,扩大了贫困地区特色产品的知名度,吸引了更多的社会力量助力脱贫攻坚。

(资料来源:作者根据网上资料和大赛现场录音编写)

思考题:
1. "盘中餐"项目有哪些创新之处?
2. "盘中餐"项目整合了哪些资源?

3. 怎样理解红旅赛道的商业性？
4. 什么样的项目适合参加红旅赛道比赛？
5. 你有哪些可以用于参加红旅赛道比赛的资源？
6. 这个案例对你有哪些启示？

三、中国国际"互联网+"大学生创新创业大赛参赛经验分享

如何选择和完善红旅赛道项目

选择和完善红旅赛道项目，首先要了解红旅赛道的来历，以及它的评分标准和评委倾向。红旅赛道起源于参赛团队与贫困地区进行项目对接的活动，随着社会各界对它的高度重视，才演化成了今天的红旅赛道。

红旅赛道可以理解为高等院校作为社会生产要素的一分子，对于"三农"问题提出的解决方案，也就是将高校资源与解决"三农"问题有效结合，靶点是精准扶贫和乡村振兴这两个国家战略。解决方案不能仅简单地停留在以下两个一般层次：

第一是作为一项活动，它不能简单地停留在一般意义的社会实践层次上，如农村社会调查、支教等传统或普通意义的实践，而应该是高校资源作为社会经济要素在"三农"问题上新的并富有成效的解决方案。

第二是作为一个项目，它的解决方案不能简单地停留在高校实验室或者设计、设想之中，一定要落地实践，并见到实际效果。换句话说，作为一个与实际活动结合的项目，它一定要用结果来说话，一定要解决一些问题。

沿着这个思路，红旅项目应该有一套自己的逻辑，主要体现在以下方面。

(1) 某个地区、某个涉农产业、涉农行业的现状如何，有哪些制约地区、产业、行业发展的问题存在。

(2) 高校团队拥有一项或者几项相关技术，或者其他解决方案，相关技术或模式以及基本应用原理是什么。

(3) 这个解决方案在这个地区、行业、产业已经在一定范围内使用，实践前后对于产业、行业、地区带来的变化是什么。

(4) 这种解决方案是否有一定的技术含量，是否有一套方法或工具，是否具备在更大的区域推广的可复制性。

(5) 如果是一个商业运营项目，应考虑项目自身的盈利模式以及可持续性；如果是一个公益项目，应考虑公益的可持续性问题是否能够解决或已经解决。

(资料来源：作者根据网上资料和大赛现场录音编写)

第 3 章
创业机会与创业风险

本章目标

1. 了解创业机会的来源和作用。
2. 掌握创业机会的识别方法和评价工具。
3. 理解效果逻辑与因果逻辑的主要区别。
4. 理解创业思维的主要特点和基本原则。
5. 理解创业思维与管理思维的主要区别。
6. 掌握创业风险的来源、分类和识别方法。
7. 能够运用所学知识进行创业风险管理。

问题与情境

《流浪地球 2》热映带火商汤科技智能积木等周边产品

随着春节档科幻电影《流浪地球 2》的热映，电影中的智能机械狗笨笨等周边衍生品也开始大受追捧，不少网友表示想购买笨笨的模型。据商汤科技透露，截至 2023 年 1 月 26 日，在《流浪地球 2》上映第五天，智能机械狗笨笨已经被预订超 1100 只，全网销售额破 100 万元。

具体来看，商汤科技"羊很大"联合电影方推出了智能机械狗笨笨的 1∶2.5 比例复刻积木，售价 899 元。该积木拥有超过 1800 个零件，可使用 3D 图纸拼接，支持手机 App 进行前后、左右、旋转、漂移等操控，承重 2 千克，实现多功能运输，拥有手动伸缩机械臂，自由切换表情，此外还特设月球海底 AR(augmented reality, 增强现实)场景。此外，52TOYS 万能匣、布鲁可流浪地球 2 联名积木官方正版手办、温感马克杯等，也开始在天猫和京东商城上线。

"羊很大"是由商汤科技 2020 年孵化的潮流文创品牌，该名字创意来自商汤科技 CEO 徐立。他说我们是黑羊文化，所以起名字的时候想了"羊大"，古人认为"羊大为美"，寓意店内皆好物。给到供应商去注册的时候，供应商脱口而出："好名字，大羊。"看来名字还是比较容易读反，所以中间加了一个"很"字——羊很大，这下不会搞错了。

(资料来源：作者根据相关资料改写)

第3章 创业机会与创业风险

思考题：
1. 《流浪地球 2》为什么能够热映？
2. 发现商机需要创业者具备哪些素质和能力？
3. 电影周边衍生品的热销需要具备哪些条件？
4. 从本案例中你得到了哪些启示？

3.1 创业机会

创业是发现市场需求，寻找市场机会，通过投资经营企业满足这种需求的活动。创业的目标是满足顾客需求，解决顾客意识到和没有意识到的实际问题，这是创业项目价值来源的根本。要实现创业目标，不但需要测算市场需求，而且需要准确把握创业机会。因为创业具有机会导向性，而机会是具有时间性的。

3.1.1 创业机会的来源

创业往往是从发现、把握、利用某个或某些机会开始的。关于创业机会，不同学者有不同的看法。美国管理学家罗伯特·A. 巴隆(Robert A. Baron)和斯科特·谢恩(Scott Shane)认为：创业机会是一个人能够开发具有利润潜力的新商业创意的情境。在该情境中，技术、经济、政治、社会和人口等条件的变化，产生了创造新事物的潜力。

著名管理大师德鲁克将创业者定义为那些能"寻找变化，并积极反应，把它当作机会充分利用起来的人"。他认为创业机会来源于以下情况：意外之事，不一致的情况，基于程序需要的创新创造，产业和市场结构的变化，人口变化，认知、意义和情绪上的变化，新知识。

创业的机会大都产生于不断变化的市场环境，以及随之产生变化的市场结构、市场需求。美国凯斯西储大学创业学教授谢恩认为，产生创业机会的变革主要有技术变革、政治和制度变革、社会和人口结构变革以及产业结构变革。

(1) 技术变革。 技术变革所带来的创业机会主要源自新的科技突破和社会的科技进步。通常，技术上的任何变化或多种技术的组合都可能给创业者带来某种创业机会。其具体表现在以下三个方面：新技术替代旧技术，新技术实现新功能，新技术带来新问题。

(2) 政治和制度变革。 政治和制度变革所带来的创业机会首先表现为政府政策调整可能给创业者带来的新商机。随着社会分工的不断细化，创业者还可以通过对产业链分析在商机催生的产品或服务的上下游延伸中寻找商机。

(3) 社会和人口结构变革。 不同时期的社会和人口结构变革会产生不同的需求。例如，计划生育政策使得教育市场高速发展，人口寿命延长创造了老龄用品市场。可见，当社会和人口结构变革时，就会产生新的创业的机会。

(4) 产业结构变革。 产业结构的调整，特别是国家战略性新兴产业的发展，会带来巨大的创业机会。不同地区的产业流动也会带来与之相配合的创业机会。例如，发达国家或地区将某些产业向外转移，就会为落后国家或地区提供创业机会。

创业机会也来源于创业者的创新与创意。弗朗西斯·培根曾说："智者创造的机会比他得到的机会更多。"在现实环境中,很多创业机会都是被创业者构建出来的。有时候,创业机会并不会明显地存在于外部环境中,需要创业者通过其创造性的想象力构建出来,并且利用创业者的社会化技能,促使市场或者社会接受这个商业创意。

创业的本质是创新,创新可以是新的技术和新的解决方案,可以是差异化的解决办法,也可以是更好的措施。创新还意味着一定程度的领先。创业者在选择创业机会时,关注国家政策优先支持的领域,就是在寻找领先的项目。不具有创新性的想法,不仅将来不会吸引投资者和消费者,对创业者本人也不会有激励作用。

3.1.2 创业机会的识别

创业机会的识别是创业者与外部环境互动的过程,如图 3-1 所示。在这个过程中,创业者利用各种渠道获取有关环境变化的信息,从而发现在现实世界中产品、服务、原材料和组织方式等方面存在的差距或缺陷,找出改进或创造"目的—手段"关系的可能性,并最终识别出可能带来新产品、新服务、新原料和新组织方式的创业机会。

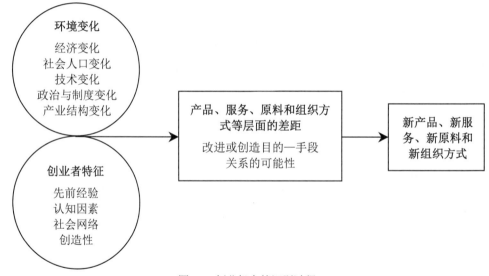

图3-1 创业机会的识别过程

创业机会识别是创业过程的起点,也是创业过程中的一个重要阶段。许多好的创业机会并不是突然出现的,而是对"一个有准备的头脑"的一种"回报"。成功的创业者能及时捕捉创业机会,并在众多的创业机会中选择适合自己的机会进行创业。

正如李嘉诚所说:"一个新事物,当只有5%的人理解时,谁去做谁就能成功;当有50%的人理解时,你只做个消费者就可以了;当有超过 50%的人理解时,你想都不用想了。"因为机会具有很强的时效性,稍纵即逝,而且失去了就不会再来。

马克·吐温也曾说过:"我极少能看到机会,往往在我看到机会的时候,它已经不再是机会了。"作为创业者,难能可贵之处就在于能发现其他人看不到的机会,并迅速采取行动把握创业机会,创造价值。

那么,怎样才能提升创业者的机会识别能力呢?比较可行的方法是:了解机会识别的影响因素，掌握识别创业机会的相关知识。这种方法虽不能保证一定会发现创业机会，但却能给人的行动提供必要的思路和指导，并在一定程度上提高机会识别的概率。

3.1.3 创业机会的评价

"创业研究之父"蒂蒙斯非常重视创业机会的作用，为了帮助创业者识别和评价创业机会，他提出了一个创业机会评价框架。这个评价框架涉及行业和市场、经济因素、收获条件、竞争优势、进入障碍、管理团队、个人标准、理想与现实的战略差异化等八个方面的指标，其具体内容见表3-1。

表3-1 蒂蒙斯创业机会评价框架

(1) 行业和市场

准则	吸引力	
	最高潜力	最低潜力
市场	市场驱动、市场识别、收入夹缝市场的不断再现	不集中，一次性收入
顾客	可以达到、订单	对其他品牌忠诚或者无法达到
用户利益	小于1年的回收期	3年以上的回收期
增值	高，提前支付	低，对市场的影响力极小
产品生命	长久	不长久
市场结构	不完美的、分散的竞争或新兴的行业	高度集中或成熟或衰退的行业
市场规模	1亿~10亿美元的销售能力	不可知，少于2000万美元或几百万美元的销售潜力
成长率	以30%~50%的速度成长	收缩的或少于10%
市场容量	达到或接近全容量	容量不足
可达的市场份额(5年内)	20%或更多，市场领导者	少于5%
成本结构	低成本的提供者，成本优势	不断下降的成本

(2) 经济因素

准则	吸引力	
	最高潜力	最低潜力
实现盈亏平衡/正现金流所需时间	1.5~2年以下	4年以上
投资报酬潜力	每年25%以上，高价值	少于15%~20%，低价值
资本要求	低到中等，有资金基础	很高，没有资金基础
内部收益率潜力	每年25%以上	每年少于15%
自有现金流的特征	有利，持久，占销售额20%~30%甚至以上	少于销售额的10%
销售额增长	中等到高达15%~20%	少于10%

(续表)

准则	吸引力	
	最高潜力	最低潜力
资产密集度	在销售额中所占比例低	高
正常运营资本	低,渐进性的要求	高要求
研发或资本开支	要求低	要求高
毛利	超过40%,可持久	低于20%
税后利润	高,超过10%,持久	低
达到盈亏平衡点所需的时间	少于2年,盈亏平衡点不会缓慢上升	大于4年,盈亏平衡点缓慢上升

(3) 收获条件、竞争优势和进入障碍

准则	吸引力	
	最高潜力	最低潜力
收获条件		
附加值潜力	高战略价值	低战略价值
多重评估和比较评估	20倍的本益比(P/F),8~10倍的息税前收入(EBIT),1.5~2倍的收入,8~10倍的自由现金流	小于5倍的本益比,3~4倍的息税前收入,小于4倍的收入
退出机制和战略	当前和未来的期权(options)	未确定的,非流动投资
资本市场内容	有利的估价、时机、可获资本,可实现流动性	不利,信贷紧缩
竞争优势		
固定和可变成本	最低,高运营杠杆化	最高
对成本、价格和分销的控制力	适度到很高	弱
进入障碍		
产权保护	拥有或能够得到	没有
反应/领导时间	竞争迟缓	不能取得优势
法律、契约优势	产权所有或排他性的	没有
契约和网络	很发达,可进入	初级的,有限的
关键人物	最具才能人物,一流团队	二流或三流团队

(4) 管理团队和个人标准

准则	吸引力	
	最高潜力	最低潜力
管理团队		
创业团队	全明星组合,自由经纪人	弱的或单个创业者
产业和技术经验	领域内最顶尖的、有极佳的商业记录	不发达的
整合	高标准	有问题的
理性诚实	知道他们不知道什么	不知道他们不知道什么
致命缺陷的问题	不存在	一个或更多
个人标准		
目标和适配性	得到你想要得到的,但要想到你已经得到的	出人意料,如同在惊叫游戏中一样
上升/下降趋势的问题	可实现的成功/有限的风险	线性的,在同一个连续体上
机会成本	可接受的工资缩减等	安于现状
愿望	与生活方式相适配	仅仅追求挣大钱
风险/回报容忍度	周密计算的风险,低风险/回报率	风险规避或赌博者
压力承受力	在压力下繁荣成长	在压力下崩溃

(5) 理想与现实的战略差异化

准则	吸引力	
	最高潜力	最低潜力
适合程度	高	低
团队	一流团队,优秀的免费经纪人	二流团队,无免费经纪人
服务管理	良好的服务理念	认为不重要
时机	顺流而行	逆流而行
技术	突破性的	有很多替代品或竞争者
灵活性	能够适应的,能迅速执行或停止	缓慢,顽固
机会导向	总是寻找机会	行动不考虑环境,对商机木然无察
定价	处于或接近领先地位	存在低价出售产品竞争者,低价
分销渠道	可得到的,有分销网	未知,不可获得
错误容忍空间	宽容战略	不宽容、刚性战略

(资料来源:姜彦福,邱琼. 创业机会评价重要指标序列的实证研究[J]. 科学学研究,2004(1):59-63.)

机会评价是创业过程中特别具有挑战性的工作,因为它要求创业者对创意的可行性采取一种公正的看法。创意只有符合一定的标准才是真正的创业机会,而且创业机会只有符合创业者的能力和目标才有实现的可能。

扩展阅读

扩展阅读 3-1
因新冠疫情大热的 ZOOM

扩展阅读 3-2
公益创业从校园出发

扩展阅读 3-3
抖音的项目启动与爆款打造

案例分析

中国式"家庭亲子户外"带来的新商机

2022年国庆节,携程、美团、去哪儿等多家平台发布了国庆出游报告。数据显示,这个国庆假期的主导出游方式不是坐飞机、火车长途旅行,而是以家庭自驾或者朋友组团自驾的方式进行本地游、周边游、短途游。携程上国庆期间本地游、周边游订单占比达65%;美团上国庆假期本地消费占比77%,日均消费额相比今年五一劳动节假期增长34%,比2019年国庆节期间增长52%。在这轮本地游消费热中,受益极大的企业之一是康尔(King Camp)。

发现新商机

康尔由徐国庆先生创建于2001年,并分别在中国和全球注册。作为一家志存高远的公司,康尔一经建立,即向世界知名户外品牌看齐。产品主体设计出自意大利著名设计公司,种类涵盖登山、自助旅行、徒步、露营、自驾等若干系列。无论产品设计、面料选择还是产品生产、质量监控,康尔均严格遵循国际惯例。

截至2008年,康尔营销网络遍及全球30个国家,并在中国80多个城市建立了400多个营销网点,其产品以其专业和高性价比赢得了全球户外运动爱好者的垂青,被誉为户外用品行业"专家"。尽管如此,康尔在2010年之前一直不温不火,淹没在国内外的户外运动大牌里,直到他们发现并抓住了中国式户外带来的新商机。

众所周知,传统意义上的户外是个人探险户外,它是挑战极限的"孤勇者",穿着专业户外装备,背着高过头顶的帐篷背包,攀登在崇山峻岭之间,享受征服自然的乐趣。近年来在中国发展起来的户外,叫"家庭亲子户外",它的典型画面是在精心修剪过的绿色草坪上搭起帐篷,爸爸在烧烤,妈妈带着俩娃在玩飞盘。

理解新商机

今天中国都市里的主流精英人群普遍感受到一种家庭带来的压力。康尔认为这种压力是由都市化进程带来的,高速发展带来的重大缺失是父母和子女之间陪伴的缺失,是亲情疏离后爱的缺失。在这种情况下,人们迫切需要补偿,于是户外在中国变成了一个有效缓解亲情疏离的心理补偿途径。

今天我们看到,但凡有一个风和日丽的周末,城市里但凡有一片绿地、一个小小的公园,就会有一个一个家庭在那里搭上一个帐篷,铺上一块餐垫,一家人穿着户外装,一起进行野餐。

回家后还会一起兴奋地说:"我们今天户外了。"

康尔敏锐地意识到,在中国兴起的"家庭亲子户外"是户外运动的一个新品类,这个品类的主流场景从一个人独自挑战自然变成了家庭的亲子互动。出于对孩子的补偿心理——平时工作太忙没时间陪孩子,父母趁周末和假期带孩子到户外在玩中互动。中国式户外场景处理的不是人与自然的关系,而是人与人之间关系的升级。

把握新商机

康尔通过市场调查发现,这个品类目前还没有大品牌占领,这就是自己的机会。于是,他们率先提出自己的新定位——"全球家庭户外领导品牌"。基于这个定位,他们对自己的经营方向进行了调整,即不再单纯地满足个人的户外需求,而是重点满足以家庭为对象的亲子需求,即"家庭户外"。具体措施是:

第一,在鞋服类产品开发上,传统户外品牌主要卖成人的鞋子衣服,康尔除了成人的户外鞋服,重点开发家庭户外的亲子套装,特别是孩子的户外鞋服,这一点恰恰是国内外那些领先品牌的软肋。

第二,在户外用具开发上,家庭户外活动基本不会在恶劣天气下进行,所以康尔户外装备的主要卖点不是防风防雨、抵抗极端天气和恶劣环境,而是一个妈妈在户外场景下会关注的卫生问题,如防潮、防霉、抑菌和除臭等。在帐篷设计上,康尔不去做那种看起来非常专业的军用级帐篷,而是强调舒适性,在户外临时搭建一个温馨的家。

第三,在广告宣传上,康尔强调去户外就是一场亲子活动,户外只是载体形式。广告中所反映出来的场景是极为真实的写照,是我们身边比比皆是的事例。他们打出了一句广告语——"去户外,学会爱",直击心灵,传播力极强。

第四,在门店的销售话术上,导购不会对装备性能做过多介绍,而是直接递给客户一份印刷精美的城市周边亲子旅游地图,告诉客户,哪里最适合家庭露营,价格怎么样,人多不多,营地内会举办什么活动,等等。

(资料来源:作者根据相关资料改写)

思考题:
1. 试分析本案例中家庭户外市场的特点及其潜在的商机。
2. 你认为发现商机需要创业者具备哪些素质和能力?
3. 你喜欢家庭户外活动吗?
4. 你认为家庭户外市场存在哪些风险?
5. 从本案例中你得到了哪些启示?

3.2 创业思维

思维是人脑借助语言实现的对客观事物间接、概括的反映。所谓间接的反映,是指反映的过程不是直接的,而是通过其他事物的媒介作用间接进行的,它能对感官不能直接把握或不在眼前的事物,通过某些媒介物的作用进行反映。所谓概括的反映,是指所反映的东西不是个别事物或事物的个别特征,而是事物的本质特征和事物之间的本质联系。

3.2.1 创业思维的主要特征

创业思维是指创业者有别于常人的具有独特性的思维，它是一种以新颖独创的方法解决问题的思维过程，这种思维能突破常规思维的界限，以超常规甚至反常规的方法、视角去思考问题，提出与众不同的解决方案，从而产生新颖、独到的思维成果。创业思维既有一般思维的共同特点，又有不同于一般思维的独特之处。其主要特征如下。

1. 独创性

一般思维通常是复制性的，也就是说以过去遇到的问题为基础，一遇到问题就会这样想："我在生活、学习及工作中学到的知识是怎样教我解决这个问题的？"然后，选出以经验为基础的最有希望的方法，沿着这个明确界定的方向去解决问题。

创业者在思考问题时是用自己的头脑、以自己的方式去思考，并遵循自己的想法去做自己认定的事情。创业思维在思路的探索上、思维的方式方法上和思维的结论上都能提出新的创见，做出新的发现，实现新的突破，具有开拓性、延展性、突变性。

2. 灵活性

创业思维具有极大的灵活性。创业者在解决问题时，并无现成的思维方法可循，所以不是按照"例行公事"的方式解决问题，可以不受僵化的框框、条条限制。由于其思维具有灵活性，创业者可以在知识的海洋里纵情遨游，在想象的王国自由驰骋。

创业思维还可以从一个思路跳到另一个思路，从一种意境进入另一种意境。为了试探解决问题的办法，创业者可以根据情况的变化随时做出相应的调整和修正，因而思维敏捷，机智灵活，尤其善于变通。

3. 发散性

发散性是创业思维的突出特征，它能让创业者打开思维大门，张开思维之网，冲破一切禁锢，尽可能接受更多的信息。人的行动自由可能会受到各种条件的限制，而人的思维活动却有无限广阔的天地，是任何外界因素都难以限制的。

创业思维是一种开放性思维，它可以从某一点出发，任意发散，既无一定方向，也无一定范围。这种思维的优势在于，它能够想别人不能想，从而产生众多可供选择的方案、办法及建议，使一些似乎无法解决的问题迎刃而解。

4. 综合性

创业者能把对事物各个侧面、部分和属性的认识统一为一个整体，从而把握事物本质和规律。创业思维的综合性不是把事物各个部分、侧面和属性的认识随意地、主观地拼凑在一起，而是按它们内在的、必然的、本质的联系，把整个事物在思维中再现出来。

综合就是创新。20 世纪五六十年代，日本主要依靠引进各国先进技术，然后综合各家之长生产出自己的世界一流产品。例如，松下电器曾引进 300 多项新技术，引进所有的零部件，引进线路图，然后加以综合利用，从而生产出了世界一流的电视机。

3.2.2 创业思维的基本原则

创业环境具有高度的不确定性,在这种情况下创业者无法准确预测未来,能够把握的只是手中现有资源。因此,创业者只能以现有资源为起点展开创业行动,然后通过已有行动不断拼凑所需资源,寻求商业机会,规划发展路径。创业思维的基本原则如下。

1. "手中鸟"原则

"手中鸟"原则来源于"双鸟在林,不如一鸟在手"这个谚语,它强调清晰地审视已经握在手中的资源,并以此为行动的起点。虽然创业者常常在较高的抽象层面拥有自己的理想和总体目标,但更为实际的目标是基于现有资源可以逐步实现的目标。"手中鸟"原则要求创业者首先认清自己和自己拥有的资源,其中包括"我是谁""我知道什么""我认识谁"等。"我是谁"包括个体特征和能力;"我知道什么"包括受过的教育、先前经验和专长;"我认识谁"代表人脉,即社会网络。在对应的创业活动中,创业者应该首先分析自己的社会身份、储备的知识、社交网络,梳理手中能够利用的资源,以及可以开展创业活动的手段,以此来创建新企业。打个形象的比方,"手中鸟"原则指导下的创业行动,就好似下班回家的主妇,打开冰箱看有什么食材,然后根据现有的食材来做一顿尽量让自己和家人满意的晚饭,而不是像餐厅的大厨,要按餐厅的菜单和预期的客流量提前买好原料。

2. "可承受损失"原则

"可承受损失"原则强调的是创业者在创业初期并不关注对投资回报的预测,而是经常考虑项目出现最坏的情况时,自己可以承受多大的损失。传统上,当我们考虑风险投资时,无论是投入金钱还是投入时间在自己的企业上,我们思维的模式都是考虑投资的预期回报。接着,想办法尽量降低风险,同时获得最大的收益,然后进行投资。但大多数创业者的做法却与此相反。他们实际上会问自己什么样的损失是自己能承受的。基于自己能够或愿意承受的损失,自己能做什么?基于这样的思维,创业者会在有限的资源和手段条件下尽可能多地尝试,而且其可承受损失的范围在不断扩大,已经逐渐超出了创业者对财务资源的态度,还包括了时间成本、机会成本、知识产权、社会名声以及情绪和态度等。此外,可承受损失的限度并非一成不变,而是随着创业的进展不断调整。

3. "疯狂被单"原则

"疯狂被单"的说法源自印度的被单纺织制作工艺。不同人群带来的不同原材料,在不同的情况下被逐步添加至被单中,从而使印度的被单具有独特的原材料组合。"疯狂被单"原则强调,在创业活动中,创业者应该寻找更多愿意为项目投入资源的利益相关者,通过谈判、磋商缔结创业联盟,并且建立一个自我选定的利益相关者网络,从而与网络上的连接方共同协商合作关系,规划创业目标。同时,随着加入者数量的增加,需要动态调整创业目标,以促进创业项目的生存和发展。回到印度被单的制作工艺,由于这种制作工艺具有不可预测、不同寻常的非对称式特性,被单成品是什么样是不确定的。基于这种思维的创业活动,会将合作重心放在关系的构建上,自主选择利益相关者建立战略联盟,而不是进行系统的竞争分析。在这种情况下，创业者可以通过利用战略联盟伙伴和利益相关者的先前承诺来降低创业过程和创业结果的不确定性，并与合作者共创未来。

4. "柠檬汁"原则

美国有句俗语："当生活给你一个柠檬时，就把它做成柠檬汁。"这句话反映了对待意外事件的态度，由此引发的"柠檬汁"原则主张，在创业活动中，创业者应该以积极的心态，主动接纳和巧妙利用各种意外，因为在不确定的环境中创办企业，各种超出预期的事情都会出现，各种惊奇都会有，如政策变化、人员变动、意外事件等。其中有些是好的，有些是坏的，创业者必须学会把生活给的柠檬变成柠檬汁，即充分利用这些意外事件将其转化为自己的资源和优势。该原则指出，对权变因素和意外应采取创业式响应，要直面权变因素和意外而不是试图规避，要将权变因素和意外当作机会加以利用。该原则强调，要充分利用未知和权变以创造新鲜事物，并将其转化为有利可图的机会，进而获取期望之外的结果，而不是试图实现既定目标。

5. "飞机导航员"原则

"飞机导航员"原则是指在面对和应对不确定性时，创业者不要将精力花在预测上，而是要将自己置于事件中与他人互动，从而在行动中掌控未来的发展。该原则把历史看成人类选择去做的事情的结果，其背后的逻辑是历史是可以塑造的，未来也是可以塑造的，我们生活的环境也是可以塑造的。这个原则把创业比作飞行，把创业公司比作飞机。这架飞机上没有乘客，每个人都是飞行员。当飞机起飞后，每个人都要有一种塑造未来的心态，飞行的目的地不是飞行前确定的，飞机飞向何处，由机长和副驾驶员在飞行过程中共同确定。该原则要求创业者在不确定的环境中开展创业活动时，对变化和目标持开放态度，也就是常说的随遇而安，学会把任何人都看成未来的共同创造者，学会以主动的态度和行为与合作者共创未来。

3.2.3 创业思维与管理思维

创业思维与管理思维从逻辑上看是相通的，它们都是以热爱及对成功的渴望而驱动的，不同的是激情和冒险精神所占的比重差异很大。因为创业者是从无到有地开创事业，会有很大的动力和压力；而单纯的管理者只是守业，其职责是按部就班地制订计划、实行计划。创业思维与管理思维的区别主要表现在如下几个方面。

(1) 目标方向不同。 通常情况下，管理思维有着明确的目标，并基于目标去制订和实施计划，其职责是组织协调和控制，直到最终实现目标。创业者是探索者，他们是在做的过程中去寻找目标和调整目标，并以这种方式积累财富和开创事业。

(2) 资源视角不同。 管理思维是根据目标来组织资源，当有了资源后才能去行动。创业思维不是从目标出发，而是从现有的资源出发，不等不靠，凭借自己拥有的资源去思考可以做什么，并不断思考如何整合资源，创造更多的可能。

(3) 行动视角不同。 管理者都是按照提前制订好的计划把大目标分解成多个小目标，然后一步一步地去完成这些分解出来的小目标。创业者面对的环境充满不确定性，他们没有条件制订明确的计划，一般都是想到哪里就做到哪里，在行动中思考，在思考中行动。

(4) 思维格局不同。管理者通常是按部就班地做事情,而在做事的过程当中,也是按照一定的规章制度去完成。创业者在思考问题时没有管理者那么多条条框框,他们要根据市场信息判断客户需求,其思维更加开阔,眼光更加独特,会有更强的敏感性和更大的包容性。

扩展阅读

扩展阅读 3-4
同程创业方法论

扩展阅读 3-5
麦当劳的产品试错

扩展阅读 3-6
网易严选的成功之道

案例分析

喜茶:三线城市走出的新式茶饮标杆

兔年春节,亲人团聚点一些茶饮外卖、和久违的朋友约一杯下午茶饮,成为人们新春的又一新选择。单日卖出 30 万杯,排队购买的长龙蔚为壮观……新式茶饮无疑成了中国消费市场的一个亮点。

消费升级与茶饮文化年轻化

中国连锁经营协会新茶饮委员会总干事孙工贺介绍,新式茶饮有广义和狭义两种定义。广义新式茶饮是指在专门制售饮品店中现场加工制售的各类饮品的统称;狭义新式茶饮是指以原叶茶和水果、现榨果蔬汁、原榨果汁、果汁、蔬菜汁、蔬菜、乳制品中一种或多种为原料,经现场加工制成的液体或固体混合物。

中国连锁经营协会新茶饮委员会发布的《2022 新茶饮研究报告》显示,我国新式茶饮市场规模从 2017 年的 422 亿元增长至 2021 年的 1003 亿元。2022 年新式茶饮规模达 1040 亿元,2023 年市场规模有望达到 1450 亿元。

艾媒咨询分析师表示,相比传统的奶茶等饮品,近年来火热的新式茶饮在原料选择、生产流程、展现形式、品牌运营上均做出了升级和创新,更符合当下年轻人的消费诉求和审美趣味。

例如,为适应当下消费者追求食品天然、健康的趋势,许多新式茶饮品牌推出了天然甜味剂等配料;为了吸引年轻人,新式茶饮在饮料杯外观、包装袋、广告文案设计等方面都强调幽默、诗意的年轻态风格。

近些年流行的"国潮"文化也与新式茶饮碰撞出了新的火花。与热门 IP 联名、线下快闪、打造产品周边等年轻化做法,在强化品牌风格的同时,也让新式茶饮品牌不断破圈,增强了消费者的新鲜感和体验感。

新式茶饮何以成为年轻人新宠

"作为一种轻量化消费,新式茶饮满足了年轻人在日常生活中追求放松愉悦、社交分享等诉求,演变为一种现代生活方式的载体。"喜茶相关负责人说。那么,以喜茶为代表的新式茶饮是怎样成为年轻人新宠的呢?

喜茶的创始人叫聂云宸,1991年出生,江西人,上初中时随父母来到江门。读高中时就想创业的他,大学毕业后开了一家手机专卖店。可干了一段时间后,他发现这一行走不下去了。也正是在这个时候,他看到了一个让他振奋的现象:很多街边茶饮店里,饮料里并没有茶,只是用些奶盖粉再加些其他东西冲兑一下,便顾客盈门。他觉得,自己可以做出不一样的、更好的、用户更喜欢的茶饮,说不定还能改变这个行业。

为此,他对茶饮行业和自己可能进入的各种行业进行了分析。通过分析和比较,他觉得茶饮这个行业比较好做,因为它有切入点,有广泛的消费人群,而且投入也不是很大,启动资金十几万元就可以了。于是,聂云宸这个乔布斯的崇拜者,带着不服、不甘和改变茶饮行业的梦想,从江门出发了。

聂云宸回忆说:"第一杯芝士茶是在2011年12月调制出来的,那时候还没有开店,我在家里研究产品。最初尝试过台湾的奶盖茶,感觉很不错。当时行业中的奶盖多数用粉末打成,这是行业绕不过去的事情。但若站在消费者的立场来看,这必然是不好的,需要寻找新的突破点。"于是,他想到了芝士。

因为在翻阅微博的过程中,他发现当时最容易被转发的有两种食材:一种是芒果,一种是芝士。芝士鸡排和芒果碗很受追捧。将芒果做成奶盖,口味不错,但与茶底不搭,这违背了做茶饮的初衷。芝士效果比预想中要好。芝士本身没有奶盖那么腻,自带一些发酵的酸味,更能突出茶的清香。

"所以这个芝士奶茶是我们首创的,这个东西是行业之前没有的。"聂云宸说,"而且它就是起源于我们这个地方,不是什么外来、舶来。在我们之前只有奶盖厂,先不说奶盖口味好不好,首先它没有加芝士,全部是用粉打的。而我们这个芝士(茶系列),是市面上第一个可以不加粉末做出来的,这也是我们研发的起点。"

"虽然这个粉末是合法的,但我不想用。为什么大家要把粉末吃进肚子里?奶茶行业很多商家喜欢用粉来加入奶精打奶盖,有奶盖粉,水果用果粉,什么乱七八糟的粉都有。这东西是不好的,我自己作为消费者,不想把它吃进肚子里。"

2012年的5月12日,聂云宸用自己研发的芝士奶茶——奶盐绿茶,在江门市九中街开了第一家皇茶(喜茶前身)小店。开业前三天推出促销活动,吸引了很多人,但在第四天却几乎无人光顾了,当天仅卖出几杯饮品,可以说是非常惨淡。

需求探索与产品改进

经历了初期的挫折后,聂云宸并没有气馁。他通过客户访谈了解到,多数年轻人虽然喜欢茶的口感,但不喜欢茶的苦涩味。于是,他又根据客户反馈,研究如何对产品进行改进。通过研究发现,冷泡技术可以降低原茶本身的苦涩,而在芝士之外,水果也有烘托茶底的特点。就这样,聂云宸对奶茶持续调整了半年多,生意终于逐渐好了起来。

将咸芝士与天然茶香融合的奇思妙想为喜茶的原创,给了当时的消费者一种全新的口感。特别是其推崇的原创芝士茗茶系列,选用进口新西兰乳源浓醇芝士,口感绵密,层层叠进,搭配幽香清醇的茶香,两者交相衬托,妙不可言。

在原创芝士茶的基础上,喜茶将新西兰进口芝士与鲜奶精心配比,研发出轻芝士茗茶系列,口感更加轻盈细腻,给茶客多一个清爽又兼顾美味的选择。清甜饱满的鲜茶水果系列的推出,旨在让顾客享受水果与好茶产生的美妙口感。它精选优质茶叶为茶底，以天然糖分温润中和，呈现出清爽丰富的效果，是夏日消暑的优选。

四季轮替，每个季节都有其独特的气质及产物。喜茶推出当季水果限定系列，用时令水果制作出了当季新鲜的风情。这一切都深受消费者喜爱，正如其口号——"我们希望用一杯好茶，激发你的一份灵感"，推动茶饮的年轻化、全球化、科技化文化消费新趋势。

喜茶一直坚持并且始终保持对产品的高品质要求。喜茶想要分享给顾客的就是茶的真味。为了给顾客带来纯粹纯正的好茶，团队坚持独立自主的产品研发模式，并在深圳总部设立专业实验室，致力于茶饮产品构思、配方研究及样品制作。

奶茶作为同质化严重的饮品，消费者最看重的是其特别的口感。因此，喜茶不仅不断地研发新品，还特别重视饮品制作环节的专业化和精细化分工，使短期内配方及工艺难以被同行窃取。此外，应经营需要，由现淬到先煮再冻后冷藏的工艺改进，在产品口味上建造了壁垒，最关键的是保密配方，同行难以复制。

让产品具有营销属性

在口感上的不断优化，让喜茶在江门深受消费者喜爱，于是他们尝试进入中山。起初，他们选择了中山市区一个很好的位置，结果开了一年都没有生意。正在创业初期，没有更多的资金做广告，也没有宣传途径，所能依赖的只有口碑，而从江门直接跳到中山市区，口碑链条断了。

意识到这一点，他们重新选了靠近江门的中山小榄镇，这座小城有发展潜力，而且经济实力较强，更重要的是由于地理因素，小榄镇的许多人在江门喝过喜茶，结果小榄镇门店的开业十分顺利，生意火爆。而小榄镇也缩短了连接中山市区的距离，通过小榄人的口碑传播、社交媒体推荐，一并将中山市区的店也带了起来。

"从小榄我们又拓展到顺德，因为顺德就在小榄旁边，开车只要10分钟，再从顺德拓展到佛山，从佛山再到广州和深圳。我们到了深圳之后，计划去上海，因为很多上海人来过深圳，在深圳喝过我们的茶。"

"如果跨过深圳直接去上海，那肯定是不行的。很多人觉得奇怪，为什么这个新开的店，一开始那么多人排队，他们认为肯定是假的，是雇的人。这是因为他不是当地的人，不是曾经接触过我们的那一部分人，他不知道背后的这个逻辑。"

"我希望我们的产品本身具有营销属性，而且也真的做到了。"聂云宸自豪地说，"不说所有人喜欢，至少有一部分年轻消费者是真的喜欢我们这个产品，追到了很疯狂的地步。我们的客户定位是20~30岁的白领阶层，尤其是20~25岁的年轻白领。网上那些发表评论的人很多都不属于这个群体，他们排队尝试，排几个小时，肯定会有不满，他们不能理解年轻消费者的那种爱好和心态。

"作为一个年轻创业者，我没有人们想的那么复杂。我有自己做人的标准，我觉得人应该酷一点，像乔布斯那样，我觉得他活得很酷。有些人喜欢他，是因为他成功，我喜欢他，是因为他真的很酷。我们做的这个事情，其实是很渺小的，相对于苹果来说，也没有那么有意义。但我希望，即使做这样一个行业，也可以做出苹果那种感觉来，至少在我们的内心，我们一直是以这个为榜样的。"

(资料来源：作者参考相关资料编写)

思考题：
1. 新式茶饮为什么能成为年轻人的新宠？
2. 喜茶最初是一个什么样的产品？
3. 喜茶的主要消费者是谁，它是如何根据消费者需求进行产品改进的？
4. 如何理解产品的营销属性？
5. 本案例对你有哪些启示？

3.3 创业风险

风险与机会同在，并伴随创业的全过程。对创业者而言，除了风险，没有什么是确定的。在创业过程中，创业者必须清晰地了解以下问题：创业需要面对哪些风险？如何有效地识别风险？如何有效地管理风险？

3.3.1 创业风险的特征

所谓创业风险是指在创业过程中，创业环境的不确定性、商业机会的模糊性、创业者和创业团队能力的有限性、创业企业整体实力的有限性以及创业企业管理的复杂性，导致创业失败或给创业者和创业企业带来损失的可能性。创业风险具有以下特征。

(1) 客观性。 在创业过程中，内外部事物发展具有不确定性和不平衡性，因此创业风险必然会出现，这是一种不以人的意志为转移的客观存在。迄今为止，国内外所有的创业统计研究均表明，创业是一种高风险的活动，以3年为限，创业企业的成活率不足30%。即使那些能够顺利生存和发展的创业企业，也需要面对各种各样的风险。创业风险的客观性要求我们采取客观的、正确的态度正视风险，并积极地对待风险。

(2) 不确定性。 不确定性是指创业风险的发生是不确定的，如风险何时发生、在什么地方发生、风险的程度有多大均是不确定的。由于对客观世界的认识受到各种条件的限制，人们不可能准确预测风险的发生。在创业过程中，创业者面临着各种各样的不确定性，如新技术难以产业化、创业资金筹集不足、市场需求预测过于乐观、竞争对手采取阻碍行动、政府政策出现调整等，均可能导致创业失败。

(3) 相对性。 创业风险是相对的、变化的。不同的对象有不同的风险，而且随着时间、空间的改变，创业风险也会发生变化。不同的创业主体，面对同一风险事件会产生不同的风险体验和风险结果，因为他们对风险的认知是有差异的，所拥有的创业资源的数量、质量和结构也不同，风险承受能力各不相同，所采取的风险管理决策不尽一致。

(4) 双重性。 与自然灾害、意外事故等带来的风险只会产生损失不同，创业活动所面临的主要风险是和创业的潜在收益共生的。对创业者而言，为了获得潜在的创业收益，必须承担相应的创业风险。如果能够很好地防范和化解创业风险，创业收益就会有很大程度的增加，即风险是收益的代价，收益是风险的报酬。

3.3.2 创业风险的分类

风险是创业活动的固有属性,并伴随创业的全过程。创业风险可分为系统性风险和非系统性风险。系统性风险是源于企业外部的、企业自身无法左右的风险,它与政治、经济、社会等紧密联系。非系统性风险是源于企业内部的、与企业自身经营有关的风险。它主要包括以下几种。

(1) 项目风险。项目风险是指由各种主客观因素导致的项目选择错误和项目运行失败。在商业机会的识别与评估过程中,由于各种主客观因素的影响,错误地选择项目,或错误地放弃原本有价值的项目等。另外,即使选择了合适的项目,也并不意味着创业就一定会成功。因为在项目运行过程中,还会有很多风险,如创业者没有能力整合足够的资源运行项目,市场上忽然出现了更有竞争力的同类产品或服务,等等。

(2) 市场风险。市场风险是指由于市场情况具有不确定性,创业企业收益或损失也具有不确定性。市场风险包括市场对新产品的接受时间与接受能力的不确定性、产品扩散速度的不确定性、售后服务的不确定性等。

(3) 管理风险。管理风险是指在创业过程中管理不善而导致创业失败的风险。创业者不一定具备出色的管理才能,当创业企业发展到一定规模时,原来松散的管理方式很容易导致风险事件的发生。新企业的管理风险主要包括人力资源管理风险、营销管理风险、管理制度风险等。其中,人力资源管理风险主要包括创业团队分裂、员工招募不当、关键员工流失、人员配置不科学等。

(4) 财务风险。财务风险是指由于企业财务结构不合理、融资不当,企业丧失偿债能力而导致投资收益下降或破产的风险。创业企业的财务风险主要包括筹资风险、投资风险、现金流风险。其中,现金流风险是指由现金流入不确定造成的风险,鉴于权责发生制原则,确定的收入并不一定能够带来确定的现金流量。

(5) 技术风险。技术风险是指由于拟采用技术的不确定性,以及技术与经济互动过程的不确定性,创业活动达不到预期目标的风险。技术不确定性既包括企业现在拥有的技术本身功能与成长的不确定性,如技术无法向新产品有效转化、新技术的市场前景不明朗等,也包括与之相关的配套技术和替代技术的变动所带来的不确定性。对于高新技术企业而言,企业之间的技术竞争十分激烈,现有技术很容易被新技术替代。

3.3.3 创业风险的管理

在长期的生产实践中,人们已经形成了风险管理的基本原则和基本程序,企业通常依此来管理其所面临的风险。风险管理的程序一般包括风险识别、风险评估、风险管理方法的选择、实施效果的评价,而上述程序实施的前提是使风险始终处于受监控状态,即通过跟踪已识别的风险、监视残余风险和识别新的风险,保证创业活动按既定计划不断推进(图3-2)。

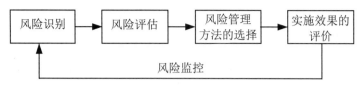

图3-2 风险管理的流程

(1) 风险识别。风险识别是指在风险事件发生之前，风险管理人员在收集资料和调查研究的基础上，运用各种方法对尚未发生的潜在风险进行系统归类和全面识别。风险识别是风险管理的基础，其任务是查明各种不确定性因素和风险来源，辨析各种风险之间的关系，预估各种风险事件的可能后果，确定哪些因素对创业构成威胁，哪些因素可能带来机会，为风险管理做好准备。风险识别的主要内容包括识别风险存在的主要领域、识别引发风险的主要因素、识别风险性质、识别风险概率和识别风险后果。

(2) 风险评估。风险评估是指在风险识别的基础上，对可能发生的某类风险进行预计、度量和后果估计等工作，也可以对企业总体的风险水平进行测量和评估。在这一阶段，可按照相关风险发生的概率对其进行分类，并进行风险概率的评估，同时对风险事件带来的损失程度进行分析，从而使风险分析科学化。风险评估是把风险事件发生的概率、损失的程度与其他综合因素结合起来考虑，确定风险发生的可能性及其危害程度，通过比较管理风险所支付的费用，决定是否需要采取风险控制措施以及控制措施采取到什么程度，从而为管理者进行风险决策、选择最佳风险管理方法提供可靠的依据。

(3) 风险管理方法的选择。在风险评估的基础上，为实现风险管理的目标，选择最佳的风险管理方法是风险管理的实质性内容。风险管理方法分为控制型和财务型两大类。控制型方法的目标是降低风险事件发生的概率和减少风险事件造成的损失，重点在于改变引发风险事件发生的各种条件，同时创造防止损失扩大的各种条件。财务型方法的目的是以提供专项资金的方式消化发生损失的成本，即对无法控制的风险进行财务安排。

(4) 实施效果的评价。风险管理是一个持续的过程，对风险管理方法的实施效果进行评价无疑是必要的。若新的风险暴露出来，或者预期的损失概率或损失程度发生了显著变化，需要对原有决策进行重新评价。风险管理的效果评价是指对风险管理技术的适用性及其受益情况进行分析、检查、评估和修正。通过效果评价，企业可以保证具体的管理方法与风险管理目标相一致，并使具体的方法具有可操作性和有效性。

扩展阅读

扩展阅读 3-7
慎重选择投资人和创业伙伴

扩展阅读 3-8
杜国楹的大起大落

扩展阅读 3-9
史玉柱的反思

案例分析

华为的风险管理措施

2022年卞志汉和廖杰熙在电子工业出版社出版了《华为风险管理》一书。该书以华为公司风险管理实践为主线，贯穿华为30余年发展史。卞志汉是深圳众恩咨询管理有限公司创始人，曾在华为工作多年，是华为信用风险管理体系创建者。下面就结合该书和相关资料提供的信息，对华为的风险管理措施做一简要梳理。

1. 目的

通过明确企业风险管理的基本原则、运作机制、主要的组织和部门及其角色、职责和权力，构建并实施企业风险管理体系，从战略规划到执行过程中，减少风险、增加机会、提升绩效。

2. 适用范围

本措施适用于华为投资控股有限公司及其全球范围内直接或间接控制的公司，以及其所属各部门、各区域、各驻外机构。

3. 风险分类、分层及应对

3.1 定义

重大风险：未来可能对竞争格局、声誉、财务状况和经营成果、长远利益产生重大影响的事件。下文所提及的风险均指重大风险。

3.2 风险分类

战略风险：指市场、产品和投资规划或决策等能力有限而影响整个企业中长期生存能力、竞争力、发展方向、战略目标、效益的重要风险，如竞争格局风险等。

外部风险：指外部环境风险及法律法规遵从风险，如政治和政策风险、法律和法规遵从、自然灾害等。

运营风险：指企业在运营过程中由于内部运作、人力和技术能力的有限性运营失败、达不到预期运营目标、造成损失的风险，如业务连续性风险等。

财务风险：指由于多种因素的影响，公司资金资产损失、财务结构失衡等对公司当期或长期经营结果和声誉产生影响的风险，如客户信用风险、资本架构风险等。

3.3 风险层级

3.3.1 企业级风险

企业级风险指未来可能对整个企业集团的竞争格局、声誉、财务状况和经营成果或长远利益产生重大影响的事件。企业级风险往往跨领域(BG/SBG/区域/各责任中心)。

3.3.2 领域级风险

领域级风险指未来可能对某特定领域(BG/SBG/区域/各责任中心)的竞争格局、声誉、财务状况和经营成果、长远利益产生重大影响的事件。

3.3.3 风险层级调整

当领域级风险影响程度重大或影响范围涉及多个领域时也可能上升为企业级风险，当企业级风险影响降低时也可能下降为领域级风险。

3.4 风险应对的主要措施

风险规避：指考虑到影响预定目标达成的诸多风险因素，结合决策者自身的风险偏好和风险承受能力，中止、放弃某种决策方案或调整、改变某种决策方案的风险处理方式。

风险降低：指采取措施降低风险发生的可能性或影响程度或同时降低两者。

风险转移：指将风险及其可能造成的损失全部或部分转移给他人。常见的方法包括购买保险产品、从事避险交易或外包某项业务。

风险接受：承担风险，不采取措施去干预风险发生的可能性和影响程度。

4. 基本原则

(1) 风险管理是业务部门的固有职责，业务部门在获得收益的同时，需承担风险。

(2) 风险管理要与业务管理相结合，特别是在计划和决策过程中。

(3) 风险管理应当从企业整体利益出发，进行跨部门协同管理。

(4) 积极应对风险可能意味着机会，消极应对风险则可能带来损失。

(5) 风险管理的目标并不是一味地将风险降至零，而是根据风险偏好将风险控制在企业可接受的范围内。

5. 实施风险管理的角色、职责和权力

董事会、财经委员会、风险领导者、风险责任人、企业风险管理部、各业务单元 CFO(首席财务官)是风险管理的关键角色，其职责和权利如下。

5.1 董事会

董事会作为负责企业经营和管理的最高权力机构，在风险管理中发挥着重要作用，其职责如下。

(1) 确定高管基调，每年至少一次通过发文、联合声明、宣誓等形式强调风险管理的重要性，建立并不断完善整个企业的风险管理环境。

(2) 授权财经委员会负责企业重大风险和合规遵从管控并听取其汇报，必要时进行重大事项决策。

5.2 财经委员会(以下简称财委会)

(1) 培育企业风险管理文化。

(2) 确定风险管理工作战略、规划、路标。

(3) 审议公司风险管理的框架、措施。

(4) 决定企业级风险排序，审批企业风险地图及其变更。

(5) 审议企业级风险的偏好、企业所承受风险的容忍度，报董事会审批。

(6) 确保高层领导进入企业级风险管理，将风险管理融入业务管理体系。

(7) 审议公司业务连续性的执行情况。

(8) 专题研究和审视、决策涉及公司重大影响的风险。

(9) 根据需要审批企业级风险管理的专项预算。

(10) 向董事会报告企业级和各领域级的风险管理状况。

5.3 风险领导者

风险领导者原则上由公司高级管理者担任，由财委会按企业风险地图提名，由 CEO 任命，为跨领域企业级风险第一责任人，领导各相关部门完成该项风险管理工作，其个人绩效承诺(PBC)

包含风险管理。其主要职责如下：

(1) 从公司整体角度，联合相关部门综合评估风险影响，分析风险根因。
(2) 分解企业级风险的管理责任，指定风险责任人。
(3) 组建跨领域的风险管理工作组，确保风险管理的有效性。
(4) 确定风险管理的目标、范围及里程碑计划，并监控实施。
(5) 向财委会汇报该风险的管理状况，确保企业级风险被控制在可接受的范围内。

5.4 风险责任人

风险责任人原则上由各领域(BG/SBG/区域/各责任中心)主管担任，是所负责领域风险管理的第一责任人，其个人绩效承诺包含风险管理。其主要职责如下：

(1) 对公司获利或声誉有影响的风险承担管理责任，需要将风险控制在可接受的范围内。
(2) 及时向财委会或风险领导者汇报本领域内风险及管理状况。
(3) 确保本领域员工理解和正确执行风险管理策略。
(4) 参与年度企业风险地图制定。

5.5 企业风险管理部

企业风险管理部协助财委会及风险领导者管理企业级风险，是各领域(BG/SBG/区域/各责任中心)风险管理的一部分。其主要职责如下。

(1) 对所监管的企业级风险管理框架、相关流程及风险管理项目进行阶段性回顾，协助财委会向董事会汇报。
(2) 协助财委会和风险领导者履行风险管理职责，将风险管理纳入其战略及运作，包括建立恰当的风险管理项目及对策。
(3) 定期评估各领域(BG/SBG/区域/各责任中心)的风险管理执行情况，监控其风险管理的有效性，并促进风险管理能力持续提升。
(4) 开发风险管理的统一方法、流程和运作机制。
(5) 接受财委会指派，组织及指导跨领域深度风险分析项目，评估及制定企业级风险管理方案。
(6) 通过培训、工具及业务支持等方式协助建立企业风险管理文化并提升员工对企业风险管理的理解。
(7) 向重大风险涉及的委员会，如战略规划委员会、人力资源委员会、审计委员会等汇报风险管理事宜。

5.6 CFO

CFO作为各领域风险管理的支撑主体，协助本领域风险责任人承担日常风险管理职责。
(1) CFO是财务风险管理的责任主体，同时负责推动、监控和报告业务风险管理运作情况。
(2) CFO履行风险管理职责，在风险管理中扮演重要角色，是风险管理框架中的关键要素，尤其在运作质量保证、法律及合规遵从、财务及运作信息准确等方面确保企业风险管理的有效性。

6. 运作机制

6.1 企业级风险管理

(1) 每年对重大风险进行包括优先级排序在内的综合评估，经财委会批准形成风险地图。
(2) 财委会确定企业级风险应对策略，并提名风险领导者。

(3) 风险领导者例行就风险管理状况向财委会报告。

6.2 风险管理嵌入 SP/BP 流程

(1) 在业务规划中进行根因分析、制定风险应对措施、指定风险责任人及制定预算;

(2) 在规划执行和日常运营中实施风险应对措施,监控风险控制状况,定期向风险责任人报告。

6.3 深度风险分析

深度风险分析项目适用于跨业务领域、根因复杂的企业级风险,由财委会批准立项,来源于风险领导者申请或财委会直接指定。

(1) 企业风险管理部协助风险领导者,组织相关业务部门成立深度风险分析项目组,分析风险根因,形成应对方案。

(2) 风险应对方案经财委会批准后,深度风险分析项目关闭,转正常风险管理,由风险领导者与业务部门实施并向财委会报告。

7. 风险测评

按照风险暴露、风险管理的结果衡量各相关部门风险管理的绩效,测评指标包括但不限于风险敞口、KRI(关键风险指标)、计分卡、风险管理成熟度等,对于直接影响财务结果的风险通常使用风险敞口来测评,对不直接影响财务结果的风险通常采用评估应对计划进展的方式测评。

7.1 风险敞口

风险敞口是指未加保护的风险,即债务人违约行为、内部管理不善、外部遵从等导致的可能承受风险总量。例如,应收账款指当期各账期(包括未到期部分)应收账款余额总和,含本金以及在此基础上产生的利息、罚金等其他费用。

7.2 KRI

KPI 通过定性和定量的指标来测评风险暴露和风险应对策略的有效性。KRI 由风险责任人制定、维护和监控,且必须得到风险领导者和财委会的认可,应尽量将已有指标嵌入现有的管理体系。

7.3 风险管理计分卡

略。

7.4 风险管理成熟度

风险管理成熟度用于衡量企业整体风险管理的能力,由企业风险管理部和各业务部门从政策、流程、组织、绩效、IT(信息技术)工具和决策等多维度进行年度自评。财委会对自评综合结果进行评审,提出改进建议及进行绩效评估。

(资料来源:作者根据相关资料改写)

思考题:

1. 华为是如何理解风险管理的?
2. 华为是如何进行风险分类的?
3. 华为有哪些风险应对措施?
4. 华为是如何落实风险管理责任的?
5. 本案例对你有哪些启示?

本章小结

本章的主要任务是让学习者了解什么是创业机会，什么是创业思维，以及如何识别创业机会和管理创业风险。本章包括三个相对独立的模块：一是创业机会，包括创业机会的特征、来源与主要类型，识别创业机会的一般过程、影响因素与行为技巧，以及创业机会的评价方法；二是创业思维，包括创业思维的概念、特征和基本原则，以及创业思维与管理思维的区别；三是创业风险，包括创业风险的主要来源、识别方法与管理策略。本章的重点是创业思维的原则和创业机会的识别，难点是创业机会评价与创业风险管理。

网络情境训练

一、观看与思考

在网上搜索推荐的视频，在反复观看的基础上，思考相关问题并与同学交流。

1. 萨阿斯：《如何控制一个无法预测的未来》

思考题：
(1) 怎样理解不确定性？
(2) 什么是效果逻辑？
(3) 基于效果逻辑的创业思维与常规思维有哪些区别？

2. 第五届中国国际"互联网+"大学生创新创业大赛总冠军："交叉双旋翼复合推力尾桨无人直升机"路演视频

思考题：
(1) 本项目的亮点是什么？它是怎样展示的？
(2) 本项目的展示还存在哪些问题？应该怎样改进？
(3) 本项目对你有哪些启发？

3. 中央电视台大型电视纪录片：《互联网时代》

思考题：
(1) 互联网将来还可能对你产生什么样的影响？
(2) 你认为互联网会带来什么样的商业机会？
(3) 如何理解传统思维和互联网思维的区别与联系？

二、阅读与思考

在网上搜索推荐的资料，在反复阅读的基础上，思考相关问题并与同学交流。

1. 本·霍洛维茨. 创业维艰 [M]. 杨晓红，钟丽婷，译. 北京：中信出版社，2015.

思考题：

(1) 硅谷的创业者是如何把握科技发展带来的创业机会的？
(2) 如何寻找创业合伙人？
(3) 为什么要组建结构合理的创业团队？

2. 克莱顿·克里斯坦森. 创新者的窘境[M]. 吴潜龙，译. 北京：中信出版社，2014.

思考题：

(1) 曾经的创新者为什么会拒绝创新？
(2) 如何理解第一曲线和第二曲线的区别？
(3) 如何走出创新者的窘境？

3. 李善友. 颠覆式创新：移动互联网时代的生存法则[M]. 北京：机械工业出版社，2014.

思考题：

(1) 如何理解颠覆式创新？
(2) 颠覆式创新者如何面对科技发展带来的新机遇？
(3) 本书对你有哪些启示？

三、体验与思考

1. 在网上搜索《创业从一份商业计划书开始》和《创业计划书——从创意到方案》，在反复阅读的基础上，思考如下问题并与同学交流。

思考题：

(1) 创业计划书有什么作用？
(2) 创业计划书应该提供哪些信息？
(3) 创业计划书应该如何呈现所要提供的信息？
(4) 如何将商业创意转化成可行的方案？

2. 在网上搜索真实或者是参加创业竞赛的创业计划书，在反复阅读的基础上，思考如下问题并与同学交流。

思考题：

(1) 你从封面中读到的信息是什么？
(2) 参赛者是按照什么样的逻辑顺序呈现商业计划的？
(3) 参赛者是如何阐述市场前景的，用了什么字眼，对优势是如何分析的？
(4) 在介绍团队时你的感觉是什么？
(5) 你是否愿意投这个公司？

3. 请结合本章所学内容，以创业者的身份思考并回答如下问题。

思考题：

(1) 在上这门课之前，你觉得在真实的创业中做创业计划书有用吗？不去参赛、不去路演、不去融资你会做一份自己企业的创业计划书吗?

(2) 在上这门课之前你觉得写创业计划书是一件很棘手的事情吗?如果你有写计划书的经历,你是如何完成的呢?

(3) 在此之前你是否对自己的创业项目进行过如下思考:这个项目是否具有市场?你做了什么去了解这个市场?你的项目优势具体体现在哪里?优势是什么?你的项目有没有固定的赚钱模式?你是否总结归纳过这个模式?

(4) 如果给你一次项目路演或交流的机会,你会如何展示自己的项目?

真实情境训练

一、阅读与思考

阅读以下节选的党的二十大报告内容,在反复阅读的基础上完成下述思考题。

全面建设社会主义现代化国家,是一项伟大而艰巨的事业,前途光明,任重道远。当前,世界百年未有之大变局加速演进,新一轮科技革命和产业变革深入发展,国际力量对比深刻调整,我国发展面临新的战略机遇。同时,世纪疫情影响深远,逆全球化思潮抬头,单边主义、保护主义明显上升,世界经济复苏乏力,局部冲突和动荡频发,全球性问题加剧,世界进入新的动荡变革期。我国改革发展稳定面临不少深层次矛盾躲不开、绕不过,党的建设特别是党风廉政建设和反腐败斗争面临不少顽固性、多发性问题,来自外部的打压遏制随时可能升级。我国发展进入战略机遇和风险挑战并存、不确定难预料因素增多的时期,各种"黑天鹅"、"灰犀牛"事件随时可能发生。我们必须增强忧患意识,坚持底线思维,做到居安思危、未雨绸缪,准备经受风高浪急甚至惊涛骇浪的重大考验。前进道路上,必须牢牢把握以下重大原则。

——坚持和加强党的全面领导。坚决维护党中央权威和集中统一领导,把党的领导落实到党和国家事业各领域各方面各环节,使党始终成为风雨来袭时全体人民最可靠的主心骨,确保我国社会主义现代化建设正确方向,确保拥有团结奋斗的强大政治凝聚力、发展自信心,集聚起万众一心、共克时艰的磅礴力量。

——坚持中国特色社会主义道路。坚持以经济建设为中心,坚持四项基本原则,坚持改革开放,坚持独立自主、自力更生,坚持道不变、志不改,既不走封闭僵化的老路,也不走改旗易帜的邪路,坚持把国家和民族发展放在自己力量的基点上,坚持把中国发展进步的命运牢牢掌握在自己手中。

——坚持以人民为中心的发展思想。维护人民根本利益,增进民生福祉,不断实现发展为了人民、发展依靠人民、发展成果由人民共享,让现代化建设成果更多更公平惠及全体人民。

——坚持深化改革开放。深入推进改革创新,坚定不移扩大开放,着力破解深层次体制机制障碍,不断彰显中国特色社会主义制度优势,不断增强社会主义现代化建设的动力和活力,把我国制度优势更好转化为国家治理效能。

——坚持发扬斗争精神。增强全党全国各族人民的志气、骨气、底气,不信邪、不怕鬼、不怕压,知难而进、迎难而上,统筹发展和安全,全力战胜前进道路上各种困难和挑战,依靠顽强斗争打开事业发展新天地。

思考题:

1. 如何看待当前我国面临的国内和国际形势?
2. 如何理解党的二十大提出的新时期我们必须牢牢把握的重大原则?

二、小组讨论

阅读以下节选的党的二十大报告内容,在反复阅读和思考的基础上进行小组讨论。

到二〇三五年,我国发展的总体目标是:经济实力、科技实力、综合国力大幅跃升,人均国内生产总值迈上新的大台阶,达到中等发达国家水平;实现高水平科技自立自强,进入创新型国家前列;建成现代化经济体系,形成新发展格局,基本实现新型工业化、信息化、城镇化、农业现代化;基本实现国家治理体系和治理能力现代化,全过程人民民主制度更加健全,基本建成法治国家、法治政府、法治社会;建成教育强国、科技强国、人才强国、文化强国、体育强国、健康中国,国家文化软实力显著增强;人民生活更加幸福美好,居民人均可支配收入再上新台阶,中等收入群体比重明显提高,基本公共服务实现均等化,农村基本具备现代生活条件,社会保持长期稳定,人的全面发展、全体人民共同富裕取得更为明显的实质性进展;广泛形成绿色生产生活方式,碳排放达峰后稳中有降,生态环境根本好转,美丽中国目标基本实现;国家安全体系和能力全面加强,基本实现国防和军队现代化。

在基本实现现代化的基础上,我们要继续奋斗,到本世纪中叶,把我国建设成为综合国力和国际影响力领先的社会主义现代化强国。

未来五年是全面建设社会主义现代化国家开局起步的关键时期,主要目标任务是:经济高质量发展取得新突破,科技自立自强能力显著提升,构建新发展格局和建设现代化经济体系取得重大进展;改革开放迈出新步伐,国家治理体系和治理能力现代化深入推进,社会主义市场经济体制更加完善,更高水平开放型经济新体制基本形成;全过程人民民主制度化、规范化、程序化水平进一步提高,中国特色社会主义法治体系更加完善;人民精神文化生活更加丰富,中华民族凝聚力和中华文化影响力不断增强;居民收入增长和经济增长基本同步,劳动报酬提高与劳动生产率提高基本同步,基本公共服务均等化水平明显提升,多层次社会保障体系更加健全;城乡人居环境明显改善,美丽中国建设成效显著;国家安全更为巩固,建军一百年奋斗目标如期实现,平安中国建设扎实推进;中国国际地位和影响进一步提高,在全球治理中发挥更大作用。

思考题:

1. 如何看待党的二十大报告制定的到2035年我国发展的总体目标?
2. 党的二十大提出的发展目标给大学生创业带来了哪些机会?

三、角色体验

主题:中国的红色政权为什么能够存在

请同学们认真阅读毛泽东的《中国的红色政权为什么能够存在》,以及大革命时期的相关党史资料,然后进行个人反思和小组讨论。学习和讨论时,注意将自己抛锚在资料所处的历史时期,并进入不同历史人物的角色体验其思考和选择过程。

请教师帮助指导学生借助创业机会的相关理论,分析大革命时期边区的红色政权的生存环境,以及红色政权得以生存的政治和经济原因,在指导中培养学生唯物辩证的历史观和方法论,以及实事求是的工作态度。

创业竞赛指导

一、备战大学生创新创业大赛

结合本课程学习,做好参加中国国际"互联网+"大学生创新创业大赛等竞赛的准备,力争在本课程结束前能够完成一份符合参赛要求的创业计划书。

1. 访谈学长学姐

访谈参加过创新创业竞赛的学长学姐,了解国内外创新创业竞赛信息,特别是中国国际"互联网+"大学生创新创业大赛和"挑战杯"全国大学生课外学术科技作品竞赛、"挑战杯"中国大学生创业计划竞赛的参赛要求和参赛经验。

2. 选择参赛方向

在了解国内外各种创新创业竞赛参赛要求和评审规则的基础上,进一步分析和选择自己的参赛方向,然后与团队成员和其他同学进行交流。

3. 调整参赛团队

根据个人的参赛方向和竞赛要求,在团队内部进行团队参赛方向的讨论,在此基础上根据团队成员的参赛方向和合作意愿,对参赛团队进行调整和分工。

二、"挑战杯"全国大学生课外学术科技作品竞赛特等奖作品分析

川藏跨天堑,知产绣锦图——川藏铁路建设中的知识产权风险调查研究

华东交通大学团队选取了川藏铁路这一世界级铁路工程作为调研对象,识别其现存的知识产权风险并提出应对策略。本作品采用文献分析、问卷调查、专家访谈等方法,实地走访20余家承建及相关单位,深入一线收回6000余份问卷,层层递进访谈18位专家,最终从知识产权确权、授权以及涉外三个层面总结出川藏铁路建设中的知识产权风险。在调查的基础上,本作品针对性地提出川藏铁路建设中的知识产权风险应对策略,通过调查和结论呈现,期待能为川藏铁路高质量建设提供全方位的战略参考,并为相似铁路提供知识产权风险应对样板。

废塑料微波快速催化热解制备石脑油装备的研发

南昌大学的"废塑料微波快速催化热解制备石脑油装备的研发"项目针对废塑料循环利用行业技术共性难题,完善和发展了废塑料微波催化热解高效转化为石脑油的关键技术与装备,攻克了废塑料规模化处理中转化效率低、产品品质差的技术难题,打通了废塑料—石脑油—合成塑料的循环技术路线,让废塑料实现从"白色污染"到"绿色产业"的"变形",该项技术的成功实施将开创废塑料高值化利用新时代。

类风湿性关节炎诊断标志物及防治药物的筛选和临床应用

类风湿性关节炎(RA)是一种慢性炎症性自身免疫性疾病,其关节损伤不可逆性决定了早发现、早诊断和早治疗是防治的主要策略。温州医科大学的"类风湿性关节炎诊断标志物及防治药物的筛选和临床应用"团队创新性发现促消退介质可通过恢复免疫平衡、抑制炎性浸润和血

管翳生成，减缓 RA 疾病进程；多中心、大病例临床回顾性和前瞻性研究证实消退素 D1 是优秀的 RA 临床诊断指标、保护素 DX 具有杰出的 RA 活动分期诊断价值，以此为基础开发的诊断试剂盒在 12 家试点医院推广应用 1525 例，获得满意效果。团队共发表 SCI 论文 10 篇，累计影响因子 54.669；申请国家发明专利 3 项，实用新型专利 5 项。该研究为提高我国 RA 达标治疗带来了新思路。

精密高效传动瞬态摩擦学调控技术

四川大学"精密高效传动瞬态摩擦学调控技术"项目团队针对工业机器人国产化的卡脖子问题，开发了瞬态传动摩擦学性能分析软件，通过计算不同齿廓参数下的界面油膜及压力分布获得最优齿廓参数。经检测，应用该软件设计制作的谐波减速器啮合效率提升 5%，精度保持性提升 20%，已达到同类进口谐波减速器的性能指标。目前，该软件已成功应用于全国最大的谐波减速器制造厂商——苏州绿的谐波传动科技有限公司十余个型号减速器的研制。同时，该软件拓展应用于卫星平台控制力矩陀螺的研制，卡特彼勒公司传动系统的设计及美孚公司润滑剂的开发。学生团队成员以第一作者获批软件著作权 3 项，申请发明专项 2 项，在摩擦学领域顶级期刊发表学术论文 3 篇。

"微腐败"对乡村营商环境的影响及对策研究
——基于甘肃、福建、河南、江西、贵州5省182村的调查与思考

"'微腐败'对乡村营商环境的影响及对策研究——基于甘肃、福建、河南、江西、贵州5省182村的调查与思考"是厦门大学嘉庚学院本科生团队的项目，该项目创新性地聚焦乡村营商环境建设。团队成立伊始，其成员即以聚焦"微腐败"对营商环境的影响为切入点，研究通过普适性的评价体系为地方政府提供比较标杆与工作方向，充分发挥以评促建的功能。

(资料来源：作者根据网上资料和大赛现场录音编写)

思考题：
1. 上述获奖项目有什么特点？
2. 调查报告与社会科学类学术论文写作应该注意哪些问题？
3. 科技论文写作应该注意哪些问题？
4. 技术装备与科技产品类项目的选题应该注意哪些问题？

三、"挑战杯"全国大学生课外学术科技作品竞赛参赛经验分享

小店虽小，风景甚好

烟台大学(以下简称烟大)经济管理学院的作品《小店虽小，风景甚好——"双循环"战略背景下的小店经济"微循环"活力研究》斩获第十七届"挑战杯"全国大学生课外学术科技作品竞赛终审决赛特等奖，创造了烟大学子参加"挑战杯"全国大学生课外学术科技作品竞赛的历史最好成绩。

"挑战杯"大学生课外学术科技作品竞赛是高校学科竞赛排行榜上全国大学生三大综合性赛事之一，被誉为当代大学生科技创新的"奥林匹克"盛会。在本届"挑战杯"赛事中，共有来自全国 264 所高校的 1500 余件作品参加终审答辩，评审委员会就高校作品评出特等奖49件，

第3章 创业机会与创业风险

山东高校只有3件作品获此殊荣。该项目队长、经济管理学院学生高帅在成绩公布的那一刻激动地说:"我们书写了烟大'挑战杯'的历史!"

为什么烟大能够取得如此出色的成绩?为什么烟大学子能够站在当代大学生科技创新"奥林匹克"盛会的最高领奖台上呢?开拓创新的学子、恪尽职守的教师以及开放包容的烟大用实际行动做出了回答。

造炬成阳,一路挑战、一路成长

"学长学姐在交流会时跟我们分享过,用老项目参赛会更有经验,有成果、有积累;从零开始更具挑战性,可以组建新的团队,开拓新的课题。"获得国赛特等奖的团队成员、经济管理学院学生赵菲说。在烟大,学生之间会经常开展科创交流会,分享参赛经验、碰撞思想火花,同学们主动参赛、探索科创乐趣,使得科创氛围日趋浓厚。《小店虽小,风景甚好——"双循环"战略背景下的小店经济"微循环"活力研究》就是同学们在头脑风暴时产生的想法。

疫情之下,国家提出"地摊经济、小店经济是就业岗位的重要来源,是人间烟火,和'高大上'一样,是中国的生机"。同学们立即抓住了这个热点,一致通过了探索小店经济这个主题。在2020年7月组队后,他们正式开启了小店调研之旅。500多个日夜,走访了26座城市,调研了325家小店,调研总人数达967人,有效问卷823份,访谈记录3.2万字的……直到2022年5月,历经了近两年的假期调研后,团队分析总结出了影响小店经济的因素和指标,构建起小店经济活力评价体系。至此,他们已经为第十七届"挑战杯"山东省大学生课外学术科技作品竞赛做了最充足的准备。

对于项目团队来说,取得成功的过程就是用一个个小的细节打败一个个问题的过程。无论是省赛还是国赛,一旦比赛进入倒计时,他们就会立刻进入"战时状态"。国赛决赛通知发布后,团队成员几乎以办公室为家,每一天都待在一起,从图书馆借来的书一摞又一摞地摆在他们面前,但凡是和项目内容沾点边的书一本都不放过。每次听指导老师和专家的意见时,他们都会用手机录音,然后大家一起反复听,一点一点地把问题解决。对待作品,他们更是精益求精:表格中文字的距离、字体及颜色、标点符号、图片的位置……精心打磨着作品中的每一个细节。团队成员、经济管理学院学生桑志高还提到他们有一个秘密武器——问题集,这里边有100多个问题,都是老师、同学甚至家长在听完他们的答辩后提出的疑问,团队的每一个成员几乎都能做到从第一个问题到最后一个问题对答如流。

春风化雨,助力每一个"青春"勇闯"挑战区"

如果说学生的努力是向上生长,那么老师的指导就是向下扎根。对于本科生而言,才刚刚踏上科研的道路,学术理论体系尚未健全,知识储备相对不足,理解力和独立思考的能力还需要指导教师的引导和培育。"你不试怎么知道能不能行,你不拼怎么知道能不能赢,试一试才知道能不能行,拼一拼才知道能不能赢。"当谈及"挑战杯"竞赛指导经验时,第十七届"挑战杯"全国大学生课外学术科技作品竞赛特等奖和二等奖作品的第一指导教师、经济管理学院教授崔占峰如是说。

崔占峰常说,"做人不能斤斤计较,但做学问要咬文嚼字"。在备赛过程中,他要求团队成员不能做蜻蜓点水的表面功夫,必须潜下心来,时刻保持问题意识,不放过每一个细节。崔教授把学术研究看成十分严肃的事,思路清晰、逻辑严密、语言准确就是他的真实写照,正是这种严谨的治学态度,深深地影响着他的每一个学生。

影响学生的除了他的一丝不苟,还有他的创新和进取精神。临近年底一次偶然的机会,崔占峰被邀请去某单位当评委,参赛选手需要对一年的工作进行总结汇报,评委根据现场答辩情况打分。其实这种形式和"挑战杯"答辩有一定的相似度,这其中就有一个节目让他记忆深刻。参赛人员采取了两人对话形式,一问一答,非常自然地"演绎"了一年的工作概况,既有工作重点,又有工作细节,过程衔接也很流畅。"这场答辩会启发了我,我们的作品完全可以大胆突破,创新一种新的答辩手法。"回到学校,崔占峰立刻联系项目团队成员修改答辩稿,推翻之前的答辩思路,打破传统的单人叙述模式,用小剧场的形式让答辩同学将调研过程、研究成果与项目前景生动地"演"给评委。结果证明,他的这次大胆尝试是正确的。

厚积薄发,科创成果遍地开花

近年来,烟大在"互联网+""挑战杯"等比赛中获国家级奖项24项,在2017—2021年第六轮全国大学生学科竞赛排行榜位列第128位,较2017年第一轮发布以来提高了127个名次;其中在2021年,全校共获国家级奖项210项,位列全国第100位、山东省属高校第7位……获奖团队屡创新高、排行位次不断提升、师生热情日渐高涨,这背后离不开学校强化大学生科创顶层设计,不断完善统筹联动机制和支持保障机制。

分管学校学生工作的党委常委、副校长毕可志表示:"如今的烟台大学紧跟科创大潮的脚步,全力为广大师生营造良好的科创环境,鼓励老师们将专业教育与创新创业教育有机融合,让同学们在科创氛围中受教育、长才干、做贡献。"

以项目为推动,以平台为策动。学校构建起以"互联网+""挑战杯"两项综合赛事为龙头,N项专业赛事为中坚,N项"大创"、实验室开放和科技创新基金项目为基础的"2NN"科创育人体系,实现科创育人抓手品牌化。同时,校内创新创业资源不断整合,创新创业学院、大学生创业园、60多个创新创业实践平台……一个一个"梦工厂",为学生的优质科创项目从诞生到孵化多形式输血,精心呵护大学生创新创业的每一粒种子落地生根、发芽开花。

为了加强指导教师队伍建设,学校不断引进并培育"双师型""实践创新型"人才,聘请了一些创新创业经验丰富的企业家、校友授课并担任指导教师,并为教师提供培训平台,学校创新创业优秀导师人才库逐渐壮大。

此外,针对学生培养,学校还创建了分层递进的创新创业教育体系,将创新创业教育融入人才培养全过程。学生可以跨学科、跨专业修读课程,还能享受校企共建课程。如果在学科竞赛、发明创造中取得了优异成绩,还可以获得相应学分抵顶专业任选课和全校通选课学分。对于热衷于创新创业的学生,学校推行了弹性学制,设立专门的奖学金和奖励机制。种种举措极大地激发了学生参与科创的积极性。

(资料来源:作者根据网上资料和大赛现场录音编写)

第 4 章
同理心与市场调查

本章目标

1. 理解同理心及其对设计思维的意义。
2. 能够利用同理心洞察用户需求。
3. 掌握市场调查的基本流程和典型方法。
4. 能够开展基于同理心的用户观察与访谈。
5. 掌握 PEST 宏观环境分析框架。
6. 理解波特五力模型并能用其进行行业分析。
7. 能够利用 STP 进行细分市场分析。

问题与情境

疫情过后锅圈食汇能否继续兴旺

2017 年 1 月，锅圈食汇(以下简称锅圈)的第一家门店在河南正式开业。这个由几位餐饮老兵合伙创办的火锅食材店以令人咋舌的速度蔓延在中国的大街小巷。2020 年，在全国各区域开设门店超 5000 家，累计服务超 1.3 亿家庭消费者。2022 年，踩中疫情带来的"宅经济"节点，在各路资本的强力推动下，锅圈的门店数竟然达到了近万家。

锅圈背后，火锅超市这门生意正在崛起。在这条崭新赛道上，七掌柜、川小兵等新玩家簇拥而至，以蜀大侠等为代表的传统火锅品牌也开始布局，更有盒马、千味、三全、王老吉等跨界选手奔跑入场，好不热闹。多方角逐下，一场火锅引起的无声硝烟战正式打响了。

鲜为人知的是，锅圈创始团队卖过啤酒，做过烧烤，曾隐秘在夜市大排档 10 余年。只是夜市受季节限制，到了冬天生意往往不容乐观，因此在 2013 年，几位合伙人决定转变方向，开起了火锅店——小板凳老火锅，并迅速蹿红，一度开出超 600 家门店。

在持续扩张的过程中，他们发现火锅这个餐饮品类虽然每年都保持着 10%以上的高速增长，但实际操作中痛点非常多，将赛道做宽、做深并非易事。其中，上游食材供应不规范、采购信息不对称是最大难题。

这样的现状对于想要在家吃火锅的消费者而言尤为明显。一般来说，消费者会选择去大型综合超市挑选火锅食材，然而品类分散、食材不全、价格昂贵等问题，很难让他们在家享受到与火锅店媲美的体验。如果把火锅食材批发市场搬到社区会是一个怎样的业态？基于此，从B端(面向企业或者其他商业项目的平台软件或其他服务)切入的锅圈应运而生。

2017年1月7日，在经历了4个月的市场调研和门店考察后，锅圈的第一家门店在河南郑州某核心居民区落地开业，覆盖了十大火锅品类，400+SKU(stock keeping unit，库存量单位)的独立研发产品体系，人均不到50元便可吃上一顿地道的火锅。既要好吃，又要不贵，锅圈产品比超市便宜40%，甚至比农贸市场还便宜10%~15%。

除了让消费者快速在家吃上好吃不贵的火锅，锅圈还有烧烤食材的供应，满足了消费者对火锅和烧烤制作过程的简单化、便捷性诉求，让每一个人都能在家做出地道的火锅和烧烤。食材丰富加上价格实惠，锅圈迅速赢得了社区消费者的喜爱，成功开创了一个新的餐饮场景——在家吃火锅/烧烤，创立第一年便收获了丰厚的营收。

基于此前多年的2B火锅食材供应，锅圈相对完善了供应链从源头到终端的所有基础设施建设。即使是在食材原料成本年年自然增长的情况下，锅圈门店终端产品售价也三年未做调整，甚至在疫情期间食材供应十分紧张的情况下仍保持不涨价，并且实现公司盈利。其中，2019年锅圈门店销售同比增长400%，并连续两年实现盈利，增速与规模均稳居行业第一。

锅圈呼啸而来，引得风险投资商/私募股权投资商一片沸腾。2019年8月，锅圈获得不惑创投独家投资的4500万元A轮融资。2019年10月，获得食品业巨头三全食品的5000万元A+轮投资，不惑创投继续加磅跟投。2020年2月，获得来自美国国际数据集团(International Data Group，IDG)领投，嘉御基金、不惑创投跟投的500万美元B轮融资。5个月后，上述投资机构再度加持锅圈6000万美元的C轮融资。

"我们的门店一般开设在居民区，平均2000~3000户一家店，很容易存活下来。"锅圈负责人坦言，"门店一定要赚钱，而门店要赚钱背后的逻辑是，产品一定要做到极致，性价比要高，口感要好，门店的经营效率要高，这样的门店才能赚钱。"

嘉御基金创始合伙人卫哲说："不幸的疫情是加速器，让优秀企业变得更优秀。公司在疫情期间门店销售相比去年同期获得400%的增长，进一步拉开了与同行业竞争对手的差距。"但是，高速发展阶段控制成本，疫情过后继续兴旺，对锅圈来说是个极大的挑战。

(资料来源：作者参考相关资料编写)

思考题：
1. 锅圈的产品满足了什么用户的什么需求？
2. 市场调研在企业经营中有什么作用？
3. 如何看待在家吃火锅这个消费场景？
4. 本案例对你有什么启示？

4.1 同理心：设计思维的起点

同理心是设计思维的第一步，它表达的意思是：要用同理心进行市场调查和了解用户需求。蒂姆·布朗曾在《哈佛商业评论》中提道："设计思维是以人为本的设计精神与方法，考虑人的需求、行为,也考量科技或商业的可行性。"设计思维的核心是以人为本,而理解"人"的精髓便在于同理心。

4.1.1 同理心概述

同理心的英文对应词是 empathize,empathize 在不同场合、不同对象运用时,其含义有所不同,它的汉语解释有共感、同感、移情等。但是,在设计思维的语境中,它最贴切的汉语对应词是同理心。那么,什么是同理心?站在同理心的角度进行市场调查与普通的市场调查有什么区别呢?

1. 同理心的界定

同理心是指站在对方立场,设身处地地去理解对方的一种思考方式。因为同理心要求站在对方角度思考和处理问题,所以能够更好地体会对方的想法和情绪,能够更好地理解对方的立场和感受。

同理心就是将心比心、换位思考,即同样的时间、地点和事件,把当事人由对方换成自己,从而设身处地去感受、理解和体会对方的感知、态度、情感与行为方式。同理心是一种情感智力,主要体现为正确感受和理解他人情感的能力。

同理心的突出特征就是尽一切可能站在对方的角度去想问题,并以此为出发点去解决问题。具有同理心的人,不但能够客观地理解对方的内心感受,而且能把这种理解传达给对方,进而实现心灵与情感上的共鸣。

在产品设计,特别是互联网产品设计中,最关键的就是懂用户,特别是通过同理心对用户进行深入了解,洞察其深层次的需求。因为深层次的需求满足能带来更好的用户黏性,产生更强的情感共鸣,从而获取更好的品牌依赖。

同理心是理解和认同他人背景、情感、目标与动机的能力。为了设计出色的用户体验,产品经理会积极地寻找对目标群体的同理心。例如,全球知名设计公司 IDEO 的设计团队坚信,同理心对他们的项目有积极的影响。因此,他们积极倡导用同理心来激励其设计师。

2. 同理心的层级

同理心虽然是人类最宝贵的、很难被人工智能拥有的心理品质,但它并不是与生俱来的。在现实生活中,不同的人因成长环境和所受教育的不同,同理心水平也大不相同。下面是人们同理心品质的四个层次。

(1) A-1。很少从他人的角度思考问题,做事情很少考虑他人的感受;沟通时讲客套话,无法引起对方的共鸣,对方也不愿意将自己的真实想法说出来;不愿意倾听;在安排事务时,几乎不考虑对方的需要。

(2) A-0。能够从他人的角度思考问题,做事情会考虑他人的感受;与人沟通比较真诚,愿意将自己的一部分想法表露出来;能让对方觉得被理解或被包容;学会倾听,工作中尽量考虑对方的需要。

(3) A+1。能够站在对方的角度考虑问题,想对方之所想,急对方之所急;能够使对方不知不觉地将内心的想法和感受说出来;能够让对方觉得被理解或被包容;能够用心倾听;在安排事务时，能尽量照顾对方的需要，并愿意做出调整。

(4) A+2。能够将心比心，设身处地地去感受和体谅他人，并以此为工作依据；有优秀的洞察力与心理分析能力，能从表情、语气中判断他人的情绪；能够真诚地对待自己和他人，能够正确理解他人和表达自己；能够以对方适应的形式进行沟通。

同理心是产品经理的首要能力，产品经理通常以产品为媒介，通过产品与无数用户产生联系，所以他只有清晰感知和理解用户的需求和情绪，并快速做出反馈，才能维系与用户之间的联系，才能做出优秀的产品。

3. 同理心的原则

同理心对于设计思考者来说，既是非常重要的品质，也是必须遵守的原则。它能让人真正理解和发现设计对象的潜在需求和情感，从而无论自身是否经历过，都能与当事人产生强烈共鸣。在既已发生的事情上，把自己当成他人，想象自己因为什么心理有这种行为，从而触发这个事件。因为自己已经接纳了这种心理，所以也就接纳了他人这种心理，进而理解这种行为和事件的发生。同理心要求人们在工作中坚持如下原则。

(1) 我怎样对待他人，他人就怎样对待我；我替他人着想，他人才会替我着想。
(2) 想要得到他人的理解，就要首先理解他人；只有将心比心，才会被他人理解。
(3) 他人眼中的自己才是真正的自己；要学会从他人的角度来看问题，并据此改进自己在他人眼中的形象。
(4) 只能修正自己，不能修正他人；想成功地与他人相处，想让他人尊重自己，唯一的方法就是先改变自己。
(5) 真诚坦白的人，才是值得信任的人；要不设防地，以最真实的一面示人。
(6) 真情流露的人，才能得到真情回报；要抛弃面具，真诚对待每一个人。

4.1.2 同理心解析

同理心对设计者来说很重要，因为它可以让他们更自然、更真诚地去思考怎样帮助用户解决其实际问题，特别是在项目的早期阶段，能使设计决策更好地聚焦目标用户。同理心也可以帮助设计者与用户、团队成员及利益相关者构建更好的人际关系，为人与人的交流提供开放、互信，更具建设性的基础。

1. 同理心溯源

英文中 empathy(同理心)这个词源自希腊文 empatheia，即"神入"，即全神贯注于某一事物，以理解其真谛的能力。美学家则以"移情"来表述这一能力。1920 年，美国心理学家铁钦纳首度使用"同理心"一词。他认为同理心源自身体上模仿他人的痛苦，从而引发相同的痛苦感受。

作为心理学的一个研究领域，同理心经历了一个漫长而曲折的过程。目前，心理学研究已经能够证明的是：有同理心的人能够理解、预知别人的情感，并且能够将自己代入对方的处境，客观而冷静地去感知对方的感受。

具有同理心的人，其大脑在定义和处理信息时，既繁忙又有序。他们不但能在接收信息时正确感知他人的感情变化，而且能在解码分析后让自己进入对方的角色，抛开自己固有的情感和观点，深入感受对方的思考方式和感情体验。

另外，具有同理心的人，还能够从对方的感受出发，输出让对方乐于接受的关怀、安慰和劝告，让对方得到切实的帮助。当然，这个过程对于大脑处理信息的数量、分辨率和速度等都有极高的要求，需要通过较长时间的学习和训练才能掌握。

2. 同理心特质

心理学研究表明，同理心包括情感和认知两个方面，其中，情感指的是对他人情绪做出正确反应的能力，认知指的是对他人观点进行认知评价的能力。一般来说，同理心具有以下四大特质。

(1) 将心比心。将心比心即能够将当事人换成自己，设身处地地去感受和体谅他人，并以此作为处理工作中人际关系、解决沟通问题的基础。

(2) 感觉敏感度。感觉敏感度即具备较高的体察自我和他人的情绪、感受的能力，能够通过表情、语气和肢体等非言语信息准确判断和体谅他人的情绪与情感状态。

(3) 同理心沟通。同理心沟通指听到说者想说，说到听者想听，即能够正确感知他人的需求和情感，并能以合适的方式给予回应。

(4) 同理心处事。同理心处事指以对方感兴趣的方式，做对方认为重要的事情，即能够有效调节自己的情感和行为，让其满足对方的情感和需求。

中国的传统文化让中国人不善于表达自己的思想和观点，很多情况下人们习惯让对方猜，而如果不具有深层的同理心，便难以了解用户的真实需求。创新创业者需要同理心，产品设计也需要建立在同理心的基础之上，充分融入他人的需求、利益与福利，利用同理心从用户的角度理解用户。

3. 同理心辨析

同理心是设计思维的起点。创业想法的诞生往往是创业者对用户及其需求基于同理心的洞察和思考。同理心对于设计师来说尤其重要，它能让设计师真正理解和发现用户的潜在需求和情感。

生活中，人们常常将同情心与同理心混为一谈，认为它们是类似的概念。其实，同情心与同理心虽然只有一字之差，但其意思却相差甚远。表4-1列举了同情心与同理心在相同情境下的不同反应。

表4-1 同情心与同理心在相同的情境下的不同反应

情境	同情心的反应	同理心的反应
遇到他经历的事情时	我会有什么感受	他会有什么感受
当你情绪低落时	我觉得很抱歉你这么难受	我懂你的感受，我会在这里陪着你
当有人抱怨时	在对方没有询问的情况下急于给出意见	安静地倾听，设身处地地体会对方的情绪

同情心是认知到别人的痛苦，从而引起恻隐之心；而同理心是能够感同身受、设身处地地对他人的情绪和情感的觉知、把握与理解，即一个人真正能理解对方，并站在对方的角度去看问题。

当听到他人遭遇不幸时，有同情心的人常说："我真的替你感到难过。"但有同理心的人却会说："我也遇到过这样的事情，我知道这是什么样的感觉。"同理心是一种认同他人体验的态度，它能进入对方的世界，从对方的角度观察和思考问题，从对方的立场感受和处理问题。

4.1.3 同理心修炼

在现实生活中，优秀的产品经理都非常注重自身同理心的修炼。被称为"百度贴吧"之父的"滴滴"产品顾问俞军说，优秀的产品经理做的是两件事：先理解这个世界，然后把他理解的这个世界讲述给别人。俞军认为同理心可以通过训练来改善，训练的方法就是大量阅读用户的反馈，然后根据用户反馈去揣摩产品，这种揣摩再经过产品验证，做得多了就会发现用户的心理是什么。

1. 同理心修炼的基础

神经科学家研究发现，人人都有同理心潜能。当观察别人做某些动作或经历某些状态时，观察者的大脑活动与被观察者的大脑活动非常相似。另外，虽然这些人只是在观察他人从事某些活动，但他们却都经历过情绪激动或肾上腺素的激增。

但是需要指出的是，虽然从生理上讲每个人都有同理心的潜能，可由于每个人的成长环境和生活经历不同，其同理心的发展也有很大差异。因此，要想提升同理心水平，需要有意识地进行自我修炼，同时在与设计对象接触互动时，必须保持积极开放的心态，并尽最大努力去理解设计对象的所思、所感。

2. 同理心修炼的原理

同理心是一种情感智力，具体表现为正确感知自己与他人情绪和情感的能力。心理学上对情绪和情感的定义是：对一系列主观认知经验的统称，是多种感觉、思想和行为综合产生的心理和生理状态。情绪和情感既是主观感受，又是客观生理反应，也是一种社会表达。

进行同理心修炼，首先需要了解人的基本情绪。其实，基本情绪是所有动物一出生就有的情绪，每一种基本情绪都有其独立的神经生理机制、内部体验、外部表现和不同的适应功能。基本情绪的种类有不同的分法，通常将愉悦(喜)、愤怒(怒)、不爽(哀)、恐惧(惧)作为情绪的基本形式。

(1) 愉悦。 直白地讲，愉悦就是被满足。我们感受到他人的善意，自己被理解、接纳、尊重和重视，这些都是存在感被满足，满足就会愉悦。

(2) 愤怒。 愤怒是一种消极的情绪状态，一般包括敌对的思想、生理反应和适应不良的行为。它的发生通常认为有不敬、贬低、威胁或疏忽等不必要的行动。直白地讲，愤怒就是感觉到自己的边界被侵犯。

(3) 不爽。 有一大堆词可以来形容不爽这种感觉，如生气、烦躁、痛苦、厌倦、茫然等。但是本质上，这些不爽的感觉都是某个需求点没有被满足。

(4) 恐惧。 什么是恐惧？除了平常大家所说的害怕，恐惧还是动力。愉悦和满足能驱动一个人一直专心做一件事，那么恐惧就是另外一种动力了，甚至这种动力大于满足驱动。恐惧也可作为企业研发产品的痛点，人们会为了解决恐惧而毫不犹豫地花钱。

3. 同理心修炼的方法

字节跳动科技有限公司创始人张一鸣曾经说过，同理心是两个过程：首先是对自我的感受敏感，之后是通过自我体验来理解他人。所以，今日头条会组织产品吐槽会，目的是了解其他人怎样看这个产品。每个人都有自己的视角，这会提供大量的信息来增强产品经理的同理心。同理心的修炼可以采用如下方法。

(1) 保持空杯心态，不急于评价。 培养同理心，首先要放空自己，以空杯心态学习和容纳新事物。初学者看待问题的角度多种多样，应该始终保持一颗初心，不受各种习性的羁绊，随时准备好去接受、去怀疑。苹果公司联合创始人乔布斯在 2005 年斯坦福大学的毕业演讲中也反复强调 "Stay hungry, stay foolish"，意思是求知若渴，大智若愚。放空自己，以开放的心态迎接各种新的可能，才能更好地站在对方的角度理解问题，防止因主观臆断制造出没人要的产品。

(2) 积极尝试理解对方的情绪、情感和动机。 培养同理心应当放下身段，以平等的姿态去倾听。让用户和场景浸入心灵，倾听用户都说了什么和是怎样说的，不要总想着接下来该如何回答他们。用心观察，而不只是用眼。用心倾听，而不只是用耳。站在对方的角度，积极理解对方的言语、行为和肢体，了解对方的表面语言背后隐含的情绪和动机。

(3) 保持好奇，多问为什么。 对任何事物多问为什么，特别是那些自己认为已经理解的东西，通过提问了解对方是如何感知这个世界的。像孩童一般，保持一种对事物的好奇心，不论是在熟悉还是不熟悉的环境中，好奇心都是人类创新的源泉。在产品设计中，为了更好地了解用户，必须走出去主动与客户或潜在客户多接触，多了解他们的意见和建议。同时，要中止个人论断，站在对方的立场，不带情绪地倾听，理解对方的情绪和动机，多与用户互动，在互动中寻找有用的主题和线索。

扩展阅读

扩展阅读 4-1
创新与同理心

扩展阅读 4-2
产品设计中的同理心

扩展阅读 4-3
重温乔布斯在斯坦福大学的经典演讲

案例分析

网易云音乐的同理心体验

在国内音乐市场几乎被 QQ、酷狗、虾米等众多音乐软件瓜分的情况下，网易云音乐以一匹黑马的姿态，凭借"音乐社交"的差异点切入市场。2019 年，总用户数突破 8 亿，同比增长 50%，其中付费会员数同比增长 135%。2021 年 12 月，在香港联交所主板挂牌上市。2022 年，进入上汽大众、蔚来汽车和理想汽车智能系统，为其提供全景声音乐内容。

网易云音乐的需求洞察

2012年7月,丁磊同网易高管开会讨论网易做音乐的可行性,但诸多高管表示不理解。在线音乐市场中的先行者浸淫数年,已经聚集了大批用户,他们或背靠大公司,或拥有资本和流量优势。从功能上看,这些产品之间差异不大,都扮演着"音乐播放器"的角色,唯一值得注意的区别在于曲库的大小和版权的多少。如果有人当时预测在线音乐行业的重大变化,首先想到的是业内公司的合并,而不是诞生一个新的品牌。业内人士普遍认为,未来最大的"战争"将是"版权之战",这个行业已度过了快速成长的时期,即将迎来洗牌。

但丁磊有他自己的想法。他认为,在移动互联网时代,人们除了需要随时听音乐之外,还希望和他人分享好音乐。"音乐代表人的情感,在情感爆发的时候,人们很愿意去和他人分享。此前的产品大多数是在提供音乐播放服务,而没能满足用户这部分情感输出的需求,因此从这一点看,我们还有机会。"丁磊的这番话确定了网易云音乐做音乐分享应用的方向。

网易云音乐的产品设计

网易云音乐的产品总监朱一闻说,丁磊分享歌曲的爱好直接影响了网易云音乐的设计思路,进而确定了网易云音乐的基础架构——他们没有沿袭"播放器思路",而是将歌单作为整个产品的基础。

歌单就是歌曲列表,相当于歌曲的精选集。网易云音乐做的歌单,采用UGC(user generated content,用户生成内容)模式,将权力交给用户,让用户自行编辑上传歌单。UGC模式不仅增加了歌单的数量,而且提高了歌单的品质。更重要的是,它让原本定义为工具型的音乐播放软件有了社交属性——编辑上传歌单。用户会主动在社交媒体上推送歌单以显示自己的音乐品位,而有同种曲风爱好的用户,会在该歌单下评论分享。这让原本孤单的音乐播放变得热闹起来。

2013年1月,网易云音乐进入App Store,当晚朱一闻刷了一夜微博,发现"引起了轰动,很多人都评论说,这是颠覆性产品"。"现在歌单已经变成了一种生产力工具。"朱一闻说。随着数量的增加和质量的提高,这些歌单在更广泛的范围内替代了音乐集锦,满足了不同场景的需求。这种歌单结合算法给网易云音乐带来了更高的活跃度,现在50%的用户习惯在听歌的时候点击阅读评论,这是其他音乐平台未曾出现的情景。

网易云音乐的用户体验

用过网易云音乐的用户应该都很喜欢"热门推荐"这个功能。"热门推荐"每天早晨6:00更新(选择在线用户最少的时间收集最多的口味数据,让更新后的推荐更准)。我们常在歌曲的评论区看见"果然还是云音乐最懂我"等评论,说明该功能深受用户喜爱(此功能让用户感觉到自己被重视),并且所用算法十分精准。用户可在推荐列表对歌曲进行批量收藏或下载,也可单独进行操作。另一个功能就是"评论"功能,据不完全统计,有很多人就是为了看评论而打开App的,更有很多人把自己对生活的感慨都写进评论里。这种对产品的信任感和参与感,以及被其他用户的认同感,会让用户得到极大的满足,甚至上瘾。

评论功能不是网易云音乐发明的,点赞功能也不是[是Facebook(脸书)最早带给互联网的],然而这两个功能组合起来,让网易云音乐成了中国音乐市场上以音乐评论为特色的社区。

如今,在任何一首新发行的歌曲下面(无论是大众流行歌曲,还是小众风格歌曲),乐迷们都会在网易云音乐上发表评论和互动。新歌曲评论数量累计超过999条或9999条的速度成为判断歌曲蹿红的重要标准,网易云音乐没有做任何虚假评论数据。

网易云音乐这款 App,从线上、线下、视觉、听觉、情绪、意识、触觉等多层次实现氛围营造,在多细节、多重互动感的体验下,让用户在享受音乐的同时,也可以体验 Sati 空间功能,在睡眠模式、解压模式、专注模式三重模式下体验多重互动感,更好地让用户沉浸其中。用户在享受音乐的同时,能够体验到情感上和心境上的妥帖与舒适。用户对产品体验上的喜欢会成为习惯,习惯成自然,信任成必然,久而久之,这款音乐 App 便不单单是一款 App,会像老朋友一样,弥足珍贵,彼此沉浸。

(资料来源:作者参考相关资料编写)

思考题:
1. 网易云音乐成功的关键因素是什么?
2. 网易云音乐带给用户怎样的情绪体验?
3. 网易云音乐在设计中如何利用同理心?
4. 网易云音乐为什么能在音乐 App 市场中异军突起?
5. 本案例对你有哪些启示?

4.2 基于同理心的市场调查

对任何方式的产品开发来说,市场调查都是十分重要的。但是,设计思维构架下的市场调查与普通的市场调查有很大的不同,它是基于同理心的市场调查,或者说是达到同理心高度的市场调查。它需要在思想和行动上做更多和更细致的准备。

4.2.1 市场调查准备

基于同理心的市场调查首先是一种挖掘真实需求的调查,它的突出特点是不满足于听到了用户说什么,而是要深挖用户这样说背后的真实动机。基于同理心的市场调查更是一种走心的调查,它要求站在用户的角度去思考问题,进入用户的内心去体会他的所思所感。基于同理心的市场调查,需要做好如下准备。

1. 了解调查要求

对尚不熟悉设计思维的人来说,第一项准备工作就是了解调查要求。基于同理心的市场调查是一种追求形式上客观的调查,它不满足于听到用户亲口说了什么,而是要通过一系列具有引导性和启发性的问题,帮助用户发现他们内心的真实需求。

例如,早在 100 多年前福特汽车公司创始人亨利•福特在拜访客户时就曾遇到这样的问题。当他问客户:"您需要一个什么样的更好的交通工具呢?"几乎所有人的回答都是:"我要一匹更快的马。"对于普通的市场调查者,问到这里就可以结束了。而基于这样的调查结果,普通的市场调查者接下来的行动,可能就是立即动身寻找优质马种,以满足客户的需求。

但是,福特先生却没有这样做,而是接着追问:"您为什么需要一匹更快的马?"客户回答:"因为可以跑得更快。"福特又问:"您为什么需要跑得更快的马呢?"客户说:"因为这样我就可以更早地到达目的地。"福特又问:"您要一匹跑得更快的马的真正目的,其实是要更快地到达目的地,以节约花在路上的时间,是吗?"客户回答说:"是的。"受此启发,福特选择了用汽车来满足客户的需求。

从上述例子可以看出,普通市场调查的结果是消费者喜欢更快的马,而基于同理心的市场调查会继续追问消费者为什么想要一匹更快的马。因此,基于同理心的市场调查,能够帮助设计师跳出以自我为中心的设计观念局限,从个人思维转换到用户思维,逐步体谅、理解用户,了解用户对具体产品的功能需求、价值评定、审美观念等,从而挖掘出用户更深层次的潜在需求。

2. 确定调查对象

为了挖掘用户更深层次的潜在需求,还需要明白哪些用户是重点调研对象。设计思维依据用户特征,将用户划分为以下几种类型。

(1) 核心用户。核心用户又称为焦点用户,它代表使用某种产品的大多数人。一款产品的核心用户常被分成一类或多个类型的群体,其用户群体具有典型特征。例如,关注车险的人,年龄段大致为20~49岁,男性居多,白领居多,这类人群也更关注新闻资讯、体育、汽车、IT、网络购物等行业的内容。关注核心用户,也许无意间会漏掉潜在的非核心用户。所以,如何在锁定核心用户的同时,兼顾非重点群体的需要,也是基于同理心的市场调查需要考虑的。

(2) 极端用户。关于极端用户,产品不同,其定义存在差异。首先,极端用户也许是使用频率很高的一群人。例如,对食堂用餐而言,一日三次均在同一食堂用餐的用户,可称为极端用户。其次,极端用户也许是需求迫切的人。例如,一些学生需要在特定时间用餐,或在短时间内离开食堂。最后,极端用户有时过度使用产品,甚至超越产品设计载荷。例如,将食堂当作自习室或客厅的用户就是这种极端用户,他们会将产品的某些功能用到极致。极端用户会给出极端信息,往往有助于理解特殊使用情境;而且从极端用户那里了解到特殊需求之后,也可以用来满足大多数用户隐藏的需求。

(3) 利益相关群体。利益相关群体是指与创新题目相关的人群,他们甚至不是用户,但与解决问题息息相关。例如,对于如何提升大学食堂的用餐体验问题,食堂的管理人员、值班厨师、服务员、清洁人员,甚至供应商、学校领导等均为利益相关群体。在线音乐软件的利益相关群体包括音乐家、唱片公司、音乐提供商、乐评家、网络供应商,他们都与在线音乐有着千丝万缕的联系。

3. 选择调查方法

市场调查的方法很多,大体上可分为定性和定量两种。定性的调查方法主要用于发掘问题,理解事件现象,分析用户的行为和观点,解决"为什么"的问题;而定量的调查方法是对定性问题的验证,常用于发现行为或者事件的一般规律,主要解决"是什么"的问题。

在基于同理心的市场调查中,定性的调查方法的典型代表是卡片归纳分类法,它以卡片为载体来帮助人们做思维显现、整理和交流。卡片便于整理,可随时抽取,方便查找,还可以将不同时间记下的信息做比较和排列。卡片归纳分类法常用于产品目的、受众以及特性的确定,但应用于开发信息架构或设计还未确定之前,这种方法处于设计的中间环节。卡片归纳分类法也可以广泛用于创造性思维的激发,如可以在头脑风暴法中使用。

定量的调查方法的典型代表是问卷调查法，它是指调查者通过统一设计的问卷向被调查者了解情况、征询意见的一种资料收集方法。问卷调查法是发现用户是谁和他们有哪些意见的最佳工具。问卷可以按照问题呈现的方式分为结构化问卷、无结构问卷和半结构问卷。问卷调查的优点是省时、省钱、省力，不受空间限制，有利于做定量的分析和研究。其缺点是问卷的设计具有一定的专业性，不经过专业训练很难驾驭；调查结果受制于被调查对象的态度，如果他们弄虚作假或不认真填写，就很难获得有用信息。

4. 设计调查流程

在了解了相关调研方法之后，可以按照以下步骤来设计市场调查的流程。

(1) 明确调查目标与方法。 此时需要明确产品目前所处的阶段，初步假设调研希望解决的问题及具体内容，并根据以上情况选择正确的调查方法。

(2) 制订调查计划。 在明确调查目标与方法之后，就要制订详细的调查计划，以确保在实施过程中，能够把控时间节点，从而保证按时完成调查任务。

(3) 邀请调查用户。 在实际调查中，调查目标不同，选择的调查对象也会不同。因此，需要事先确定招募对象，并以合适的方式进行邀请。

(4) 执行调查过程。 不同的调查方法，在具体执行过程中会遇到不同的问题，需要注意根据场景、对象和调查的实际情况，调整调查方法和方法组合。

(5) 输出调查结果。 在围绕调查目的，通过一定的方法工具完成调查任务后，还要选择合适的方式和方法把调查结果呈现出来，从而使调查发挥更大作用。

4.2.2 同理心观察

设计思维主张到真实环境中，通过倾听、观察和同具体的人接触来获得真实的信息和体验，而不是凭空设想。同理心观察不是验证既有产品或服务的合理性，而是发现用户需求的可能性。

1. 观察方法选择

所谓观察指的是有意识地观看。每天我们都在观看，但往往缺乏目的性。日常观看漫不经心，如我们虽然每天乘坐地铁，但并不一定有意识地观察乘客等车的姿态、方式和在站台上的位置。设计思维中的观察不仅需要计算两趟列车间隔的时间及等待人数，还要有意识地关注各类乘客的状态和情绪，观察他们怎么打发时间，如听音乐、看视频还是聊天？观察的方法虽然很多，但基于同理心的观察主要采用如下方法。

(1) 外部观察。 外部观察也叫非参与式观察，指观察者以第三者的姿态，置身于所观察对象和群体之外，完全不参与观察对象的团体活动，甚至根本不与他们直接交往。外部观察可辅助单向透视玻璃、多角度遥控录像设备、录音录像设备、对话设备、耳机、眼动仪、望远镜、长焦镜头等工具开展。通常情况下，用户的外部观察是在观察对象不知情的情况下开展的。

(2) 参与观察。 参与观察又称局内观察，可以分为半参与式和全参与式观察。设计师或研究者将自己作为一个使用者，融入用户的真实生活场景，与他们一起完成工作、学习和家务，参与、观察并体验用户的生活，全身心投入用户环境，从而了解用户的文化等信息。参与式观察讲究进入真实环境，获得第一手信息。

(3) 间接观察。间接观察是指观察者对自然物品、社会环境、行为痕迹等事物进行观察，以便间接了解调查对象的状况和特征。在被观察对象同意的情况下，视频拍摄是一种很好的技术手段，也可以用拍照或者录音的方式，主要目的是获取更多的选择及原始数据。

2. 观察框架设计

基于同理心的观察是研究目标用户在特定情境下的行为，深入挖掘用户在真实生活中的各种使用方式、行为习惯和爱好特征，帮助设计师分析各种行为或现象之间关系一种方法。在现实生活中，人们常常言行不一。科学研究表明，人们心中理想的自我常常会干扰真实的自我，人们也常常不说他们会做的事，不做你认为他们会做的事，甚至不做他们自己想做的事。比如，关于减肥这件事，似乎面对美食，一切都是徒劳。因此，要想做到比用户自己更懂用户，就需要在一个系统的构架下开展细致的用户观察。在基于同理心的观察中，常采用表 4-2 所示的观察的 APOEM 框架进行观察。

表4-2 观察的APOEM框架

活动(actions)	人(people)	物体(objects)	环境(environment)	信息(messages)
那是个什么活动，他们在做什么	观测到什么样的人？人们的情绪怎样	他们使用什么样的工具	周围的环境是什么样的	人们如何交流，说些什么

基于 APOEM 框架的用户观察需要注意如下问题。

(1) 观察用户的使用状态。观察用户使用竞争产品、同类产品的情况。例如，要设计新的导航软件，需要观察用户使用现有导航软件的情况，观察用户操作软件的全过程——如何打开、查询、退出，重点观察使用中的出错情况以及非正常情境中的操作。另外，在观察过程中，还要注意观察用户的变通方案。

(2) 观察用户周围的环境和氛围。从用户喜欢的环境和氛围，可以在一定程度上了解用户的习惯和偏好。例如，去星巴克喝咖啡的人通常不是因为它的咖啡口味，而是因为喜欢那种弥漫在咖啡浓香里的惬意感。

(3) 观察用户的独特行为。设计思维强调观察用户在不同场景中的独特行为，然后总结归纳这些行为的原因。什么算是独特行为呢？例如，有些出租车司机坚持不开导航，经常抄近道和抱怨别人不专业。这就是他们的独特行为，这种行为反映的是出租车司机追求尊严、彰显专业性、节省时间的心理。

3. 观察方案制订

为了提高观察的有效性，基于同理心的观察通常要求制订有针对性的观察方案。由于项目时间、预算等条件限制，观察方案永远不可能是十全十美的。它的基本要求是：在能够获得必需、够用的信息的前提下，尽可能简单易行。

(1) 确定对象和地点。通常情况下，目标用户的范围都比较大，因此需要将其具体化。例如，做针对幼儿的设计，需要联络幼儿园，寻找适合外部观察的地点，以及能够以合适的身份参与式观察幼儿活动区域。

(2) 确定人员、设备和时间。观察通常都是以团队的方式进行的，其中有人负责文字记录，有人负责拍照，有人负责录像，等等。此外，观察时间也与观察结果息息相关。例如，对于交通的观察，不同时间段的结果完全不同。

(3) 预先调查及问题准备。团队成员需要先行收集场景、用户资料，初步了解用户及其使用环境。预先调查可以采用线上线下相结合的方式进行，在完成预先调查之后，还需要准备参与式调查要问的问题，以免出现差错。

4.2.3 同理心访谈

基于同理心的市场调查还特别强调与用户直接接触，通过与用户面对面交谈，进而了解和挖掘用户需求。基于同理心的用户访谈常与用户观察结合在一起使用，与用户面对面交流和讨论可以让设计师更好地了解用户的想法和情感，从而更好地把握用户的消费动机和真实需求。

1. 访谈方法

基于同理心的用户访谈通常采用深度访谈、网络访谈、焦点小组、入户访谈、街头拦截和电话访谈等访谈方法(表 4-3)。

表4-3 常见访谈方法比较

方法	目的	特点	数据输出
深度访谈	了解用户的主观意识和思维，进行专业评估、发现问题，挖掘潜在动机、态度和情感	无结构的、直接的、一对一的，数据详细、深入，弹性大、灵活性强	观察结果、访谈记录、照片、录音、录像
网络访谈	深度访谈、电话访谈的有力补充	快速、成本低、不受环境限制，可灵活安排时间	文字访谈记录、截图
焦点小组	收集主题的一般性信息，对问题更深入、完整的讨论	6~8 人的同质性客户，快速、低成本、多思路	问题卡片、访谈记录与报告、讨论录像
入户访谈	了解用户的生活方式	成本低、快速	电话录音、文字访谈记录
街头拦截	用户填写问卷，吸引用户参加焦点小组	周期短、成本低	问卷、访谈记录、录音
电话访谈	深度访谈的有力补充	成本低、快速	电话录音、文字访谈记录

(1) 深度访谈。深度访谈是一种无结构的、直接的、一对一的访谈。它没有标准化程序可供遵循，也没有固定的访谈规则，它的进行常因访谈者与受访者的互动情形不同而有很大的差异。深度访谈通常由掌握高级访谈技巧的调查员对调查对象实施，主要适用于揭示潜在动机、态度和情感的探测性调查。

(2) 网络访谈。网络访谈是访谈员与被访者借助 QQ、微信等网络工具，用文字而非语言进行交流的调查方式。网络访谈具有成本低、能打破时空局限、便于资料的收集和日后分析等优点。因此，随着互联网的普及，网络访谈受到越来越多的人喜爱。网络访谈属于间接访谈，其缺点是无法控制访谈环境，无法观察被访者的非语言行为等。

(3) 焦点小组。焦点小组法是一种多人同时访谈的方法，一般以 6~8 人为宜。焦点小组法聚焦一个或一类主题，用结构化的方式揭示目标用户的经验、感受、态度和愿望，并努力客观地呈现其行为背后的理由。焦点小组法用于产品开发早期的重新设计或者周期迭代。焦点小组法简单易行，方便用户表达个人观点和进行对比观察；其缺点是在使用过程中容易出现访谈对象的盲从现象，且不能用来证实观点和判断立场。

(4) 入户访谈。 入户访谈是用户调查中使用较多的一种访谈类型。这种访谈方式一般是由访问员带好问卷进入被访者家中进行直接对话。由访问员口头提问，有时候会配有附件(图、表或文字)供被访者查看。访问员进行入户访谈时，要先把自己介绍给被访者，打消被访者对隐私权被侵犯的顾虑，营造一个融洽的谈论气氛，消除被访者的戒备心理，让被访者更加真实地融入访谈。

(5) 街头拦截。 街头拦截是获取被访者的途径之一。街头拦截是根据项目的特点以及要求，选择合适的访问地点，拦截符合条件的目标受访者，使用结构式问卷进行访问的调查方式。根据拦截地点不同，拦截访问分为街头定点访问和街头拦截访问两种。其中前者是在访问地点选择访谈场地，后者则是在访问地点拦截到符合条件的被访者进行访问。这种调查方法相对简单便捷，超市、写字楼、街边、车站、停车场等公共场所均可以进行这样的访问。

(6) 电话访谈。 电话访谈是访谈员借助电话向被访者收集有关资料的访谈。电话访谈可以减少人员来往的时间和费用，提高访谈的效率，而且访谈员与被访者相距越远，电话访谈越能提高效率，因为电话费用的支出总要低于交通费用的支出。电话访谈也有其局限性，如不易获得更详尽的细节，难以控制访问环境，不能观察被访者的非言语行为，等等。

2. 访谈程序

基于同理心的访谈通常包括以下四个步骤。

(1) 制定访谈提纲，明确调研问题。 用户的时间非常宝贵，要珍惜与他们面对面交流的机会。虽然正式访谈中不一定用到提纲中的所有问题，但我们需要对自己的访谈思路，以访谈提纲的方式做一个大致的整理。访谈应以开放性问题为主，一般先问简单的问题，引导访谈顺利进行，然后逐渐深入，最后以简单的问题收尾。

(2) 邀请适合的访谈对象。 访谈对象的数量取决于设计师希望获取信息的详略程度。研究表明，在评估消费者需求的调查中，10～15个访谈对象能够反映80%的需求，通常我们根据具体目标选择3～8名访谈对象。

(3) 实施访谈，充分记录。 通常一次访谈时长约为一小时，其过程中需要进行录音访谈时，会由2～3人组成一组，其中一个人主要负责提问，其他人观察记录、录音录像等。

(4) 整理记录，归纳总结。 在访谈结束后，通常要委托专人对访谈记录进行整理，必要时还要对访谈中提到的数据和信息进行统计、处理和分析。在这个阶段，经常要采用对比分析、情景分析和可用性测试等方法对访谈进行归纳和总结。

3. 访谈要领

访谈看似容易，但当你面对陌生人时，如何建立信任？如何让他打开话题，说出真实的感受？如何获取语言之外的信息以获得创新洞察？面对话题转移如何应变？这些都需要长期训练才能熟练掌握。在访谈过程中，可关注以下技巧和注意事项。

(1) 营造良好的访谈氛围。 访谈需要在一个轻松的、不会分散彼此注意力的氛围当中进行，通常受访者都是陌生人，在正式访谈前建议做一些破冰工作，使受访者感到安全，使得沟通更加顺畅，获取更多有价值的信息。

(2) 多采用开放式的问题。 为了获取尽可能多的信息，进入正题后要通过开放性问题让受访者充分表达自我，然后逐步收敛聚焦于问题的核心。封闭式的问题获得的反馈往往只有肯定和否定两种，而开放式的提问就会引出各种可能。

(3) 通过追问走向纵深。 当受访者在讲述一个与主题相关的故事之后，不要立刻停下来或转到别的话题，应尽量沿着故事的线索和内容继续提问。受访者不太可能一次就把所有的问题说清楚，所以需要采访者一步一步地提问，这样才能把问题弄清楚。

(4) 关注非语言的信息。 沟通的信息传递7%来自语言，38%来自语音语调，55%来自非语言(表情、动作等)信息。在访谈期间，访谈者需要关注非语言信息，如受访者是否表现得很为难(皱眉)，受访者一直看手表(是不是访谈时间太长了)，等等。

(5) 学会倾听。 访谈中，采访者其实扮演的是引导者角色，引导受访者尽可能真实地表达自己的想法。采访者应尽量避免插嘴，放慢语速，让受访者尽可能连续表达，提出更多观点。不要介意出现沉默，沉默有时候有助于挖掘真相。

扩展阅读4-4
观察用户突然的停顿

扩展阅读4-5
5W1H——调研时另一种
常用的参考框架

扩展阅读4-6
身体语言密码

聚焦新中产生活需求的"一条"

2023年2月9日至2月14日，上海一条艺术科技有限公司推出"名仕窖藏"葡萄酒拍卖专场，甄选134件品质佳酿，品鉴时间淬炼的馥郁醇香。这是徐沪生领导的上海一条网络科技有限公司(以下简称一条)拓展艺术和拍卖业务后的又一举措，是一条满足新中产阶层生活需求的新探索。由资深媒体人徐沪生创办的一条，最早起步于一天一条短视频的微信公众号。2016年8月，在公众号大获成功的一条，通过上线"一条生活馆"App开始做电商。之后又做配套的线下体验店，以及艺术和拍卖业务。

选题：按照杂志的审美做短视频

2013年，徐沪生还在《外滩画报》做总编，当时他已经是上海滩薪水极高的总编辑之一。一次和《南方周末》新媒体总监两个多小时的聊天让他得出一个结论：纸媒要完了。于是，他在2014年离开《外滩画报》，准备开始自己的新媒体创业。

离开纸媒的徐沪生，在对新媒体进行系统研究的基础上，选择了自己虽不熟悉但却最受用户欢迎的短视频，作为创业的切入点。在YouTube上浏览了众多视频后，徐沪生发现点击量较高的大部分是生活类视频。但是在国内，当时还是娱乐八卦类视频当道，于是在内容方向上，徐沪生决定要做生活类视频。凭借这个想法，徐沪生获得了900万元的天使投资，租好办公室，招兵买马，一切开始。

徐沪生找来的核心创始成员都是艺术爱好者、电影发烧友，而他自己29岁就创办《上海壹周》，35岁创办《外滩画报》，在这个领域浸淫多年，有一整套审美标准，所以在生活美学方面做起来也得心应手。2014年9月8日，徐沪生创办的微信公众号一条，以一天一条短视频的方式正式上线，公众号上线15天用户数就突破了100万。

除了内容，徐沪生也敢于砸钱推广。当时在账面上只有800万元的时候，徐沪生一周之内就投了200万元，因此也获得了广点通第一波巨大的红利。用户积累起来了，团队逐渐壮大，一条在内容上也开始规模化生产，并形成一整套制作流程，如在视频景别上采用几个特写镜头、几个转接镜头、几个变焦镜头等。

选品：下不碰大众消费，上不碰奢侈品消费

作为一个短视频微信公众号，一条不仅专注于打造优质的生活短视频，而且将用户聚集于新兴的中产阶层。精准的定位和优质的产品让一条上线不到一年半，粉丝数就突破了1000万。这使走到B轮融资的徐沪生开始思考在商业上尝试做更大的事情。

徐沪生当时有一个深切的感受，自己在购买很多东西时，在大众化的购物网站上很难找到符合自己审美的商品，往往翻了几十页都找不到自己满意的产品，而这样的产品线下分布也很零散，周围的朋友也存在这样的感受。

但是与此同时，一条作为一个媒体，在世界各地采访了很多建筑师、独立设计师，他们的产品在美感、设计等方面都不错，却很难出现在大众化的购物网站上，往往会被边缘化。此外，因为缺乏广告营销费用，他们的品牌宣传推广也很少。

"一旦把追求设计感的用户群体，与这些分散的独立设计师品牌对接起来，就是巨大的市场。"基于这样的判断，2016年5月，徐沪生带领一条开始转型做电商。2016年8月，一条旗下的电商平台一条App正式上线。

徐沪生认为，不可否认中国拥有最大的中产阶层群体，且这个人群正处于不断崛起的阶段。过去爹妈没有给他们留下很好的家居产品，很多他们都需要重新购买，在消费需求增长的同时，新的设计品牌也在成长，一旦两端连通起来，效能会非常强。

在众多的细分品类中，如厨房菜刀等，大众消费者能想到的可能只是"双立人""张小泉"，但是其实排在第3~20位的供应商还有很多，而且它们各具特色，有来自日本、北欧的，也有些是中国原创的，且都是优质的。

在产品来源上，徐沪生圈定了这些排在第3~20位的设计品牌。由于设计师圈子垂直，关联度很高，一条在不断推荐优质商品的能力上也得到保证。对于很多设计师来说，和一条的合作也让他们很有成就感，同样的产品被大众电商网站边缘化，在一条上却能卖到上百万元，甚至上千万元。

越来越多的设计品牌找上门，"一条"也在选品上确立了自己的风格。徐沪生的选品原则与生活方式相关，此外还会考虑设计、价格、性价比、日用性等因素。"下不碰大众消费，上不碰奢侈品消费，只满足中产阶层这个非常巨大的中间人群。"

上线不到一年，一条的电商平台就聚集了1500多个设计品牌、10万件优质良品，覆盖生活、家居、电子、美妆、服饰、美食、图书等20多个领域。2017年，一条电商部分的营收已接近10

亿元，单月营收破亿元，单日营收破千万元。加之推荐品牌的一致性，一条电商平台的复购率也高。

选址：借助新零售获取线下用户

做到年营收10亿元，徐沪生确认电商的逻辑是可行的，而且越来越多的用户直接到一条App上实现目的式的购买，而非通过文章阅读的发现式购买。

关于未来，徐沪生认为还有更大的市场空间。"目前'一条'的电商注册用户有几百万，但是中国的中产阶层级群体至少有一个亿，所以一个中产阶层购物平台的想象力可以达到几百亿甚至上千亿的规模。"

一条对核心的中产阶层群体有个粗略的划定：年龄30岁左右，对生活品质要求比较高，具备比较高的购买力，花1000元钱不会特别焦虑。所以对一条来说，接下来的目标就是扩大规模和走量。一方面不断增加商品的品类，另一方面不断获取新的用户流量。

为此，从2017年下半年开始，一条开始在线上做分销体系，把自己的电商内容分销给其他优质的自媒体，根据销量给分销号一定的利润。与此同时，一条计划在线下开实体店，以获取线下用户。

2018年9月，一条在上海开了3家直营线下店，采用了线上线下打通的新零售系统。经过8个月的线下店调整和优化，2019年5月，一条南京鼓楼环宇城店开业。自此，一条线下店进入了2.0版本，它不仅成了让中国消费者感到亲切的生活良品市集，而且陆续在天津、无锡和苏州等更多地区和城市开业。

跨界：拓展艺术和拍卖业务

转型线下或许是一条当时的长远考虑。至少在2019年年中时，徐沪生还在媒体采访中表示："未来两三年，我们暂时不用再转型了，专注精力，把开店这一件事情做好，规模就可以持续地扩大。"但没有料到，2019年年底突如其来的疫情使得一条的线下零售业务受挫，"最糟糕的时候，一条在全国9个城市的所有门店统统停业"。

2021年年初，徐沪生在一条上发布自述，其中讲到了两件事：一是疫情危机，促使一条把之前想做但没有推进成功的社群营销做起来了；二是徐沪生赴景德镇，发现中式审美兴起，一群有一定审美水平的年轻买家正在入场。"中国式的审美，好像一下子就被大家接受了，再也没有人问你能不能做得像日本人。"一条启动拍卖业务的缘由，或许从中可一窥端倪。

一条认为，一条一直以生活美学为核心，多年来形成了独具特色的几大板块：生活美学媒体板块，生活美学电商板块，还有2021年大力发展的拍卖及艺术板块。这些业务都以审美为核心，以高审美用户为目标，相互关联，形成了以"优质内容连接用户，以高频的生活日用美学为根基，以高价值的拍卖及艺术板块为增长空间"的整体布局。

从一条的表述看，线上的拍卖业务或取代了原先的线下零售业务，成为新的增长方向。从一条的发展历程来看，转型线上或许有更高的成功概率。

从线下到深耕线上艺术交易领域，中间或有许多始料未及的现实原因，但一条也给出了初步的成绩单：2021年，一条大力发展了拍卖及艺术板块，全年举办了近200场线上拍卖，超过百万元成交额的线上拍卖有50多场；入驻的画廊及机构80多家，入驻艺术家500多位，签约艺术家60多位，合作的机构和媒体500多家。

(资料来源：作者参考相关资料编写)

思考题：
1. 徐沪生为什么会放弃年薪颇高的《外滩画报》总编去做新媒体？
2. 一条的主要用户是谁？
3. "一条生活馆"要解决的是什么问题？
4. 一条为什么要拓展艺术和拍卖业务？
5. 本案例对你有哪些启示？

4.3　基于同理心的市场分析

市场分析是在市场调查的基础上，对企业所处的宏观环境、行业背景和目标市场等所进行的分析和预测。基于同理心的市场分析比普通的市场分析更加强调换位思考，它能让人站在政策制定者的角度去看待宏观环境和行业趋势，因而能更加客观、全面地了解和把握国家、区域和行业的发展。

4.3.1　宏观环境分析

宏观环境是指一切影响行业和企业的宏观因素。宏观环境分析的方法和工具很多，不同行业和企业会根据自身特点及经营需要，采用不同的方法和工具。这里只介绍一种最常用的方法——PEST 模型，即从政治(political)、经济(economic)、社会(social)和技术(technological)四方面对影响企业的宏观环境进行分析。

(1) 政治环境分析。 政治环境包括一个国家的社会制度、执政党的性质、政府的方针、政策和法令等。不同的国家有着不同的社会性质，不同的社会制度对组织活动包括创业活动有着不同的限制和要求。即使社会制度不变的同一国家，在不同时期，其政府的方针政策，以及对创业活动的态度和影响也是不断变化的。政治环境分析还包括法律环境分析，市场运作需要有一套能够保证市场秩序的管理规则和奖惩制度，这就形成了市场的法律系统。

(2) 经济环境分析。 经济环境主要包括宏观经济环境和微观经济环境两个方面。宏观经济环境主要指一个国家的人口数量及其增长趋势，国民收入、国内生产总值及其变化情况，以及通过这些指标能够反映的国民经济发展水平和发展速度。微观经济环境主要指企业所在地区或所服务地区的消费者的收入水平、消费偏好、储蓄情况、就业程度等因素，这些因素直接决定着企业目前及未来的市场大小。因此，无论是宏观经济环境还是微观经济环境，都需要企业家认真考虑。

(3) 社会环境分析。 社会环境包括一个国家或地区的居民教育程度和文化水平、宗教信仰、风俗习惯、价值观念、审美观点等。文化水平会影响居民的需求层次，宗教信仰和风俗习惯会禁止或抵制某些活动的进行，价值观念会影响居民对组织目标、组织活动以及组织存在本身的认可与否，审美观点则会影响人们对组织活动内容、活动方式以及活动成果的态度。另外，人口出生死亡率、人口迁入迁出率和人均收入等也会对企业经营产生重要影响。

(4) 技术环境分析。 技术环境是影响企业经营最直接的因素，包括国家和区域的科技水平、科技人才储备、技术转化能力和新产品开发能力等。创业者除要考虑上述因素和与企业直接相关的技术手段的发展变化外,还应及时了解最新的国内外技术革新和变化、国家有关的科技政策,包括对科技开发的投资和支持重点、该领域技术发展动态和研究开发费用总额、技术转移和技术商品化速度、专利及其保护情况等。

4.3.2 行业发展分析

行业发展分析是市场分析中最重要,也是难度最大的内容。行业发展分析的方法和工具很多,其中最具代表性的是波特五力模型,如图 4-1 所示。波特五力模型是美国战略管理学者迈克尔·波特(Michael Porter)于 20 世纪 80 年代初提出来的,他认为行业中存在着决定竞争规模和程度的五种力量,即潜在进入者、替代品、购买者、供应者以及行业中现有竞争者。这五种力量综合起来影响着产业的吸引力以及企业的竞争战略决策。下面针对这五种力量分别对同行业竞争、买方竞争、供方竞争、潜在进入者和替代品竞争展开说明。

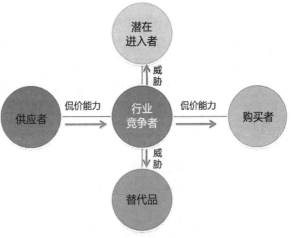

图4-1 波特五力模型

1. 同行业竞争

大部分行业中的企业,其相互之间的利益都是紧密联系在一起的;作为企业整体战略一部分的各企业竞争战略,其目标都在于使自己的企业获得相对于竞争对手的优势。因此,在实施企业相关战略过程中必然会产生冲突与对抗现象,这些冲突与对抗就构成了现有企业之间的竞争。现有企业之间的竞争常常表现在价格、广告、产品介绍、售后服务等方面。同行业之间的竞争状况在某种程度上决定着初创企业能否生存和发展。初创企业如果面临以下情况,意味着行业中现有企业之间的竞争已经十分激烈,基本上没有后来者的生存空间。

(1) 行业进入障碍较低,势均力敌的竞争对手较多,竞争参与者范围广泛。

(2) 市场趋于成熟,产品需求增长缓慢。

(3) 竞争者提供几乎相同的产品或服务,用户转换成本很低。

(4) 行业外部实力强大的公司在接收了行业中实力薄弱的企业后,发起进攻性行动,结果使得刚被接收的企业成为市场的主要竞争者。

(5) 退出障碍较高,即退出竞争要比继续参与竞争代价更高。

2. 买方竞争

购买者主要通过压价和要求提供较高的产品或服务质量对企业产生竞争威胁。在其他因素不变的情况下,购买者的议价能力也会对行业中企业的盈利能力产生一定的影响。对购买者议价能力产生影响的因素主要来自以下几个方面。

(1) 购买者的总数较少,但每个购买者的购买量较大,占了卖方销售量的很大比例。

(2) 卖方行业由大量相对来说规模较小的企业所组成，相互之间存在较强的竞争关系，都希望与购买者建立良好的关系，来增强自己的竞争实力。

(3) 购买者所购买的基本上是一种标准化产品，同时向多个卖主购买产品在经济上也完全可行。

(4) 购买者有能力实现后向一体化，而卖主不可能前向一体化。

3. 供方竞争

供方主要通过提高投入要素价格与降低单位价值质量的能力来影响行业中现有企业的盈利能力与产品竞争力。供方力量的强弱主要取决于他们所提供给买方的是什么投入要素，当供方所提供的投入要素的价值构成了买方产品总成本的较大比例、对买方产品生产过程非常重要或者严重影响买方产品的质量时，供方对于买方的潜在讨价还价能力就会大大增强。一般来说，满足如下条件的供方会具有比较强大的讨价还价能力。

(1) 供方行业为一些具有比较稳固的市场地位而不受市场激烈竞争困扰的企业所控制，其产品的买方很多，以致单个买方都不可能成为供方的重要客户。

(2) 供方企业的产品具有一定特色，以致买方难以转换或转换成本太高，或者很难找到可与供方企业产品相竞争的替代品。

(3) 供方能够方便地实行前向联合或一体化，而买方难以进行后向联合或一体化。

4. 潜在进入者

当本行业处于导入期时，潜在进入者的进入将更多起到培育市场的作用，即虽然行业资本量因其进入而增大，但市场有效需求量因其进入同样会增大，如果有效需求量增长快于行业资本量的增长，对行业整体是有利的。在行业导入期，随着潜在进入者的进入，行业生产量不断增加，行业生产能力随之提高，单位产品生产成本会较快降低，行业盈利能力将提高。对行业其他生命周期阶段，潜在进入者的影响也应根据实际情况分析。

处于成长期时，由于需求量增长迅速，潜在进入者对需求进行了分流，直观看似乎不利于行业内竞争者。但由于需求量迅速增长，行业内现有生产能力可能无法满足快速增长的需求，如果没有新的加入者，未满足的需求可能会寻求替代品，替代品行业的激活可能会颠覆对现有行业的需求，影响行业盈利能力。

当行业处于成熟期时，需求量增长缓慢，竞争趋于激烈，行业吸引力趋于下降，潜在进入者往往不会选择进入。成熟期虽然需求量增长缓慢，但需求总量较大，从现金流角度看，对某些潜在进入者仍是有吸引力的。

当行业处于衰退期时，需求量开始萎缩，行业资本收益率下降，部分企业选择撤资退出。在成熟期和衰退期，潜在进入者的威胁可能并未减小，此时实力很强的潜在进入者仍可能选择进入，往往通过并购、重组等手段，以低廉价格得到相关资产，凭借自身优势对行业内企业形成很大冲击。

5. 替代品竞争

替代品是指那些与本行业产品具有相同或相似功能的产品，包括直接替代品、间接替代品。在高科技领域，替代往往是企业面对的主要竞争，从而在它们之间产生相互竞争行为。这种源自替代品的竞争会以各种形式影响行业中现有企业的竞争战略。现有企业产品售价以及获利潜力的提高，将由于存在着能被用户方便接受的替代品而受到限制。替代品生产者的进入，使得现有企业必须提高产品质量，或者通过降低成本来降低售价，或者使其产品具有特色，否则其销量与利润增长的目标就有可能受挫。源自替代品生产者的竞争强度会受产品买方转换成本高低的影响。替代品价格越低、质量越好、用户转换成本越低，其所能产生的竞争压力就越大；而这种来自替代品生产者的竞争压力的强度可以具体通过考察替代品销售增长率、替代品厂家生产能力与盈利扩张情况来加以描述。

4.3.3 目标市场分析

市场细分和目标市场选择是企业活动的第一步，没有合理的市场细分和正确的目标市场选择，企业就不能聚焦优势资源或不能摆脱红海竞争。在进行细分市场分析时，经常用到菲利普·科特勒(Philip Kotler)的 STP 理论，即市场细分(segmentation)、目标市场(targeting)和市场定位(positioning)。

1. 市场细分

科特勒认为，市场是一个综合体，是多层次、多元化的消费需求集合体，任何企业都无法满足所有的需求。创业企业应该根据不同需求、购买能力等因素，把市场分为由相似需求构成的消费群，即若干子市场。

所谓市场细分，是指按照消费者的欲望与需求，把因规模过大导致企业难以服务的总体市场划分成若干具有共同特征的子市场的过程。市场细分的依据是顾客需求的差异性、顾客需求的相似性以及企业资源的有限性。作为初创企业，只有找准细分市场，才具备启动的前提条件。

(1) 市场细分的意义，主要体现在以下方面。
① 有利于选择目标市场和制定市场营销策略。
② 有利于发掘市场机会，开拓新市场。
③ 有利于集中人力、物力投入目标市场。
④ 有利于企业提高经济效益。
(2) 市场细分的种类主要有以下几种。
① 地理细分，如地形、气候、交通、城乡、行政区等。
② 人口细分，如年龄、性别、家庭人口、收入、教育程度、社会阶层等。
③ 心理细分，依据个性或生活方式等变量对客户进行细分。
④ 行为细分，对消费者行为进行评估，然后进行细分。
⑤ 社会文化细分：按社会文化特征细分市场，以民族和宗教为主进行细分。
⑥ 使用者行为细分：按个人特征细分市场，包括职业、文化、家庭、个性。
(3) 市场细分的原则，主要包括以下方面。
① 可衡量性原则，指各个细分市场的购买力和规模能被衡量的程度。
② 可盈利性原则，指企业新选定的细分市场容量足以使企业获利。
③ 可进入性原则，指企业有优势占领这一市场。
④ 差异性原则，指细分市场各有特点，能被划分和区别对待。

2. 目标市场

目标市场，就是通过市场细分，企业准备以相应的产品和服务满足其需要的一个或几个子市场。在创业起步阶段，企业一定要缩小经营范围，这样才能便于产品和服务快速获得种子用户，并以种子用户为基础，向更广阔的市场拓展。

选择目标市场，明确企业应为哪类用户服务，满足他们的哪种需求，可以说是企业生存发展的基础。因为任何企业都没有足够的能力满足整个市场的需求，只有扬长避短，找到有利于发挥本企业优势的目标市场，才不至于在庞大的市场上瞎撞乱碰。

企业的目标市场选择通常有以下五种模式可供参考。

(1) 市场集中化。 市场集中化指企业选择一个细分市场，集中力量为之服务。市场集中化能使企业深刻了解该细分市场的特点，并采用有针对性的产品、价格、渠道和促销策略，获得强有力的市场地位和良好的声誉。

(2) 产品专门化。 产品专业化指企业集中生产一种产品，并向所有顾客销售这种产品。例如，服装厂商为青年、中年和老年消费者提供不同种类的高档服装产品和服务，而不生产消费者需要的其他档次的服装。

(3) 市场专门化。 市场专门化指企业专门服务于某一特定顾客群，尽力满足他们的各种需求。例如，企业专门为老年消费者提供各种档次的服装，只为这一个顾客群服务。市场专门化有利于企业理解消费者需求，并更好地为针对的顾客群提供产品和服务。

(4) 有选择专门化。 有选择专门化指企业选择几个细分市场，每一个对企业的目标和资源利用都有一定的吸引力，但各细分市场彼此之间很少联系或根本没有任何联系。这种策略能分散企业的经营风险，即使其中某个细分市场失去了吸引力，企业还能在其他细分市场盈利。

(5) 完全市场覆盖。 完全市场覆盖指企业力图用各种产品满足各种顾客群体的需求，即以所有的细分市场为目标市场。例如，服装厂商为不同年龄层次的顾客提供各种档次的服装。一般只有实力强大的大企业才能采用这种策略。

3. 市场定位

市场定位是指根据竞争者现有产品在市场上所处的位置，针对消费者或用户对该种产品的某种特征、属性和核心利益的重视程度，强有力地塑造出此企业产品与众不同的、给人印象深刻的、鲜明的个性或形象，并通过一套特定的市场营销组合，把这种形象迅速、准确而又生动地传递给顾客，影响顾客对该产品的总体感觉。

(1) 市场定位的依据。市场定位的依据主要有产品的属性定位、产品的用途定位、提供给顾客的利益定位、使用者定位、竞争状况定位。

(2) 市场定位的原则。虽然各个企业经营的产品不同，面对的顾客不同，所处的竞争环境不同，市场定位所依据的原则也不同，但从总体上讲，企业在进行市场定位时，都要遵循如下基本原则。

① 根据具体的产品特点定位。
② 根据特定的使用场合及用途定位。
③ 根据顾客得到的利益定位。
④ 根据使用者的类型定位。

事实上，许多企业在进行市场定位时，依据的原则往往不止一个，而是多个原则同时使用。因为要体现企业及其产品的形象，市场定位必须是多维度的、多侧面的。

(3) 市场定位的方法主要包括以下几种。

① 区域定位。区域定位是指企业在制定营销策略时，应当为产品确立要进入的市场区域，即确定该产品是进入国际市场、全国市场，还是区域市场或某个具体市场等。

② 阶层定位。不同阶层有不同的消费特点和消费需求，企业的产品究竟面向什么阶层，也是企业在选择目标市场时必须考虑的问题。

③ 年龄定位。在制定营销策略时，企业还要考虑销售对象的年龄问题。不同年龄段的人有不同的需求特点，只有充分考虑到这些特点，并在此基础上满足不同消费者的要求，才能够赢得消费者。

扩展阅读

扩展阅读 4-7
Hype 曲线(Hype Cycle)：
关注技术发展趋势

扩展阅读 4-8
行业分析如何作判断

扩展阅读 4-9
拼多多的目标
市场与用户

案例分析

王兴的行业分析与目标市场选择

2023 年 2 月 7 日，《每日经济新闻》记者报道，美团宣布启动 2023 年第一波社会招聘，计划于一季度招聘约 1 万人，开放超 2200 个具体岗位，工作地点遍布北京、上海、深圳、武汉、成都等数十座城市。值得关注的是，在本轮招聘中，美团多项本地生活服务类业务增加了招聘岗位数量，其中客服和销售类人才约占此次整体招聘规模的 7 成。同时，美团今年开放的物流、采购和供应链类岗位数量也进一步加大，较去年同期入职人数翻倍。美团的高速发展虽然与疫情带来的"宅经济"有关，但更深层次的原因还是王兴在创办美团前对互联网行业发展的深刻理解，以及对目标市场的正确选择。

创业初期的行业探索

王兴，男，汉族，1979 年 2 月 18 日生。1997 年王兴从龙岩一中被保送到清华大学电子工程系无线电专业，2001 年获清华大学电子工程学士学位。大学毕业后，王兴获得奖学金前往美国读博。2003 年，王兴还在美国上学的时候，就用六度空间理论创办了社交网站——多多友。多多友之后，王兴又创办了游子图。之后，王兴还做过手机云输入法、短网址服务站、地图服务等。

2004 年年初，25 岁的王兴中断了在美国特拉华大学电子与计算机工程系的博士学业，从美国回国创业。"当时除了想法和勇气外，一无所有，我读完本科就去了美国，除了同学没什么社会关系，回来后找到了一个大学同学，一个高中同学，三个人在黑暗中摸索着开干了。"

王兴回忆说。

2005年秋,王兴决定专注于一块细分市场:大学校园SNS(social net workin services,社交网络服务)。他们研究和学习美国在这方面的成功例子——脸书,综合之前在SNS领域的经验和教训,并结合国情,开发出了校内网。发布三个月来,校内网就吸引了3万用户,增长迅速。2006年校内网的用户量暴增后,王兴没有钱增加服务器和带宽,只能饮恨将校内网卖给千橡互动集团CEO陈一舟,后者从日本软银融得4.3亿美元,并将校内网改为人人网,2011年人人公司上市。

2007年,王兴创办了饭否。饭否是一家提供微博服务的网站,被称为中国版Twitter(推特)。用户可通过网页、WAP(wireless application protocol,无线应用协议)、手机短信/彩信、IM(instant messaging,即时通信)软件(包括QQ、MSN、GTalk)和上百种API(应用程序接口)应用在自己的饭否页面上发布消息或上传图片。用户间通过互相关注、私信或@对话等方式互动。2009年饭否的用户不但增加到百万,而且获得了惠普等企业付费用户。但是由于种种因素,饭否在同年被有关部门关闭。

2007年11月16日,王兴创办的社交网站海内网上线。这是王兴继校内网和饭否网之后创办的第三个社交网站。海内网是一个真人网络,提供个人空间、迷你博客、相册、群组、电台、校友录、好友买卖以及电影评论等服务。王兴表示与校内网相比,海内网面向的用户更高端一些。校内网只针对大学生用户,两家网站的用户重叠率并不高,两者不存在竞争关系。海内网基本上与初期的脸书类似,该网站也于2009年关闭。

经历四次创业,王兴对国内互联网行业的了解更加透彻,他对把握国内用户的心态有着非常独到的感悟,这也让他萌生了创建一个类似groupon网站的想法,并且这个念头也越来越强烈,敏锐的商业嗅觉告诉他这个网站能成功。2010年3月,经过王兴团队的"精雕细琢",美团网正式上线,因为王兴校内网、饭否网、海内网等创始人的身份,美团一经上线就引起了广泛关注。

基于"四纵三横"理论的企业定位

今日资本创始人徐新说,王兴是"一台深度学习的'机器',商业洞察力强,一开始都是学习别人,但最后总能超越别人,是永远打不死的小强""他并不急于求胜,这种人挺可怕的。他会花很多时间研究、琢磨、学习,能够选对新赛道。他们(美团团队)常常不是第一个进入赛道,但学得快,挖得深,执行力更强,关键战略能选对"。

水滴创始人、美团第10号员工沈鹏曾经说过,自己加入美团,就是想和王兴学习创业经验。经过观察,他发现王兴创业并非靠踩风口和单纯复制,而是凭借自己的一套科学方法论。王兴在创业实践中体证和感悟到:创业不能蛮干,要等大势至。所以美团每一次,每一个场景,每一个赛道,都不轻易开战,但凡战,几乎没有输过。

王兴是亚马逊的拥趸。贝佐斯的"飞轮理论"已证明了高科技、低毛利、大规模的商业模式能够创造巨大的商业价值。彼时,移动互联网还未兴盛,国内的服务行业也未被互联网改造。王兴在认真学习前辈创业经验的基础上,通过对移动互联网和商业世界发展规律的深入研究,提出了著名的"四纵三横"理论。

这里的"四纵"是指互联网用户的四类需求,即获取信息、沟通互动、娱乐和商务;这里的"三横",是指互联网技术变革的方向,即搜索、社会化网络、移动互联网。王兴认为,"四纵三横"交织在一起构成了互联网未来发展的全场景宏伟蓝图，"四纵三横"的每一个结合点都存在着非常大的创业机遇。

基于"四纵三横"理论和差异化竞争策略，王兴果断选择了本地生活中阿里、腾讯、百度等行业巨头尚未涉足的团购赛道。王兴所说的竞争方向各有不同，不与BAT(百度、阿里、腾讯)争先恐后，不爱与TMD(今日头条、美团、嘀嘀)相提并论，其实都是在对互联网产业格局大势进行科学判断基础上的差异化战略选择。

基于理性分析的目标市场选择

刚踏入团购的美团就迎来了千团大战。团购江湖一时间风起云涌，资本疯狂投入。最后，5000家团购网站剩者寥寥。美团之所以能活下来，绝对不是因为钱多，而是因为王兴对团购本质正确的认知，以及美团在竞争过程中始终保持理性和超强的执行力。

当时的情形是：一方面拉手网和大众点评等对手早已获得3轮融资，坐拥数亿美元资金，他们线下狂砸广告，如拉手网的招股书显示，2011年1月至6月，营销费用为5050万美元。另一方面大众点评、糯米、嘀嗒团和满座这几家大概开了25~30个城市，拉手网、窝窝团、24券大概开了150~300个城市，团宝网当时对外公开的是324个城市，号称最多。

当时美团面临的选择是：要不要投广告？要不要疯狂拓展城市？

为此，王兴向阿里巴巴前高管关明生请教，得到的答案是，对商家端再多的广告投放都不如有执行力的线下队伍。所以，对商家这一端的影响力，主要是以销售团队为主，以其他资源为辅。盯紧目标，保持理性，有时候可能比盯住对手更重要。

美团的市场推广策略，早期是以能衡量具体数据的网络营销为主，通过对比获客数据来优化各种投放渠道。用王兴的话说，就是把数据研究清楚了，很多判断就相对容易了。此外，美团当时就意识到，团购市场存在规模效应和网络效应，终局基本会形成7—2—1格局，但是，成为那个"7"，对于美团来说是最重要的考验。

于是，美团采取了"农村包围城市"的做法，他们将全国的城市分成S，A，B，C，D五级。S是北上广深这样的超级城市，属于"兵家必争之地"，美团的策略是"咬住前三名，但不砸钱争第一名"。

A，B级是各省省会，加上类似宁波等副省级市，集中资源打消耗战，打持久战，力争领先优势。

C，D级是三、四、五线城市，果断不进去，等到其他公司出问题，美团再去收割市场。

基于"三层四面"分析法的业务选择

在美团内部，衡量一项业务值不值得做，经常会用到"三层四面"分析法。干嘉伟经常解读这个方法，在他看来企业的战略执行是最有价值的地方，看生意本身的机会有多大是战略执行的第一步，这就要用到"三层四面"分析法。

"三层"是指一个行业的市场总量、在线率和市场占有率。

通俗地说，就是三个问题：这个行业总的蛋糕有多大？互联网能够在这个蛋糕中获取多大的比例？公司能够在互联网化的这块蛋糕中占据多大比例？

"四面"是指用户数、频次、客单价、货币化率。

把一项业务拆成这四个维度，就能大致算出值多少钱、年收入有多少。比如，团购的用户数非常大，交易频次高，有一定客单价。当然，这个行业也存在一个问题，就是之前的货币化率非常低。

雷军曾对互联网创业进行了个人总结，即七字诀：专注、极致、口碑、快。王兴对此表示赞同：专注是排第一位的，所有资源就像刀锋一样，越专注越有力量。对此，王兴做过一个形象的比喻：像一根针，能够扎得深、扎得透。

基于对专注的深刻理解和高度崇尚，美团从业务启动开始的切入点就不是"既要……又要……还要"模式，而是集中全力做爆品和出爆单。

美团开场时的业务逻辑参考的是美国团购网站Groupon的爆款模式：每天上线有限的团购套餐，将所有流量导入，形成爆单，每天一大促、深度专题营销。因为能卖爆，单品多是爆品，所以能和商家谈到很低的折扣，进而形成良性循环。

爆品火爆，强调一站式服务，也要求人员使用高效、一站式全能。获客拜访分区域，但不分行业和专业，大刀阔斧砍掉各分部的编辑制作部门，销售人员签完合同，就马上自己拍营业执照、拍产品图等，可以节省很多时间，真正做到降本增效。

该急的急，该缓的缓。把全国各区域分成S、A、B、C、D等级，分成解放区、巷战区、沦陷区，对于不同的区域，采用不同对待和处理的手段，不同沟通和反应的流程。占领每个城市里的制高点，执牛耳，牵牛鼻。拿下人气最旺的、客户最多的、订单频次最高的，剩下的攻城为下、攻心为上，势如破竹。

一切商业只有看清大趋势和把握住小变量，同时保持耐心，才能有大概率成功的可能。王兴认为，团购的本质就是本地生活服务。团购网站最终能否立足，最关键的是产品质量和用户体验。美团的强大就在于它是一站式生活服务的提供者，为用户带来巨大的便利的同时，也实现了自身的高速发展。

(资料来源：作者参考相关资料编写)

思考题：
1. 美团为什么能在疫情期间实现高速发展？
2. 如何看待王兴早期的创业探索？
3. 美团是如何进行行业分析的？
4. 美团是如何进行目标市场选择的？
5. 这个案例对你有哪些启示？

本章小结

本章的主题是同理心与市场调查，同理心是设计思维的第一步。设计思维强调站在同理心的高度，通过市场调查去了解用户需求。本章包括三个相对独立的模块：一是同理心设计思维的起点，基本内容包括同理心概述、同理心解析以及同理心修炼；二是基于同理心的市场调查，基本内容包括市场调查准备，同理心观察以及同理心访谈；三是基于同理心的市场分析，基本内容包括宏观环境分析、行业竞争分析以及细分市场分析。本章的重点是同理心的概念和同理心修炼，难点是细分市场分析。

网络情境训练

一、观看与思考

在网上搜索推荐的视频,在反复观看的基础上,思考相关问题并与同学交流。

1. 短片:《同理心的力量》

思考题:
(1) 同理心有什么特点?
(2) 同理心和同情心有什么区别?
(3) 同理心有什么力量?

2. 搜狐视频:《什么是情绪智力?》

思考题:
(1) 什么是情绪智力?
(2) 如何正确感知自己与他人的情绪?
(3) 理解自己与他人的情绪会受哪些因素的影响?

3. 电视剧:《我的前半生》

思考题:
(1) 如何理解市场调查?
(2) 如何看待市场调查中的数据?
(3) 同理心在市场调查中起什么作用?

二、阅读与思考

在网上搜索推荐的资料,在反复阅读的基础上,思考相关问题并与同学交流。

1. 王晓明,黎俊康. 同理心的力量[M]. 苏州:苏州大学出版社,2016.

思考题:
(1) 什么是同理心?
(2) 为什么说同理心是领导力和社会文明的基础?
(3) 同理心的一个心态和三个法则是什么?

2. 屈云波,张少辉. 市场细分——市场取舍的方法与案例[M]. 北京:企业管理出版社,2010.

思考题:
(1) 为什么要进行市场细分?
(2) 细分市场的依据是什么?
(3) 如何通过市场细分获得市场利基?

3. 里斯，特劳特. 定位[M]. 王恩冕，于少蔚，译. 北京：机械工业出版社，2002.

思考题：

(1) 如何理解定位？

(2) 产品定位需要注意哪些问题？

(3)《定位》为什么能成为世界上非常有影响力的商业畅销书？

三、体验与思考

假设你大学毕业后到了一家企业做销售，你的同事小张是个很优秀的销售代表，在公司业绩领先。但他最近有点消沉，下班以后在办公室，他找你聊天。

1. 小张说："我用了整整一周的时间做这个客户，但客户的销售量还是不高。"小张的意思是(　　)。

　　A. 抱怨　　B. 无奈　　C. 表达建议　　D. 征求建议　　E. 希望指导

当对方仅仅是向你抱怨的时候，你应注意不要给对方指导性的建议。他其实自己知道怎么做，只是想发泄一下。这个时候他需要一个很好的倾听者，你只要听着就可以了，适当的时候也可以发表一些无关痛痒的抱怨。

2. 小张说："嗨，我用了整整一周的时间做这个客户，也不知道怎么搞的，客户的销售量还是不高。"小张的意思是(　　)。

　　A. 抱怨　　B. 无奈　　C. 表达建议　　D. 征求建议　　E. 希望指导

当对方无奈的时候，可能是对客户的能力有怀疑，想要和你分析一下客户的实际情况与公司的策略，这个时候你只要安慰和一起分析就可以了。

3. 小张说："看来是麻烦了，我用了整整一周的时间做这个客户，客户的销量还是不高。"小张的意思是(　　)。

　　A. 抱怨　　B. 无奈　　C. 表达建议　　D. 征求建议　　E. 希望指导

这样的说法可能对方是想要更换这个客户，也可能他已经有候选客户了。当对方想更换客户时，可能是对直接更换的信心不足，需要你给他鼓励。这个时候你只要鼓励他，并分享你曾经更换客户的经验即可。

4. 小张说："说来也奇怪,我用了一周的时间做这个客户,销量还是不高。"小张的意思是(　　)。

　　A. 抱怨　　B. 无奈　　C. 表达建议　　D. 征求建议　　E. 希望指导

小张可能想从你这里得到建议，希望和你探讨一下怎样做这个客户。当对方是真正寻求你帮助的时候，你可以和他一起来分析这个客户的情况，给出你的建议。但是要说明，这仅仅是你的建议而已。

真实情境训练

一、阅读与思考

阅读以下节选的党的二十大报告内容，在反复阅读的基础上完成下述思考题。

必须坚持人民至上。人民性是马克思主义的本质属性，党的理论是来自人民、为了人民、造福人民的理论，人民的创造性实践是理论创新的不竭源泉。一切脱离人民的理论都是苍白无力的，一切不为人民造福的理论都是没有生命力的。我们要站稳人民立场、把握人民愿望、尊重人民创造、集中人民智慧，形成为人民所喜爱、所认同、所拥有的理论，使之成为指导人民认识世界和改造世界的强大思想武器。

必须坚持系统观念。万事万物是相互联系、相互依存的。只有用普遍联系的、全面系统的、发展变化的观点观察事物，才能把握事物发展规律。我国是一个发展中大国，仍处于社会主义初级阶段，正在经历广泛而深刻的社会变革，推进改革发展、调整利益关系往往牵一发而动全身。我们要善于通过历史看现实、透过现象看本质，把握好全局和局部、当前和长远、宏观和微观、主要矛盾和次要矛盾、特殊和一般的关系，不断提高战略思维、历史思维、辩证思维、系统思维、创新思维、法治思维、底线思维能力，为前瞻性思考、全局性谋划、整体性推进党和国家各项事业提供科学思想方法。

思考题：
1. 党的二十大报告如何看待党同人民群众的关系？
2. 党的二十大报告为什么强调必须坚持人民至上？
3. 结合本章所学知识分析为什么必须坚持系统观念？

二、小组讨论

阅读以下节选的党的二十大报告内容，在反复阅读和思考的基础上进行小组讨论。

高质量发展是全面建设社会主义现代化国家的首要任务。发展是党执政兴国的第一要务。没有坚实的物质技术基础，就不可能全面建成社会主义现代化强国。必须完整、准确、全面贯彻新发展理念，坚持社会主义市场经济改革方向，坚持高水平对外开放，加快构建以国内大循环为主体、国内国际双循环相互促进的新发展格局。

我们要坚持以推动高质量发展为主题，把实施扩大内需战略同深化供给侧结构性改革有机结合起来，增强国内大循环内生动力和可靠性，提升国际循环质量和水平，加快建设现代化经济体系，着力提高全要素生产率，着力提升产业链供应链韧性和安全水平，着力推进城乡融合和区域协调发展，推动经济实现质的有效提升和量的合理增长。

思考题：
1. 如何理解高质量发展？
2. 为什么要把实施扩大内需战略同深化供给侧结构性改革有机结合起来？
3. 党的二十大报告为什么强调着力推进城乡融合和区域协调发展？

三、走访身边企业

在现实生活中，我们每个人每天都在和不同的企业打交道，只是我们似乎从来都没有从经营企业的角度去考察它们。企业与企业之间到底有什么不同？为什么做同样的生意，企业的效益会大相径庭？为什么有的企业可以做大做强，有的却生意萧条？

请以小组为单位，走访你身边的企业。走访的要求是：对身边各类企业进行观察，在扮演顾客的体验过程中，认识企业的产品，理解企业的服务，总结企业的区别。通过走访加强对企业的了解，在比较中体会企业的不同。

在走访之前，请从企业的服务质量、经济效益、经营环境等多个方面着手，自行编制企业走访调研表。在走访过程中，请通过与企业主、员工和顾客的交流，加深对不同类型企业的认识。调研完成之后，请以小组为单位讨论如下问题。

(1) 这些企业有什么不同？
(2) 这些企业的服务哪个最好？
(3) 它们的经营环境和其他同类企业有什么异同？
(4) 它们为顾客提供的产品有什么不同？

创业竞赛指导

一、备战创新创业大赛

结合本章所学内容，完成本团队参加创新创业大赛项目的市场调查。

1. 市场调查的要求

市场调查是创业计划书最重要的内容，它应该包括：项目所在区域的宏观、中观和微观环境调查，项目所处行业的发展趋势和竞争情况分析，项目所在的细分市场和目标市场选择，项目的市场定位和竞品分析等。

2. 市场调查的方法

市场调查的方法很多，可以根据项目和团队情况选择合适的调查方式和调查方法。但从创业项目选择和开发的实际需要看，最好能把定性的调查和定量的调查结合起来使用，并能运用恰当的方法和工具进行统计分析。

3. 市场调查的呈现

从创业大赛的角度看，对市场调查的结果最好能用图表的形式进行直观的呈现。能用数字说话的地方，尽量用数字说话。为了让评委和投资人更容易了解项目的定位和先进性，可以将项目与市场上已有的知名产品或企业进行比较。

二、"挑战杯"全国大学生课外学术科技作品竞赛获奖项目分析

民心聚力，古厝新生：村落传统民居自助式保护模式的构建研究
——基于福建永泰八村百厝调研

福州大学古建筑保护实践队在第十七届"挑战杯"全国大学生课外学术科技作品竞赛中以"民心聚力，古厝新生：村落传统民居自助式保护模式的构建研究——基于福建永泰八村百厝调研"项目获全国特等奖。

2019年，研究生刚入学的柴茂源第一次来到福州就被三坊七巷的魅力折服了。在政府的大力支持下，三坊七巷得到了很好的保护和开发，并享有"中国明清建筑博物馆"的美誉。重新焕发生机活力的三坊七巷让柴茂源不禁联想到那些位于偏远山区的古厝，虽蕴含丰富的历史文化但却日益荒凉破败，令人唏嘘。

"我希望能够发挥专业所长为古厝保护出一份力，将论文写在祖国大地上。"柴茂源这样说。于是，在他的努力下，他与一个个志同道合的队友在此相遇，从土木学院到建筑学院，再

到人文学院，一支多学科融合的队伍就此组成，并憧憬着让携着过往、牵着未来的古厝焕发新生。

团队自成立以来始终坚持"多学科融合、师研本协同"的原则，以"保护古厝、传承文脉"为目标办队，围绕"古厝活化与保护问题"开展调查研究。截至目前，团队已发表期刊论文4篇、会议论文1篇，先后得到福建省住建厅等多个政府部门发文表彰，得到《中国青年报》、学习强国App等主流媒体报道200余次，获评"福建省三下乡优秀实践团队"。

2021年寒假，团队前往永泰盖洋乡调研，提及此事，严正力表示，当时的场景历历在目，"当时我们到村里后，坐在房屋前的老人们都用新奇的眼光看着我们，可以明显感觉到这个村已经很久没有外人来了。村委会在给我们介绍村里情况的时候，我可以感觉到他对村子里古厝保护以及村子未来发展的迫切期望，但苦于各种原因，古厝修不起来，村子也发展不起来，而他年纪也大了，越来越力不从心"。

这些令人揪心的情况并非个例，而是普遍存在于古厝中。针对古厝"量大、面广、分布散""古建筑空心化，长期处于闲置状态"的痛点，团队将调研计划分为三个阶段：一是基于对全省传统村落随机抽样，形成"5市20村"的样本点，开始前期普查，明晰古厝保护困境；二是聚焦永泰地区，参考永泰庄寨保护的典型范例，总结对策；三是探索多方协同模式，让古厝保护模式落地转化。

在永泰三对厝的启发下，团队意识到村民才是古厝保护的主力军，柴茂源也深刻认识到："乡村振兴的主体要是农民，乡村振兴要为农民而兴，乡村建设要为农民而建。"基于此，团队总结提出通过村民古厝保护理事会实现居民自治，通过权力分置来消化权属争议，最终形成居民主导、上下联动、多元参与的自助式保护模式。林凌枫这样评价道："村民是与村落、古厝生活最紧密的群体，本身具有亲缘、神缘与地缘联系，只有唤起居住者自身的主观能动性，才能改变以往古厝保护工作的被动局面。"

随着自助式保护模式的逐步推广，一座座古厝"活"了，一座座古村也"火"了，古厝被打造成"农、旅、文、教"相融合的产业平台，闲置的村落盘活成为乡村振兴的资源优势，带动青年人返乡创业，曾经无人问津的村落随着人流的到来呈现出欣欣向荣的局面。正如柴茂源所说："当具有岁月感的古厝遇到富有青春朝气的青年一代，便是一种文化传承。"

(资料来源：作者根据网上资料和大赛现场录音编写)

思考题：
1. 本项目有什么突出特点？
2. 本项目的研究方法有哪些值得我们学习的地方？
3. 本项目的研究过程对你有哪些启示？

三、"挑战杯"大学生课外学术科技作品竞赛参赛经验分享

参加创新创业竞赛的收获

古厝保护项目团队是一个具有凝聚力、学习力和坚持力的团队。谈及加入古厝保护项目的初衷，队员们给出了不同的答案。黄锦涛说："我从小就在家乡的古厝里面长大，因而对古厝有一种特殊的情怀，想为古厝做点事。"陈文杰表示："我在本科期间做了许多关于古厝的调研，正好团队也需要建筑测绘方面的人员，所以我第一时间加入了团队。"龚青南则表示："想借此增进对古厝文化的了解，同时积累大赛经验。"

一起熬夜一起走山路，篆刻光辉岁月

看似寻常最奇崛，成如容易却艰辛。时光回到最开始的调研阶段，崎岖难行的山路、难以听懂的方言、繁多模糊的信息、捉襟见肘的调研经费，困难从未对这个团队停止过攻势。没人能想到这个曾在 2019 年"挑战杯"校赛中以优秀奖止步于决赛的团队竟然能在三年后创造历史，斩获"挑战杯"全国特等奖。从最初只有六七个人的团队到如今发展为学院特色项目，团队成员一致认为是成员间的相互配合、相互鼓励，才让他们在接连不断的挑战中选择坚持，齐心协力地突破难关。1000 多个日夜里，从方向的选择到保护模式的推演，每一个决策的背后都是百余次的调研，是改了千百次的文稿，是无数讨论的思维碰撞。

回顾一路以来的成长，队员们都对省赛前的五一劳动节假期印象深刻。一份份材料和海报记录了那段一起熬夜的时光。负责海报制作的陈柯颖和赵滢湄压力尤甚，从清晨到深夜，电脑常伴身侧。但回忆起那段日子，赵滢湄却笑言："当时更多的是沉浸在团结一致的氛围中，赶材料的那几天，我们在群里提出问题马上就能得到解答。我觉得正是因为团队上下都在勤勤恳恳地付出，我们才能愈挫愈勇。"

比起特等奖更让我惊喜的是认识了优秀又可爱的你们

团队中的成员尽管性格迥异，但每个都不可替代：高效细心、统筹安排能力强的队长柴茂源，务实靠谱的李家隆，擅长视频制作的龚青南，想法新奇的黄锦涛，条理清晰的林凌枫，多技能点的陈文杰，负责团队材料整理的陈柯颖和赵滢湄，为团队提供人文社科视角的缪榕情，做事认真不推脱的严正力……在队长柴茂源的带领下，每个人都在各自擅长的领域做出了最大输出，多学科思维的碰撞与发挥特长并行不悖。作为团队中唯一的人文学子，缪榕情对此颇有感受："正因为理科生和文科生的思维方式存在差异，我们团队在探讨问题的时候才能够多角度、更全面地思考。"

从第一次见面时略显拘谨的尬聊到下乡调研路上和老乡坐在乡间地头唠嗑，挖地瓜、摘水果，群消息永远热闹地显示不停。陈柯颖笑言："平常我们也会一起出去放松游玩，大家都是非常有趣、非常可爱的人，总有各种各样的梗，每一句话都会有人往下接，不会让你的话落地，氛围非常好。"谈及在项目调研中最大的收获时，李家隆坚定地说："最大的收获就是让我认识了一群优秀又有趣的伙伴。我们各有所长，互帮互助，扬长避短，一起奋斗，这一路走来的日子都快乐且充实。"

比赛虽已落幕，但古厝保护永不散场

"比赛的结束不代表古厝保护项目的结束，相反，这是一个良好的开端，古厝保护还有更多的内容值得深入探讨、深入挖掘，"柴茂源表示，"我们将会持续开展调研，争取申报下一届'挑战杯'竞赛的累进创新奖。"经过三年的历练以及学校、学院的大力支持，团队已经具备相对完善的结构体系，从"散兵"成为"正规军"，每年暑假都会开展"三下乡"活动，古厝保护的足迹延伸到闽清、三明等地。截至 2022 年 9 月，团队已在闽清、泰宁成立了两个乡村振兴工作站，接下来也将在永泰设立乡村振兴工作站，进一步服务乡村振兴，守护传统文化。

(资料来源：作者根据网上资料和大赛现场录音编写)

第5章
问题界定与项目选择

本章目标

1. 理解问题界定的意义和基本要求。
2. 掌握问题发现的原理和问题梳理的步骤。
3. 掌握问题重构的提问方法。
4. 能够借助问题画布进行问题呈现和问题分析。
5. 能够运用需求理论和同理心地图等工具进行用户需求分析。
6. 能够借助人物角色法进行需求洞察。
7. 能够借助相关理论和工具进行创业项目选择。

问题与情境

如何解决电动车电池成本奇高的难题

自从1837年苏格兰人罗伯特·安德森(Robert Anderson)造出世界上首辆电动车以来,蓄电池技术一直是制约电动车发展的瓶颈。2004年,埃隆·马斯克(Elon Musk)掌管特斯拉后,很多人都准备看他的笑话,因为600美元/每千瓦时的电动车电池价格实在是太贵了,根本没办法与汽油车竞争,而且在他们看来,电池的成本也不可能降下来。

如何突破电池成本奇高的瓶颈?学物理出身的马斯克决定从物理学的角度探究这个问题:什么样的电池最适合电动车?这种电池是由什么材料做的?这些原材料的市场价格是多少?马斯克发现,这种电池的原材料是碳、镍、铝和一些聚合物,如果从伦敦金属交易所购买这些原材料,其成本只要80美元/千瓦时。在马斯克的带领下,特斯拉的工程师们很快破解了电池成本高的难题,并从2013年开始自己建立电池厂,目前电池厂已经进入大规模生产阶段,每年可以支持150万辆电动车对电池的需求。

当人们问及马斯克的创新方法时,他将其主要归结于对第一性原理的运用。他说:"物理学教会我运用第一性原理去推理,而不是用类比的思维去推理。"类比思维是一种基于事物表面信息的直觉思维,而第一性原理则是层层拨开事物表象,从问题的本质出发去思考的反直觉思维,它强调独立思考,而非人云亦云。

(资料来源:作者参考相关资料编写)

思考题：
1. 为什么大多数人认为电动车电池的成本是降不下来的？
2. 马斯克是怎样看待这个问题的？
3. 马斯克是怎样找到解决问题的办法的？
4. 这个案例对你有哪些启示？

5.1 问题界定

问题界定是设计思维的第二步，也是创新性解决问题最为关键的一步。我们可从导入案例中看到，马斯克之所以能够解决100多年来人们一直没能解决的问题，关键在于他看待问题和思考问题的方式与普通人不同。用他自己的话说，就是普通人的思维是直觉思维，而他的思维是一种反直觉思维。

5.1.1 问题发现与问题梳理

从某种意义上说，创业过程就是一个发现问题、梳理问题、分析问题和创新性解决问题的过程。要想很好地分析和解决问题，其前提条件是能够发现问题和对问题有深刻的理解与系统的把握。这一节将从问题的价值入手，对问题发现和问题梳理的心理过程及影响因素做简要介绍。

1. 问题的价值

人类发明创造的历史和有关心理学研究表明，那些卓有成就的发明、发现者，其成功的秘密就在于能够看到常人看不到的问题。因为在现实生活中，能够按上级要求解决问题的人很多，而善于发现和提出问题的人却很少。

诚如爱因斯坦所说："提出一个问题往往比解决一个问题更为重要。因为解决问题也许仅仅是一个数学上或实验上的技能而已。而提出新的问题、新的可能性，从新的角度去看旧的问题，却需要有创造性的想象力，而且标志着科学的真正进步。"

人们对司空见惯的现象和已有的权威结论往往怀有盲从和迷信的心理，这种心理使人很难有所发现、有所创新。因此，只有不拘泥于常规和不轻信权威，以怀疑和批判的态度对待一切事物和现象，并善于发现和勇于提出其中的问题，才能取得创新性成绩。

例如，华罗庚在数学上崭露头角，就是从怀疑开始的。1930年，20岁的华罗庚从一本杂志上读到苏家驹的论文《谈代数五次方程的解法》。他在认真读了这篇论文之后，觉得有些地方似乎不对，经过缜密的推理和独立运算，他得出了与之完全相反的结论。

面对已经是当时中国数学界权威的苏家驹教授，华罗庚没有盲目跟从，而是根据自己的研究，大胆地对苏教授的文章提出了疑问，写出了《苏家驹之代数的五次方程式不能成立的理由》这篇论文，该论文在数学界引起了强烈反响，华罗庚从此走上了数学研究之路。

2. 问题的发现

有关研究表明，在人类意识结构中存在着一种追求稳定、保持平衡的倾向。从生理学的角度讲，人体的生理机能极其微妙，只要血液中的糖分和水分等稍有紊乱，神经系统、内分泌系统就会立即调节和调动体内各种器官，竭力恢复平衡状态。

人在生理上的平衡状态是维持生命不可缺少的条件，人在心理上的平衡状态也是保持健康的重要因素。但是，人意识的长久平衡状态对创新而言却极为不利，它使人墨守成规、安于现状、屈于规范、毫无朝气，犹如死水一潭。

因此，对于所有力求创新、渴望生命不朽的人，要想打破意识上的这种固有平衡状态，培养习惯性地发现问题的意识，必须注意两方面问题：一是不要忽视看似平常的反常现象，二是敏于抓住偶然中的必然。

客观世界是在不断变化的，在我们的周围，每天都有新情况、新问题，关键是当这些问题呈现在你面前的时候，你是慧眼识珠还是熟视无睹。创新者与平庸者意识上的最大差异就是后者见怪不怪、浅尝辄止，而前者探颐索隐、追根问底。

人类创新的最大障碍，其实是我们自以为已知的东西。古今中外无数事实说明，机遇总是偏爱那些具有强烈质疑精神的人。他们既具有渊博的知识，善于总其大成，又具有除旧布新的胆识，敢于在常规中寻求突破，在偶然中捕捉必然。

3. 问题的梳理

发现问题和提出问题固然重要，但当有大量问题涌现之后，如何有效地梳理问题便成了人们必须解决的问题。正如乔布斯所言，梳理各种问题，尝试各种组合，才能获得想要的结果。每天都会有新的问题，也会有新的灵感，因此梳理问题这个过程是很重要的。

梳理问题的方法很多，下面介绍设计思维中常用的一种方法——问题构想法。问题构想法着重围绕现实情况提出问题，通过互相多次提问深入探寻问题，通过系统梳理优化和筛选问题。问题构想法有以下四个步骤。

(1) 确定主题。 首先要非常明确问题的主题，一般以一个陈述句描述当前面临的难题，从而明确讨论的主题，如"60%的家长认为课后辅导作业很辛苦"。明确的陈述句能启发与会人的思考。

(2) 列举问题。 分组围绕主题进行提问，由记录员负责记录所有问题，并在一张表中列出。这个环节要求坚持"数量优先，禁止评价"的原则，提出问题的时间在60分钟左右，如果时间未到但不能提出更多问题，则可进入下一环节。

(3) 优化问题。 对于讨论记录的问题逐一进行优化。例如，尝试把封闭式问题转换为开放式问题，或者把开放式问题转换为封闭式问题，把大的问题进一步细化，或者把相近的问题进行归类。

(4) 筛选问题。 首先，对所有记录的问题进行分类和排列，从而形成一个具有一定结构的问题清单。然后，安排一次讨论，进一步激发参与者的兴趣，并按照全新的标准评选最佳问题。最后，按问题的类别对问题进行排序和筛选。

5.1.2 问题界定与问题分析

西班牙 IESE 商学院讲师托马斯·韦德尔(Thomas Weidel)在《哈佛商业评论》上发表文章说，人们在遇到问题时总是急着去找解决办法，但如果能从更多角度来剖析问题，甚至重新定义问题，可能会找到更好的解决办法。

文章举了这样一个案例：如果你是一栋写字楼的业主，你的租户投诉说电梯运行太慢，每天的等待让他们不胜其烦。你要怎么解决这个问题呢？大部分人首先想到的是换一部电梯，或者升级电梯的速度。

但是，租户的投诉只是电梯速度问题吗？有没有可能等待同样的时间而让租户不烦呢？基于这个问题提出的解决方案是：在电梯旁边摆一面镜子并播放音乐，让租户变得更有耐心。这就是对原来问题的不同理解。这种方案虽然没有让电梯更快，但却减少了租户的投诉。

如果让你重新定义一下这个问题呢？还有没有其他解决方案？韦德尔讲了七种方法，它们分别是：①跟跨界者讨论；②让所有当事人参与；③考虑多个类别；④建立合理性；⑤广泛提问；⑥分析积极的例外结果；⑦质疑目标。

界定问题阶段的核心任务是确定要解决的问题。设计思维在此阶段的独特性在于，在分析问题时借助同理心去识别问题背后的根源，并在解决问题前对问题进行重新定义，然后针对定义好的问题进行解决方案的探索。

要想正确地分析和界定问题，首要的事情是迅速准确地对问题做出恰当判断。通常情况下，分析问题可以从以下几个方面进行：问题的现象是什么、问题发生的时间、问题的严重程度和问题发生的原因等。

MECE 法是问题分析的典型工具。MECE(mutually exclusive collectively exhaustive)的中文意思是"相互独立，完全穷尽"。它是麦肯锡咨询顾问巴巴拉·明托(Barbara Minto)《在金字塔原理》(*The Minto Pyramid Principle*)中提出的一个重要原则。

其中"相互独立"，意味着问题的细分，是指在同一个维度上有明确区分，且不能重叠；"完全穷尽"，则意味着全面、周密，把该想到的问题都想到了。该原则的最大优势在于对重大问题能够有效把握问题的核心，并做到不重叠、不遗漏。该方法的重点在于帮助分析人员找到所有影响预期效益或目标的关键因素，并找到所有可能的解决办法。它有助于管理者进行问题或解决方案的排序、分析，并从中找到令人满意的解决方案。该方法的操作方式有以下两种。

(1) 在确立问题的时候，通过类似鱼骨图的方法，在确立主要问题的基础上逐个往下层层分解，直至找到所有的疑问。通过问题的层层分解，可以分析出关键问题和初步的解决问题的思路。

(2) 结合头脑风暴法找到主要问题，然后在不考虑现有资源限制的基础上，找到解决该问题所有可能的方法。在这个过程中，要特别注意多种方法的结合有可能是个新的解决方法，然后继续往下分析，直至找到最现实和最令人满意的解决方案。

5.1.3 问题重构与问题呈现

要想有效地解决问题，除了要了解问题的本质、边界、产生的原因等前提性条件外，还要清楚问题的结构，以及如何对它进行测量，即给出问题的操作定义。给出操作定义的过程从本质上说就是一个问题重构和呈现的过程。

1. 问题重构

心理学研究表明，整个问题解决过程都与语言有着非常紧密的联系，而本节探讨的问题重构就是通过语言表达方式的重组对问题进行重新构建。其主要目的是让问题变得清晰、直观和具体，从而更加有利于问题的理解和解决。

问题重构常用 HMW 提问法。HMW 提问法是用三个英文单词，即 How，Might，We 开头来进行提问。这种提问方法可以帮助人们以简单的方式提出易于让人理解的正确问题。同时，能在更大程度上激发人们解决问题的信心。

比如，当团队接到新项目时，大多数成员在谈论自己面临的挑战时，使用的语言表达方式都是："我们团队可以做这个项目吗？"或"我们团队应该实施这个项目吗？"这是一种典型的抑制创新而非鼓励创新的方式。

因为人们在使用"可以"和"应该"等词语时，措辞中隐含着一种判断："我们真的可以做这件事吗？我们应该做这件事吗？"而采用 HMW 法进行提问，将"可以"和"应该"替换成"怎样才能"这个短语，显然更加具有主动性。

例如，以"我们怎样才能拿到这个项目？""我们怎样才能整合到我们需要的资源？""我们怎样才能打开市场？"这样的方式提出问题，不但十分清晰和具体，而且具有明确的指向性，能引导和激发团队成员去寻找解决问题的办法。

2. 问题呈现

科学家维姬波普(Vicky Pope)曾经说过这样一句话："对于一个问题的重新简洁陈述常常碰巧能够向我们揭示出它的几乎全部解决方法。"其实，无论是在科学领域，还是在社会或生活领域，问题的呈现方式都会对问题的理解和解决产生巨大影响。

(1) 问题描述。问题描述即具体而准确地描述问题是问题呈现的基本要求，它可借助 5W1H 法进行，即 who：是谁遇到或发生了问题？where：问题发生在什么地方？when：问题发生在什么时候？what：究竟发生了什么？why：为什么出现这个问题？how：问题的严重程度如何？

(2) 状态描述。状态描述即对现有状态和目标状态的描述，描述现有状态需要收集大量信息，如"和问题有关的人有哪些""他们怎样影响这个问题"和"为什么问题还没有被解决"等。描述目标状态要简单、明确、具体，要有相关性、可达成性、可测量性和明确的期限。

(3) 问题说明。问题说明即说明问题的主要特征，具体包括：说明随着时间的推移问题将产生哪些影响，说明问题的紧急程度和重要程度，说明这个问题应该由谁来负责，说明这个问题属于常规问题还是特殊问题。

3. 问题画布

问题画布(图 5-1)是一种用来呈现问题的通用语言和工具，其涉及的主要问题包括 who(谁的问题)、when(何时发生)、where(什么地方发生)、why(问题本质原因)、what(问题是什么)、how urgent(问题紧迫性)以及 how important(问题重要性)。

问题画布左半部分是对问题情境的描述，通过陈述问题发生的时间、地点和对象，可以帮助团队清晰地聚焦一个问题。问题画布右半部分是对问题的分析，包括问题的紧迫性、问题的重要性和问题的深层次原因。问题画布中间是在前述基础上对问题进行重构。其基本逻辑是：问题从哪儿来(左半部分)、问题怎么样(右半部分)、问题是什么(中间)。

设计思维：
创新创业原理与实务(第2版)

谁的问题 （who） 问题发生的对象	何时发生 （when） 问题发生的时间	问题是什么 （what） HMW提问法 重构问题HMW	问题紧迫性 （how urgent） 解决问题的紧急程度	问题本质原因 （why） 问题的深层次原因 （可使用5WHY 分析法）
	什么地方发生 （where） 问题发生的情境		问题重要性 （how important） 问题的重要性	
问题情境		问题重构	问题分析	

图5-1　问题画布

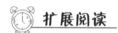

扩展阅读

扩展阅读 5-1　　　　扩展阅读 5-2　　　　扩展阅读 5-3
按问题严重程度　　思维力工作方法　　思维力——高效
识别关键问题　　　介绍——六问法　　　系统思维

案例分析

王传福的问题界定与问题解决

巴菲特的"黄金搭档"、国际投资界奇人查理·芒格将王传福比喻为托马斯·爱迪生和杰克·韦尔奇的合体，意指王传福在解决技术问题时像爱迪生，强烈的目标感则像韦尔奇。在巴菲特和芒格看来，王传福和他的比亚迪有梦想、有技术、有策略，脚踏实地而又不失技术家的优雅。从早期的电池产业叱咤风云，到新能源汽车的领导者，王传福用自己的技术和产品来解决中国的社会问题，在解决社会问题和创造美好生活的过程中发展企业自身，通过创新的方法来构建解决方案。在企业发展的过程中，产业报国的情怀带给王传福越来越大的格局。正因为有追求不断进步的、崇高的产业情怀和技术梦想，比亚迪才能够获得市场和用户发自内心的认同。

寒门走出的创业者

1966年，王传福出生在安徽芜湖一个普通的农民家庭，他有5个姐姐、1个哥哥和1个妹妹。王传福13岁那年，他的父亲因病去世，家中重担一下子落在了母亲身上，连吃饭都成了问题。母亲无力抚养这么多孩子，王传福的兄长王传方为了帮母亲分忧，选择了退学工作养家，随后王传福的5个姐姐先后出嫁，他的妹妹也被寄养。

王传福有意退学帮助母亲和兄长，却遭到了一致反对，他们嘱咐他好好学习，别的不用操心。王传福明白母亲和兄长的殷殷期盼，他只能报以优异的成绩，于是除了吃饭睡觉，王传福将所有的精力都用来学习了。

1983年，王传福考上了中南大学冶金物理化学专业，大学毕业后，又凭借优异成绩进入北京有色金属研究总院攻读硕士研究生。在此期间，他对电池产生了很大的兴趣，每天都在实验室待到很晚才回去，这为他今后的事业打下了良好基础。

1990年，王传福硕士毕业，他选择了留院工作，院方将他分配到了301室继续做电池研究。仅仅两年时间，王传福就凭借自身的优异表现被破格提拔为301室副主任，这给他的研究工作带来了极大便利。

随着对电池的深入了解，王传福发现这一领域面临着巨大的投资机会。当时是1993年，一部大哥大要花2万至3万元才能买到，就算如此依旧供不应求。王传福想：如果未来大哥大能够普及，那么对电池的需求也必然会增加，他因此生出了创业的念头，这个念头一冒头就以燎原的趋势深深地扎根在王传福心间。

此后两年，王传福着手研究企业经营和电池生产的实际经验，1995年年初，他从研究院辞职，正式开始创业。创业初期，王传福启动资金不足，便给自己的表哥吕向阳做思想工作，告诉他电池领域的前景一片光明，请求他和自己一同创业。

吕向阳深思熟虑之后，同意了表弟的邀请。1995年2月，王传福与表哥吕向阳创立了比亚迪电池有限公司。当时电池产业被日本垄断，但是王传福的经营理念先进，并且对电池的质量牢牢把关，比亚迪就如同一匹黑马，在电池领域迅速崛起，动摇了日本的垄断地位。

问题导向的三次转型

8年之后的2003年，在全部三个充电电池技术领域(锂离子电池、镍镉电池和镍氢电池)，比亚迪就已经成为中国最大、全球第二大的电池制造商，其手机代工业务也做得非常成功，客户包括诺基亚、摩托罗拉、三星、索尼与爱立信等品牌。

2003年，比亚迪跨界进入汽车业，零起步研发、生产电动车和燃油车；2008年，比亚迪推出全球首款量产的插电式混合动力车型，并开始布局新能源领域，发展太阳能、储能等产品；2008年后，比亚迪陆续推出了纯电动公交车、纯电动出租车、纯电动叉车等新能源商用车产品，并且打入了欧美等海外市场。

2014年，比亚迪全面向新能源汽车转型，并涉足新能源轨道领域；2016年，比亚迪推出了具有完全自主知识产权的新能源城市轨道交通解决方案——"云轨"和"云巴"，并在此后落地银川、重庆、巴西、圣保罗、萨尔瓦多等海内外城市；2021年，比亚迪成为全球新能源车企两强之一，并且在电动车领域建立了完整的产业链优势。

三次成功转型，王传福被贴上了三个鲜明的标签：技术痴、颠覆者、汽车狂人。

在业务战略方面，王传福也有精准的把控能力。比如，他判断电动化汽车首先从公共交通领域开启，再向出租车、物流车等商用车领域推进，最后是在私家车领域达到电动汽车的高潮。比亚迪就是这样发展电动汽车业务的。

2011年，比亚迪先在深圳推出电动公交大巴，取得了环保、就业和改善民生方面的多赢效果。这之后，比亚迪的电动公交车开始走向全国，后来又成功进入英、美、日等发达国家。这也解释了为什么比亚迪能在电动车领域建立起完整的产业链：一个现实原因是它的新能源业务范围最广，需要研发的技术应用场景多。

具体到创业方向和策略上,王传福的选择是:不考虑利润最高、回报率最高的方向,而是首先进入一个解决社会问题的大市场,然后利用技术和成本优势,成为新产业的参与者、领先者和创新者。他说:"企业家要善于在解决社会问题中发展自己,让自己和社会双赢。"

可惜,最初的投资者和同行并不能理解王传福,在比亚迪发展的关键期,他的决策遭到了投资者的巨大反对。2003年,他跨界造车时股价大跌40%,甚至有香港投资者在电话会议上威胁要"抛售比亚迪股票,抛到死为止",但他力排众议,决策"铁腕",果断执行。

在王传福的领导下,比亚迪形成了自己的风格:崇尚技术,以问题为导向,通过创新解决问题,坚持。如今,创业28年、造车近20年,王传福终于迎来了属于自己的时代,成为新能源汽车的领导者。

2019年年底,比亚迪成为丰田汽车的座上宾,和丰田成立动力电池的合资公司,这是中国汽车行业的标志性事件。2022年,比亚迪一骑绝尘,成为中国电动车的销冠。比亚迪目前在手订单70万台,2023年中国新能源车销量预估在900万~1000万辆,而比亚迪的整车计划是400万台起,电池和电机电控、半导体都会同步甚至更多。

技术梦想+产业报国

在王传福眼里,"技术为王,创新为本"是比亚迪始终要坚守的发展理念,多达几万名的技术研发人员是比亚迪最宝贵的财富。"我首先是一名工程师,其次才是企业家。"王传福对自己的角色定位决定了企业的发展战略。

王传福早期在电池产业界叱咤风云,为了给中国企业争一口气,硬扛着和日本索尼公司在技术上死磕,让中国的专利战第一次在海外打了胜仗;进入汽车领域,果敢地提出自己的以"三电"为基础的新能源梦想,让中国和世界拥有绿色梦想;2018年,面对扑面而来的"智能网联"大潮,王传福又第一个"吃螃蟹",成为全国乃至全球第一个敢于开放整车全部传感器和控制权给全球开发者的整车厂商,提出了继"太阳能发电、储能电站、电动汽车"三大梦想后的又一个宏大梦想——汽车智能网联、平台开放。

数据显示,比亚迪新能源汽车销量已连续四年排名全球第一。2018年1月到6月,比亚迪新能源汽车销量同比增长超过1倍。"新能源汽车迎来了百年不遇的好机遇。而强大的技术创新能力,让我们在制定战略时底气十足。"王传福说。

"技术首先要为战略服务,其次才为产品服务。"王传福表示,早在10多年前,比亚迪就通过技术研发"预测"到了新能源汽车时代的到来。"正是以领先的技术和前瞻的战略作为支撑,我们的产业布局和产品投放,才有机会做到超前和领先"在公司最艰难的时候,王传福也从来没有放弃过自主研发,正是这种技术梦想使比亚迪突破了一个又一个巅峰。

推动一个制造企业持续不断勇攀高峰的,除了强大的技术梦想,王传福的一颗产业报国心同样重要。王传福说:"改革开放四十年,中国发生了翻天覆地的变化,下一个四十年,相信我们国家会再次迸发出令世界震撼的力量。"

在王传福看来,新能源和智能网联汽车可以让中国在拥有绿色梦想,减少污染的同时,摆脱对石油的依赖,让中国汽车产业真正与国际企业站在同一起跑线上,甚至可以"超车"。中国要有自己顶尖的制造业。王传福没有只喊口号,从2004年被全世界嘲笑,到15年后成为新能源汽车的领导者,他一直默默地用技术梦想支撑着自己的产业报国情怀。

技术为王：从逆向创新到正向研发

王传福依靠结合本土特点的逆向创新独创了"半自动化加人工"的生产方式，俗称"小米加步枪"，一手创立了"电池大王"时代。

他通过这样的逆向创新方式打败了当时风光无限的日本厂商。那时候的日本厂商压根就不相信王传福可以做出低成本、高质量的电池，而王传福根本没把日本高价格的生产线放在眼里，他横下一条心决定自己动手制造生产设备，把生产线分解成一个个可以由人工完成的工序，从电池生产线到汽车模具，王传福把有效利用人力资源发挥到了极致。

王传福这样做不但有效降低了生产成本，而且将技术的消化吸收和工艺改进都融入了制造业的各个环节。王传福对人工和技术研发的极度推崇使比亚迪非常重视产业链的垂直整合能力。

在进入燃油车领域之后，比亚迪走的也是逆向创新之路。当时，王传福的发展思路非常清晰，他果断瞄准了中国巨大的低端客户市场，在对中国消费者进行分析的基础上，选择模仿全世界最畅销的车型——丰田花冠，打造比亚迪第一款自主品牌汽车，王传福仅仅用了两年时间就使比亚迪F3成功上市。这种被王传福誉为"站在巨人的肩膀上"的模仿行为给比亚迪带来了巨大的成功体验。

除了F3模仿丰田花冠之外，比亚迪很多产品都是对既有热销车型的模仿，如F3R模仿别克凯越HRV，S8模仿奔驰CLK，M6模仿丰田普瑞维亚。在此基础上，王传福充分利用汽车制造业丰富的技术积累，巧妙地运用已经过期的专利技术及非专利技术，并在此基础上进行研发，用于解决缺乏技术的难题。

逆向创新的本质是价值创新，这也是比亚迪在电池领域和燃油车领域取得成功的根本原因。作为中国新能源汽车的领跑者，比亚迪的新能源汽车自从诞生走的就是正向研究路径，而非逆向创新。

"电池、电机、电控"作为比亚迪的技术三板斧，已经成为比亚迪品牌立足市场的金字招牌。其技术的集成性、精密性、领先性是其他企业在短时间内难以模仿和超越的。比亚迪作为中国新能源汽车的引领者，也从未停下研发的脚步。

比亚迪成立至今，共研发了国内外首创技术50余项，专利总数过万件，其间还斩获全球"科技100强"、全球创新企业50强、全球改变人类生活的51家大公司、联合国新能源特别奖等诸多奖项。

出色成绩和行业领先的背后是比亚迪品牌对技术研发孜孜不倦的追求。在新能源汽车领域，比亚迪掌握了"三电"的正向研发技术。

"三电"技术是电动车发展中最重要的一项，其中有一个非常关键的配件叫IGBT(绝缘栅双极型晶体管)，它是一种全控型电压驱动式复合功率半导体器件，具有高开关频率、高电压、大电流、易于开关等优良性能，被誉为变流器中的CPU(中央处理器)。就是这一配件，长期被外国品牌垄断，中国IGBT 90%的市场都掌握在外国企业手中。

随着自主品牌技术的不断发展完善，这一局面逐渐发生改变，比亚迪作为国内新能源品牌领导者，一直深耕电动车技术，在2018年发布了IGBT4.0技术，在国内IGBT领域已处于行业领先地位。

一直以来，电池、IGBT都是新能源汽车发展的瓶颈，比亚迪从电池自主到推出IGBT，在新能源车方面真正实现了把核心技术掌握在自己手中，不受制于他国，中国的电动车产业发展再不用担心被"卡脖子"了。

从逆向创新过渡到正向研发，比亚迪带领中国新能源汽车在行业内稳扎稳打，靠技术创新在国际新能源汽车市场上争夺发言权，这对中国制造业其他企业的转型升级具有巨大的借鉴意义。

商业与技术创新的螺旋式迭代

纵观比亚迪的发展，其商业模式的创新和技术创新一直处于"共舞"的状态。王传福的商业模式一直随着技术创新进行螺旋式迭代发展。可以说，比亚迪的商业模式创新是以技术创新来构建其核心竞争力的。

比亚迪过去引以为豪的垂直一体化商业模式曾给自己带来了无数辉煌，这种相对封闭的商业模式是以比亚迪所有技术都自己掌握为基本前提的。王传福掌握了以技术为基础的稀缺的资源，使早期的比亚迪有效控制成本，赚取了巨大的利润。在这种重视技术的封闭式垂直一体化商业模式下，其专利申请保持高速发展，技术创新反过来增强了商业模式创新的生命力和竞争力。

在智能互联的新业态下，比亚迪吸取诺基亚故步自封的教训，果断推行"开放平台"新变革。在技术创新和商业模式创新的双轮驱动下，比亚迪开放硬件平台，联合互联网企业在硬件平台上搭建智能驾驶系统。

2018年9月5日，王传福举办了一场比亚迪全球开发者大会，发布了"D++"开放生态，其中包括341个传感器及66项控制权，给汽车行业带来了巨大的颠覆式创新。面对市场对于比亚迪"开放平台"的质疑，王传福认为，与全球合作者的合作能够顺利解决汽车平台的安全问题，不能因为担忧就把汽车的开放之路堵住。

在制造业国际化方面，王传福选择的模式与路径也与大部分同行不同。比亚迪没有把容易进入的发展中国家作为优先进军市场，而是选择了难度大、壁垒高的发达国家作为国际化优先市场。

王传福的想法是，如果比亚迪和中国大部分企业一样，把目光放在发展中国家，那么和比亚迪竞争的其实大部分是国内企业，容易进入价格战，这不是中国制造未来的方向。王传福选择首先进入发达国家市场，通过试水历练打击，把自身的技术打磨得更加精湛。欧美国家的汽车行业标准很严格，比亚迪通过与发达国家汽车行业和企业的交锋提升了自己的核心竞争力。

同时，由于在欧、美、日、韩国际市场主推纯电动大巴(这其实也是欧、美、日、韩市场忽略的一个细分市场)，比亚迪通过技术创新使自己在这一细分市场中掌握了精湛的技术，用自己的高品质产品给欧、美、日、韩市场上了生动的一课。

获得了欧、美、日、韩汽车市场的认可，比亚迪再进入"一带一路"沿线国家和地区的心情和起点也不一样了。王传福带领比亚迪在国际市场上给中国制造树立了新的形象，靠的是比亚迪以技术创新为主的战略和逆向思考的商业模式。

勇于承担社会责任

中国有72%的石油依靠进口，而且70%进口石油要通过南海运输。中国石油有70%用于交通，汽车消耗了中国石油的70%。从这三个70%可以看到，中国发展电动车比任何一个国家都要紧迫，我们有责任通过技术来解决这个问题。

企业家要善于在解决社会问题中发展自己，让自己和社会双赢。

新能源车就是一条"大鱼"。10年前，没人相信电动车时，我们就开始"养"，遇到了很多困难，如股东说你"烧"了这么多钱，分红少了，有争议。这就是困难，但我们坚持、不放弃，因为我们认为中国有石油安全、空气清洁、气候变暖这三大问题，必须直面解决。

我们知道有一天国家一定会提出碳中和目标，因为人类必须可持续发展，不能把子孙后代的化石能源用光，带来气候变化，带来气温上升。这份坚持让比亚迪克服了重重困难。

大自然没有给我们石油，但给了我们沙漠，太阳在沙漠的日照时间每年三四千小时。未来，如果中国沙漠1%的面积铺上太阳能电池板，中国的电完全够了，火电全部关掉就可以了。

我们是一家中国企业，所以想用中国朝代命名这些汽车。还有一个细节，比亚迪车上所有的按键都用汉字。中国人要有骨气和信心：中华民族一个显著的特征就是汉字，为什么不能用？车卖到国外，有些人可能觉得中文按键不洋气，可能影响销量。没事，出了错我承担，我舍得这点销量。

作为一个企业家，钱已经不是大问题了，我更多想到的是通过产业来报国。中国面临石油的安全和空气质量的改善这两大紧迫性的问题，我们怎么去改变？因此我们的目标就要发展零排放的电动车，推动电动车的进步，进而取代燃油车，改善空气的质量，减少我们对石油的依赖。

比亚迪的另一个坚持是坚持制造业、坚持实业，从没被什么诱惑。比亚迪除汽车、轨道交通外，还有电子、代工，我们始终在坚守。强大的制造业是国家工业的根基，虽然毛利不高，但能带来大量就业，让中国工业体系变得更致密、更齐全。

坚持很重要，10多年来，我们一路坚持走来。比亚迪因为造电动车，当年股价掉了40%，但我们没有放弃。做太阳能投了很多钱，市场环境不好，但我们还在坚持。企业家要有社会责任。

我们所做的一切都是为了实现绿色的梦想，说大了是为了地球，说小了是为了国家的环境，为了我们的下一代，为了我们孩子的健康。

(资料来源：作者参考相关资料编写)

思考题：
1. 王传福创业初期要解决的问题是什么？
2. 比亚迪为什么要造车？
3. 新能源车要解决的是什么问题？
4. 如何理解企业的社会责任？
5. 本案例对你有哪些启示？

5.2 需求分析

基于同理心的市场调查之后，会获得大量有关用户需求的信息。这些信息有的是真实的，有的是虚假的或不准确的。因此，如何从这些错综复杂的信息中筛选出真实有用的信息和了解用户的真实需求便成了创业者面临的重要问题。

5.2.1 需求分析框架

创业者要想明辨用户需求的真伪，还需要在理论层面了解和把握用户需求。因此，我们基于马斯洛的需要层次理论(needs hierarchy theory)，阿尔德佛的生存、关系、成长理论(existence, relatedness and growth theory)，以及狩野纪昭的"KANO模型"，建立了综合性的用户需求分析框架。

1. 需要层次理论

需要层次理论是由美国心理学家马斯洛在1943年提出来的，目前已经成为世界各国普遍熟悉的理论。马斯洛认为，人的需要是有层次的，按照它们的重要程度和发生顺序，呈梯形状态由低级需要向高级需要发展。

马斯洛通过研究发现，人的需要可分为五个层次，即生理需要、安全需要、社会需要、尊重需要和自我实现需要，如图5-2所示。在正常情况下，人的需要总是由低到高逐步上升的，每当低一级的需要满足之后，就会产生更高一级的需要。

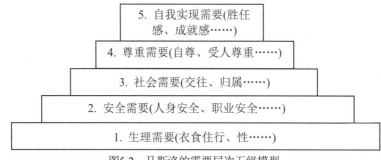

图5-2　马斯洛的需要层次五级模型

由于人的动机结构的发展情况不同，这五种需要在个体内所形成的优势动机也不相同。当然，这并不是说当需要发展到高层次之后，低层次的需要就消失了；恰恰相反，低层次的需要仍将继续存在，有时甚至是十分强烈的。

马斯洛还发现，在人的心理发展过程中，五个层次的需要是逐步上升的。通常情况下，人进入高级的精神需要阶段以后，往往会降低对低级需要的要求。例如，成就需要强烈的人，往往把成就看得比生理需要更重要。

2. 生存、关系、成长理论

生存、关系、成长理论(existence，relatedness and growth theory)，简称ERG理论，是由美国管理学家阿尔德佛在大量调查研究的基础上提出来的。阿尔德佛具有丰富的企业管理经验，他发现人的需要主要有三种类型：第一类需要是生存需要，第二类需要是关系需要，第三类需要是成长需要。

阿尔德佛认为，作为一个管理者，应该了解员工的真实需要。因为不同的需要会导致员工不同的工作行为，进而决定他们不同的工作结果；而这些结果可能能够满足他们的需要，也可能满足不了他们的需要。

阿尔德佛否定了人必须在低层次需要获得满足之后，才能进入高层次需要的观点。他列举许多例证说明，一个人甚至可以在生存需要和关系需要均未获得满足的情况下，为了成长需要而努力工作。

阿尔德佛还发现，当个体较高层次的需要受到挫折未能满足时，其较低层次的需要强度会增加。例如，个体无法得到社会交往需要满足时，可能会产生对更多金钱或更好的工作条件的渴望，即挫折可能使人们回归对于较低层次的需要。

3. KANO模型

KANO 模型是由东京理工大学狩野纪昭教授,以分析用户需求被满足程度对用户满意度的影响为基础建立起来的。这个模型分析了在某种需求"有"和"无"的不同组合情况下,用户的满意程度和不满意程度。KANO 模型将用户需求分为以下四类。

(1) 基本需求。基本需求是用户对企业提供的产品或服务的基本要求,它是被用户认为"必须有"的属性或功能。当这种属性或功能不能满足用户需求时,用户会很不满意;而当其满足用户需求时,用户的满意度也不会提高。

(2) 期待需求。期待需求是用户满意度与需求的被满足程度成正比例的需求。用户对这种需求有明确的意识,只是有的被明确表达出来,有的没有被表达出来。期待需求被满足得越多,用户的满意状况越好,反之用户的满意状况越差。

(3) 兴奋需求。兴奋需求是指处在用户的潜意识中,没有认识到和不能被清楚描述的需求。但是,这种需求一旦得到满足,便表现出非常高的满意度。比如汽车的出现,对于只想要一匹跑得更快的马的人们而言,便是兴奋需求。

(4) 多余需求。多余需求是指那些对满意度没有明显影响的需求,这种需求是否得到满足用户都觉得无所谓。例如,对大多数职业女性来说,手机上的大喇叭和单机益智游戏等便属于多余需求,花精力开发以上功能便会吃力不讨好。

基于KANO模型,我们就能很好地理解海底捞作为火锅店,为何要在顾客等位间隙为其提供美味点心和美甲服务;星巴克在卖咖啡的同时,为什么要精心打造社交文化。这些企业在满足用户基本需求和期待需求的基础上还满足了其兴奋需求,从而大大提高了用户的满意度和忠诚度。

5.2.2 需求分析工具

除了从整体上辨别需求外,还可以采用更细致的办法,即从行为、场景和流程等角度进行需求分析。这是产品经理惯用的思维方式,这种从多个角度来分析需求的方式将会比直接从整体上进行分析更深入和更细致入微。

1. 同理心地图

作为用户需求分析工具的同理心地图,最早是由美国商业设计顾问公司 XPlaner 创始人戴夫·格雷(Dave Gray)提出来的。同理心地图是一种用于整理和提炼前期调研信息的工具,它可以快速可视化地呈现用户行为,如图 5-3 所示。

在同理心地图中,中间的头像代表人物对象,围绕头像四周的四个象限如下:左边是 hear,用于记录"他听到的周围的人说了些什么";右边是 see,用于记录"他看到了什么";上边是 think & feel,用于记录"他的想法和感觉如何";下边是 say & do,用于记录"他说了或做了什么"。在最下方还有两个方框,左边是 pain,用于记录"他感到痛苦、挫败的是什么";右边是 gain,用于记录"他期望获得什么"。

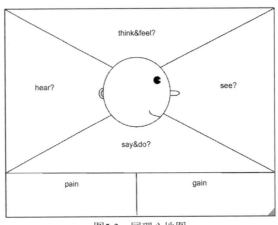

图5-3 同理心地图

同理心地图的作用在于可以使团队在用户角色的理解上消除偏见,并在一个可视化的情景下提取和分析信息。同理心地图一般在用户调研之后,由团队成员在所收集到的用户信息的基础上,通过合作的方法来完成。

同理心地图的具体画法可以参照如下步骤进行:

(1) 在大白纸或白板上画出同理心地图的大概轮廓和要素。

(2) 确定用户角色,如果有多个角色,每个角色画一张同理心地图。

(3) 根据前期用户调研资料,每个参与者使用便签写下与四个象限对应的内容,然后贴在相应的象限位置。

(4) 团队成员通过集体讨论,分析用户的痛苦和收获,然后在此基础上探究用户的痛点和期待。

2. AEIOU表

AEIOU表是一个清单式的用户需求分析工具,它能帮助团队在观察中拥有一个可参考的结构。对于缺乏经验的团队,这种方法能保证有效地完成基本的工作任务。这个工具也可以帮助团队在第一时间了解用户,并能够在环境中捕捉事件。

AEIOU表由五个部分构成(表5-1),有助于第一次接触潜在用户时以结构化的方式进行用户观察和用户分析。同陌生人接触或第一次进行用户观察,往往会令人害羞和不知所措,使用AEIOU表可以按照既定的套路有条不紊地完成任务。

表5-1 AEIOU表

项目	观测点
活动(activities)	发生了什么? 人们在做什么? 他们的任务是什么? 他们实际上做了什么来完成任务? 之前和之后发生了什么
环境(environments)	环境是怎么样的? 空间有什么样的特性和功能

(续表)

项目	观测点
交互(interactions)	系统彼此间是如何交互的？ 有接口吗？ 用户又是如何与其他人互动的？ 操作由什么组成
物品(objects)	什么物品和设备被使用？ 谁在什么环境下使用了物品
用户(users)	谁是用户？ 用户扮演了什么角色？ 谁在影响他们

在表 5-1 中，左侧的五个栏目代表需求调查与分析的五个项目，右侧的五个栏目代表对应项目的观测点。AEIOU 表不但能够告诉我们做什么，而且能够告诉我们怎样去做。下面列举的就是 AEIOU 表包含的主要内容。

(1) A(activities)——活动：实际上在做什么事。是有组织还是无组织的活动？是扮演团队领袖，还是参与者？

(2) E(environments)——环境：活动的场景。这个活动发生在什么样的地方？这个地方的环境是什么样的？它有什么特征，会带来一种什么样的感觉？

(3) I(interactions)——互动：用户是如何互动的。互动的对象是人还是机器？这种互动是正式的还是非正式的？互动的方式是陌生的还是熟悉的？

(4) O(objects)——物品：使用的物品或设备。用户是否使用了某种物品或设备？是在什么环境下使用的？是什么物品带来或者加强了投入的感觉？

(5) U(users)——使用者：谁是用户。用户扮演了什么角色？他的身旁有谁？他身处什么样的组织？谁在影响他？这种影响是正面的还是负面的？

3. 情境故事

用户分析的第三个工具是情境故事，它既可以单独使用，也可以和同理心地图结合起来使用。情境故事通常是由产品设计师编写的与产品有关的情境假想故事。虽然故事中的很多场景源自用户经验，但由于产品尚未设计出来，它的所有情境都是在设想用户在使用这个尚未设计出的产品的情况下所做出的合理揣测。

情境故事无论是讲给投资人听，还是讲给同事听，最重要的都是要准确和真实。要做到这一点，需要考虑以下两个关键因素。

(1) 内部因素，即用户的情感体验，它要求设计师在编写故事时做到将心比心。

(2) 外部因素，即时间、地点、人物、环境等，它要求设计师在编写故事时做到设身处地。

情感与用户行为是息息相关的因果关系。编写故事时，尤其要体会用户的情感，有因才有果，不要编写出毫无道理的行为。同样，环境也是制约用户行为的重要因素，有时看起来很平常的事，在特定环境下，用户就不一定会做。所以，要设身处地地站在用户所在的环境中去思考他的行为。

另外，情境故事还要生动有趣。因为只有生动有趣的故事才能赢得共鸣。干巴巴的故事不仅用户听了索然无味，设计师也可能无法领悟到其中的奥妙。那么如何才能做到生动有趣呢？这就要拼文字功底了。不管怎么样，只要故事和表演能够使用户产生共鸣，那就取得了成功。

情境故事也可以是用户的真实故事。在产品开发过程中，可以让团队的每一名队员轮流讲述调研过程中的用户故事。当一名队员讲故事的时候，其他队员手中各自拿一叠便利贴和一支马克笔，将捕捉到的用户的说、想、做、感受等各类信息以及意外的观点和有趣的事情等，用简短的语言写在便利贴上，然后分别贴在同理心地图的四个维度上。

在完成用户故事分享之后，可以尝试将四个象限的内容进行两两对比分析：将用户所说的和他所做的进行对比，看看用户是否存在言行不一致的情况，是否存在口是心非的情况，是否言不由衷，是否表里不一。

对于让用户感到很紧张的、自相矛盾、前后不一致的行为以及让用户或者团队都感到很惊讶或意外的线索，进行更加深入细致的分析，建议在同理心地图的右边留下一块空白，将记录这些信息的便利贴贴在这个空白区域，然后针对这些信息进行持续的追问讨论。

5.2.3　需求分析策略

前面我们介绍了需求分析框架和需求分析工具的目的在于运用这些框架和工具找到用户的真实需求。从业界的反馈看，这些框架和工具对理解用户需求虽然都有一定的作用，但对一些涉及因素较多的产品开发还略显不够。因此，许多产品经理都在运用上述工具进行基础分析的基础上，借助用户画像，即人物角色法来洞察用户需求。

1. 人物角色法概述

人物角色又称人物志，这个词来源于拉丁语，原本意思是脸谱，在产品设计领域常被称为用户角色模型，即用户画像。人物角色法指在对目标用户群体调查研究的基础上，对用户的真实特性进行分析、综合与勾勒，借用虚拟的图形来代表一类人的特征、行为、价值观及需求的一种方法。

艾伦·库珀(Alan Cooper)于1983年开始使用人物角色，当时他正进行计算机程序设计的"超级项目"，这个程序就是微软的Visual Basic。库珀发觉产品设计中用户同理心的重要性，并着手设计一连串假设性产品与人物之间的行动对话。

库珀发展出人物角色的目的是让计算机产品与软件更容易上手。他认为产品之所以令用户却步，并不是因为技术问题，而是缘于界面设计的缺陷：许多软件的界面设计不是贴近用户的需求和习惯，而是高高在上地认为用户理当学习如何操作界面。

因此，库珀决定以"交互设计"取代业界习惯的"界面设计"，并指出交互设计与界面设计的不同在于：界面设计追求的是让产品好看，而交互设计则是从用户的需求出发让产品更好用。

在人物角色法发展初期，人物角色立足于松散、个人式的观察，观察样本也只是显示某些特定角色的少量个体。1999年，库珀在 *The Inmates Are Running the Asylum*(《交互设计之路》)这本书中正式提出了人物角色的命名。此后，人物角色法才在计算机软件开发中得到应用，目前这种方法已经广泛应用于产品设计领域。

2. 人物角色法的特点

人物角色法以清楚明确的用户角色取代过往模糊的用户想象，已逐渐成为产品设计流程不可或缺的一环。人物角色法虽然可以用于产品开发的许多领域，但在使用人物角色法的过程中需要明白人物角色法的特点，其主要有以下五个。

(1) 针对性。人物角色法是一种专用的方法，即相比其他通用的用户体验研究方法，如问卷法、访谈法、焦点小组法等，人物角色法专用于构建和使用人物角色来优化产品设计，提高用户体验。

(2) 典型性。使用人物角色法构建的角色能够反映用户使用某种产品或产品功能的典型特征，即相比一般研究中的人口统计学信息，人物角色法能够反映特定的产品或者产品功能的主要特征。

(3) 虚拟性。使用人物角色法构建的角色是虚拟的，它只能表征部分用户与产品或产品功能相关的典型特征，并不能表征这些用户的所有特征。当然，由于角色的创建是以真实数据为基础的，这个虚拟的角色具有很高的外部效度与可信度。

(4) 迭代性。随着技术与市场的变化和不断更替，研究者可以根据实际情况不断对构建的角色进行修订。良好的角色生命周期主要包括计划、概念与酝酿、形成、成熟、成就与退休五个阶段。

(5) 多重性。使用人物角色法构建的角色，不仅可以在产品评估与测试部门使用，也可以在与产品有关的设计、编程、销售等其他部门使用。从这个意义上说，人物角色法也为不同专业领域的团队提供了共同交流的平台。

3. 人物角色的构建

为了获得有效的人物角色，我们需要通过前期的设计调研和市场调查来收集繁杂的用户信息，并对信息资料进行一定的分析整理。此时，我们需要站在用户的客观立场而不是自己的立场进行有效的分析和推理，并发现各种本质与关联。为此，我们需要遵照一定的流程来构建人物角色。

目前，关于创建人物角色的流程，有四种较有影响的主张：库珀提出的七步创建角色流程，霍伦提出的四步创建角色流程，史蒂夫·穆德提出的三类角色创建流程，琳恩·尼尔森提出的十步人物角色创建法。这里仅介绍尼尔森的人物角色创建流程。

尼尔森是用户画像博士和用户画像专家，其在长期研究的基础上提出了四种不同类型的用户画像，以确保它们能为项目带来最大价值。同时提出了包括10个步骤的人物创建的理想流程，这10个步骤涵盖了从最初的数据收集到分析使用，再到画像持续开发的整个过程。

(1) 收集数据。它体现在设计思维的同理心阶段，对目标用户中的实际用户进行高质量的用户研究，收集尽可能多的用户信息，也称为共情阶段。

(2) 形成假设。根据最初研究成果，对项目重点区域的各种用户形成一个大致的概念，包括用户之间的不同之处。

(3) 接受假设。让每一个参加项目开发的人都接受人物创建的基本假设，并且判断用户之间的差异假设是否成立。

(4) 建立数据。决定最终创建的用户画像数量，通常希望为每个产品或服务创建很多个角色，但是在初始阶段，只选择一个画像作为主要关注点为佳。

(5) 描述画像。 描述画像应该包括关于用户的教育程度、生活方式、兴趣、价值观、目标、需求、限制、欲望、态度和行为模式的详细信息。

(6) 准备场景。 描述一些可能触发使用正在设计的产品或服务的具体场景，也就是通过创建以用户画像为特征的场景来赋予每个画像生命。

(7) 组织认可。 组织认可即让尽可能多的团队成员参与用户画像的开发，并且获得各个步骤参与者的认可。

(8) 传播知识。 为了让团队成员一同参与，需要把画像描述的方法传播给所有人，包括那些没有直接参与此过程的人、未来的新员工、可能的外部合作伙伴等。

(9) 每个人都准备场景。 画像本身没有价值，直到画像成为场景的一部分，当画像开始在产品故事中发挥作用时，它才真正开始拥有价值。

(10) 迭代调整。 最后一步是描述用户的未来生活。需要定期修改关于画像的描述，如重写现有的画像、添加新画像，或者删除过时的画像。

扩展阅读

扩展阅读 5-4
如何鉴别需求真伪

扩展阅读 5-5
霍伦提出的创建角色流程

案例分析

小红书的产品定位与需求洞察

小红书创办于 2013 年，是一个通过深耕 UGC 的购物分享社区，它将海外购物分享社区与跨境电商相结合，精准捕捉"85 后"和"90 后"的消费升级需求，已成长为全球最大的消费类口碑库和社区电商平台，成为 200 多个国家和地区、亿万年轻消费者必备的分享平台和"购物神器"。

让天使主动投怀的创业者

小红书创始人毛文超是个 1985 年出生的大男孩，他从小绝顶聪明，小学、初中、高中总是拿第一名，而且考试时经常提前半个小时交卷。

2003 年，毛文超离开家乡武汉，考入上海交通大学攻读机械电子专业。一路顺风顺水的他，在毕业前就同时拿到了两家国际顶尖投资机构——麦肯锡和贝恩咨询的实习机会。2007 年实习结束后，他选择留在贝恩咨询工作。

两年之后，毛文超加入了一家私募基金公司，开始从事投资工作。工作 4 年后，感觉到需要继续提升自己学历水平的毛文超，拿到了斯坦福大学的录取通知，于是又在硅谷的发源地——斯坦福大学学习了两年。

2012 年，属于毛文超的机会来了。这年夏天，腾讯资助了一个暑期创业夏令营，毛文超便是其中的一员。正是在这个夏令营中，毛文超结识了微信之父张小龙。当时微信正以每月5000万用户的速度发展。

这个夏令营让毛文超意识到自己该创业了，方向就是跨境电子商务。因为富了以后的中国人花在旅游方面的钱越来越多，早在2012年中国人在海外的消费就已经超过了1000亿美元。

听说毛文超要创业，对斯坦福学子情有独钟的徐小平马上送来第一笔投资。拿到投资的毛文超，与好友翟芳在武汉东湖听涛轩的小岛上——注册了行吟信息科技有限公司。2013年6月，又在上海创办了"海外购物红宝书"——小红书。

"小红书"名字的由来

2013年12月，主打购物分享平台的小红书App上线了。

为什么把平台起名为"小红书"？这对毛文超来说还真是意义深远。

在毛文超看来，贝恩咨询和斯坦福大学商学院的经历是他人生中两个重要的里程碑，它们不仅丰富了他的知识，更是让他有了格局观念和事业，因此对它们非常感激，而这两个组织标识的主色调都是红色，所以平台就叫"小红书"。

2013年的电子商务领域，淘宝、京东、聚美优品已经形成三足鼎立之势，优势无法撼动，而跨境电子商务方兴未艾。那时很多用户不熟悉海外购物流程，总怕买到假货，所以海淘大有可为。毛文超正是看准了这个机会，提前布局了跨境电子商务。

对毛文超来说，做小红书的意义就在于，中国消费者越来越关注自己的生活品质了，其中的一个体现就是他们对于海外商品和海外生活方式的关注——大家不满足于仅仅获得国内商品，更希望获得海外的优质商品。因为这个市场很大，而消费者面对海量的商品可能不知道如何选择，小红书正是希望解决这个巨大需求中存在的痛点。

问路UGC社区

做平台，首先要积累客户，可对一个没有任何知名度的新平台来说，获得客户异常艰难。为破解这个难题，毛文超采用的方法是做社区，而且是当时不被人看好的UGC社区。

平台的产品定位是一个UGC产品信息分享平台，目标瞄准"90后"，"做海外商品真实口碑平台"。小红书将线下的购物场景搬到了线上，并加入了真实的购买用户的背书，用户可以在这里发现全世界的好东西。

2013年12月，小红书上线一周后，毛文超前往香港，回来后上传了他为朋友代买的iPhone 5s，结果引来100多条留言，包括"限购吗""排队吗""金色有吗""能刷信用卡吗""能刷不是自己名字的信用卡吗"等五花八门的内容。

两个月后的春节，社区里写满了分别从美国、日本、韩国、中国台湾等地海淘整箱iPhone 5s的心得。那年春节，小红书的系统差点崩溃，7天假期里，用户数量增长了整整7倍，而且一分钱推广费也没花。

2014年10月，小红书福利社上线，旨在解决海外购物的另一个难题：买不到。小红书以累计的海外购物数据分析出最受欢迎的商品及全球购物趋势，并在此基础上把全世界的好东西以最短的路径、最简洁的方式提供给用户。

小红书电商的独特性在于以下两点：

第一，口碑营销。没有任何方法比真实用户的口碑更能提高转化率，就如用户在淘宝上买东西前--定会去看用户评论。小红书有一个真实用户口碑分享的社区，整个社区就是一个巨大的用户口碑库。

第二，结构化数据下的选品。小红书的社区中积累了大量消费类口碑，如几千万用户在这个平台上发现、分享全世界的好东西。此外，用户的浏览、点赞和收藏等行为会产生大量底层数据。通过这些数据，小红书可以精准地分析出用户需求，保证采购的商品是深受用户推崇的。

在这一阶段，小红书虽然在探索市场，但是，作为一个 UGC 产品，其本身的社区氛围非常健康，已经沉淀了大量优质的海外购物、全球好物分享笔记等，社区的边界已经慢慢地拓展到生活的方方面面，为下一步拓展到生活及电商领域打下了良好的基础。

探索商业模式

2014 年 12 月至 2016 年 10 月堪称小红书发展的关键期。随着国内海淘风口的来临，凭借沉淀的海外购物分享笔记及用户使用心得，小红书顺势进入海淘电商市场。在这一阶段，他们不仅取得了骄人的业绩，而且形成了自己的商业模式。

小红书没有商家的宣传和推销，只有依托用户口碑写就的"消费笔记"。笔记不仅将产品介绍得更加真实可信，也传递了美好的生活方式。在小红书启动电商模式的 5 个月时间里，销售额已达到 2 亿多元。2015 年，发布一年的小红书的百度指数飙升 20 倍，在苹果 App Store 的排名三天内攀升到总榜第四、生活类第二，超越了那时的巨头京东、唯品会等。

与其他单一平台相比，小红书采用"社区 + 电商"模式的最大优势是优质的社区。早在 2013 年，我国就已经超越德国、美国成为世界第一的海外消费国。可是由于语言和文化阻碍造成信息不对称，一般情况下，大多数用户并不知道国外哪些东西好。这也是为什么跨境电商主推的产品一般都是一些常见的品牌，没有太多的特色。但在小红书的"社区 + 电商"模式下，用户购物的过程实际上是从"种草"到"拔草"的转化：社区用户分享自己购买的物品及交流购物心得和使用体验，其他用户从中发现自己喜爱的产品，就像在心里种下了一棵草(种草)；然后通过小红书的电商平台购买到自己心仪的商品，拔掉长在心中的草(拔草)。

这一模式成功的关键是"种草"和"拔草"。这需要小红书的技术团队能通过后台数据了解用户喜欢什么、在分享什么、点赞最多的是什么，并通过对这些数据的分析推测出哪些商品可能是爆款。因此，除了可用内容电商去定义小红书以外，也可用信息挖掘公司去定义小红书。小红书的所有行动大多围绕它所需要深挖的两个价值展开：

第一，信息端的价值。确切地说，信息端的价值是中国与全球商品信息不对称带来的价值，而把信息发布渠道开放给广大群众，是把信息价值发挥到极致非常好的解决方案之一。

第二，信息端价值转化为商品流通端的价值。如果仅仅是拆解信息端和商品端，就还有极大的挖掘空间。在信息端，数据和技术可以不断结构化挖掘用户喜欢的东西，这是理性和科学的极致；商品端则是购买过程、情感体验的优化，这是感性的极致。

走向高速发展

从 2016 年 10 月开始，小红书步入高速发展阶段。经过商业模式探索阶段的沉淀，小红书更加清晰地找到了自己的定位，作为一个在互联网上半场就入局并坚持到下半场的选手，它迎来了自己的春天。

截至 2017 年 5 月，小红书用户数突破 5000 万，每天新增约 20 万用户，营收近 100 亿元，成长为全球的社区电商平台。2017 年 6 月 6 日，小红书周年庆当天，开卖 2 小时后，销售额达到 1 亿元，当天小红书在苹果 App Store 购物类下载排名第一。2018 年 10 月，小红书用户数突破1.5亿，月度销售额已经突破10亿元，成为国内最大的海外购物平台，估值超过150亿元。

2019年1月，小红书用户数突破2亿；2019年7月，小红书用户数超过3亿；2019年10月，小红书月活跃用户数已经过亿，其中70%新增用户是"90后"。在小红书社区，用户通过文字、图片、视频笔记的分享，记录了这个时代年轻人的正能量和美好生活。

随着年轻用户的涌入，电商品牌从海外品牌逐渐拓展到本土品牌，更多的第三方开始入驻。此外，小红书社区笔记内容也正变得越来越多元化：从美妆时尚逐步拓展到健身、娱乐、旅行、艺术等其他领域。

另外，随着用户群体的改变，小红书的品牌也在悄悄发生变化：越来越多的年轻化品牌受到追捧。年轻化后面的标签，既有匹配他们消费力的品牌，也有越来越个性的品牌。现在国内有很多很有意思的新中小品牌，都很受小红书用户的欢迎。

让用户帮用户找商品是小红书的逻辑，作为平台和工具，小红书希望使自己的价值在用户导向的市场中得到最大化发挥。在目前的中国市场上，用户正在从炫耀型的消费升级变成体验式的消费升级。小红书在这种升级转换中也发挥了重要作用。

进入2020年，小红书开始加速直播业务进程，在直播上不断开启新动作：餐饮品牌捞王作为企业号，参与了小红书的直播公测；3月26日，奢侈品品牌LV第一次以官方账号进行线上直播，合作平台就是小红书。

2021年4月，小红书《社区公约》上线，从分享、互动两个方向对用户的社区行为规范作出规定，要求博主在分享和创作过程中如受到商家提供的赞助或便利，应主动申明利益相关。在申明利益相关的前提下，由用户自行判断是否"被种草"。2021年11月，工信部通报38款违规App，涉及超范围索取权限、过度收集用户个人信息等问题，小红书App在列。

2022年3月，小红书上线算法关闭键，允许用户在后台一键关闭"个性化推荐"。2022年4月，小红书拟逐步开放"个人主页展示账号IP属地"功能。2022年7月，小红书科技有限公司申请注册多个"小红书露营地""REDCAMP""小红书营地""小红书文旅"等商标，国际分类包括餐饮住宿、教育娱乐、广告销售等，商标状态均为等待实质审查。

2023年1月，小红书关联公司行吟信息科技(上海)有限公司的小红书内部社区PC端软件及小红圈运营管理后台软件著作权获得登记批准，两个软件简称分别为"小红圈PC端"和"小红圈管理后台"，版本号均为V1.0。2023年2月7日，小红书官方宣布，小红书网页版上线。

(资料来源：作者参考相关资料编写)

思考题：
1. 毛文超看到的创业机会是什么？
2. 小红书是如何洞察用户需求的？
3. 小红书分析用户需求的算法有何独特之处？
4. 本案例对你有哪些启示？

5.3 项目选择

为了将有限的资源以最低的代价投入收益最高的项目，组织或个人都需要对各种项目机会做选择。从某种意义上说，项目选择是关系到组织生死存亡的大事，很多企业的兴盛源于正确的项目选择，也有不少企业的破产或陷入困境是由于错误的项目选择。那么，怎样进行项目选择呢？

5.3.1 市场需求测算

项目选择首先需要考虑市场需求，市场需求是项目存在的根本，没有这个根本其他一切都无从谈起。市场需求指的是一定的顾客在一定的地区、一定的时间、一定的市场营销环境下，对某种商品或服务愿意而且能够购买的数量。所谓需求测算，则是指在对市场规模、竞品市场占有情况以及行业与产品生命周期进行充分了解的情况下，计算所选项目产品或服务的市场需求量。

1. 市场规模

市场规模是消费者需求的总和。由于市场需求是从个人需求推导出来的，市场规模的测算既要考虑消费者的购买意愿和支付能力，也要考虑实际购买者的人数。市场规模测算有两种方法：自上而下和自下而上。

自上而下的测算采用的是宏观层面的推演加层层细分的计算，即先预估整体大行业的规模，然后逐层分解到自己所在行业的细分市场。比如，整个出行行业的市场规模是3800亿元/年，其中专车市场约占30%，高端专车约占其中的10%，那么高端专车市场的规模就是3800×30%×10%=114亿元/年。

自下而上的测算采用的是先定位目标用户群和需求的频率，然后乘以单价计算出市场规模。比如，2018年普通小学在校生8900万人，假设排除学校的活动，每年还会以家庭为单位去旅行的孩子占比10%，如果每次旅行最少要有一个大人陪同，以每次旅行人均消费3000元计算，那么亲子游市场规模为89000000×10%×2×3000=534亿元/年。

但是需要指出的是，上述两种方法只是一种测算的思路，它们的推算逻辑还过于简单粗暴，没有充分考虑各种相关因素的影响。因此，在实际应用中，还需要根据行业、企业和产品的具体情况及可能遇到的问题来设计具体的算法。

2. 竞品份额

竞品是指竞争对手的产品，竞品份额测算是进行项目选择必须完成的前提性工作，它属于竞品分析的重要内容。竞品分析就是对竞争对手的产品进行比较分析。竞品分析通常包括客观分析和主观分析，但在需求测算环节，主要是通过客观分析来计算当下和未来竞品的市场占有率。

为充分考虑可能出现的各种竞争因素，竞品分析通常会从如下四种产品入手。

(1) 核心产品和目标用户基本相同的产品。这样的产品是直接竞品，它们的市场占有率会直接影响所选项目的市场份额。

(2) 目标用户虽然相同，但满足用户不同需求的产品。这样的产品虽然不能构成直接的竞争关系，但却存在通过拓展产品功能参与竞争的潜在威胁。

(3) 目标用户虽然不同，但其产品或服务非常相近的产品。这样的产品或服务虽然暂时构不成竞争关系，但很可能会通过后期的产品迭代进入目标市场。

(4) 产品和目标用户都不相同，但有跨界打劫技术实力的产品。对于这样的潜在竞争者来说，常规的竞争战略已经没有意义，必须从市场全局和未来发展的高度去思考应对方法。

3. 生命周期

这里说的生命周期既包括产品的生命周期，也包括行业的生命周期。其基本思路是从时间维度考察项目的收益期，即把一个产品的销售历史比作人的生命周期，要经历出生、成长、成熟、老化、死亡等阶段，然后根据产品和行业所处的阶段算出产品的寿命和可能获得的总体收益。

产品生命周期也称"商品生命周期"，指的是从产品准备进入市场开始到被淘汰退出市场为止的全部过程。它既是产品或商品在市场中的经济寿命，也是在市场流通过程中，由消费者的需求变化以及影响市场的其他因素所造成的，商品由盛转衰的周期。

典型的产品生命周期可分为引入期、成长期、成熟期和衰退期四个阶段，如图5-4所示。随着产品生命周期管理软件的兴起，产品生命周期开始包含需求收集、概念确定、产品设计、产品上市和产品市场生命周期管理，就像把父母前期的准备和孕育的过程、分娩过程也定义到人的生命周期中一样。

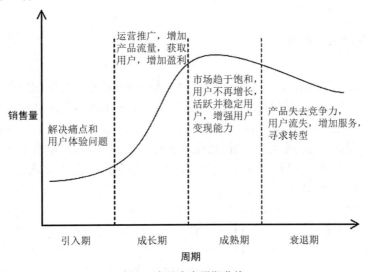

图5-4 产品生命周期曲线

行业生命周期是指行业从出现到完全退出社会经济活动所经历的时间，通常包括幼稚期、成长期、成熟期和衰退期四个发展阶段。行业生命周期忽略了具体的产品型号、质量、规格等差异，仅从整个行业的角度考虑问题。行业生命周期可以成熟期为界，划分为成熟前期和成熟后期。在成熟前期，几乎所有行业都具有类似S形的生长曲线，而在成熟后期，有的变成了稳定型行业，有的成为迅速衰退的夕阳行业。

5.3.2　项目选择流程

选择简单地说就是一个信息收集、整理、储存、加工和提取的过程，但是这个过程的发生和运行却无法用简单的线性关系加以描述，因为期间任何主客观因素的变化都可能影响选择的结果。因此，为了保证项目选择的合理性，通常需要制定科学的选择流程。

(1) 判断项目的必要性。判断项目的必要性有两层含义：一是对用户来说是必要的，它能满足用户真实的、刚性的需求；二是对企业来说是必要的，它符合企业现实和长远利益，对企业的发展具有重要作用。

(2) 研究项目的可行性。研究项目的可行性也有两层含义：一是从客观条件上看，社会和区域的科技水平、生产能力和政策法规等能够支撑和支持项目的实施；二是从主观条件上看，企业在人才、技术、资金等方面具备运营和掌控项目的实力。

(3) 评定项目的优先级。企业中总是存在经可行性研究合格，但又超过可用资源所允许数量的项目建议，所以企业在项目选择时需要优中选优。为了保证项目选择的合理性，可以通过制定具有可操作性的评审标准和权重设计对项目进行打分和排序。

(4) 进行项目选择决策。在综合考虑各个项目的优先级、企业可用资源、项目风险、项目之间的依赖性等因素的基础上，企业可借助项目外部与内部因素评价矩阵对项目进行 SWOT 分析，并由项目决策小组做出最后的选择决策。

5.3.3　项目选择原则

无论是对于个人的发展还是对于企业的发展，选择都具有非常重要的作用。只要回顾过去，就不难发现：所有现在遇到的情况都是过去选择的结果。工作是自己选择的，感情是自己选择的，习惯也是自己选择的。那么，怎样进行选择呢？通过前面的问题探索和需求测算、机会评价，已经解决了项目信息的搜集和分析等前提性问题，在这一节将对项目选择的决策环节做进一步探讨。为了正确选择项目，在项目选择过程中一般应遵循如下基本原则。

(1) 顺势而为。顺势而为的"势"有两层含义：一个是趋势，一个是优势。其基本要求是：做对趋势，用足优势。任何时代都有其内在的发展逻辑和发展趋势，只有顺势而为才能事半功倍。每个企业都有自己的优势，只有充分发挥自己的优势，才能在激烈的竞争中获胜。

(2) 高度聚焦。任何企业的精力都是有限的，只有将所有的精力都投入一个相对小的领域，才能够做出成绩。特别是对初创企业而言，"谁都是你的客户，就意味着谁都不是你的客户"。只有"有所不为，才能有所为"，专注才能杰出。

(3) 长期思维。"人无远虑，必有近忧。"无论做企业还是选项目，都需要长期思维、战略思维。战略是通过项目来实施的，所以项目的选择必须围绕企业长远利益和发展战略展开，每个项目都应对企业的发展战略做出贡献。

(4) 系统思维。项目选择是对一个复杂的系统进行综合分析与判断的决策过程，其影响因素很多，在选择项目时应综合考虑各项目的收益与风险、项目间的联系、组织的战略目标和可以利用的资源等多种因素，选择最适合的项目组合，使企业整体收益最大化。

5.3.4 项目选择模型

辅助项目选择的工具很多，但最简单和应用最广的无疑是 SWOT 分析模型，如图 5-5 所示。SWOT 是四个英文单词的首字母，其中 S(strengths)代表优势，W(weaknesses)代表劣势，O(opportunities)代表机会，T(threats)代表威胁。

图5-5 SWOT分析模型

SWOT 分析模型是将企业内部的优势、劣势与外部的机会和威胁等通过调查列举出来，并依照矩阵形式排列，然后用系统分析的思想把各种因素相互匹配起来加以分析，从中得出一系列相应结论的决策工具。

在 SWOT 分析模型中，优劣势分析主要是着眼于企业自身的实力及其与竞争对手的比较，而机会和威胁分析则将注意力放在外部环境的变化及其对企业可能的影响上。在分析时，应把所有的内部因素集中在一起，然后用外部力量来对这些因素进行评估。

运用 SWOT 分析模型，可以对研究对象所处的情境进行全面、系统、准确的研究，从而根据研究结果制定相应的发展战略、计划以及对策等。SWOT 分析模型可以通过分析帮助企业把资源和行动聚焦在自己的强项上和有最多机会的地方。

扩展阅读

扩展阅读 5-6
需求打开的正确方式

扩展阅读 5-7
痛点、痒点、爽点
都是产品机会

扩展阅读 5-8
贝佐斯的几个关键选择

案例分析

转转的市场测算与项目选择

2022 年 11 月 7 日，知名二手交易平台转转举行发布会，发布会上转转宣布平台品牌形象、发展战略和产品服务都将以全新的面貌出现在公众和行业面前，誓要以"二手拯救世界"，全力投入到循环经济产业发展中去。在新战略的指引下，转转也将成长为推动循环经济发展，建设循环社会的动力平台和价值平台。那么，转转作为 58 同城的一个子业务，当初为什么会选择二手市场，而在二手生意做得风生水起后，为什么又转向循环经济？转转联合创始人陈璐和创始人黄炜分享了其项目选择的思路和做法。

看赛道宽窄

看赛道宽窄具体包括看市场、算大盘以及量化思路验证判断。

(1) 看市场。看市场，直白地说就是充分调研已有的产品，这是一个比 MVP(minmum viable product，最小可行性产品)更 MVP 的阶段，大家一般都会做，这里想提的是做到位。选择是否做转转时，除了国内大大小小的二手交易产品以外，我们几乎把世界范围内各个国家的所有二手交易平台都下载下来使用，对平台模式、数据、交易形态甚至设计细节做了研究，而且直到现在，我们依然保留着这些资料。

(2) 算大盘。算大盘即估算市场大盘体量，算大盘不能靠感觉，而要靠计算，尝试尽可能去量化思考。其中一个方法是看能不能找到你要做的这件事的参照物，可以是潜在替代对象，或者是当前竞品，然后通过对替代参照物的量化分析尽可能对潜在市场规模做出预估。

(3) 强调量化是因为我们每个人做判断的时候都会有认知偏差，总容易高估自己熟悉的事情或领域，低估自己不熟悉的事情。可以尝试用量化计算验证感觉，用理性对抗感性。

举个例子，二手交易的参照物是什么呢？经营常讲人、货、场，二手交易的货是谁在供给？二手交易的供给其实是新品，二手电商不生产商品，我们只是商品的搬运工。因为这个商品一定是先进入新品市场流转，再进入二手。

所以，我们找的参照物是每年全社会零售总额新品中耐用品的销量，进而估算该商品进入二次流通的比例，然后根据一些指标估算出此类商品的潜在市场规模，如可以用残值(在一项资产使用期满时预计的残余价值)高低和流通次数等。

就是说，用一套这样的基本方法去量化感受的时候，你对一个机会的大小的判断可以在一定程度上脱离单纯的感性阶段，更加理性。常听到创业者说"我觉得这个生意很大"，到底有多大呢？能不能进一步量化思考？

看市场机会

基于对自己生意本质的理解来判断赛道所处的阶段。

首先创业的时候判断时机很重要，这个赛道是在起步期，还是已经是成熟期？1000 米赛跑最后一圈的领先者，和万米长跑前 1000 米的领先者，留给后来者的机会与留给前者的机会是有天壤之别的。

判断时机时，有两个关键思考维度：市场渗透率和未来行业趋势。

怎么看市场渗透率呢？

当时，我们看到竞品平台的总用户数不足 5000 万，这个量级与我们预估的整个二手赛道的潜在用户规模相比，其渗透率还是很低的。

再强调一下，一定要先算出大盘，才会有更准确的方向性决策。单纯看市场上已有玩家的绝对量级大小没有意义，要配合大盘一起看才有意义。如果发现总体的盘子比较小，前面玩家量级虽然绝对值不大，但是可能市场渗透率已经很大了，这时建议还是换个创业方向。

判断趋势时需要你对自己的生意有深入的思考。

以二手交易为例,其真正给用户提供的核心价值是什么?什么样的人会去买卖二手产品?有人说是经济条件相对不好的人,有人说是更注重环保的人,都有可能,但是这些都不够本质。

我们思考一个问题:是不是很有钱的人就不会去买卖二手产品?不。很有钱的人也会买二手房,也会卖二手车,为什么呢?因为残值极高,即使我买(卖)一个二手房那么麻烦,我也会买(卖),其本质的原因与经济水平和文化无关。

所以,我对二手产品需求本质的理解其实是一个公式:

$$二手商品流通价值 = 商品残值 - 交易成本$$

也就是说,只要收益能够大于交易成本,用户就会参与二手买卖。所以二手生意该怎么做?特别简单,提高商品残值,降低交易成本。

举个例子,二手手机交易怎么做?首先是降低交易成本,手机本身残值很高,但是过去为什么一般人不买卖二手手机?因为交易成本太高了,买家要识别骗子、识别翻新机、识别水货,卖家要防止手机被调包、被骗等,这都是交易成本。

所以我们做手机验机,最核心的是降低用户的交易成本。同时,做质检也是一个将二手手机标准化的过程,让更多的用户能够卖出更高的价钱,提高交易收益。

再如二手书,很多人不买不卖的原因不是不爱书,本质是交易成本高于交易收益。很多人说:"我卖书的时候,不是特别在乎卖多少钱,我哪怕把书送给别人都行,书送给需要的人我挺开心,其实开心也是一种收益。"但为什么很多人不送?因为交易成本太高,如我送一本书,我要把这本书发布出来,还要跟人沟通聊天,还要给别人寄快递,交易成本太高,我就不去做这件事情了。所以二手书业务最核心的是降低用户的交易成本。

总之,深刻理解自己的生意,再结合考量市场数据和外部环境,基本上可以对行业未来的趋势形成自己的判断。

看竞争情况

判断自己入场是否还有机会,首先你学会看对手,怎么看?问自己三个问题:

(1) 领先者的方案已经非常完美了吗?
(2) 用户还有痛点吗?
(3) 是真的用户痛点还是伪痛点?

其次是看自己,结合自身优势找突破口,即你有没有解法?你有没有资源?你是一个资源型的团队、强执行力的团队,还是一个擅长创新的团队?等等。

以转转的二手行业为例,最核心的痛点是商品残值与交易成本之间的差异,这在当时是没有人真正去解决的,而这也恰恰是团队的机会,去提高用户的交易收益,降低用户的交易成本。只要你所提供的产品让更多用户的二手交易的差值大于0,你的产品就为用户创造了新的价值,你就有机会。

看竞争情况,还要思考以下三个问题:

一是判断自身处于哪类竞争局面。要做出清晰的竞争格局诊断,可以尝试以解法是否明确区分两类竞争格局。什么叫解法明确?比如早期团购产品,价值是能帮用户买到便宜货;打车产品,价值是能帮用户快速打到车。再如外卖、共享单车等,这些都是解法相对明确的市场,不同竞品之间在满足用户需求层面的差异做不到足够大。

这类市场的竞争格局在拼什么?拼增速,拼精细化运营,拼谁的资源多,拼哪个团队的执行力强。

与之相对，另一类解法不明确的市场，如社交、招聘、在线教育、二手交易……因为如何更好地满足用户需求的这个解法并不明确，所以更拼创新解法、差异化体验、差异化产品设计等。

综上，要分析自己所处的竞争格局，然后采取相应的战略。

二是找准差异化价值点。看清竞争格局之后，很重要的一件事就是找到自己的产品相比其他竞品的差异化价值点，然后坚持做下去。

这里分享一个找差异化价值点的方法：可以先抽象业务模型，用需求判断三板斧(量级、频次、程度)去定位自身(确定品类/爆品)。

以上都是行业里比较成熟的方法论。但是，做三年产品的人和做五六年自主创业的人对于上面这些字句的理解和体会是不一样的。区别是对上述话语的理解深度能不能更精准地定义出自己的用户，能不能更精准地说出自己的产品到底创造了什么样的增值。

我认为是否能精准地定义出一个复杂的问题，其实是一种能力，而这种能力的背后是水平高低和思考深度。

三是重新定义解决方案。找到核心关键点(通常是用户最痛的痛点)之后，还需要反复研磨创新，直到打透。

当我们在行业里首创 C2C+质检服务之后，转转已经做到二手手机交易量全国第一。但围绕这个生态，我们还是做出了非常多的玩法，因为这就是当时选择突破的核心，是核心竞争力，要抓住它。

最后想分享一个重要的观点：只有当一个公司做成了，它的经验经过了检验才有可能形成方法论，其他的都还只是经验，而经验是会变的。所以，今天我所讲的规律和结论并不重要，但是怎么去拆解、怎么去加深思考程度很重要。

如果你的创业方向是一个自己从内心深处能真正接纳和认可的事，努力把它做成事业，真的挺好。

新角色定位

转转的新角色定位是成为更多人加入循环产业经济的窗口。实际上，"改变世界"这个理念一直深深刻印在转转平台的发展理念当中。在过去7年的运营中，平台坚信的是做好二手流转即可改变世界，因此这些年来转转一直致力于提升交易效率、降低交易成本、提供品质保障，促使二手流转更加便捷、安全、可靠。

在创业过程中，黄炜始终没有停止对大环境和自身发展的深入思考。他注意到，如气候危机这样的大事件，其实与每个人都息息相关，而全球的碳排放总量中，由物质生产消费大循环能源消耗所造成的比例竟然高达 31%，是气候变化不可忽视的因素。正因为此，包括中国在内的全球企业，都在越来越积极地参与到践行绿色消费的潮流中来。

黄炜表示，转转作为在社会经济中充当重要角色的交易平台，必须为节能减排做出更大贡献，并以此为抓手实现企业自身更大的价值。在这个信念指引下，转转集团 2021 年年初就着手成立了转转循环科技有限公司，开始向循环经济产业公司转型。这次公开宣布的战略升级则标志着整个转转集团开始向新路径转变。

这次战略升级后，黄炜提出要让更多人参与到环保产品的交易中，这就对平台的 C2B2C 交易体系提出了更高要求。今后，转转面对越来越大的市场，将持续以质检、质保等服务为抓手，努力使二手交易信息更透明、交易更安全，持续加大投入、做好这一领域的基础设施建设，促进各种优质环保产品有效流转，以更好的终端将更多人吸引到节能减排的循环经济大潮中来。

从过去的"挖宝"胜地迈向更广阔的循环产业经济，转转勇于进取的品牌个性尽显无遗。对此，黄炜强调，转转品牌从当年一个地位并不凸显的二手闲置商品交易网站发展成一个领先的 C2B2C 头部平台，其间受到了种种不看好和质疑的眼光，但是转转凭借其一贯的勇胆和热血精神硬是闯过诸多难关，走到了今天的头部位置。

品牌个性与企业的环保社会责任感完美契合，也是转转今天敢于迈进一大步，将自身升级为循环经济产业推动者的内在驱动力。勇敢与热血的精神也赋予转转向更广阔空间谋发展的"野心"。

循环经济既是一种新的经济增长方式，也是一种新的污染治理模式，又是经济发展、资源节约与环境保护的重要支撑。因此，循环产业企业也更多地在社会经济可持续发展中承担起引领性角色，发展前景无限。正是在对这个大趋势深刻洞察的基础上，转转凭借前瞻性的眼光确立了新战略。

(资料来源：作者参考相关资料编写)

思考题：
1. 怎样看赛道的宽窄？
2. 怎样判断行业的发展阶段？
3. 怎样分析行业的竞争情况？
4. 如何进行项目选择？
5. 本案例对你有哪些启示？

本章小结

本章的主题是问题界定与项目选择，问题界定是设计思维的第二步，它的任务是在市场调查的基础上根据客观需求和主观条件，确定自己所要解决的问题。本章包括三个相对独立的模块：一是问题界定，基本内容包括问题发现与问题梳理，问题界定与问题分析，以及问题重构与问题呈现；二是需求分析，基本内容包括需求分析框架，需求分析工具，以及需求洞察策略；三是项目选择，基本内容包括市场需求测算、项目选择流程、项目选择原则和项目选择模型。本章的重点是问题界定和需求分析，难点是用户需求洞察和市场需求测算。

网络情境训练

一、观看与思考

在网上搜索推荐的视频，在反复观看的基础上，思考相关问题并与同学交流。

1. 塞那·扬格：《选择的艺术》

思考题：
(1) 为什么我们所选的不是我们所要的？

(2) 人在选择中容易犯哪些错误？
(3) 怎样才能做出正确选择？

2. 李开复：《选择的智慧》

思考题：

(1) 在选择中如何运用中庸拒绝极端？
(2) 如何运用概率论的方法看问题？
(3) 为什么在选择前要重重思考，在选择后要轻轻放下？

3. 西瓜视频：《小米口碑营销核心——让用户需求得到及时反馈》

思考题：

(1) 小米和用户的关系是怎样的？这样一种关系为小米带来了什么？
(2) 小米的营销模式与传统的营销相比，有哪些优势？
(3) 小米是如何进行口碑营销的？其常用的营销手段有哪些？
(4) 互联网的扁平化管理模式是怎样的？你们能找到更多案例进行说明吗？

二、阅读与思考

在网上搜索推荐的资料，在反复阅读的基础上思考相关问题并与同学交流。

1. 吴甘霖. 方法总比问题多：打造不找借口找方法的一流员工[M]. 北京：机械工业出版社，2013.

思考题：

(1) 如何看待问题？
(2) 为什么说方法总比困难多？
(3) 为什么发问的方式非常重要？

2. 尼尔·布朗，斯图尔特·基利. 学会提问[M]. 吴礼敬，译. 北京：机械工业出版社，2013.

思考题：

(1) 如何界定问题？
(2) 如何理解提问对问题解决的影响？
(3) 提问需要掌握哪些策略？

3. 丹尼尔·卡尼曼. 思考，快与慢[M]. 胡晓姣，李爱民，何梦莹，译. 北京：中信出版社，2012.

思考题：

(1) 如何理解直觉思维与分析思维？
(2) 如何调动注意力解决问题？
(3) 为什么说"眼见未必为实"？

三、体验与思考

在网上搜索推荐的微信公众号或 App，在反复体验的基础上，思考相关问题并与同学交流。

1. 一个微信公众号与电商平台

思考题：
(1) 你是否喜欢一条的视频内容和节奏？
(2) 你是否愿意购买一条电商平台上的产品？
(3) 如果不考虑经济问题，你是否喜欢一条的生活方式？

2. 小红书社区和电商平台

思考题：
(1) 你是否喜欢小红书上的购物分享？
(2) 你是否喜欢小红书的电商平台？
(3) 你平时是否使用小红书，为什么？

3. 快手 App 和抖音 App

思考题：
(1) 你喜欢看快手还是抖音，为什么？
(2) 看快手中的短视频有什么感受？
(3) 看抖音中的短视频有什么感受？

真实情境训练

一、阅读与思考

阅读以下节选的党的二十大报告内容，在反复阅读的基础上完成下述思考题。

在充分肯定党和国家事业取得举世瞩目成就的同时，必须清醒看到，我们的工作还存在一些不足，面临不少困难和问题。主要有：发展不平衡不充分问题仍然突出，推进高质量发展还有许多卡点瓶颈，科技创新能力还不强；确保粮食、能源、产业链供应链可靠安全和防范金融风险还须解决许多重大问题；重点领域改革还有不少硬骨头要啃；意识形态领域存在不少挑战；城乡区域发展和收入分配差距仍然较大；群众在就业、教育、医疗、托育、养老、住房等方面面临不少难题；生态环境保护任务依然艰巨；一些党员、干部缺乏担当精神，斗争本领不强，实干精神不足，形式主义、官僚主义现象仍较突出；铲除腐败滋生土壤任务依然艰巨，等等。对这些问题，我们已经采取一系列措施加以解决，今后必须加大工作力度。

思考题：
1. 在上述问题中你能看到哪些创业机会？
2. 你的专业和个人优势有助于解决上述哪些问题？

二、小组讨论

阅读以下节选的党的二十大报告内容,在反复阅读和思考的基础上进行小组讨论。

必须坚持守正创新。我们从事的是前无古人的伟大事业,守正才能不迷失方向、不犯颠覆性错误,创新才能把握时代、引领时代。我们要以科学的态度对待科学、以真理的精神追求真理,坚持马克思主义基本原理不动摇,坚持党的全面领导不动摇,坚持中国特色社会主义不动摇,紧跟时代步伐,顺应实践发展,以满腔热忱对待一切新生事物,不断拓展认识的广度和深度,敢于说前人没有说过的新话,敢于干前人没有干过的事情,以新的理论指导新的实践。

必须坚持问题导向。问题是时代的声音,回答并指导解决问题是理论的根本任务。今天我们所面临问题的复杂程度、解决问题的艰巨程度明显加大,给理论创新提出了全新要求。我们要增强问题意识,聚焦实践遇到的新问题、改革发展稳定存在的深层次问题、人民群众急难愁盼问题、国际变局中的重大问题、党的建设面临的突出问题,不断提出真正解决问题的新理念新思路新办法。

思考题:
1. 如何理解守正创新?
2. 为什么必须坚持问题导向?
3. 学习党的二十大报告对理解本章内容有哪些启示?

三、请用"和田十二法"改进自行车

扫描右侧二维码,认真阅读"和田十二法"的相关内容,掌握"和田十二法"的基本结构、操作程序和操作策略,在此基础上对生活中常用的自行车进行改进。表 5-2 中序号 1 "加一加"部分已经完成,请参照序号 1 的示范,完成表中的其他部分。

和田十二法

表5-2 运用"和田十二法"改造自行车

序号	检核内容	设想名称	简要说明
1	加一加	自行车反光镜	在自行车龙头上安装折叠式反光镜,可以像摩托车一样看到后面的情况,提高安全性
2			
3			
4			
5			
6			
7			
8			
9			
10			
11			
12			

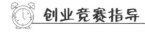 **创业竞赛指导**

一、备战创新创业大赛

结合本章所学内容,在前面所做市场调查的基础上,完成本团队参加中国国际"互联网+"大学生创新创业大赛的项目选择。

1. 问题探索

创业就是一个发现问题和解决问题的过程。通过市场调查会发现很多问题,但在这些问题中,哪些是用户最需要解决的,哪些是在目前的技术条件下无法解决的?哪些是目前可以解决而自己又擅长且具有商业价值的?请按照上述思路,梳理出本团队拟解决的问题清单。

2. 需求分析

在问题探索的基础上,借助本章所学工具,站在同理心的高度对用户的需求进行分析。这一步,要用可视化的方式呈现用户的需求,具体包括情境故事、同理心地图和用户画像。然后借助问题画布,表达和分析用户的问题;通过不断追问,挖掘问题的根源,找出本质问题,洞察用户需求。

3. 项目选择

项目选择是一个痛苦和纠结的过程,在这个过程中必须做出取舍,有时甚至要放弃自己心仪已久或做了很长时间已经有了感情的项目。但是,必须学会放弃,因为只有有所不为,才能有所为。选择创业项目必须高度聚焦,只能把有限的时间和资源放在用户最需要解决、自己有明显优势和具有较高商业价值的项目上。

二、中国国际"互联网+"大学生创新创业大赛金奖作品分析

"90后"女孩有点"田"——消费升级背景下的新农业创业

在第四届中国国际"互联网+"大学生创新创业大赛总决赛中,扬州工业职业技术学院毕业生丁蓉蓉以就业创业组第一名的成绩摘得金奖,该项目还被评为"最佳带动就业奖"。

丁蓉蓉获奖的参赛项目"'90后'女孩有点'田'——消费升级背景下的新农业创业",讲述了她休学创业,规模化种植冰草的经历。冰草原产于非洲,流行于日本,近几年才进入中国。冰草是一种营养丰富的蔬菜,因为价格高、种植规模小,在国人的餐桌上并不常见。

2013年暑假,丁蓉蓉去日本亲戚家玩,偶然吃到了冰草,顿时被它的口感和营养价值折服了。当时,丁蓉蓉就想,如果能把它种植出来,并在中国的市场进行推广,将会是一个非常好的创业项目。

于是,她对这个产品进行了调查。在当时的日本市场,0.5千克冰草的售价折合人民币七八十元,大饭店中的冰草更是贵得吓人。尽管价格不菲,但是丁蓉蓉认为,随着国人对饮食健康需求的不断升级,冰草未来在中国一定会有市场。

凭着对冰草未来前景的信心,丁蓉蓉费了很多周折,买到了冰草种子并将它带到国内。回国后她一方面竭力说服父亲试种冰草,一方面积极进行市场拓展,发展第一批种子用户。经过两年多的探索,她生产出了比日本冰草质量更高、价格更低的中国冰草,并受到了国内外客户的欢迎。2017年,她的公司年销售额突破了1500万元。

(资料来源:作者根据网上资料和大赛现场录音编写)

思考题：
1. 丁蓉蓉是怎样发现自己的创业项目的？
2. 冰草属于什么样的细分市场？
3. 丁蓉蓉的核心竞争力是什么？
4. 这个案例对你有哪些启示？

三、中国国际"互联网+"大学生创新创业大赛参赛经验分享

如何选择和完善职教赛道项目

中国国际"互联网+"大学生创新创业大赛自 2015 年开办以来，已成为覆盖全国所有高校、面向全体高校学生、影响最大的赛事活动。随着创业环境的不断改变，赛事组委会也在不断迭代评分标准。

从赛道来看，第五届中国国际"互联网+"大学生创新创业大赛共分为高教主赛道、职教赛道和"青年红色筑梦之旅"赛道三条赛道。其中，职教赛道是面向职业院校的特殊赛道，在这个赛道下又细分为创意组和创业组。

但从第五届大赛的经验看，职业院校在选择创业项目时，无论是创意组还是创业组，都不能向主赛道看齐。因为主赛道的金奖选手很多都是博士研究生，他们有坚实的研究基础，具有驾驭高科技项目的能力，而职校生在这方面显然不占优势。

一些职业院校动员教师将自己的科研成果、技术专利转化为用于学生参赛的创业项目，这类项目虽然有些看起来很好，但学生团队明显接不住，评委一问就漏洞百出。另外，这类项目在商业性方面往往经不起推敲。

职教赛道的前身是就业创业赛道，就业创业赛道强调的是创业项目在带动就业方面的贡献，改成职教赛道后，其带动就业的职能依然存在。第六届中国国际"互联网+"大学生创新创业大赛职教赛道方案明确提出"推进职业教育领域创新创业教育改革，组织学生开展就业型创业实践"。可见以创业带动就业依然是这个赛道评审的重要观测点。

基于上述理解，职教赛道的项目选择和完善一定要结合职业教育和职校学生的特点，不要盲目追求技术上的"高大上"，更不能简单地把教师的项目交给学生，要激励学生自己在生活和工作中发现和寻找项目，特别是能够带动更多人就业的项目。

(资料来源：作者根据网上资料和大赛现场录音编写)

第 6 章
创意激发与商业模式

本章目标

1. 了解创意的形成过程和影响因素。
2. 掌握个体与群体创意的激发方法。
3. 了解商业模式的作用和研究进展。
4. 掌握商业模式的概念和基本逻辑。
5. 掌握商业模式的本质和基本特征。
6. 理解商业模式的结构和主要类型。
7. 能够借助商业模式画布进行商业模式设计和优化。

问题与情境

亿兆生物科技的商业模式创新

亿兆生物科技有限公司(以下简称亿兆)是一家复合肥生产企业,经过多年努力,他们研发出了一种增效节肥的新配方。这种配方能把肥料中营养成分的释放期从原来的 1 个月延缓到 4 个月,从而大大提高农作物对肥料的吸收效率、减少肥料用量,而且每吨肥料的生产成本更低。但当他们试图扩大规模时,却遇到了复合肥行业传统商业模式的天花板。

肥料行业的区域性很强,一家工厂的销售半径通常只有 250 千米。想要快速扩张,就要在不同的区域大量投资建厂,非常重资产。同时,化肥行业高度分散,各地都有很多大大小小的本地化肥厂,有自己的本地销售网络。亿兆想要快速扩张,就意味着要和它们正面竞争,这是一场长期且超长战线的硬仗。这场仗是不是非打不可呢?

在这种背景下,亿兆对传统的商业模式进行了创新。其具体做法是:把这些大大小小的化肥厂变成自己的授权生产厂,自己只生产化肥浓缩料,再把浓缩料卖给授权生产厂,由他们加工成成品,通过他们在当地的销售网络进行销售。为了减轻生产厂的现金流压力,亿兆在产品生产完成后,先以成本价与生产厂结算一次;等产品实际销售出去之后,销售毛利由工厂拿走 75%,亿兆拿 25%。

这样一来，亿兆就把这些本地化肥厂从潜在的竞争对手变成了自己的合作伙伴。站在化肥厂的角度来说，原来自己生产的低端复合肥，产品同质化严重、毛利率低，也没有什么品牌可言；成为亿兆的授权生产厂，有更好的产品和品牌加持，销售更容易、利润更高，还没有现金流压力，他们当然愿意。通过这种方式，亿兆在短短两年内实现了销量和品牌影响力的快速提升。

(资料来源：作者参考相关资料编写)

思考题：
1. 如何理解商业模式？
2. 化肥行业传统的商业模式有哪些局限？
3. 亿兆是怎样突破传统商业模式弊端的？
4. 亿兆整合资源的基本逻辑是什么？
5. 本案例对你有哪些启示？

6.1 创意激发

设计思维的第三步是创意激发，其基本任务是运用各种方式激发个体和群体的创意，进而创新性地解决问题。创意激发虽然比较复杂，但并不像人们想象的那么神秘，只要理解它的形成过程、形成原理和影响因素，就能有效促进它的产生。

6.1.1 如何理解创意

创意是一种通过创新思维去挖掘和激活资源组合方式，进而提升资源价值的方法。只要是创新性解决问题的主意或办法，都可以称为创意。有道是"问题有限而创意无限""方法总比问题多"。只要我们勇于破除思维枷锁，乐于接受新知识、新事物，放飞想象、勤于思考，就有可能创新性地解决问题。

1. 创意概念的界定

创意目前有两种界定方式：一种是抽象的创新意识，既可以讲某个人很有创新精神，在某些方面进行了主动的创新思考，有很多创新性的主意，也可以讲某样物品很新颖独特，其设计体现了设计者很有创新意识。另一种是具体的创新性的主意，就是新颖的主意或想法，它是针对某一问题的具体解决办法的基本思路。创意是对传统的叛逆，是打破常规的哲学，是破旧立新的创造与毁灭的循环，是思维碰撞和智慧对接，是具有新颖性和创造性的想法，是不同于寻常的解决方法。

本书采用的是后一种界定方式，即创新性的主意。这里的创意是一种突破，是在产品、营销、管理、体制、机制等方面主张的突破，它是逻辑思维、形象思维、逆向思维、发散思维、系统思维、模糊思维和直觉、灵感等多种认知方式综合运用的结果。创意是无形的或是隐含在有形事物之中的，通常表现为一个主意或是想法。

2. 创意的形成过程

美国心理学家格雷厄姆·沃拉斯(Graham Wallas)在《思考的艺术》(*The Art of thought*)中提出：无论是科学还是艺术，或者其他创新性活动，其创意的形成大体上都包括以下四个阶段——准备阶段、酝酿阶段、顿悟阶段、检验阶段。

(1) 准备阶段。 准备阶段是创意形成的基础阶段。这一阶段的主要任务是收集资料，确定创新的方向和具体目标，从主观和客观上做好必要的创新准备。

(2) 酝酿阶段。 酝酿阶段是创意形成的运作阶段。人们经过系统的准备，在某一方面有了一定的知识和经验积累后，便会深入思考如何解决问题。

(3) 顿悟阶段。 顿悟阶段是创意形成的收获阶段。顿悟原为佛教用语，大意是顿然破除妄念，这里指人们对曾经百思不得其解的问题，借助直觉突然领悟的思维现象。

(4) 检验阶段。 检验是创意形成的验证阶段。在这一阶段，人们要把研究的东西与预期的结果进行系统的对比，要用事实来检验自己的假设是否正确。

3. 创意的影响因素

影响创意形成的因素有很多，其中既包括主观因素，也包括客观因素。本节主要探索其中最重要的三个主观因素。

(1) 创新意识。 在现实生活中，为什么面对同样的情境，人们会有不同的反应呢？其中最为重要的原因就是创新意识。创新意识是指创新的准备状态，具体表现为创新的愿望和意图。创新意识是创新的前提，离开创新意识，一切创新都将无从谈起。

(2) 创新思维。 创新思维是指以新颖、独特的方式、方法解决问题的思维，它能突破常规思维的束缚，以超常规甚至反常规的方法、视角去思考问题，提出与众不同的解决方案，从而产生新颖、独到和有价值的创意。创新思维是创新成功的关键，没有创新思维，即使创新的愿望再强，也很难取得创新性成果。

(3) 创新能力。 创新能力主要包括发现问题的洞察能力、产生新想法的想象能力、判断新想法可行性的分析能力、把新想法落到实处的实施能力。任何人都拥有创新的潜能，只要不自我否定，每个人都可以通过有意识的训练形成自己的创新能力。

6.1.2 个体创意激发

个体创意是所有创意的来源和基础，如何激发个体创意，可以说是当代绝大多数企业都十分关注又都深感困惑的问题。其实，个体创意之所以难产，主要是由于人们头脑中有许多无形的思维枷锁。因此，个体创意的激发，必须首先破除这些思维枷锁。

1. 破除思维枷锁

在现实生活中，有许多阻碍创新的思维枷锁，其中比较典型的有点状思维、惯性思维、从众思维、刻板印象、书本枷锁和权威枷锁等。这些思维枷锁让人在做事过程中，因思维的守旧、片面和僵化而无法创新。

阻碍创新的思维枷锁虽然形态各异，但却有一个共同的特征，那就是思维的局限性。这种思维的局限性会使人只满足于自己知道的事情。因此，要想从根本上破除阻碍创新的思维枷锁，就必须首先冲破思维的局限，即拓展认知的边界。

心理学研究表明，人的大脑和身体一样，都是偏爱稳定的，直白地说就是能不动脑就不动脑。因此，人的认知边界不但决定其对待新事物的态度，而且会决定其眼光、格局和选择倾向，进而影响其人生发展。

那么，怎样才能打破个人认知的边界呢？它需要三个基本条件：一是陌生且变换的环境，二是全新且多样的观念，三是系统的思维方式训练。它们会帮助人们了解真实的自我，拓展认知的边界，进而实现认知升级。

2. 优化思维方式

个体创意的产生不但受制于认知边界，而且与其思维方式密切相关。思维方式是人们看待事物的角度、方式和方法，它对人的言行起决定性作用。关于思维方式对创意产生的影响，英国心理学家爱德华·德·博诺(Edward De Bono)博士进行过非常深入的研究。

德·博诺认为，人的思维方式可以分为两种：一种是垂直思维，一种是水平思维。所谓垂直思维，就是按照一定的思考线路，在一个固定的范围内自上而下进行的思考。这种思维方式虽然可以对事情做深入的研究和表达，但不易产生新的创意。所谓水平思维，就是从不同角度、不同方向进行的多维思考。它不是过多地考虑事物的确定性，而是考虑它多种选择的可能性；它关心的不是完善旧观点，而是如何提出新观点。这种思维方式能够摆脱线性思维的束缚，从多个角度、多个侧面去观察和思考同一件事情，善于捕捉偶然产生的构想，从而产生意料不到的创意。

个体创意的激发还要求人们掌握多种思维方式，特别是正向思维与逆向思维、发散思维与收敛思维、形象思维与逻辑思维，并能在恰当的时机采用恰当的思维方式思考问题。

3. 活用创新技法

个体创意的产生还可以通过创新技法的学习来激发和促进。创新技法是创造学家根据创意的形成规律，在深入研究大量成功的创造和创新实例的基础上总结出来的创新技巧和方法。创新技法的种类很多，本书仅介绍其中最常见的三种技法。

(1) 列举法。列举法是最常用、最基本的一种创新技法，它将研究对象的某方面属性逐一列举出来，对其进行分析研究，从中探求出各种改进措施。列举法主要包括特性列举法、缺点列举法、希望点列举法、设想列举法、新用途列举法、可能性列举法、可变因素列举法和试错列举法等。

(2) 组合法。组合法是将两种或两种以上的学说、技术、产品的一部分或全部进行适当叠加和组合，用以形成新学说、新技术、新产品的创新技法。在这里，组合并不是一种简单的相加，而是依据事物之间所固有的内在联系进行的有目的的综合。创新中的组合应满足两个条件：一是组合物应是具有统一结构与功能的整体，二是组合物应具有新颖性、独特性和价值性。组合法主要包括主体附加法、同类组合法和异物组合法。

(3) 检核提示法。检核提示法也称设问探求法，它实际上提供了一张提问的单子，针对所需解决的问题逐项对照检查，以期从各个角度较为系统周密地进行思考，探求较好的创新方案。检核提示法自从诞生以来，在实际应用中深受欢迎，并相继创造了不同的设问、检查创造方法，产生了大量的创造性设想,所以被誉为"创造方法之母"。

检核提示法的代表是奥斯本检核表法,它是由美国创造学大师亚历克斯·奥斯本(Alex Osborn)提出来的。奥斯本检核表是由九组问题构成的表格(表 6-1),其特点是用制式提问表,强制人们从多个角度和多个方面思考问题,从而提升人们思考问题的全面性和深刻性。在奥斯本检核表的基础上,后人又开发出了"和田十二法"和5W2H法。

表6-1 奥斯本检核表

序号	检核项目	发生性设想	初选方案
1	能否他用		
2	能否借用		
3	能否变化		
4	能否扩大		
5	能否缩小		
6	能否代用		
7	能否调整		
8	能否颠倒		
9	能否组合		

6.1.3 群体创意激发

与个体创意激发相比,群体创意激发的难度更大,也更具有挑战性。为此,许多创造学家都在大量调查研究的基础上提出了群体创意激发的方法和工具。例如,德·博诺博士在前述水平思考研究的基础上开发了六项思考帽,美国创造工程学家奥斯本则在检核表法的基础上提出了头脑风暴。

1. 六项思考帽

六项思考帽是由六项不同颜色的帽子构成。六项不同颜色的帽子代表了六种不同的思维角度,它们几乎涵盖了人们思考问题的主要方向和基本过程。使用六项思考帽激发群体创意时,所有人都在戴蓝帽的主持人的指引下,依次同时戴上各种颜色的帽子进行思考。

在六项思考帽中,蓝帽代表理性和庄重,戴上蓝帽意味着担任主持人角色;白帽关注的是客观事实和数据;黄帽要求人们从正面表达乐观的、满怀希望的、建设性的观点;黑帽要求人们用否定、挑剔、质疑的眼光发表负面意见;红帽要求人们从直觉、情感的角度出发进行个人判断;绿帽关注的是还可以用哪些更好的方法解决问题。

德·博诺博士强调,运用六项思考帽,必须遵循平行思考原则。平行思考原则的形象表达是:在同一时刻,大家必须戴同一种颜色的帽子,而且只能戴一顶帽子。这一原则要求在集体讨论问题时,所有人在同一时间,必须从同一个角度、同一个方向和同一个层面进行思考。

引入平行思考原则的目的在于使人们从争论式的对抗性思维走向集思广益式的平行思维。这种方式不仅可以有效避免本来不应该发生的冲突,而且可以就一个话题讨论得更加充分和透彻,从而让每一次会议、每一次讨论都充满创意和生命力。当然,平行思考不是要消除不同意见，它只是要避免没有意义的时间浪费。

2. 头脑风暴法

头脑风暴的基本形式是一个小型会议，会议通过营造开放、包容的心理情境，最大限度地激发参会人员的创新智慧。

(1) 头脑风暴法的操作原则。 作为一个在全世界范围内具有广泛影响力的创新思维工具，头脑风暴法的最主要功能是利用群体思维过程中产生的互激效应，最大限度地激发人们的创新智慧，最大可能地获取尽可能多的创造性地解决问题的设想。为保证头脑风暴取得预期的效果，会议人数以 5~10 人为宜，会议时间一般为 30~60 分钟。实施头脑风暴必须遵循四项基本原则，即自由畅想、推迟评判、以量求质、综合集成。

(2) 头脑风暴法的操作程序。 典型的头脑风暴法的操作程序包括五个阶段：一是准备阶段，包括确定主题、组建小组、会议通知三项主要工作；二是热身阶段，即通过各种活动形成轻松、热烈的气氛，使与会者尽快进入角色；三是启动阶段，即由主持人向与会者简明扼要地介绍所要解决的问题和必须遵守的基本要求；四是畅谈阶段，即让与会者放飞想象的翅膀和畅所欲言，进而提出大量有价值的创造性设想；五是整理阶段，即在讨论结束后，组织专人对各种设想进行分类整理，筛选出具有实用价值的设想。

(3) 头脑风暴法的操作要领。 头脑风暴是一个难度较大的工具，使用不好就会"无功而返"，甚至成为一场闹剧。因此，在操作过程中要谨慎选择主持人和参会人员，同时要根据不同民族、不同主题和不同参会对象的特点，对会议的形式和流程进行适当的调整。比如，可以将头脑风暴法通过电子邮件、论坛、视频会议等网络形式进行，也可以用纸、笔代替口头表达，形成卡片式头脑风暴法、默写式头脑风暴法、函询式头脑风暴法等。

3. 开放式创新

随着互联网技术的发展和消费者主权时代的到来，越来越多的企业开始重视与消费者的互动，甚至让消费者参与企业的研发设计。而所谓开放式创新，就是指这种充分利用消费者的智力资源，激发消费者参与企业研发和贡献创意的创新方式。

例如，"大众自造"项目，就是由大众汽车品牌面向中国公众打造的一个探索未来汽车设计与制造的对话平台。它以激发中国公众的创意和灵感为目的，以互联网和跨媒体渠道及形式多样的活动为沟通工具，以"设计""个性化""环境""汽车互连"等为沟通主题，开启大众汽车与中国每一个有汽车梦想的人进行沟通的创新渠道。

在"大众自造"网络互动平台上，每个阶段都会配合传播主题展开网友设计竞赛，网站还提供了互动交流投票评选等功能，不仅可以集思广益，而且可以通过网友的交流评价不断迸发创作灵感。据统计，在 2011 年 5 月 19 日"大众自造"项目正式上线后的短短 8 个月内，其注册用户就突破了 26 万人，并收集到 9.4 万份汽车设计创意作品。

当提到"汽车设计"这四个字时，一般消费者的反应是：我不懂专业的知识，它离我太过遥远。但当提到"你对现在的汽车设计有什么不满"时，相信大多数人一定会说：还不够智能，还不够省油，还不够安全，等等。这些"不满"恰恰是未来汽车设计的方向。只是，平凡的我们还不知道在哪里，用什么样的方式表达我们对汽车设计的期待与要求。

"大众自造"项目就是在这样的背景下产生的，在这里人们可以参加丰富多彩的线上、线下活动，随意书写造车希望，进行未来汽车设计。虽然这些源自公众的创意在当前的技术条件下有些可能还无法实现，但它至少能够传达公众对汽车的一种意愿或期许，让汽车设计师的工作更有的放矢，知道应该往哪个方向努力。

扩展阅读

扩展阅读 6-1
什么样的创意能改变世界

扩展阅读 6-2
像谷歌一样捕获"10 倍创意"，前提是你要敢想

扩展阅读 6-3
灵感 7 路径，让好创意不请自来

案例分析

冰墩墩诞生记

2022 年的北京冬奥会聚焦着全球目光，竞技体育的魅力加上一只憨态可掬的冰墩墩，令本届冬奥会充满了温度和善意。一个小小的吉祥物为什么能击中这么多人的心绪和时代的情绪？"冰墩墩"现象又为何会发生在本届冬奥会上？是偶然还是必然？

创造出 2022 年冬奥会吉祥物冰墩墩的是广州美术学院(以下简称广美)，一所几乎与冰雪绝缘的美术学府。从 2018 年 10 月 11 日开始，曹雪和刘平云就带领着一支南方队伍，在广美视觉艺术设计学院的 705 工作室进行吉祥物的创作。

留给这支队伍的创作时间只有不到 20 天，确定创作思路是他们的当务之急，冰糖葫芦是最早的原型。在截稿日当天，刘平云带着一个大行李箱来到北京，这里面装着的是在这 20 天里赶出来的 16 套方案。两个月后，在全球 35 个国家征集来的 5800 多个作品中，排名前十的作品中，有 3 个由广美团队设计。

虽然冰糖葫芦的创意广受好评，但还不足以代表大国形象，于是团队又反复多次尝试，将冰壳里的形象改为麋鹿、老虎、兔子……各种创意不断被提出又被推翻，最终大家还是觉得国宝熊猫最受全世界人民喜爱，将中国独有的大熊猫形象与富有科技感的冰晶外壳做了巧妙的结合。

那么如何才能做出一只独一无二的熊猫呢？广美团队又遇到了新的困难，熊猫只有黑白两色，欠缺奥运会的多彩，熊猫头部加以五环颜色的冰丝带环绕，形象酷似身穿科技外衣的航天员，冰丝带出现光芒闪亮时，熊猫腿一甩、手一挥，出现雪橇或冰壶等运动器械，动态熊猫上线。

要到给小家伙起名字的时候了，在讨论会上，大家纷纷把自己起的名字甚至是自己孩子的名字贡献出来，如雪雪、云云、冰优优等，直到 8 月才定下最终的名字"冰墩墩"，"冰"放在最前面代表冬奥会，"墩墩"则是运动健儿健康、活力、敦实的表现。

历时 10 个月、前后 1000 多次的修改，2019 年 8 月 21 日，北京冬奥会吉祥物主选方案确定为冰墩墩，憨态可掬的冰雪熊猫正式出道。

冬奥会开幕以来，奥林匹克官方旗舰店冰墩墩不断售罄，可谓"一墩难求"。对于冰墩墩的火爆，曹雪表示，自己想到会受到欢迎，但没预料到能这么火，"它的冰晶外壳是冷的，但

形象看起来温暖又可爱,相信这种温暖能被大家感受到"。

回顾冰墩墩的创作过程,曹雪深有感触地说:"项目负责人是最主要的决策者,但由于个人的智慧、力量、经历和观察问题的视角都是有限的,凭一己之力常常会出现一些困惑。"

比如,在某一类项目中,思维上形成了一定的定式,在制订方案时始终跳不出固有模式,这样的设计很容易一般化;再如,遇到一些特殊的项目,往往是冥思苦想也没有好的办法。

这时,可以试着使用头脑风暴法来帮助解决问题,因为这样既可集思广益,充分体现民主,又能很好地调动团队全体成员的积极性,且能从一定程度上减少决策的失误。

冰墩墩创作过程中每一个问题的解决都用到了头脑风暴法。这种方法可以给团队营造宽松的氛围,提出需要讨论的话题,鼓励大家放开胆子尽情说。冰墩墩设计团队的14名成员中,不仅有教师,还有在读学生,设计只有未来时,用年轻的眼光看世界,才能让设计跟随时代。

创意的提供没有年龄界限,在这个设计中,学生发挥了年轻一代不可或缺的力量。创意的提供没有地域界限,北京冬奥组委宣讲团曾表达过对岭南没有冰雪的顾虑,但是,冰墩墩的诞生足以证实曹雪"或许没有见过冰雪的孩子,反倒对冰雪运动有超强的想象力、创造力"这句广为流传的话。

此外,我们也常常会有这样的体验:一个人在一个热烈的环境中,当看到别人发表新奇的意见时,思维受到刺激,情绪受到感染,潜意识被自然地唤醒,巨大的创造智慧自然地迸发出来,大量的信息不断地充斥着人的大脑,奇思妙想就会喷涌而出。

这种情况下,在场的人就会压制不住自己内心的激动,争着抢着想把自己要说的话说出来。场面越是激烈,争着发言的人就会越多;发言的人越多,形成的点子也就越多。于是,一个好的方案就这样形成了。

实践证明,在项目管理中,灵活巧妙地使用头脑风暴法,能使团队关系更加融洽,最大限度地使大家智慧的火花得以迸发,进而形成一个个好的创意或方案,制定出一些切实可行的工作措施,寻找到一些解决疑难问题的办法。

(资料来源:作者根据网络相关资料改写)

思考题:
1. 冰墩墩给你的印象是什么?
2. 为什么广州美术学院这个南方团队能够创作出冰墩墩?
3. 广州美术学院团队在创作冰墩墩时使用了哪些创意激发方法?
4. 冰墩墩创作时遇到了哪些困难,广州美术学院团队是如何克服的?
5. 这个案例对你有什么启发?

6.2　商业模式概述

管理学大师德鲁克曾说过,当今企业之间的竞争不是产品之间的竞争,而是商业模式之间的竞争。一个好的商业模式不仅能使创业资源得到有效利用和整合,而且有助于投资人读懂初创企业的商业逻辑,并对是否投资快速做出决策。因此,创业者有必要了解:什么是商业模式?商业模式如何通过整合资源创造独特价值?如何通过创意激发设计出有竞争力的商业模式?

6.2.1 商业模式的定义

"商业模式"一词最早出现于1957年贝尔曼(Bellman)和克拉克(Clark)的文章《论多阶段、多局中人商业博弈的构建》中。20世纪90年代以来,商业模式的研究日益广泛,有关商业模式的界定也五花八门,莫衷一是。为了方便大家学习,在这里我们将商业模式界定为:企业为客户创造并传递价值,使客户感受并享受到企业为其创造的价值的系统逻辑。

商业模式是企业为做到有效盈利并持续盈利,将内外部各种资源合理调配和利用,向购买者或消费者提供准确的使用价值而建立的一种系统结构。作为一个系统和整体解决方案,单从哪一个层面出发分析其内涵,都难以触及其本质,所以需从三个层面对其进行系统分析。图6-1是商业模式三个层面内涵的分解图。

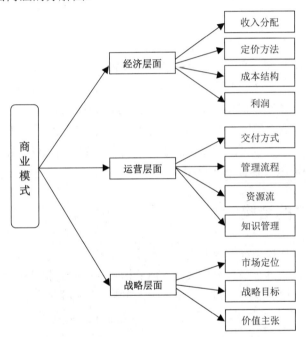

图6-1 商业模式三个层面内涵的分解图

从上述分析中可以看出,商业模式不是对企业经济模式和运营结构的简单描述,也不是企业不同战略的简单相加。它是从整体上与经济逻辑、运营结构和战略方向三者之间的协同关系上说明企业商业系统运行的本质,以及如何对企业经营模式、运营结构和战略方向进行整合与提升。任何企业的产生和运营都有其独特的禀赋和背景,所以任何一种成功的商业模式也必然是独一无二的和无法模仿的。

6.2.2 商业模式的本质

商业模式本质上是利益相关者的交易结构。企业的利益相关者包括外部利益相关者和内部利益相关者两类,其中外部利益相关者指企业的顾客、供应商、其他各种合作伙伴等,内部利益相关者指企业的股东、企业家、员工等。商业模式解决的是企业战略制定前的战略问题,也是连接客户价值和企业价值的桥梁。商业模式为企业的各种利益相关者，如供应商、顾客、其他合作伙伴、企业内的部门和员工等提供了一个将各方交易活动相互联结的纽带。一个好的商业模式最终总是能够体现为获得资本和产品市场认同的独特的企业价值。

一种商业模式是否成功，其最核心的特征在于是否能够满足市场需求，是否能给客户创造更多的价值。通俗地说，就是这种商业模式能否改善客户或消费者的生产、生活方式，能否赢得他们的欢迎和青睐。不同的商业模式决定了企业不同的发展路径。初创企业进入市场就是一个根据市场变化不断试错、不断调整和修正商业模式的过程，一个初创企业只有在商业模式经过市场的历练后，达到可复制和升级的状态，才能在赢得客户、创造利润以及吸引资本上形成良性循环。

商业模式的本质决定了我们必须从整体上用系统的思考方法来理解其结构和行为特征。商业模式既涉及产品市场，又涉及要素市场，因此我们首先要找到产品市场主要的因果关系和产品—要素市场的因果关系，在此基础上得到企业商业模式的因果关系链条。商业模式因果关系链条为商业模式的选择与创新提供了底层逻辑。

对于产品市场中交易的主要产品，企业通过加大研发投入、开发潜在需求可以提高产品的吸引力，满足客户的需求。这一方面可以带动新客户的加入，另一方面企业为客户提供了较高的产品价值，因此增强了产品的溢价能力，使企业利润不断增加。

产品—要素市场中交易的不仅有产品，还有生产要素。企业为了使客户满意，不仅要满足其对产品功能的需求，还要尽可能地在产品成本、质量和交货期上形成比较优势。因此，企业需要根据自己的核心资源来整合外部资源。

6.2.3　商业模式的结构

关于商业模式的结构模型和构成要素，学术界有许多比较有影响力的研究成果。其中以奥斯特瓦德等人的商业模式画布最具有代表性。商业模式画布把商业模式的关键要素分为九个：客户细分、价值主张、渠道通路、客户关系、收入来源、核心资源、关键业务、重要伙伴以及成本结构(图6-2)，参照这九大要素，可以清晰地描绘企业的商业模式。

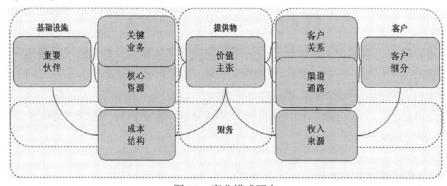

图6-2　商业模式画布

1. 客户细分

客户细分是商业模式其他要素的起点和基础，用来描述一个企业想要接触和服务的不同人群或组织。客户细分主要回答这些问题：我们正在为谁创造价值？谁是我们最重要的客户？一般来说，可以将客户细分为以下五个类型。

(1) **大众市场**。价值主张、分销渠道、客户关系聚集于一个庞大的、有着广泛的相似需求和问题的客户群。

(2) **利基市场**。价值主张、分销渠道和客户关系都是根据某一利基市场的具体需求量身打造的。

(3) **区隔化市场**。客户需求略有不同，细分群体之间的市场区隔有所不同，所提供的价值主张也略有不同。

(4) **多元化市场**。经营业务多样化，以完全不同的价值主张迎合完全不同需求的客户细分群体。

(5) **多边平台或多边市场**。服务于两个或更多的相互依存的客户细分群体。

2. 价值主张

价值主张即公司通过其产品和服务能够向消费者提供的价值，它确认了公司对消费者的实际意义。价值主张主要回答这些问题：我们该向客户提供什么样的价值？我们正在帮助客户解决哪一类难题？我们正在满足客户哪些需求？我们正在向客户细分群体提供哪些系列产品和服务？价值主张的要素主要包括新颖、性能、定制化、把事情做好、设计、品牌或身份、价格、成本消减、风险抑制、可达性、便利性和可用性等。

3. 渠道通路

渠道通路用来描绘公司如何沟通接触其客户细分而传递其价值主张。渠道通路主要回答这些问题：通过哪些渠道可以接触我们的客户细分群体？我们如何接触他们？我们的渠道如何整合？哪些渠道最有效？哪些渠道成本效益最好？如何把我们的渠道与客户的例行程序进行整合？类型分为自有渠道、合作伙伴渠道或两者混合。其中，自有渠道包括自建销售队伍、在线销售以及自有店铺，合作伙伴渠道包括合作伙伴店铺和批发商。

4. 客户关系

客户关系用来描绘公司与特定客户细分群体建立的关系类型。客户关系主要回答这些问题：我们每个客户细分群体希望与我们建立和保持何种关系？哪些关系我们已经建立了？这些关系成本如何？如何把它们与商业模式的其余部分进行整合？一般来说，客户关系分为六种类型。

(1) **个人助理**。基于人与人之间的互动，可以通过呼叫中心、电子邮件或其他销售方式等个人助理手段进行。

(2) **自助服务**。为客户提供自助服务所需要的全部条件。

(3) **专用个人助理**。为单一的重要客户安排专门的客户代表。

(4) **自助化服务**。通过自动化设施为客户提供服务。

(5) **社区**。利用用户社区与客户或潜在客户建立更为深入的联系，如建立在线社区。

(6) **共同创作**。鼓励客户参与产品的设计和创作。

5. 收入来源

收入来源用来描绘公司从每个客户群体中获取的现金收入(需要从创收中扣除成本)。收入来源主要回答这些问题：什么样的价值能让客户愿意付费？他们现在付费买什么？他们是如何支付费用的？他们更愿意如何支付费用？每个收入来源占总收入的比例是多少？一般来说，收入来源可分为资产销售、使用收费、订阅收费、租赁收费、授权收费、经济收费和广告收费七种类型。

6. 核心资源

核心资源用来描绘商业模式有效运转所必需的最重要的因素。核心资源主要回答这些问题：我们的价值主张需要什么样的核心资源？我们的渠道通路需要什么样的核心资源？我们的客户关系需要什么样的核心资源？我们的收入来源需要什么样的核心资源？一般来说，核心资源可以分为四种类型。一是实体资产：销售实体产品的所有权。二是知识资产：包括品牌、专营权、专利权、版权、合作关系以及客户数据库等。三是人力资源：在知识密集型产业和创新产业中，人力资源是最关键的。四是金融资源：金融资源或财务担保，如现金、信贷额度或股票期权池。

7. 关键业务

关键业务用来描绘为了确保商业模式可行，企业必须做的最重要的事情。关键业务主要回答这些问题：我们的价值主张需要哪些关键业务？我们的渠道通路需要哪些关键业务？我们的客户关系需要哪些关键业务？我们的收入来源需要哪些关键业务？一般来说，关键业务可以分为三种类型。

(1) 制造产品。与设计、制造及发送产品有关，是企业商业模式的核心。

(2) 平台/网络。网络服务、平易平台、软件甚至品牌都可看成平台，与平台管理、服务提供和平台推广相关。

(3) 问题解决。为客户提供新的解决方案，需要知识管理和持续培训等业务。

8. 重要伙伴

重要伙伴指商业模式有效运作所需的供应商与合作伙伴的网络。重要伙伴主要回答这些问题：谁是我们的重要伙伴？谁是我们的重要供应商？我们正在从伙伴那里获取哪些核心资源？合作伙伴都执行哪些关键业务？一般来说，重要伙伴可以分为四种类型：非竞争者之间的战略联盟关系，竞争者之间的战略合作关系，为开发新业务而构建的合资关系，为确保可靠供应的购买方—供应商关系。

9. 成本结构

成本结构指运营一个商业模式所产生的所有成本。成本结构主要回答这些问题：什么是我们商业模式中最重要的固定成本？哪些核心资源花费最多？哪些关键业务花费最多？一般来说，成本结构可以分为两种类型。

(1) 成本驱动。创造和维持最经济的成本结构，采用低价的价值主张、最大限度自动化和广泛外包。

(2) 价值驱动。专注于创造价值，增值型的价值主张和高度个性化服务是价值驱动型商业模式的主要特征。

扩展阅读

扩展阅读6-4
商业模式新生代

扩展阅读6-5
麦当劳不只是全球
快餐连锁店

扩展阅读6-6
樊登读书会的商业
模式

案例分析

喜马拉雅FM的商业模式

喜马拉雅FM联合创始人兼CEO余建军说，在今天移动互联网的时代里，我们的眼睛已经被过度开发了，但耳朵还空着没人照顾。为"照顾好耳朵"，喜马拉雅FM打造的"耳朵经济"欲成为新时代的增长点。2013年3月，喜马拉雅手机客户端上线，仅用两年时间，手机用户规模就突破了2亿人，成为国内发展最快、规模最大的在线移动音频分享平台。从2022年3月39日递交的招股书中可见，喜马拉雅2019会计年度至2021会计年度的营收分别约为26.8亿元、40.5亿元、58.6亿元，其中2021会计年度同比增长43.7%，业绩呈稳健增长态势。那么喜马拉雅FM背后的商业模式是什么呢？

用户需求

从用户需求来看，对于听众用户来说需要满足其三个条件：①时间碎片化，随时随听；②快速找到感兴趣的内容；③播放音频质量体验好。对于主播用户来讲，能够创建个人电台并且很好地满足普通大众就好，对于做得不错的主播，还能从中获得可观的收益。

从使用场景来看，在公交地铁、运动健身、家庭劳作、睡前晨起等场景下，人们用听来获取信息更加舒适和方便，这也决定了声音媒体的不可替代性。

喜马拉雅FM在增强用户的参与积极性方面也做了很大的努力，从创建私人电台节目、评论、私信、关注等一系列产品功能上来看，其都提高了互动性，节省了用户搜索时间。

内容模式：UGC+PGC模式

UGC模式是互联网平台初期实现内容生产的普遍方法，也是喜马拉雅平台最早选用的模式。自下而上的内容生产让普通主播拥有了发展空间，丰富了平台内容，并且实现了与传统电台内容的差异化。随着用户对于音频内容质量要求越来越高，市场竞争越来越激烈，留住用户的关键就在内容上。喜马拉雅也从400万普通主播中选出8万认证主播，并设立喜马拉雅大学，对主播进行专业培养。

除了利用自身资源打造PGC(专业生产内容)内容，头部专业团队制作的精品内容更加成为争夺热点。例如，付费音频节目《好好说话》在喜马拉雅平台上线，首日销售额便突破500万元。除此之外还上线了精品付费专区，一些大咖都加入了驻喜马拉雅，形成了UCG与PGC相结合的内容模式。其中，UGC负责内容广度，主要贡献流量和参与度；PGC维持内容的深度，树立品牌、创造价值。

整合版权资源

众所周知，各行业盗版问题由来已久，我国在知识产权保护方面还存在一定的短板，但是国人的产权保护意识在逐渐加强。在配合各级机构，落实相关政策，做好有声读物等知识产权保护的同时，喜马拉雅还开展了与线下实体出版社、知名作家、线上网络文学社的合作。2015年，喜马拉雅FM已经与国内9家一线图书公司签订了独家内容合作协议，拥有70%的有声书改编权，与70%～80%的知名自媒体人或公司签署独家排他协议，一些自媒体生产的音频内容，就只能在喜马拉雅一家平台上收听。

增加应用场景

相较传统电台，移动电台可通过手机、电脑、汽车、智能家居、智能穿戴等随时随地实现音频播放，用户根据兴趣、场景按需点播，满足碎片化收听要求。

喜马拉雅围绕手机、车载、智能硬件建立全面的内容分发体系，构建了完整的音频生态体系。比如，喜马拉雅自主开发了在车上分发内容的硬件随车听。就目前的资料看来，各家与智能家居、可穿戴设备的合作还处于试验阶段，如智能音响、智能电视、智能冰箱、智能手表等。

盈利模式

喜马拉雅FM的盈利分为三大块：广告盈利、粉丝经济和智能硬件销售。其中，广告盈利分为"位置广告""音频广告""品牌电台"三类；粉丝经济，即粉丝买单，分为"粉丝打赏""付费收听"两类；智能硬件销售则针对车主、儿童等目标人群，推出"随车听""舒克智能童话故事机""听书宝"等产品。其中主要收入来源是广告费，占总营收的70%～80%；其次是硬件收入，其中"随车听青春版"在淘宝众筹一个月期间获得超过6万笔订单，众筹金额高达731余万元。

技术优势

喜马拉雅对研发投入高度重视。2021年，喜马拉雅的研发开支为10.27亿元，同比增长64.6%，占同期总收入的17.5%，技术和研发人员占比近40%。科研技术投入不断增加，夯实了基础设施能力，强化了AI(人工智能)和大数据建设，是面向长期可持续价值的投入。

一方面，喜马拉雅利用专有的人工智能和大数据技术对数据进行深度学习，建立了基于AI的发现和推荐机制与智能标签系统，以提高内容分发的准确性和效率以及用户体验。

另一方面，专有技术可以帮助内容创作者更好地制作高质量的音频内容。例如，最先进的文字转语音(TTS)技术能够有效地将新闻、文章和书籍中的大量文本转换为音频。

2022年年初，喜马拉雅的两项语音技术成果被世界顶尖学术会议2022年IEEE(Institute of Electrical and Electronics Engineers，电气与电子工程师协会)国际音频、语音与信号处理会议收录。

喜马拉雅还基于自研的TTS(text to speech，从文本到语音)框架，采集头部主播"喜道公子"的真声打造了AI主播"喜小道"，打造了首个从故事创作到演播均由AI完成的AI电台。

合作伙伴

喜马拉雅与阿里、小米、百度、腾讯、华为、美的等头部企业达成合作，93%以上的智能音箱都接入了喜马拉雅的内容。

在车载智能终端部分，与特斯拉、保时捷、捷豹路虎、宝马、奥迪等超过95%的汽车企业进行深入合作，排名前30的汽车品牌均已接入喜马拉雅的音频服务。

2022年年底发布的《喜马拉雅：2022年原创内容生态报告》显示，平台优质原创内容月均投稿量同比增长了146%，音频已成为重要创作方式，扶持原创内容及播客也成为喜马拉雅内容生态建设的重要一环。

2023喜马拉雅创作者大会在浙江缙云仙都景区召开，上百名获奖播客主及潜力创作者莅临现场。喜马拉雅创始人兼CEO余建军在大会上致辞表示："喜马拉雅将用科技汇聚优秀创作者，分享人类思想情感，提供高质量陪伴，让每个人收获精神富足。"

喜马拉雅将通过升级产品、工具、服务及流量扶持等举措助力播客成功。扶持原创内容及播客成为喜马拉雅内容生态拓展重要方向，使播客成为内容创作新蓝海。

余建军在大会演讲中说："播客不等于小众，也不一定是音频，播客是一切语言类原创内容。喜马拉雅远远不只是听书，播客型主播有非常大的空间和机会。"

在大会上，喜马拉雅宣布推出"万千星辉"原创扶持计划：为创作者提供系统化成长课程、个性化运营指导、更多流量扶持、垂直类赛道大咖交流机会等，全方位助力创作者入门冷启动及长期成长，计划扶持10000名潜力播客，帮助他们在喜马拉雅获得更好发展。"万千星辉"计划将助力播客在声音世界闪耀星辉。

(资料来源：作者参考相关资料编写)

思考题：
1. 喜马拉雅FM的主要受众有哪些？
2. 喜马拉雅FM进行商业化运营的基础是什么？
3. 喜马拉雅FM的商业模式有什么特点？
4. 喜马拉雅FM的发展存在哪些问题？
5. 这个案例对你有什么启发？

6.3 商业模式解析

商业模式本质上是利益相关者的交易结构，它要解决的是企业战略制定前的战略问题，同时是连接客户价值和企业价值的桥梁。创业者在进行商业模式设计时，只有对企业的各种利益相关者(如供应商、顾客、其他合作伙伴、企业内的部门和员工等)进行全面的了解，才能形成将各方交易活动相互联结的纽带。因此，本节将通过典型商业模式分析，帮助创业者更好地理解商业模式及其利益相关者，进而选择和设计适合自己的商业模式。

6.3.1 客户中心模式

随着市场经济的发展，每一个行业中都存在大量同质化竞争，新创公司能否建立自己的核心竞争优势往往取决于选择怎样的商业模式。客户中心模式指的是围绕客户价值进行企业经营的商业模式，如最古老的店铺模式和前店后厂模式，其选址的基本原则就是客户在哪里，就把店铺开在哪里。下面介绍的各种商业模式虽然经营方式各不相同，但都有一个共同的特点——以客户为中心。

1. 长尾模式

长尾这一概念最初是由克里斯·安德森(Chris Anderson)于 2004 年提出来的，专指那些销量小但种类多的产品或服务，由于总量巨大而产生的总收益超过主流产品的现象。长尾模式有两个核心点：第一是商品种类非常多，但每种的量非常少；第二是多样的产品满足不同的细分市场，而每一个细分市场的需求量都不高。在互联网领域，长尾效应尤为显著，亚马逊、当当等企业的商业模式都能体现长尾效应。长尾模式要求低库存成本和强大的销售平台，从而保证小众商品能够及时被感兴趣的买家获得。

2. 免费模式

免费模式是通过免费手段建立庞大的消费群体，然后通过配套的增值服务、广告费等方式取得收益的商业模式。目前较流行的免费模式有以下三种：一是基于多边平台的免费商品，如美团外卖；二是免费的基本服务加可选的增值服务，如网易云音乐；三是以免费或者很便宜的初始价格引诱客户重复购买，如吉列。吉列是大家熟知的男性剃须刀品牌，它将刀头以很便宜的价格卖给客户，然后通过对配套刀片的重复购买实现盈利。

3. 定制模式

定制模式也称 C2M(customer-to-manufacturer)模式，它是客户直接对接生产者，没有中间商挣差价的模式。这种模式的传统方式是客户定制和专供，现在的许多高档服装店依然采用这种模式。定制和专供的问题是成本高、效率低，价格通常超出普通消费者的承受能力。为了解决这个问题，山东的酷特集团借助大数据智能平台，以流水线方式定制服装生产，结果在整个行业下行的情况下逆势增长，而且利润率远远高于行业平均水平。

6.3.2 多边平台模式

多边平台模式指的是将两个或多个有明显区别但又相互依赖的客户群体集合在一起，通过促进客户群体之间的互动来创造价值的商业模式。多边平台所创造的价值通常体现在三个方面：一是吸引不同的客户群体，二是将客户群体进行匹配，三是通过平台提供的交易渠道降低客户群体之间的交易成本。多边平台模式投资期限长、投入资金大，不过一旦突破一定的规模，平台方的价值会变得巨大且很难被超越。

1. 滴滴模式

滴滴出行是深受用户喜欢的免费打车平台，它最终的战略目标是搭建一套完整的生态体系，在其强大的大数据分析和应用能力的支持下，成为一个巨型的 O2O(online to offline，在线离线/线上到线下)平台，它将链接一切与出行相关的资源，满足多个应用场景需求。滴滴出行总裁柳青表示，平台有其规模效应：随着平台上乘客和订单的增长，司机的接单率和收入会随之增长，同时降低了乘客的等待时间和单次出行成本，这会形成一个正循环，最终保证一个较高的乘客留在率；而对司机而言，平台提供了跨业务转换的选择，提供给他们高黏性的乘客和更高的收入。

2. 苹果模式

苹果 App Store 也是一个典型的多边平台。苹果产品的极大吸引力，汇聚了数量庞大的消费者，应用软件开发者乐于将软件放到平台上被更多的消费者使用，而 App Store 里的应用程序完全由开发者自由定价，再由消费者在线支付购买，开发者可以拿到软件售出所得利润的 70%，而苹果只拿 30%，这极大地鼓励了苹果的程序开发者；平台上的应用软件越来越丰富，也会吸引更多的消费者使用苹果手机，而苹果公司作为中间平台，则是依靠收应用软件的提成盈利。

3. 携程模式

携程是一家在线旅行服务公司，创立于 1999 年，总部设在上海。携程旅行提供酒店预订、机票预订、度假预定、商旅管理、高铁代购以及旅游资讯的全方位服务。携程根据自身实力和客户需求，将旅行群体、广告场所和广告商很好地集合在一起，既让商家的产品得到推广，也让用户能够自行选择适合自己的产品，满足其个性化需求，让旅行更加便捷。为了吸引更多用户，携程为旅行群体提供免费的咨询服务。用户可以根据需求，免费在携程平台上了解目的地，并采用身份认证等方式建立用户信任机制。此外，携程还为散客、团体提供综合性能高的酒店，帮助用户抢票、邮寄机票、车票，减少用户的烦恼和担忧。

6.3.3 开放共享模式

开放模式是通过与外部合作伙伴系统地配合而创造和获取价值的商业模式，这种模式的典型代表是苏宁电器和富士康。开放模式主要有两种：一种是"由外而内"的开放，一种是"由内而外"的开放。采用开放模式的企业都是"术业有专攻"的企业。它们专注于某一领域或某一经营环节，然后通过自己的优势与上下游对接。共享模式是开放模式的延伸，它们是最近 10 年比较流行的商业模式。

1. 知乎模式

知乎是一个真实的网络问答社区，社区氛围友好、理性，连接各行各业的精英。知乎通过让用户生产内容的模式，从外到内形成自身平台的特色，覆盖范围从科学领域延伸至其他各大领域，让更多鲜活、生动的知识能被更多人看见、接受和认同。目前，知乎的活跃度在互联网社交领域长期遥遥领先，它采用"精英+普通用户"的模式，以精英带动普通用户，同时由"用户导入"贴合"产品导向"，提升用户的持久度。其最新引进了圆桌会议模块，希望用户能够平等交流，尊重会议交流原则，能够使参与者都加入到头脑风暴中，参与创作和思考。

2. GSK模式

葛兰素史克(GSK)是世界领先的、以研发为基础的制药和医疗保健公司，由葛兰素威廉(Glaxo Wellcome)和史克必成(Smithkline Beecham)强强联合，于 2000 年 12 月成立。2016 年，GSK 将所有获批的抗癌药，以 160 亿美元的价格出售给诺华公司，两家公司表示将合并其非处方药物部门，成立消费者保健药物合资企业，其中 GSK 占股 63.5%。同一年，GSK 公布了一项新专利政策，向不发达国家的仿制药制造商发放生产许可。这种从内而外的开放式商业模式不仅让 GSK 更专注于整合专利技术的研发，也为其长期稳定发展奠定了坚实的基础。

3. 途家模式

途家网是全球公寓民宿预订平台，2011 年 12 月 1 日正式上线。作为中国民宅分享的引领者，途家网致力于为房客提供丰富优质的、具有家庭氛围的住宿选择，同时为房东提供高收益且有保障的闲置房屋分享平台。在短租行业里，一些创业公司有流量资源，但没有上游的房地产行业资源；而一些房屋中介公司的短租平台，虽然有一些本地的二房东资源，但 IT 和网络流量较弱。途家模式的核心在于整合上游和下游资源，在上游以 B2B 的方式直接与房地产开发商或者有房源的机构合作，在下游主攻互联网平台，做好营销和用户体验。目前，途家网已覆盖国内 288 个目的地和海外 353 个目的地，在线房源逾 40 万套。

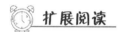

扩展阅读 6-7
AI 创业|人工智能与商业模式
"颜值"：从画布到画脸

扩展阅读 6-8
网易云音乐：以用户为中心创造音乐社交的新商业模式

扩展阅读 6-9
三分钟说透商业模式的本质

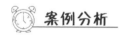

如何看待VIPKID的商业模式

"双减"政策之下，昔日在线少儿英语"独角兽"VIPKID 风光不再。一对一在线少儿英语一度被公认为在线教育领域最炙手可热的赛道，以 VIPKID 为代表的创业公司曾连续被资本认可，随之而来的是其不断被堆高的市场估值。2018 年，VIPKID 完成了 5 亿美元 D+轮融资，不仅打破了当时全球在线教育领域最大单笔融资的纪录，其超过 200 亿元的估值也无人能及。不过，从 2019 年后，VIPKID 传出"找钱难"的问题。2020 年，受环境影响，在线教育迎来了史无前例的利好。但在接下来的两年里，VIPKID 不但没有走出困局，而且出现了在社会上引起广泛热议的退费事件。于是，业内开始有越来越多的人对"一对一真人外教"的商业模式提出疑问，那么应该如何看待 VIPKID 的商业模式呢？

创业初期的商业模式探索

2013 年，米雯娟创立了在线少儿英语公司 VIPKID。关于她成立 VIPKID 的初衷，官方的故事版本是长江商学院副院长对她 MBA(工商管理学硕士)的毕业论文——《ABC 发展过程中的问题与挑战》给出了一个干脆的建议:"既然解决不了(ABC少儿英语在成本结构、人才结构、发展节奏等方面存在的问题),干脆自己创造一个吧。"

ABC少儿英语是米雯娟和舅舅在2000年来北京之后创办的培训机构。在这之前,她和舅舅在哈尔滨做少儿英语培训,从教师、人事再到业务管理,扩张轨迹一路向南,直奔上海、宁波、广州等地。

作为教培领域的连续创业者,米雯娟是这样总结自己的创业过程的:

在创办VIPKID前,我已经有16年的线下教育经验,深深理解线下教育的痛点。研究了50多家教育机构之后,我们设定了自己的商业模式:通过VIPKID的互联网学习平台,帮助500万~1000万的北美K12教师和中国1.5亿适龄儿童实现高效连接,在这个过程中发掘出愿意给我们付费的用户。

冷启动:一开始就收费

在传统观念看来,互联网应该是免费的,所以很多人觉得米雯娟当时建立的这套商业模式不符合互联网逻辑。但米雯娟还是希望能够快速启动、一鼓作气,在试错中调整,而不是无限期地拖延,于是,在办公室和团队都准备妥当后,米雯娟便宣布开始招生。对第一批学员,一开始就采取了收费模式,如果学生能够完整地学完一个单元,就会把学费返回去。

在第一批教师上课的时候,都非常担心。因为这些教师都不会中文,不知道能不能教好中国孩子。米雯娟也不知道这种在线教育的效果到底好不好,这种模式到底可不可行。但在第一堂课上完之后,米雯娟大大地松了一口气。教师讲课的效果特别好,不仅用英语给孩子们带来了知识,还用吉他和歌声征服了孩子们,直到下课孩子们还不愿意离开。看到这一幕之后,米雯娟团队所有人都非常激动,对未来充满了信心。由于VIPKZD的产品产生了良好的效果,第一批学员最后全部选择了续费。

在创业最初的一年半里,米雯娟并没有去追求流量的扩张,而是把用户的规模保持在100多个,将主要精力放在打磨产品上,因为首先必须对自己的产品有足够的信心,才能把它推向市场。

在那段时间里,VIPKID的产品几乎每天都在迭代,米雯娟希望这个产品推出来就能让孩子们更高效、快乐地学习。所以这个阶段VIPKID的主修课程不断地在测试中调整,根据美国统一的CCSS(common core state standards,共同核心州立标准)语言课程教学大纲反复升级主修课的内容。那个时候,VIPKID的几个创始人几乎每天泡在各种妈妈群里,和家长聊天,若孩子在VIPKID遇到任何学习问题,都会在第一时间跟进。

另外,VIPKID的所有员工也都是VIPKID产品的体验者,员工只要有孩子,就可以免费上课,这样不仅能让员工享受到公司福利,也可以通过这批"最亲近的用户"随时获得一手反馈信息,沟通并解决使用过程中遇到的问题。

口碑裂变,产生杠杆效应

口碑裂变的根基是长期的用户价值,是在用户中间构建的信任感、社区感和归属感。如果根基没有打好,就没有机会裂变。

VIPKID被正式推向市场其实是场意外。但推出后立马获得爆发式增长,这是源自"超级用户"所带来的口碑裂变,体现出的增长模型完全出乎我们的意料。一旦进入市场,只要产品过硬,很多家长就会自觉地在社交媒体上不断为VIPKID代言、推荐,分享自己和孩子的使用感受。正是有了这些"超级用户"为 VIPKID 做免费的口碑传播，只用了 3 年时间，VIPKID 的用户数量就从 100 多个增长到了 30 万个。现在每个月超过 70%的用户来自老用户推荐，这种方式带来的用户对 VIPKID 更加了解和认同，且具有黏性。

口碑的杠杆效应在教师招聘的过程中也起到了重要作用。VIPKID 的教师是一个非常高质量的群体。教师即产品，他们既能成就一个学生，也能毁掉一个学生。所以 VIPKID 一定要挑选到最好的教师，还要让这些教师有企业认同感和归属感，让他们有一个长期稳定的成长空间、职业方向和收入水平，他们才愿意长久地留下来。

为了能够和教师保持充分的沟通，米雯娟的 Linkedin 和 Facebook、Twitter 基本上成了收集教师求助和批评的最佳渠道。教师觉得米雯娟是他们的代表，就像是工会主席一样，有什么事情都会直接来找她。在这种情况下，教师会更积极、主动地投入到教学当中，给用户制造惊喜。比如，他们会做出丰富的教具、手偶。在教师对 VIPKID 有了更高的认同感和归属感之后，他们也会积极地在自己的生活中和社交平台上去传播 VIPKID 的口碑。这种口碑效应带来的结果是，目前 VIPKID 的北美教师中，75%来自教师相互间的推荐和介绍。

不断给用户带来兴奋值和期待感，让口碑持续升温

2013 年 VIPKID 准备进军在线少儿英语领域时，这个市场尚未被挖掘，也很难找到成熟的盈利模式做参考。4 年后，VIPKID 将这个不被看好的领域做成了一家"大号独角兽"，成为 K12 在线教育领域的排头兵。

"超级用户思维"是这件事成功背后的道理，也让 VIPKID 实现了创业的无限可能。所谓"超级用户思维"，并不是指不追求流量，而是在保持用户稳定增长的情况下用心打磨产品，为用户提供最好的服务，通过良好的口碑产生杠杆效应，从而赢得更多的用户。

因为用户眼里的服务好不好更多地在于你有没有在为他们持续提供价值。随着用户个人水平的提升，产品输出的水平也要不断进步，产品必须和用户共同成长。所以，我们必须重视用户在每一个环节的体验，这样才能不断给用户带来兴奋值和期待感，最终使口碑持续升温。

过去家长把孩子送到线下英语辅导班，有一个很大的痛点，就是很难看到孩子的学习效果。而在 VIPKID，孩子自己就能完成预习、课后练习、复习、知识拓展、延伸阅读等学习的全部流程，养成了良好的学习习惯。

同时，VIPKID 还会录制他们的上课视频供家长查看，让家长既放心，又省心。很多家长工作忙碌，没时间看完整的视频回放，VIPKID 还会利用 AI 技术，把孩子学习的精彩瞬间剪辑成一个视频发给家长，让孩子的每一步成长都看得见。

为了提高用户的兴奋感，VIPKID 还运用了很多新技术。例如，通过人脸识别技术，可以观察孩子上课的专注度、开心值和惊喜值。通过这种方式，VIPKID 可以分析出教师用什么样的行为可以帮助孩子学得更好。VIPKID 还通过互动特效来激励孩子，未来这些效果也可以通过迭代实现更加个性化的积极奖励。

资本支撑的高速发展

VIPKID 创建后，相继斩获了来自创新工场、经纬中国、红杉中国、真格基金等知名机构的投资。即便是 2015 年资本进入"寒冬"，在线教育被泼冷水，多个教育项目出现融资受阻的情况下，VIPKID 仍拿下了 2500 万美元的 A，B 轮融资。

随后，被称为直播元年的 2016 年的到来，让在线教育再次成为资本的宠儿，而这一次

VIPKID也迎来了高光时刻，仅一年便获得了多笔融资，一时间风光无限。

2017年8月，VIPKID完成了2亿美元的D轮融资，刷新了当时K12赛道最大的单笔融资金额纪录，并一举打败了行业中的学霸1对1、51Talk以及学大教育等一对一辅导机构。

在资本的加持下，VIPKID获得了异乎寻常的高速发展。2017年VIPKID营收破20亿元，比去年同期增长超过10倍，其中7月单月营收破4亿元；付费学员数量已经超过了20万，同时外教数量达到了2万。

这些数据指标作为炫耀的资本，帮助VIPKID在2018年6月拿到了5亿美元的D+轮融资，由Coatue、腾讯公司、红杉资本中国基金、云锋基金共同领投，估值飙升，超过200亿元。同年，风头正劲的VIPKID选址北京朝阳CBD(中央商务区)的地标达美中心，喜迎乔迁。

为提升教学质量，VIPKID构建起一套以大数据实时反馈及AI匹配为核心的教学模式，以及成熟度极高的数字化教学智能解决方案。

依托这套体系，VIPKID打造了贯穿教、学、练、评、测整个环节的数字反馈闭环，并通过教师能力图谱和智能备课系统为每个孩子提供适合自身的外教及最优学习路径，用趣味化的学习内容和学习报告反馈满足孩子的个性化学习需求。

正是在大数据、AI等新技术助推"新教育"理念的驱动下，VIPKID的业务体量与教学实力完成了爆发式增长。

进入2019年，在线教育遭遇寒冬。但在如此不景气的大背景下，VIPKID却表现出企稳、迅猛的发展势头，成了全行业关注的焦点。

为支持VIPKID的发展，腾讯在领投了VIPKID高达1.5亿美元的E轮融资后，又完成了10亿元追加投资。《2019三季度胡润大中华区独角兽指数》报告显示，VIPKID的估值已经高达300亿元，成为在线教育行业名副其实的独角兽。

"双减"背景下的发展困境

从VIPKID的融资频次和米雯娟强烈的融资意愿来看，行业人士推断VIPKID的现金流并不充裕。而长期依赖"一对一模式"的VIPKID在战略上试图通过扩科的方式拓展出大米网校、VIPKID启蒙、VIPKID数学思维和VIPKID优选课等业务线。

其实，"一对一模式"的盈利难题一直困扰着VIPKID。有知情人士表示，VIPKID预计的实现盈利的时间为2021财年(时间截至2022年3月)，即付费学生数达到300万时，公司才有望实现盈利。

2021年7月24日，中共中央办公厅、国务院办公厅印发《关于进一步减轻义务教育阶段学生作业负担和校外培训负担的意见》，要求各地区各部门结合实际认真贯彻落实。2021年10月，全国人大表示："双减"拟明确入法，避免加重义务教育阶段学生负担。

按照"双减"政策的规定，教育培训严禁提供境外课程，严禁聘请境外人员开展培训活动。对拥有超过7万名北美外教，付费学员遍布63个国家和地区的VIPKID来说，这无疑是一个致命的打击。

为此，VIPKID一方面大规模裁员(员工数从公司创立7周年时8000人的巅峰锐减至4500余人)，同时着手转型"成人课"和"素养课"。

事实上，通过优化人员结构来提高人效，米雯娟掌管下的VIPKID早在2018年时就有此意。彼时，VIPKID在线教育烧钱大战之后，市场占有率位居行业之首，远超对手。

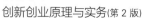

然而，在拿到 5 亿美元的 D+轮融资之后，云锋基金合伙人李娜曾多次提醒米雯娟要重视效率："对于一家教育服务公司，产研团队若超过了 1000 人意味着规模过于庞大，在没有跑出规模效应的情况下，意味着人效低下。"

在投资人的反复提醒之下，米雯娟也意识到再不抓效率就晚了。扭转组织效率低下最便捷的方式就是开源节流。

2019 年，VIPKID 开始减少大规模广告投放，优化做增长的渠道，舍弃高成本低转化的一些渠道，转为投社群、投线上的增长渠道。

与此同时，VIPKID 的员工也已经超过了 1 万人。找更便宜的办公场地，削减不必要的员工数量是当务之急。

不过，米雯娟心里清楚，只做一对一业务，用户规模可能只有 200 万～300 万人，如果"启蒙课+一对一+网校"，可能会有 1000 万～2000 万的用户规模，效率无疑会更高。

于是，VIPKID 开始在横向和纵向上寻求"第二增长曲线"。除原有的一对一课程之外，VIPKID 还有大米网校、中外教培优课、英语启蒙课、数学思维在内的多个课程产品，形成了"1+4"的产品矩阵。

在 VIPKID 的原有计划中，这些正向信息的对外传递既有可能是出于资本的诉求，也有可能是通过新业务和新项目来证明 VIPKID 的自身实力。VIPKID 内部甚至已经做好在 2021 年 4 月中旬启动上市的准备。

然而好景不长，启蒙课、大米网校、数学思维等被视为"第二增长曲线"的业务在过去一年受挫。大米网校独立融资 8000 万美元，也没能在市场上激起太大水花。

与裁员和业务收缩相对应的还有来自 VIPKID 高管层的变动。从 2019 年下半年开始至今，VIPKID 高管层已先后离职四位，即 2018 年 3 月任命的 COO(首席运营官)刘欢、2019 年年底加入的 CFO 桂镭、市场部高级副总裁徐晓菲以及首席学术官刘骏。

一直以来，声称"做任何一件事情都要考虑盈利"的 VIPKID，始终离盈利甚远。据 AI 财经社报道，VIPKID 每年亏损在 18 亿元左右。多位知情人士称，VIPKID 内部资金紧张，2018 年仍然在寻求融资，但 VIPKID 早已不是资本的宠儿。

对比 2020 年斩获 4 轮融资，金额高达 35 亿美元的猿辅导，以及获得两轮共 23.5 亿美元融资的作业帮，VIPKID 不得不通过控制成本来抑制现金流吃紧的局面。

眼下，学科类培训机构未来面临的政策环境或十分艰难，不确定性极大。对于 VIPKID 来说，流血上市或继续靠资本输血的幻想彻底破灭了，转型毫无疑问是其唯一的出路。2022 年 8 月 7 日，VIPKID 在《致学员和家长的一封信》中宣布了业务转型的消息。老课程关停之后，新课程将主要面向成人教育市场，目前计划上线的有成人课、双语非遗文化素养课、中教口语课和境内外教课等。

不过，国内英语培训市场巨头林立，VIPKID 的新业务能做多大规模，课程和服务能否得到用户口碑认可，能否帮助其成功转型，还需要市场来检验。

(资料来源：作者参考相关资料编写)

思考题：
1. VIPKID 是一个什么项目？
2. 为什么大多数投资人早期不看好 VIPKID 的商业模式？

3. VIPKID 面临的主要问题是什么？
4. VIPKID 还有机会吗？
5. 这个案例对你有什么启发？

6.4 商业模式设计

不同的商业模式决定了企业不同的发展路径，如何设计合理的商业模式是每个初创企业都必须面对的问题。商业模式设计是基于企业战略产生的，从内外部环境、市场、资源、产品(服务)、价值主张等开始，再到有关企业的产品(服务)能力、价值网络关系、价值要素等资源的整合和价值匹配，它是企业从价值发现到价值实现过程的形象表达。

6.4.1 商业模式设计思路

商业模式设计主要包括价值定位、价值创造和价值实现三大模块，其具体的设计思路如图 6-3 所示。

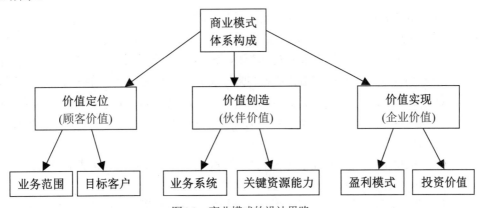

图6-3 商业模式的设计思路

(1) 价值定位。 一个企业要想在市场中赢得胜利，首先必须明确自身的定位。定位就是企业应该做什么，它决定了企业应该提供具有什么特征的产品和服务来满足客户的需求，实现客户的价值。

(2) 价值创造。 价值创造即价值的源泉是什么。商业模式的价值创造主要在于便捷性、成本低廉、新颖性、用户黏性、创新性。众多电子商务企业，如亚马逊，能脱颖而出正是凭借网络销售的方便快捷和成本低廉。

(3) 价值实现。 价值实现是指企业创造的价值被市场认可并接受，完成从要素投入到要素产出的转化。价值实现这一活动中涉及最多的就是盈利模式，即企业自身如何获得利润。

6.4.2 商业模式设计程序

商业模式设计虽然是一个涉及诸多要素的复杂过程，但在实际操作中不宜把它看得过于神秘。在真实世界中，许多创业者在回顾自己的商业模式设计过程时都把它总结为一个不断"探索—思考—验证"的过程。其中，有些人的探索源于对现有商业模式的改进，有些人的探索源于一个商业机会的发现，有些人的探索源于用其他领域的方法来解决一个让人头痛的商业问题。但是，不管他们的探索从哪里起步，其商业模式的设计基本都要通过以下六步来完成。

(1) 确定业务范围。对企业业务范围的界定是成功进行价值定位的最重要一步，首先需要清楚业务是什么。通过界定业务范围，企业可以界定出自己的客户、竞争者和合作伙伴等利益相关者，以及应该拥有的资源和能力等。

(2) 锁定目标客户。锁定目标客户意味着企业必须考虑服务于哪个地区，如何对客户进行细分。企业可以根据人口统计、地理、心理和行为等因素划分目标客户。在客户细分的过程中，分析和把握客户需求是最重要、最关键的。例如，国内知名连锁酒店如家就是因为准确地进行了市场定位——介于二星级和三星级酒店之间的标准，锁定了目标客户——对价格敏感的商务人士和自助游客、休闲游客，取得了巨大的成功。

(3) 打造业务系统。业务系统反映的是企业与其内外部各利益相关者之间的交易关系，因此业务系统的构建首先需要确定的就是企业与其利益相关者各自应该占据、从事价值网中的哪些业务活动。业务系统主要有两个选择供企业参考：打造强有力的利润杠杆和构筑商业模式内部动作价值链。

(4) 发掘关键资源能力。为支撑业务系统所要完成的活动，企业需要掌握和使用一整套复杂的有形和无形的资产、技术和能力。关键资源能力，即商业模式运转所需要的相对重要的资源和能力，包括金融资源、食物资源、人力资源、信息资源、无形资源，客户关系和公司网络。

(5) 构建盈利模式。盈利模式指企业利润来源及方式，它关乎企业价值的实现，通俗来说是企业赚钱的渠道或方法。客户怎样支付、支付多少，所创造的价值应当在企业、客户、供应商、合作伙伴之间如何分配，是企业收入结构要回答的问题。例如，电视台通过广告费用而非向观众收费来盈利。

(6) 提高企业价值。企业价值是商业模式的落脚点，评判商业模式优劣的最终标准是企业价值的高低。企业的投资价值由其成长空间、成长能力、成长效率和成长速度决定。好的商业模式可以做到事半功倍，即投入产出效率高、效果好，包括投资少、运营成本低、收入的持续成长能力强等。

6.4.3 商业模式检验标准

商业模式是一种包含一系列要素及其关系的概念性工具，用以阐明某个特定实体的商业逻辑。它描述了企业所能为客户提供的价值，以及企业的内部结构、合作伙伴网络和关系资本等，用以实现这一价值并产生可持续盈利收入的要素。因此，一个企业的商业模式是否合理，可以从上述要素与为客户创造价值的契合程度来检验。

(1) 能否提供独特价值。独特价值可能是新的思想，而更多时候往往是产品和服务独特性的组合。这种组合要么可以向客户提供额外的价值，要么使得客户用更低的价格获得同样的利益，或者用同样的价格获得更多的利益。

(2) 能否实现盈利。企业要做到量入为出、收支平衡。这个看似不言而喻的道理，要想年复一年、日复一日地做到，却并不容易。现实当中的很多企业，不管是传统企业还是新型企业，对于自己的钱从何处赚来，为什么客户看中自己企业的产品和服务，乃至有多少客户实际上不能为企业带来利润、反而在侵蚀企业的收入等关键问题都不甚了解。

(3) 能否难以模仿。 企业通过确立自己的与众不同，如对客户的悉心照顾、无与伦比的实施能力等，来提高行业的进入门槛，从而保证利润来源不受侵犯。比如，人人都知道直销模式如何运作，也都知道戴尔公司是直销模式的标杆，但很难复制戴尔的模式，原因在于直销的背后是一整套完整的、极难复制的资源和生产流程。

扩展阅读

扩展阅读 6-10
"二更"的商业模式探索

扩展阅读 6-11
车主邦如何帮助民营加油站解决问题

扩展阅读 6-12
张一鸣和他的流量帝国

案例分析

盒马鲜生的商业模式选择与创新

盒马鲜生是国内首家新零售商超，创立于 2015 年，首店在 2016 年 1 月开出，被视为阿里巴巴新零售样本。盒马鲜生创始人侯毅原是京东物流负责人，离职创业震惊业内；第一家店开业，就被业界称为生鲜零售新物种！

盒马还真的像河马

河马——体型庞大，但温和亲民。盒马也是如此，推崇轻模式，但侯毅反常态地用重模式做生鲜——庞大体系加互联网式亲民。

侯毅给人的感觉也是如此，中年微胖大叔，为人低调，温和亲民。

但就是这只看上去笨拙的"盒马"，成长速度飞快，在一片唱衰的生鲜业里逆势增长。

一向低调的侯毅在 2017 中国零售数字化创新大会上的演讲中系统解读了盒马模式。

盒马模式的灵魂：精准定位

第一，我们的消费者是谁？对盒马鲜生来讲，80%的消费者是"80 后""90 后"。他们是互联网的原住民，他们是在改革开放以后富裕起来的中国成长的一代消费者，他们更关注品质，更关心对品质的追求，对价格的敏感度不高。

第二，盒马鲜生是基于场景定位的，围绕"吃"这个场景来构建商品品类。我们"吃"的商品品类的构成远远超越其他超市卖场，所以在"吃"这个环节上，盒马鲜生一定能够给消费者满意的服务。盒马鲜生做了大量的半成品和成品以及大量加热就可以吃的商品，希望让吃这个品类的结构更加完善、丰富。

目标消费群定位：越是精准定位，越能吸引目标顾客，增强与目标顾客的黏性。

场景定位：要让目标顾客一入店就能深刻感受到这个店是为他开的，有他需要的商品和服务，是他想要的购物感觉和购物体验，进而对门店产生依赖。

盒马模式的核心：商业的本质依然是不断满足顾客的消费需求

侯毅说，基于当前消费的需求特点，盒马鲜生重新设计了一套消费价值观。

第一，"新鲜每一刻"。我们认为新的生活方式就是买到的商品都是新鲜的，每天吃的商品都是新鲜的。

我们认为消费者追求的是新鲜的生活方式，所以盒马鲜生的所有商品仅供消费者吃一顿饭。所以我认为将来冰箱就会不需要了，你需要什么就买什么，盒马鲜生会快速地送到你的家。

盒马鲜生把所有的商品都做成小包装，今天买今天吃。不追求原来所谓的大批量、大包装，所有的商品只够用一次。

第二，"所想即所得"。当你在上班，没有时间去买菜的时候，可以在盒马鲜生上下单，如在下班途中下单，商品会和你同步到家。

线上线下的高度融合为消费者提供了随时随地的、全天候的便利消费，如下雨天盒马鲜生的线上销售非常火爆。

盒马鲜生提供的线上商品和线下商品完全是同一商品、同一品质、同一价格。所以，新零售可以满足消费者随时随地、在不同场景下的需求，"所想即所得"，让消费者的生活更加方便。

第三，一站式购物模式。利用互联网技术来扩大品类，盒马鲜生有B2C的频道。盒马鲜生有门店，但面积、SKU有限。

盒马鲜生同时扩建了绿色频道来满足稀有商品的消费需求，如消费者可以在盒马鲜生买到5000元一条的野生黄鱼，这些高档食材原来在超市根本就买不到。此外，盒马鲜生还会推出各种各样的预售商品来满足消费者的各种需求。

盒马鲜生是围绕吃来定位的，会解决消费者所有吃的问题，所以在一站式服务方面，盒马鲜生具备巨大的商品竞争能力。

第四，让吃变得快乐，让做饭变成一种娱乐。盒马鲜生不断推出各种各样的活动，让消费者参与，让"80后""90后"消费者在家里做每一顿饭的时候都能够体现他的价值。所以，盒马鲜生在整个店里设置了大量分享、DIY(自己动手)、交流活动等。让吃这件事变成娱乐、变成快乐，消费者就会产生强烈的黏性。

新零售直白地说就是要满足消费者对更高品质、更深层次、更广范围、更加个性的消费追求，让大家的生活更加美好、更加开心。

盒马模式的关键：新零售模式改变了这些传统零售模式

侯毅说，盒马鲜生是新零售，与传统超市有本质区别。

第一，门店的定位。传统精品超市、社区超市、便利店往往是以店的规模、以人群的划分来定位的。盒马鲜生是基于场景定位的，围绕"吃"这个场景来构建商品品类。

第二，商品结构方面。盒马模式改变了传统超市、卖场的品类组合原则，使整体的品类组合更浅、更加扁平化。

盒马追求的是：不是为顾客提供简单商品，而是提供一种生活方式，期望以往在家庭中完成的事情能放到店里完成，为顾客提供的是可以直接食用的成品、半成品。因此，盒马改变了传统超市的商品结构，这些品类也带来了巨大的毛利空间。

盒马放弃了客单价理论，由以自我为中心的经营理念转向以消费者为中心的经营理念。

第三，餐饮与超市的融合。盒马鲜生要颠覆传统餐饮业、零售业。餐饮不单单是盒马鲜生的体验中心，更是流量中心，带来了消费者的黏性。

餐饮就是盒马鲜生里面的加工中心，它可以提供更多的半成品、成品在网上销售。盒马接下来要做的是和越来越多的餐饮企业合作，帮盒马鲜生做半成品和成品在网上销售。餐饮与超市融合成加工中心，可以为盒马鲜生提供所需要的半成品和成品服务。

第四，超市功能+餐饮功能+物流功能+企业与粉丝互动的运营功能。纵观盒马模式已不是一个简单的超市模式，已形成一个强大的复合功能体。特别是它基于经营顾客、粉丝互动建立的运营功能、物流功能、餐饮功能，已经颠覆传统的零售模式。

第五，新的门店组织架构奠定了线上线下高度融合的基础。盒马鲜生门店中有餐饮副店长、物流副店长和线上运营副店长。从门店组织架构来讲，盒马鲜生绝对不是一个O2O企业，因为大部分销售来自线上而不是线下。

第六，强大的物流功能。盒马鲜生最大的特点是快速配送，门店附近3~5千米范围内一般30分钟送达，最长一般不会超过1小时。

盒马模式的要求：当天送达

在盒马鲜生App购物，不能预约隔天送达，只能当天送达。在盒马下单后，拣货员会提前拣货，因各种生鲜商品对存储要求不同，如果有第二天预约订单，拣货商品不易保存。而且消费者对预约第二天送到的需求很小，在盒马鲜生，消费者习惯随时下单，随时送货。

从盒马鲜生的定位、商品结构来看，它已彻底改变了传统零售以商品为中心的经营模式，走向以场景为中心的商品组织模式。盒马鲜生已打破传统零售的品类概念，实行的是以场景为中心的商品组织。由于追求的是为消费者提供便利、高品质生活的方式，盒马鲜生将会使超市的许多品类发生重构，品类管理的模式发生改变。强大的复合功能，特别是突出的餐饮功能、物流功能、粉丝运营功能必将会冲击目前零售单一的买卖功能，真正体现互联网环境下零售商业模式生态化重构的方向。

盒马模式的迭代：与时俱进

2017年7月14日，阿里巴巴董事局在盒马鲜生品尝刚刚出炉的海鲜。盒马鲜生在阿里内部低调筹备两年多，随着阿里巴巴董事局到店走访，这个不为人知的阿里"亲儿子"被推到了聚光灯下，正式成为阿里"动物园"天猫、菜鸟、蚂蚁金服之后的新成员。

2018年，率先试水"X会员计划"，盒马X会员卡包括了盒马鲜生、盒马X会员店等盒马多个业态服务，权益包括免费领菜、专享价、专享券等组合。

2019年，盒马鲜生入选"2019福布斯中国最具创新力企业榜"；智慧零售潜力TOP100排行榜，盒马鲜生排名第九；互联网+社区服务提供商TOP50，盒马鲜生排名第四。

2020年，盒小马首创"网订柜取"新模式；全国第一家盒马X会员店在上海浦东开业，成为仓储式会员制门店模式中的首个中国品牌。

2021年，盒马在全国近300家门店开始陆续推出"盒马烘焙"专区，明厨制作、现制现售，主打到家场景，以及"盒大师点心局"的烘焙IP品牌。

2022年，全国首批零碳认证有机蔬菜统一在盒马全国门店上线，盒马位于武汉、成都的两个供应链运营中心全面投入使用。

侯毅称盒马未来主要将服务以下三类人群：晚上大部分时间在家的家庭用户，基于办公室场景推出针对性便利店或轻餐，周末会去超市、带着孩子出去走走的用户。

与传统零售的最大区别是，盒马运用大数据、移动互联、智能物联网、自动化等技术及先进设备，实现人、货、场三者之间的最优化匹配，从供应链、仓储到配送，盒马都有自己完整的物流体系。

盒马的供应链、销售、物流履约链路是完全数字化的。从商品的到店、上架、拣货、打包、配送等，作业人员都是通过智能设备去识别和作业的，简易高效，而且出错率极低。用户下单10分钟之内分拣打包，20分钟实现3千米以内的配送，实现店仓一体。

(资料来源：作者参考相关资料编写)

思考题：
1. 盒马鲜生的主要用户是谁？
2. 盒马鲜生的消费价值观包括哪些内容？
3. 盒马鲜生商业模式的核心是什么？
4. 盒马鲜生的商业模式存在哪些问题？
5. 这个案例对你有什么启发？

本章小结

本章的主题是创意激发与商业模式，这是设计思维的第三步，即在前述问题界定的基础上，通过激发个体与群体的创意，找到整合资源创造性解决问题的方案——商业模式。本章包括四个相对独立的模块：一是创意激发，主要介绍了创意的形成过程，以及个体和群体创意的激发方式；二是商业模式概述，主要介绍了商业模式的概念、本质、基本结构和主要特征；三是商业模式解析，主要介绍了各种典型的商业模式的突出特点、适用对象和使用条件；四是商业模式设计，主要介绍了商业模式设计的思路、程序和检验标准。本章的重点是商业模式的概念和基本结构，难点是创意的形成过程和商业模式设计。

网络情境训练

一、观看与思考

在网上搜索相关视频，在认真观看和阅读的基础上，完成相关思考题。

1. TED演讲：《为什么我们会创新失败》

思考题：
(1) 演讲者在创立演讲网站的过程中遇到了哪些问题？他是如何解决的？
(2) 演讲者就创新提出了哪些观点？
(3) 惯性思维有哪些危害？如何克服惯性思维？
(4) 什么是点状思维？它有哪些表现？应如何克服？
(5) 从众思维有哪些危害？应如何克服？

2. 纪录片：《亚马逊公司》

思考题：
(1) 亚马逊公司的主营业务是什么？
(2) 亚马逊公司是如何实现快速增长的？
(3) 亚马逊公司是怎样成长为一个生态型公司的？

3. 第八届中国国际"互联网+"大学生创新创业大赛全国总决赛金奖(高教主赛道本科生创意组)"陇原氢工——'新产氢'行业领跑者"

思考题：
(1) 陇原氢工的创业项目有什么创新之处？
(2) 本项目的商业模式有什么独特之处？
(3) 本项目是如何体现其教育性的？

二、阅读与思考

1. 在网上搜索习近平总书记《高举中国特色社会主义伟大旗帜，为全面建设社会主义现代化国家而团结奋斗——在中国共产党第二十次全国代表大会上的报告》，在认真阅读的基础上，完成下述思考题。

思考题：
(1) 如何理解"中国共产党为什么能，中国特色社会主义为什么好"？
(2) 如何理解新时代新征程，中国共产党的使命任务？
(3) 如何理解中国式现代化的本质要求？

2. 在网上搜索哈佛大学教授马克•约翰逊(Mark Johnson)，克莱顿•克里斯坦森(Clayton Christensen)和 SAP 公司的 CEO 孔翰宁(Henning Kagermann)共同撰写的《商业模式创新白皮书》，在反复阅读的基础上，思考下述问题并与同学交流。

思考题：
(1) 如何理解商业模式？
(2) 如何理解价值主张？
(3) 商业模式创新需要注意哪些问题？

3. 在网上搜索亚历山大•奥斯特瓦德、伊夫•皮尼厄共同撰写的《商业模式新生代》(企业版)，这是一本关于商业模式创新的工具书，本书不但会改变你思考商业模式的方式，而且会告诉你当下领先公司正在使用的强大而实用的创新技巧。请在反复阅读的基础上，思考下述问题并与同学交流。

思考题：
(1) 什么是商业模式画布？
(2) 为什么要进行客户细分？
(3) 运用商业模式画布需要注意哪些问题？

三、体验与思考

在网上搜索推荐的网站或 App，在反复体验的基础上，思考相关问题并与同学交流。

1. 宝宝树的网站与电商平台

思考题：

(1) 王怀南为什么要选择母婴产业？
(2) 宝宝树是如何起步的？
(3) 宝宝树的商业模式有哪些特点？

2. 小红书 App 和电商平台

思考题：

(1) 你是否喜欢小红书的内容和推荐方式？
(2) 小红书在创业之初的市场定位是什么？
(3) 小红书的商业模式经历过哪些调整？

3. 一条的微信公众号和电商平台

思考题：

(1) 一条的目标用户是谁？
(2) 一条的核心竞争力是什么？
(3) 一条的商业模式有哪些创新？

真实情境训练

一、阅读与思考

阅读以下节选的党的二十大报告的内容，在反复阅读基础上完成下述思考题。

十八大以来，国内外形势新变化和实践新要求，迫切需要我们从理论和实践的结合上深入回答关系党和国家事业发展、党治国理政的一系列重大时代课题。我们党勇于进行理论探索和创新，以全新的视野深化对共产党执政规律、社会主义建设规律、人类社会发展规律的认识，取得重大理论创新成果，集中体现为新时代中国特色社会主义思想。十九大、十九届六中全会提出的"十个明确"、"十四个坚持"、"十三个方面成就"概括了这一思想的主要内容，必须长期坚持并不断丰富发展。

中国共产党人深刻认识到，只有把马克思主义基本原理同中国具体实际相结合、同中华优秀传统文化相结合，坚持运用辩证唯物主义和历史唯物主义，才能正确回答时代和实践提出的重大问题，才能始终保持马克思主义的蓬勃生机和旺盛活力。

坚持和发展马克思主义，必须同中国具体实际相结合。我们坚持以马克思主义为指导，是要运用其科学的世界观和方法论解决中国的问题，而不是要背诵和重复其具体结论和词句，更不能把马克思主义当成一成不变的教条。我们必须坚持解放思想、实事求是、与时俱进、求真务实，一切从实际出发，着眼解决新时代改革开放和社会主义现代化建设的实际问题，不断回答中国之问、世界之问、人民之问、时代之问,作出符合中国实际和时代要求的正确回答,得出符合客观规律的科学认识,形成与时俱进的理论成果,更好指导中国实践。

思考题:
1. 党的二十大报告为什么强调把马克思主义基本原理与中国具体实际相结合?
2. 如何理解"不能把马克思主义当成一成不变的教条"?
3. 上述报告内容对大学生创业有哪些启示?

二、小组讨论

主题:中国革命为什么要走"农村包围城市、武装夺取政权"的道路?

请同学们认真阅读毛泽东的《星星之火,可以燎原》,以及大革命时期的相关党史资料,思考大革命时期中国的政治与经济形势,理解中国共产党的历史就是一部典型的创业史;以往中国革命道路探索失败的原因,就是没有找到适合中国国情的"模式";明白是毛泽东通过分析红色政权存在的原因和红色根据地的作用,创新性地提出了依靠中国最广大的阶级——农民,走"农村包围城市、武装夺取政权"的道路,才使中国革命从胜利走向胜利。然后进行个人反思和小组讨论。

请教师帮助学生理解中国革命为什么必须走"农村包围城市、武装夺取政权"的道路,明白解决任何问题都需要了解问题的产生原因、影响因素和主要矛盾。培养学生唯物辩证的历史观和方法论,以及注重调查研究和实事求是的工作态度。

三、请用"期望点列举法"对手机进行改进

30年前,电脑是当时发展得最火热的科技产品;而最近10年,手机是科技界最炙手可热的产品,人们希望手机具有的功能一个一个实现。
(1) 希望通话更加顺畅,语音更加清晰。
(2) 希望手机的待机时间更长一些。
(3) 希望手机的屏幕更清晰,画面更漂亮。
(4) 希望手机携带起来更加轻便。
(5) 希望手机的按键使用更加舒服。
(6) 希望手机的文字输入更加方便、快捷。
(7) 希望手机可以用来玩游戏。
(8) 希望手机可以用来拍照。
(9) 希望手机可以用来听音乐。
(10) 希望手机可以用来看电视。
(11) 希望手机可以用来上网。
(12) 希望手机可以用来代替信用卡取款。
(13) 希望手机可以用来办公、处理文件。
......

那么手机到今天是否已经发展到头了呢?它还有创新的空间吗?现在的手机厂商要在哪些方面进行创新,才能在激烈的竞争中生存下去呢?请运用"期望点列举法",对如何改进现

在的手机提出你的意见和建议。

创业竞赛指导

一、备战创新创业大赛

请结合本章所学内容，在市场调查和项目选择的基础上，完成本团队参加中国国际"互联网+"大学生创新创业大赛的商业模式设计，并用商业模式画布进行展示。

1. 寻找解决方案

请以团队为单位，共同梳理本章所学激发个体和群体创意的方法，然后挑选适合本团队的创意方法，并运用这些方法针对前面学习过程中本团队所确定的问题，寻找解决方案。在这一阶段，各团队可以完成2~3个备选方案，供下一阶段进一步筛选。

2. 评估解决方案

在完成2~3个备选方案之后，请大家依据所在学校和专业的办学定位、学科专业优势、教师队伍、科研与实验条件以及团队成员的优势和劣势等因素，评估各个方案的可行性，在此基础上确定解决方案。

3. 设计商业模式

借助商业模式画布，对团队选择的问题解决方案进行梳理。在梳理的过程中，要特别注意思考如下问题：谁是你们的客户？你们要为客户解决什么问题？你们将用什么方式为客户解决问题？在反复思考之后，请以团队为单位填写商业模式画布并进行展示。

二、创新创业大赛获奖作品分析

瑞莱智慧——安全可理解的第三代人工智能算法平台

第五届中国国际"互联网+"大学生创新创业大赛总决赛上，初创组项目"瑞莱智慧(RealAI)——安全可理解的第三代人工智能算法平台"以出色、流畅、清晰的路演获得了全场评委及观众的一致点赞，最终获得最具人气奖。

瑞莱智慧成立于2018年7月，由清华大学人工智能研究院孵化，是一家第三代安全可控AI技术及行业解决方案提供商。安全(robust)、可扩展(extendable)、可靠(assurable)和落地(landable)是瑞莱智慧英文名的来源，也是该公司的业务目标。团队近年来开发的"珠算"概率编程库降低了开发贝叶斯深度学习算法的技术门槛与成本，并实现了基于贝叶斯深度学习算法的半监督学习与无监督学习，减少了实际场景中需要的标注数量；团队通过对模型的可解释性进行建模，能够实现对模型决策的解释，让模型更加安全可靠。

根据2018年全球高校计算机科学领域实力排名CS Ranking，在AI单项的全球排名中，清华大学仅次于卡内基梅隆大学，在全球居第二位，源自清华大学人工智能研究院的瑞莱智慧已成为推进AI技术与产业的深度融合的产学研示范企业。公司CEO田天博士在介绍项目时谈到，随着AI的大规模应用，黑箱效应、算法漏洞、数据隐私等安全话题越来越成为AI发展的重要议题。加上近年来Deepfake(深度伪造)事件愈演愈烈，技术滥用等实质性的安全危害已经产生。瑞莱智慧希望通过第三代AI推动AI技术在更多场景落地，确保AI应用达到各个行业所要求的安全可靠水平，在可信可控的范围内提供服务。

据悉，该项目曾完成数千万元的天使轮融资，由百度风投和中科创星联合领投，水木清华校友基金跟投，资金将主要用于平台建设、产品开发、团队扩建等。此前，瑞莱智慧曾获得百度风投、中科创星与水木清华校友基金的一轮投资，两轮融资总额约1亿元。

(资料来源：作者根据网上资料和大赛现场录音编写)

思考题：
1. 瑞莱智慧为什么能够获得一笔可观的风险投资？
2. 本项目的创新性体现在什么地方？
3. 请借助商业模式画布对本项目进行分析。
4. 这个案例对你有哪些启示？

三、创新创业大赛参赛经验分享

如何打造让评委青睐的商业模式

中国国际"互联网+"大学创新创业大赛尤其看重项目的可行性。实际上，在竞赛过程当中仅有可行性是不够的，还要有充分的落地性才能够让项目更具说服力，而项目的落地性，正是凭借符合项目所具备的特殊商业模式才得以实现的。

若将团队的技术支持比作支撑起项目的骨架，那么独到的商业模式则是丰富整体结构的外壳。商业模式往往能够带来意想不到的作用。出色的商业模式一定不能是照搬成功企业的运作模式，它需要我们利用自身对项目的熟悉程度，以及对市场的整体把握程度，进行设计和构想。总而言之，根据自身情况制定合理的商业模式显得十分必要。在当前的发展形势下，企业的发展决定着市场经济的变动，而商业的变动却决定着企业的发展趋势。商业模式决定着企业的发展道路、运营方式、市场发展、经济的竞争力等。所以，面向大学生的创新创业竞赛有必要以商业模式作为重要的评判标准，而现实中，不论是近几年十分火热的中国国际"互联网+"大学生创新创业大赛，还是大家熟悉的"创青春"全国大学生创业大赛，也确实将商业模式列为重要的评分依据。当然，评委不会故意青睐某一特定类型的商业模式，对于复制现有成功商业模式的项目也会对其创新性做一番思考，真正吸引评委眼光的，不只是商业模式的创新成分，更多的是商业模式是否能够与创业项目相契合，是否有实现的可能。

例如，曾获中国国际"互联网+"大学生创新创业大赛金奖的项目——ofo小黄车，在当时提出的以"共享"概念打造的商业模式确实让人耳目一新，同时在投入落地运营后，的确在短期内为企业带来了巨大收益，并且形成了共享经济的风口。尽管后期出现的管理等方面的缺失让ofo小黄车走了下坡路，但直至今日，共享单车、共享充电宝等共享经济下的产物仍然随处可见。这说明，商业模式必须具备落地的可能性才有机会创造商业价值，这同样是中国国际"互联网+"大学生创新创业大赛评委考量项目的重要维度。因此，我们一定要从创新性、适应性、可行性这三大方面出发，去打造创业项目的商业模式。

(资料来源：作者根据网上资料和大赛现场录音编写)

第 7 章
原型制作与用户测试

本章目标

1. 理解快速原型在产品开发中的重要作用。
2. 掌握原型的主要类型和制作方式。
3. 理解用户测试的目的和实施要求。
4. 理解精益创业的基本理念及其对产品开发的要求。
5. 掌握最小可行性产品的作用和开发过程。
6. 理解迭代的概念及其对产品开发的意义。
7. 掌握产品迭代的要领和实施策略。

问题与情境

字节内测上线汽水音乐

2022年3月初,字节跳动悄悄上架了抖音系音乐软件——汽水音乐。这是字节跳动在国内上架的首款在线音乐App。目前App属于内测阶段,需要邀请码才能进入。

虽是内测阶段,但App内已经包含音乐电台、歌单、音乐榜单等主要的音乐功能。汽水音乐的功能布局较为简洁,除了首次启动需要选择感兴趣的音乐类型作为数据冷启动以外,二次进入App后,首页就是音乐曲目的播放界面。

App的设计风格以深色背景作为主调,主导航有三个,分别为"音乐""发现""我的"。App功能布局简单,很容易上手,基本很少有操作不顺或引起用户疑问的地方;曲目的切换也像在抖音上刷视频一样,上下滑动就可切换。而在"我的"页面,能看到"0岁"的标签,点击后发现是未开发完整的功能,考虑的是日后与抖音打通的会员成长体系。

作为在线音乐App,曲库是否足够丰富是用户最大的痛点,但目前汽水音乐的曲目还是不够丰富。看来短期内,用户还不能实现"周杰伦自由"。

汽水音乐最大的亮点在于数据与抖音互通。据官方介绍,用户在抖音内所发布的音乐内容(如歌单)及音乐消费(如收藏)等数据都会在汽水音乐同步更新,而且用户在抖音所设定的隐私状态会同步至汽水音乐。

字节跳动试水在线音乐,其实早有先兆。早在3年前,字节跳动就已经开始布局海外音乐业务。2019 年 11 月，据英国《金融时报》报道，字节跳动计划在海外市场推出具有社交功能的点播式流媒体音乐服务。

2020 年 3 月，字节跳动在印度和印度尼西亚发布 Resso，提供社交音乐流媒体服务。对比 Resso 及汽水音乐两款应用，它们有着共同的特点：用户打开应用后可以直接听到歌曲，上下滑动即可实现切歌——简单点描述，Resso 和汽水音乐就像一个音乐版抖音。

根据抖音官方提供的数据，2020 下半年，抖音音乐人累计涨粉超 3 亿人，其中涨粉超千万人的头部音乐人有 6 位，涨粉超 500 万人的则有 23 位，远高于老对手快手。

2021 年，字节跳动更是将音乐升级为 P1 优先级业务，与游戏、教育业务平级。或许，在汽水音乐未来的发展中，字节跳动会扶持自家流量池内的音乐人，打造出大量自有版权的优质音乐，作为破局的子弹。

随着短视频的崛起，抖音、B 站等平台俨然已取代传统唱片厂、音乐综艺，成为神曲的制造基地。凭借抖音庞大的用户池及品牌地位，加上 2021 年国家市场监督管理总局严禁腾讯音乐的版权垄断这一利好消息，字节跳动自然有底气和腾讯、网易云一较高下。

(资料来源：作者参考相关资料编写)

思考题：
1. 字节跳动在线音乐 App 内测版具有什么特点？
2. 字节跳动为什么要做内测版？
3. 在线音乐 App 内测版的用户测试需要注意哪些问题？
4. 这个案例对你有哪些启示？

7.1 快速原型

快速原型是设计思维的第四步，它是具象化抽象的想法，把需求转化为产品的过程。快速原型可以把产品的基本特征直观地呈现给团队成员和早期用户，并以高效率、低成本的方式表达、测试和验证产品。

7.1.1 原型概述

"原型"这个概念，在工业设计领域指的是早期用来测试一个概念或流程的样品，内含真实的组件，也具备操作功能。它可以帮助设计师更好地呈现设计理念，验证和打磨产品，以及节约产品开发成本。

原型的呈现方式有很多，在产品设计和开发过程中，可以按不同的分类标准，对产品的原型进行分类。其中最常见的是按原型的保真度对其进行划分。原型保真度指的是其在视觉设计、内容和交互性三个方面的细节和真实感的级别。按原型保真度的差别，可将原型大致分为以下三种。

1. 低保真原型

低保真原型是将高级设计概念转换为有形的、可测试物的简便快捷方法，它可以是廉价且容易制作的模型，也可以只是简单地描述或可视化它们。原型可能是不完整的，并且只使用了最终设计中可用的部分功能，或者使用了非最终产品所用的材料构造模型。

原型首要的也是最重要的作用是检查和测试产品功能，而不是产品的视觉外观。低保真原型在视觉设计方面仅呈现最终产品的部分视觉属性，如元素的形状、基本视觉层次等；在内容方面，仅包含内容的关键元素；在交互性方面，低保真原型的交互性较差，通常要由人工替代，即由熟悉页面流程的设计师实时手动呈现设计页面。

低保真原型的优点：①便宜。其制作的明显优势在于其极低的成本。②快速。可以在 5～10 分钟创建一个低保真原型。③协作。可以让更多人参与设计过程，即使非设计师也可以在创意过程中发挥积极作用。④清晰。它可以让团队成员和利益相关者对将来的项目有更清晰的认识。

低保真原型的缺点：①测试期限不确定性。使用低保真原型，对于测试者来说，容易不清楚到底什么是有效的。②需要发挥想象力。用户要通过想象去形成对原型的理解，这会影响用户测试的效果。③有限的交互性。使用这种类型的原型无法传达复杂的动画或转场效果。

2. 高保真原型

高保真原型是在视觉和功能上都接近实际产品的原型。它在视觉设计方面通过逼真细致的设计，使得所有界面元素、间距和图形看起来就像一个真正的实物产品、App 或网站；在内容方面，原型中包括最终设计中显示的大部分或全部内容；在交互性方面，原型在交互层面非常逼真。

高保真原型的优点：①测试期间可以获取有意义的反馈。高保真原型看起来很像真正的产品，测试参与者将更有可能自然地表现其操作体验，就好像他们正在与真实产品交互一样。②能对特定 UI 元素或交互进行测试。借助高保真原型的交互性，可以测试平面元素或特定交互，如动画过渡和微交互。③容易获得客户和利益相关者的认同。这种原型也适合向利益相关者演示，能使客户和潜在投资者清楚地了解产品如何工作。

高保真原型的缺点：①成本较高。与低保真原型相比，创建高保真原型意味着更高的时间成本和财务成本。②容易引起误导。高保真原型会让测试用户感觉产品的设计非常好，且在测试时更倾向于关注和评论表面特征，而不是更为重要的功能。③影响设计改进。在花费较长时间制作产品外观和行为的精确模型之后，设计师往往不愿意对设计做出改变。

3. 中保真原型

中保真原型介于低保真原型和高保真原型之间，它比低保真原型多了更多细节，对软件的交互进行了更细致的设计，但又不像高保真原型那样精雕细琢，在视觉、内容和交互性的实现上花费大量时间。通常情况下，通过中保真原型进行产品概念具体化，以及用户测试就已经足够。

无数事实证明，当设计师想要确定并准确了解用户将如何与产品交互时，最简单的方法是测试用户如何与产品交互。为达到此目的而生产出供用户测试的成品是鲁莽和毫无意义的，因为它需要花费大量的时间和金钱，而且成功的概率极低。

在这种情况下，设计人员提供产品的原型，即产品简单的、按比例缩小的版本，然后通过观察与记录，判断特定元素或用户的一般行为、交互行为、对产品的反应，以此来判断产品设计的可行性，可以说是最为明智的选择。

关于原型的制作和测试并没有统一的标准和要求。设计师通常会根据不同的产品开发任务，采用不同的原型和测试策略。一般来说，低保真原型是必需的，制作低保真原型的目的主要是展示产品功能和判断产品可行性，所以需要尽可能多地尝试各种不同的产品设计方案。

低保真原型在后续整合过程中还会发生频繁的迭代。因此，不需要考虑各元素在一致性方面的问题，不必花费大量时间和精力在位置和尺寸关系、网格是否对齐、配色是否和谐或字体是否一致等问题上。

切记：制作低保真原型的目的在于使设计人员以最少的时间和精力获得产品的整体视图，而不是实现局部和细节的完美。

为了更好地体现设计概念，以及获得更加真实的用户反馈，大多数产品设计还要制作中保真原型，有的甚至需要制作高保真原型。有道是"磨刀不误砍柴工"，原型越接近真实，对体验感和可行性的验证就越准确，就越有可能避免后续开发过程中的重大失误。当然，它的前提是大方向正确，以及时间和经费允许。

7.1.2 原型设计

原型设计是探索产品设计可行性的有效方法，它包括生产早期的、廉价的、按比例缩小的产品版本，以揭示当前设计中的任何问题。原型设计的本质是寻找解决方案，需要探索尽可能多的解决方案，同时不受产品形态、成本、技术等因素的限制，尽可能早地将方案暴露给项目成员、核心用户，以求找到更好的解决方案。

1. 原型设计的意义

(1) 方便产品开发人员对产品的整体把握。原型的意义在于让设计人员直观地了解产品的运行情况，以及对产品的布局、交互和功能有一个整体、全面的把握，进而验证产品方案的合理性，并对产品设计进行修改和完善。

(2) 便于产品开发人员快速理解产品的样式和需求。如果没有原型设计，开发人员就会出现很多想当然的情况，致使开发出来的产品很可能并不是自己和用户想要的。其结果是不仅浪费了大量的人力和物力，而且很可能会错失产品的市场机会。

(3) 便于进行产品的视觉设计和功能开发。只有先有产品原型，前端人员才能开始视觉设计，之后才能开始产品界面和功能的开发。所以产品原型是产品的基础，只有基础足够牢固，才能建造起宏伟的产品大厦。

(4) 提高产品需求评审效率。在产品开发过程中，频繁的需求变更不仅会增加开发成本，也会打击团队的创作激情。如果能在需求评审前认真设计产品原型，便可减少后期需求变更的次数，提高需求评审的效率。

2. 原型设计的原则

(1) 尽快动手做。设计思维偏向于行动，这意味着如果你对要实现的目标有任何不确定性，那么最好的选择就是做点什么。创建原型将帮助你以一种具体的方式思考你的想法，并潜在地允许你了解如何改进你的想法。

(2) 不要花太多时间。 原型的价值在于它的速度，你花在构建原型上的时间越长，你对自己的想法就会产生越多的情感依恋，从而阻碍你客观地判断它的价值。因此，不要试图制作任何不愿意抛弃的原型，不要让自己沉溺在花费数日准备原型的想法中。

(3) 记住测试目的。 原型的价值还在于它能验证假设，所以请保持它聚焦在目标上。所有原型都应有一个集中的测试问题，不要忽视这个问题，但也不要过于执着于它，以至于忽略了你可以从中得到的其他经验。

(4) 原型必须真实。 客户的本能反应更具价值，为了获得检验结果的准确性，不能要求客户凭想象去完成测试。应该向客户展示贴近真实的原型，因为只有这样，客户的反应才是真实的。一旦客户无法完全沉浸在真实场景中，他们就会自动切换到反馈模式。

3. 原型设计的要素

(1) 初始。 初始就是展示给别人的第一印象，它是用户使用产品时最先看到和体验到的东西。初始分为界面结构、样式和功能，它应该使用户第一眼就看见自己想要的东西，第一次操作就有简单、舒适的体验感。

(2) 常态。 常态就是产品最不能忽视的地方，如页面的展示、排版、布局等。它既包括产品承载的最基本的功能，也包括产品购买和使用中用户最在意的事情、最关注的问题和最容易出问题的地方等。

(3) 边界。 边界通常包括战略边界、操作边界和显示边界。战略边界确定哪些是我们要做的，哪些是坚决不能碰的，哪些是目前阶段可以触摸但不深入做的等；而操作边界和显示边界则是产品操作和显示中具体的边界限制。

(4) 错误。 错误是指产品在不同人操作或在不同环境下操作时可能出现的一些异常情况，如网络不好、程序出错、无权访问等。这些错误有些是可以预先想到的，但大多数都需要在原型或实际产品使用中才有可能被发现。

7.1.3 原型制作

原型制作是指在获取产品基本想法后，利用相关工具对其进行可视化开发，快速建立一个目标的最初版本。制作产品原型是为了之后的生产和制造，或者从中进行认知和迭代，以便对产品设计进行修改与完善。产品原型有不同的呈现形式，而不同的产品原型的制作方式也有所不同。下面以典型的三种产品原型为代表，对原型的制作过程及应该注意的问题做简要的介绍。

1. 实体产品原型制作

实体产品原型制作就是实现一个设计概念，并制作出一个实体的过程。制作实体产品原型的材料可以与最终成品的材料一样，也可以用较为廉价的相似材料代替。

实体产品原型，特别是高保真产品原型的制作，对材料和技术有较高的要求。但是，随着3D打印技术的兴起，实体产品原型的制作变得越来越简单和快捷。3D打印又称叠层制造，它是基于激光打印或者更先进的技术，通过将材料一层一层地"打印"并叠加的方式，最终制作出一个产品原型。

相比传统的制造技术而言，3D 打印具备很多优势。例如，一些较为复杂的结构是传统制造业很难实现的，而运用 3D 打印可以轻松地实现。另外，传统制造方式会产生边角料的浪费，但 3D 打印技术能够精准制造，这也令边角料的问题得到了解决。

2. 数字化产品原型制作

数字化产品原型制作是指利用 3D 建模技术将产品的设计转化成数字化产品原型的过程。数字化产品原型在设计过程中的一大优势就是它可以允许不同部门、不同职责的设计人员建模，让各方的设计数据实时更新和快速修改，保证了各设计人员之间数据传输的准确性，进而提高了设计的效率。

数字化产品原型与实体产品原型一样，可以测试产品的性能。但是，由于数字化产品原型的开发时间常常比实体产品原型的制造时间短，因此，数字化产品原型能够为新产品开发节省大量的设计和制作时间。

数字化产品原型的另一个优点则是能迅速将设计内容可视化。为了降低成本，实体产品原型的材料与最终成品的外观有时是不一致的，而数字化产品原型可以做到外观与设计意图保持一致，且无须增加成本。

目前可以进行数字化产品原型设计的工具主要是 Autodesk 公司开发的数字原型工具。Autodesk 在 2D 设计时代是全球最大的工程软件设计公司，进入 3D 设计时代以后，该公司也推出了一些功能较强的 3D 设计软件。

3. 软件产品原型制作

软件产品原型制作，就是在一款软件产品成型之前，将产品每个功能键的交互，以及页面的排版布局展现出来，让产品的初步构思有一个可视化展示的过程。

原型制作是软件开发的初始阶段，一个好的软件产品的诞生必定离不开原型制作。原型制作在整个产品开发中占有非常重要的地位，它像建筑师的设计图一样，确定了整个软件的方向。

目前，绝大多数非互联网企业的经营者对软件和互联网产品的生产过程还缺乏基本的了解。因此，当互联网公司为企业开发产品时，他们往往要求对自己的产品有一个直观、形象的了解，而原型恰能让他们提前看到产品的界面样式，并对每个按钮的功能和效果及产品的基本框架与运作机制获得比较真实的感受。

在企业方确定原型之后，开发人员可以通过原型快速理解产品的样式、需求和主要功能点。如果没有原型，开发人员可能出现很多理解不恰当的情况，结果做出来的产品的功能并不是企业想要的，最后可能出现需求方和开发方互相推卸责任的情况。

目前，软件原型的开发已经有许多好用的工具。例如，Axure 作为原型工具的领头羊，无论是流程图还是动态面板，都是众多产品经理和设计师青睐的；Mockplus 作为后起之秀，以简单易用为宗旨，无论是预览方式还是交互设计方面，都具有较大的优势。

扩展阅读

扩展阅读 7-1
总结了 6 个常见的原型设计的陷阱

扩展阅读 7-2
谷歌教你如何仅用 5 天检验一个 idea

扩展阅读 7-3
原型制作过程中的误区，如何提高原型在设计思考过程中的使用价值

案例分析

樊登读书会的产品原型与商业模式探索

2022 年 2 月 9 日，樊登读书发布推文《十年，"樊登读书"要说再见了》，宣布品牌升级："为了让阅读普惠更多人，十周年之际，我们做了一个重大决定——跟'樊登读书'说再见，让品牌进行更名换新。"新名字叫什么？此前，樊登读书在网上发起了新名字征集活动，将在 2 月 21 日宣布新名字，届时新的 App 产品也将更新升级。

问题发现

樊登读书发起人樊登，来自古城西安，是毕业于西安交通大学材料系的理工男。2001 年加入中央电视台，主持过《实话实说》等栏目。2013 年，樊登读书会成立，并注册了上海黄豆网络科技有限公司；2018 年，樊登读书会改名为"樊登读书"。2019 年与优酷合作，联合推出《樊登讲论语》。

樊登在做读书会之前曾是 MBA 资深培训教师。他身边的很多朋友、学生都知道他爱看书，经常要他推荐几本好书来读。但后来他发现，很多人找他推荐书时很真诚、很积极，但最后还是没时间读。

随着知识经济时代的来临，大众对知识的需求量不断增加，每个人都想通过读书来解决一些问题，或者说通过读书收获一些知识、获得一些成长。但是，没有时间读书、不知道读什么书、读书效率低等问题，使得现实阅读量很低。

同时，由于时间逐步碎片化，大众很难在短时间内了解一本书的精髓所在，很多人发出"读了很多书，却过不好这一生"的感慨。对于这些问题大家虽然都有所感觉，但却无法通过自身努力来解决。

由此，樊登发现了两个亟待解决的矛盾：一个是强烈的阅读愿望和极低的现实阅读量之间的矛盾，另一个则是知识产品消费升级与落后的知识产品供给之间的矛盾。如何解决以上两个矛盾？樊登开始了自己的商业探索。

小试牛刀

樊登在启动读书会前，先是在他的企业家学员中进行调查，结果发现有付费读书意愿的学员有很多。于是，他开始在自己的学生和朋友中开展以 PPT 方式进行读书辅导的尝试。这种尝

试虽然没有成功，却让他看到了付费读书的现实需求。

2013年秋冬时期，大多数移动互联网玩家都还在以免费和补贴牌的方式推销自己，而樊登却发现了一个顾客群体的崛起。这群人已经从"物质带来幸福感"的时代中走过去了，他们渴望获得更好的精神消费，读书恰是一个很好的切入口。

樊登吸引这个群体的一个关键因素就是让他们相信读书能改变命运，或者至少能够改变生活。樊登读书会可以帮读者"读好书"，用书中的知识去解决现实中的问题。以此为契机，樊登读书会成立了。

樊登读书会在成立之初就开始收费，它向每一位愿意跟着读书会一年读50本书的用户收取年费365元。为了测试用户对此种模式的接纳程度，樊登先是尝试建立了一个微信群，在群里给听众讲书，愿意听的人需要付费进群。结果第一天进来500人，第二天就扩展成两个群，于是他为此做了一个公众号来推送，这就是樊登读书会最开始核心会员的雏形。

为进一步验证产品需求是否具有持续性，樊登采取了冷启动的创业方式，不做任何广告，只通过老用户的口碑吸引新用户的加入。为鼓励老用户推荐新用户，他推出了线上推荐好友，可以兑换积分或者免费试听七天的活动。

与此同时，他推出了众筹模式，以及线下代理模式。樊登读书会的众筹模式，即以3万元的风险投资换取某个地区1%的股份和100张会员卡，完成销售后再奖励1%的股份。通过众筹销售的模式，樊登读书会会员很快过万。

线下代理则是樊登读书会与各地有独立法人资质的公司签订代理合同，代理公司以分会的方式进行樊登读书会的会员卡销售，樊登读书会则将销售收入的一半分给代理商。

产品迭代

在以上营销方式的共同作用下，樊登读书会在短期内实现了会员的成倍增长。随着会员的逐渐增加，公众号和微信群都难以承载讲书的功能，于是樊登读书会上线了自己的个人版App产品，既有视频、音频，也有图文解读。

伴随着日益多元化的阅读需求，樊登读书会在会员大数据智能化分析的基础之上，又针对多个细分市场推出了线上App。

第一款是帮助亲子互动阅读的"樊登小读者"App。这款App里的每本书有两个解说版本，分别针对儿童和家长。通过小读者的主讲，教师既可以带领孩子感受阅读的乐趣，也可以帮助家长了解如何配合孩子，帮助他们爱上阅读。

第二款是帮助打造企业内部的读书分享和书籍阅读服务的"一书一课"App。这款App是以一月一门课的方式，由樊登和各知识领域的知名教师、大咖联合开讲的、定制化的企业内部培训课程。

第三款是"知识超市"。"知识超市"里大多是著名的互联网行业领袖所发布的音频课程。

第四款是"樊登书店"。"樊登书店"可以线上线下结合进行书籍的销售。

第五款是"樊登渠道云"。"樊登渠道云"能够共享樊登读书会渠道资源和招商能力，是为"围绕优质商业项目和产品来快速实现全国成功招商目标"而构建的超级营销咨询、策划、推广、执行，并最终实现在全国范围内的代理商、经销商或加盟商完成招商签约的"综合一站式"服务平台。

业务拓展

樊登读书会还设立了樊登社区书店，致力于打造线上线下融合的新零售产品，满足用户的个性化需求。新零售模式是集O2O+App+移动智能终端+线下门店+跨界新零售的线上、线下于一体的商业模式，其定位为新零售模式下的社区书店，把线上引流、线下体验有机地融合，在实体店和消费者中搭建网络平台，帮助线上、线下门店相互引流，实现各利益相关者共赢。通过书店，让会员从线上走到线下，通过活动沙龙、社交化的人与人的互动服务，提供有个性、有温度的服务。

为进一步满足消费者升级的多元化需求，樊登社区书店不断更新自己的产品：除樊登读书会会员卡以外，还提供精选、精讲的书，每本书都有有声解读、音频、视频和图文；同时为经营樊登读书会的企业家会员提供零利润的高品质、高颜值的商品。此外，还为读者提供咖啡、饮品，让会员享受到咖啡会员价。设计这些产品的目的是实现"多元跨界+高品质+爆款+会员低价+社群营销"的导流，以书为切入口，但不以书为主要盈利点，主卖咖啡，以品质手工烘焙咖啡切入，培养咖啡文化，线下导流。

樊登读书会还推出了一种共享众筹模式，即会员可投资做店主，店主可自己招募门店合伙人，实现用户的创业梦想。

纵览樊登读书的商业模式探索历程不难发现，樊登读书会始终以用户需求为核心，在发现了可能的创业机会之后，先是以小规模用户为切入点，通过对核心用户的服务改进完善自身产品，当用户积累到一定规模以后，再适时推出个人版App。同时，在发现用户阅读需求日益多元化之后，樊登读书会又针对较大的细分市场推出个性化App，满足用户的个性化需求，最终实现了自身产品的不断丰富与完善。

十周年产品迭代升级之际，樊登读书会以10个问题向樊登提问。樊登在视频中提道："我们从创业的第一年开始，就琢磨着要改一个名。我希望能够起一个不带我个人标签的名字。因为樊登读书会现在的软件上已经不仅仅有我的内容。我们有非凡精读、我们有李蕾讲经典……如果让大家误以为，来这个地方只是樊登在讲书，这其实对品牌是一种束缚。"

(资料来源：作者参考相关资料编写)

思考题：
1. 樊登为什么要做读书会？
2. 樊登读书会的主要用户是谁？
3. 樊登读书会的产品原型有什么特点？
4. 樊登读书会是怎样进行产品迭代的？
5. 本案例对你有哪些启示？

7.2　用户测试

用户测试是设计思维操作流程的第五步，其作用在于评估产品与用户的契合度，包括用户行为、界面可用性和功能设计等。用户测试可提早发现设计中存在的问题，并针对发现的问题进一步优化产品设计。

7.2.1 用户测试概述

用户测试也叫可用性测试,是一个通过真实用户测试来识别产品问题的过程。用户测试可追溯到第二次世界大战,刚开始的时候,其是用来改进军事设备的。后来史蒂夫·克鲁格(Steve Krug)在他的《点石成金》(*Don't make me think*)一书中将这些方法进行了普及。现在,可用性测试的方法已经超越了军事界、学术界和企业研发实验室的范围,在更加广泛的用户测试领域得到了应用。

1. 用户测试的作用

用户测试可以验证假设,并利用真实用户的反馈发现隐藏的问题。用户测试是整个产品设计中绕不开的环节,因为只有通过有效的用户测试之后,才能消除设计阶段不可预见的问题和潜在的设计失误。但由于人工测试环境和参与的用户太少,用户测试存在诸多限制。所以,用户测试永远不会取代发布产品之后的大量用户参与和反馈带来的真实数据。

用户测试可以很好地展示产品在用户行为、界面可用性、用户期望与功能契合程度等方面的表现,在产品进入开发流程之前,发现并解决那些需求和功能设计合理性方面的问题;识别并去除那些多余的功能,节省接下来的开发成本。另外,尽早发现结构布局和交互方式等方面的问题,在接下来的迭代过程中,有针对性地优化用户体验,也可以提升最终产品的用户满意度,推动产品在市场中口碑的树立。

用户测试作为一种验证产品设计和优化产品的手段,可以在产品设计和开发流程的任意一个阶段实施。虽然国内很多公司对用户测试,特别是快速原型的测试比较陌生,但用户测试的可行性、实用性和效率都是很高的。它虽然有一定的认知和学习成本,但一旦入门就会发现它是一种非常有用的武器。

2. 用户的选择与招募

用户测试的一个前提性问题就是如何进行用户的选择与招募。

在条件允许的情况下,要尽量选择真实用户,特别是独立而无偏见的普通用户参加测试,而不是让亲朋好友、同事甚至隔壁组的产品经理来测试。在用户体验测试的时候,要注意通过观察这些用户的真实使用状况,帮助设计人员快速识别产品设计上不够直观、不够易用的部分。

对招募来的用户,在测试前一定要向其说清楚"我们并不是产品的设计者和开发者,我们只是受产品方委托来进行测试的",以免用户不好意思当面如实评价产品。另外,还要向用户说清楚,产品目前尚处于不完善阶段,因此邀请用户过来进行测试,目的是帮助发现问题和改进产品设计,而不是评价产品。

在今天的互联网公司中,小米在用户测试方面是做得比较好的。小米公司在新产品开发之初会选择典型的目标用户,让原始功能的模型机以一种更快的方式和用户接触。在产品和用户的反复接触中收集用户的使用意见,再按照用户的需求进行产品的修改。使用这样的方式不但可以服务好自己的目标用户,而且可以通过这些核心用户吸引一大批新用户。

3. 用户测试的主要方法

用户测试的方法很多,其中最常见的是由用户直接使用产品原型或产品,由观察人员记录用户的使用情况和使用后的反馈。这种测试的积极作用前面已有叙述，这里只补充它可能带来的问题。

观察者效应以及测试环境可能对被测试者造成一定程度的干扰，具体表现为用户测试时会做出一些不一样的选择，不自然地使用产品或者功能，甚至想表现得更聪明一些，等等。这些恰恰是测试不希望看到，甚至会导致测试无效的。

目前更为先进的方法是在任务的路径上埋好点，以此监测用户完成任务的流程和记录出现的问题。这种方法不但要求在真实环境下监控用户的真实行为，而且要对用户做定性访谈，访谈要尽量引导用户说具体问题，而不是用"你觉得哪个好"等客观题来获取答案。

当然，选择先进的方法时，要注意方法的实用性。例如，眼动实验虽然看似高大上，实际上不但成本高，而且很难让用户在自然的情境下做测试。再如，Think Aloud 虽然能够发现很多细节问题，但是用户教育成本过高，而且很难把握好平衡。

7.2.2 用户测试流程

1. 制定目标

没有什么事情能够一蹴而就，用户测试也是如此。它需要根据实际情况，通过制定合理的目标来确定测试范围。这个范围可以是一个功能列表，即评测产品的主要功能或本次迭代的主要功能等。例如，一款快餐外卖小程序的测试范围可能是：浏览和搜索菜单，收藏和查看，优惠券查看和使用，选择地址，选择口味、点餐和支付等。制定目标是一项系统工程，它需要考虑产品、市场、资金和人员等多种因素。

2. 编写任务

测试前需要给测试用户写一个任务列表，让他们看着这个任务列表使用产品，不需要自由发挥和现场询问，就能够把目标范围里的功能统统使用一遍。例如，上面提到的快餐外卖小程序测试目标的任务列表可能是：在菜单中找到任意一款带饮料的套餐并收藏，搜索米饭并添加到购物车，在收藏列表中找到套餐，使用新用户优惠券购买收藏的套餐和米饭，选择送餐地址，口味选择不辣，选择支付方式，等等。这个任务列表要简短到让用户一眼看懂，明确到不需要用户现场提问，但又覆盖了目标范围内所有的功能。

3. 编写问卷

任何形式的用户测试和访谈最好都附上一份问卷，一方面记录备案，另一方面有机会从用户那里获取观点和想法。如何做问卷则没有固定的标准，因为这是一个需要依据具体情况具体分析的事情。不过通常来看，其可以包括如下内容：①基本信息，如年龄、性别和职业等；②行为，如是否用过产品、使用频率、相关日常行为和生活习惯等；③动力，如愿意使用外卖平台还是餐馆小程序，怎样的优惠福利会有吸引力，等等；④态度，对评测产品和相关事物的喜好和印象，如对餐馆的印象、对快餐的喜好等；⑤技能，使用产品和设备的熟练程度，如使用手机点餐频率有多高等。

4. 招募用户

因为担心成本过高等，很多公司都不愿意做线下用户测试。其实，如果采用心理学研究方法进行体验评测,并不需要招募太多用户。尼尔森在 2000 年经过试验表明,只需要 5 名用户就能发现 80%的可用性问题,而真正重要的问题通常已经包含在这 80%之内,剩下的 20%问题一般都不会特别重要。对于大部分轻量产品的原型测试来说,5 名用户就已经足够。即使再复杂一些的产品,一般也不会超过 20 名用户。当然,招募的用户最好来自目标人群,测试方式可以是标准化测试,也可以是随机进行的测试。

5. 进行测试

招募到用户后,可以把他们约到同一天,一个一个单独见面测试,或者分组进行测试。测试过程中,至少需要一名记录员负责全程引导和观察。记录员需要做的事情有:引导用户完成任务(可以录屏/录影),记录用户任务完成情况(成功/失败),以及用户在测试中遇到问题,如找不到搜索功能、点击收藏图标后没有反应、不确定是否收藏成功、难以找到口味选项等。记录需要注意如下问题:①记录员避免与用户交谈,如果必须对话,也要避免给出任何引导性的指示;②记录问题而不是给出修改建议;③记录事实结果而不是猜测原因。

6. 统计分析

在测试完所有用户后,需要把记录写入电子表格。记录表通常包括分类和评级两个栏目,具体的分类方式和评级标准可以根据实际情况进行选择。在已有的分类标准中,比较常用的是启发式评估法。其具体内容包括:系统状态可见,系统与用户现实世界的匹配,用户控制与自由,一致性与标准化,错误预防,使用的灵活性与效率,等等。评级较多使用杰夫•鲁宾(Jeff Rubin)的可用性评级。其具体等级包括:四级,无法使用产品的某一部分;三级,难以完整使用产品的某一部分;二级,大部分情况下能够使用,但需要付出较大努力;一级,偶尔发生且容易解决,或者问题并不在产品的主要功能上;零级,不是可用性问题。评级可以由多个人一起来评,取平均数作为最后的评分。

7. 优化设计

当把任务、问题和问卷三张统计表整理出来后,就可以进入优化设计阶段了。任务统计表是用户测试的硬指标。若任务完成率低,则证明用户体验对业务转化率造成了直接影响,解决相关问题迫在眉睫。问题统计表是用户测试的主要指标,可以通过问题评级或加权问题评级(评级×发生率)排序,明确设计方案有哪些重要的体验问题需要解决。问卷统计表是用户测试的基本参数,如通过分析问卷统计表,可能发现某些问题只有某类人群会发生,那么就可以综合考虑是否需要投入成本为这类人群修改设计方案。

7.2.3 用户测试要领

用户测试是整个产品设计中最重要的环节,因为只有进行有效的测试之后,才能消除设计阶段不可预见的问题和潜在的设计失误。但在真实的产品设计过程中,许多公司的用户测试环节并没有真正发挥作用。究其原因,对用户测试的理解不到位是最大的问题。因此,有必要在对用户测试流程有整体了解之后,再重申用户测试特别需要注意的一些问题。

(1) 用户测试要尽早。可以在效果图和初级原型阶段开始测试,你需要向用户解释明白你所提供的东西是什么,以及他们需要做什么。用户测试开始得越早,修改和调整就越便捷。

(2) 明确测试目标。 在开始向被测试用户提问之前，先问问自己"我需要通过这个测试来弄明白什么事情"。用户测试的目标应该是非常明确的，不要问与目标无关的问题。

(3) 设计是个动态的过程。 产品设计是一个需要不断反馈调整的动态过程，在这个过程中，需要定期进行用户测试，从用户那里获得信息反馈，这是用户体验设计的核心。

(4) 多问开放性问题。 要多向用户提开放性问题，其好处在于答案并不固定，你可能会从这些答案中找到你从未想到过的东西，真正从用户的反馈中获取有用的信息。

(5) 多问几个为什么。 在测试过程中，不要满足于用户看起来真诚的回答。要思考用户为什么会这样认为，要通过进一步追问了解用户的真实想法。

(6) 观察用户行为。 在测试过程中，用户的回答和反馈有时候并不足以反映全部的情况。在一些情况下，用户的回答甚至是违心的，但其行为是不会骗人的，要注意观察用户的行为。

(7) 追求质量而非数量。 许多公司认为，用户测试耗费时间且成本高昂，所以能省则省。其实，用户测试并不一定要找很多人，如果测试准备充分，5 名测试用户就能揭示产品 80%的可用性问题。

(8) 不要试着一次解决所有的问题。 产品开发是一个逐步完善的过程，在这个过程中要不断进行用户测试，每次测试都集中解决几个最重要的问题。通过一次测试了解和解决所有问题是不可能的。

(9) 让整个团队都参与用户测试。 让团队所有成员都参与用户测试，可以使大家清楚用户的实际需求，并同用户产生情感共鸣。这不仅有利于统一团队的思想，而且有利于解决用户提出的问题。

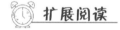

扩展阅读

扩展阅读 7-4
知道不，你掉进了一个叫作
"用户思维"的陷阱

扩展阅读 7-5
实现突破性创新，只需 5 步

扩展阅读 7-6
看看这八大误区，你可能
根本不懂什么叫用户洞察

案例分析

小米的产品开发与用户测试

2023 年 2 月，雷军在小米投资者日上提到了小米造车的未来目标：争取 15～20 年内进入世界前五。雷军称，如果智能电动汽车消费电子化，那么必然就会遵从消费电子行业的规律，到 15～20 年后进入成熟期，全球前五的品牌必将手握 80%以上的份额。也就是说，只有最终进入全球行业前 5，做到年出货 1000 万台以上才有意义。小米造车未来是否有机会赢得 5 张"终极船票"中的一张？雷军表示，小米在国内拥有数以千万计的忠实粉丝和用户，他们当中只要有 1%的人愿意给小米一个机会，小米汽车就可以获得一个梦幻般的开局。

以用户为中心

北京小米科技有限责任公司成立于 2010 年 3 月 3 日。公司成立之初，因为其独有的产品开发模式、独特的营销方式、新颖的运营方式、销量的几何式增长，引发了业界的强烈关注。早在 2012 年，小米手机出货量就已达到 719 万台，销售额达 140 亿元，当年成为国内市场第二大的手机商。2018 年 7 月 9 日，小米在香港主板成功上市。

小米商业模式有三大关键因素——产品开发、运营模式和营销方式。其中，产品开发环节更是充分体现了小米的创新精神。小米公司用互联网思维开发产品，采用了"自有设计团队+生产外包"的方式，简化中间环节，强化用户体验，聚集了大量忠诚的"米粉"用户。

传统的产品研发与设计多是在详细的市场调研和数据搜集之后进行，具有较大的时滞性和主观性。小米的产品开发在成立之初就有着明确的市场导向，瞄准用户痛点开发产品，从用户需求出发设计产品，听取用户建议优化产品。

小米的"以用户为中心"的产品理念呈现出"快、准、狠"的特点。"快"主要体现为小米对用户需求的及时响应；"准"体现为小米对用户需求痛点的准确把握；"狠"则体现为小米产品的极高性价比，不给竞争对手留下价格空间。

瞄准用户痛点

产品开发设计首先要准确把握用户需求痛点。关于如何寻找痛点，小米用户体验总监唐沐有两条内部心法：第一，要把自己变成超级用户。第二，要让用户参与产品的设计。让用户参与产品的设计理念从小米诞生的第一天就秉持至今。

2010 年小米做第一款产品 MIUI(小米手机软件平台)系统时，从多个论坛里筛选出 100 个极客级别的用户，与研发工程师团队互动交流，参与 MIUI 操作系统的研发，在此基础之上建立了小米社区。2011 年 8 月 1 日，小米社区正式对外上线。经过几年的发展，小米社区已经成为"米粉"的大本营，主要有"资讯""论坛""酷玩帮""随手拍""应用""爆米花""同城会"等几大板块。

小米要求产品经理、工程师养成泡论坛、接触用户的习惯，把测试系统和管理系统与社区联系在一起，并赋予产品项目组足够的自主权，通过社区用户的参与和产品项目的对接，让一线的产品经理和开发工程师面对用户，真正抓住用户需求，并在第一时间响应。

用户参与开发

2010 年公司创立之初，为了让用户深入参与产品研发过程，小米就设计了"橙色星期五"的互联网开发模式，核心是 MIUI 团队在论坛和用户互动，收集用户需求，系统每周更新，让用户实实在在感受到自己的参与给产品带来的改变。

除了工程代码编写部分，其他产品需求、测试和发布等各个环节，都开放给用户参与，真正做到了用户的全程参与。除通过论坛沟通获取用户反馈以外，小米的新产品还会通过"酷玩帮""应用"等板块进行测评，通过众多用户的公测、使用、评测、反馈等环节，帮助小米工程师找到更多的提升空间，不断地优化产品功能和用户体验。

通过这样的用户参与测评机制，MIUI 收获了好口碑和增长速度，为后来小米手机发布打下火爆的用户基础。但这种模式必须以用户的积极参与为前提，为增强用户参与积极性，小米通过线上线下一系列互动活动，增强其用户黏度，真正把用户变成了自己产品的设计者、改进者、推广者。

"米粉"特殊待遇

根据用户在小米社区活跃程度、反馈问题数量、回帖数量的不同，小米赋予用户不同的等级称谓，同时，用户可以得到米粒、金币等奖励。用户可到金币商城兑换实物以及抽奖，高等级的用户还有机会得到小米最新产品的试用权，有机会与小米一线的工程师做更深入和频繁的沟通，加入"米粉"顾问团队，甚至加入小米成为正式员工。

除线上活动以外，小米还举办了丰富的线下活动。例如，小米官方组织的大型"米粉"线下见面活动——"爆米花"，该活动每年举办几十场，每年还会举办一次爆米花年度盛典，是小米公司表彰"米粉"的大型颁奖活动。"爆米花"由用户确定线下活动地址、设计现场活动内容。还有由各地用户自发组织的线下"米粉"聚会活动——"同城会"。线下的小米之家也成为各地"米粉"的线下活动据点，"米粉"不时会在这里举办各种类型的联谊和交流活动。

关注用户体验

继手机采用互联网产品开发模式获得成功之后，小米又将这种模式成功复制到生活用品的开发之中。2017年4月，小米推出"小米有品"线上生活用品购物平台，其依托小米生态链体系，用小米模式做生活消费品，主要涵盖家居、日用、餐厨等品类。

小米有品的消费群体分为两部分：一部分是过去对小米智能硬件感兴趣的发烧友，另一部分则是非智能硬件发烧友。硬件发烧友中，男性占据相当比例，这不同于其他精品电商平台女性用户居多的情况。因此，小米有品在产品上一直走的是高品质、性价比路线。

随着群逐步从男性扩展到女性，小米有品要做的事情是寻找到女性用户对产品的期待。为此，小米有品将手机时代的用户测试模式再次创新，引入了众筹模式。小米有品的众筹承担了对用户爱好的摸索，通过众筹，小米有品可以掌握女性个性化需求更进一步的数据。

2022年11月，第十届中国用户体验峰会在成都举行。小米科技有限责任公司手机相机部总经理易彦在会议中分享了自身关于手机影像体验提升的思考。会后，易彦在接受中国财富网专访时表示，围绕手机影像体验的提升，首先要明确未来手机影像体验的主导权还是在人，而非机器和算法主导的"同质化"审美。

"小米是一家以用户为中心的科技公司，它的使命就是始终做感动人心、价格厚道的好产品，让全球每一个人都能享受科技带来的美好生活。"易彦说，小米始终坚持和用户交朋友，想用户所想、急用户所急，频繁并及时倾听用户声音，精准锁定目标用户的诉求和期望，为产品的最终良好用户体验保驾护航。

(资料来源：作者参考相关资料编写)

思考题：
1. 怎样理解小米的以用户为中心？
2. 小米的用户参与了产品开发的哪些过程？
3. 用户测试在小米产品开发中扮演什么角色？
4. 小米为什么关注用户体验？
5. 本案例对你有哪些启示？

7.3 产品开发

产品开发是指从研究选择适应市场需要的产品开始,到产品设计、工艺制造设计,直到投入正常生产的一系列过程。在前面几章中,我们已经以设计思维的五步流程为主线,探讨了产品开发的前期内容,这一节将以精益创业理念为基础,以 MVP 开发和产品迭代为抓手,对产品开发的后期内容进行简要介绍。

7.3.1 精益理念

精益理念起源于日本丰田公司的精益生产方式,后经埃里克·莱斯(Eric Ries)在创业领域的创新性应用,形成了在世界范围内具有广泛影响力的精益创业方法论。精益理念的核心观点是:在高度不确定条件下,以小步试错的方式,在为顾客创造价值的同时,也为企业创造利润。目前,精益思想已由最初的汽车生产领域拓展到产品开发、设计、销售、服务等其他业务范畴。

1. 精益生产

精益生产是衍生自丰田生产方式的一种管理理论。20 世纪 60 年代以来,众多知名的制造企业在全球范围内对丰田生产方式的研究和推广促使精益生产成为在世界范围内具有广泛影响力的管理理论。

20 世纪初,从美国福特汽车公司创立第一条汽车生产流水线以来,大规模的流水线作业一直是现代工业生产的主要特征。大规模生产方式是以标准化、大批量生产来降低生产成本和提高生产效率的,但这种方式在 20 世纪初的日本却并不适用。

20 世纪初的日本,虽然经过明治维新的推动,在经济建设方面有了一定的发展,但是在汽车工业领域,依然无法像美国那样进行大规模流水线生产。资源稀缺和多品种、少批量的市场制约迫使丰田公司不得不采用精益生产方式。

精益生产方式的基本思想可以用一句话来概括,即 just in time(JIT),翻译为中文是"在需要的时候,按需要的量,生产所需的产品"。因此,有些管理专家也称精益生产方式为 JIT 生产方式、准时制生产方式、适时生产方式或看板生产方式。

精益生产是通过系统结构、人员组织、运行方式和市场供求等方面的变革,使生产系统能满足用户需求不断变化,并能使生产过程中一切无用、多余的东西被精简,最终达到包括市场供销在内的生产各方面效果最优的一种生产管理方式。

1990 年,沃麦克(Womack)和鲁斯(Jones)将精益生产定义为"以尽可能少的人力、空间、资金和时间创造出尽可能多的价值"。1996 年,他们又对精益生产中所包含的管理理论进一步归纳,从而使其由生产操作层面上升到企业经营的战略层面。同年,他们发表了《精益思想》一文,他们在论文中写道:"所谓精益思想,就是根据用户需求定义企业生产价值,按照价值流组织全部生产活动,使要保留下来的、创造价值的各个活动流动起来,让用户的需求拉动产品生产。"

2. 精益创业

精益创业是由硅谷创业家、IMUV 联合创始人埃里克·莱斯在其 2012 年 8 月出版的《精益创业》一书中首度提出来的。目前，她提出的精益创业理念已经被《纽约时报》《华尔街日报》和《哈佛商业评论》等多家媒体报道，并成了在世界各国具有广泛影响力的创业方法论。

精益创业的名称和许多概念都来源于丰田的精益生产，只是在创业这个背景下对这些概念进行了改造和拓展。精益创业强调新企业开发出的产品不仅是顾客想要的，而且是顾客愿意尽快付费购买的。

精益创业理论的核心思想可归纳为"构建—测量—认知"反馈循环。新创企业的基本活动是把想法转化成产品，衡量顾客的反馈，然后根据反馈决定是改弦更张还是坚定不移，所有成功的新创企业的流程步骤都应该以加速这个反馈循环为宗旨。

精益创业的基本逻辑是：从一个想法开始，快速开发具备最小功能的原型产品，然后通过用户测试获得反馈，进而快速完善想法，通过多次迭代，最终创造出符合用户需求的产品。精益创业的突出优势如下。

(1) 快速。精益创业模式下，所有的创新行为和想法都必须在最短的时间里呈现出来，抛弃一切暂不重要的其他功能，把极简的功能展现给客户，无论成功还是失败，都能够以最快的速度知道结果。

(2) 低成本。过往"十年磨一剑"式的长期研发，其最终成果推出后，有可能发现花费了大量人力、物力和时间所开发出的产品并不是客户所需要的。精益创业所采用的"频繁验证并修改"的策略确保不会在客户认可之前投入过高的成本。

(3) 高成功率。虽然创新充满风险，成功系数低，但也不是没有规律可遵循。按照精益创业的模式，从 MVP 出发，通过持续的"测试—调整"以及快速迭代，创新的成功率能够大大提升。

3. 精益画布

精益画布是阿什·莫瑞亚(Ash Maurya)根据商业模式画布改良而来的，如图 7-1 所示。精益画布可以说是早期创业者的作战图，它已经在硅谷被众多创业公司使用。

【1.问题】	【4.解决方案】	【3.独特卖点】	【7.竞争壁垒】	【2.用户细分】
客户最需要解决的三个问题	产品最重要的三个功能	用一句简明扼要但引人注目的话阐述为什么你的产品与众不同，值得购买：	无法被对手轻易复制或者买去的竞争优势	目标用户、客户
产品的商业目标	【6.关键指标】 应考虑哪些东西	一句话描述你的产品	【5.渠道】 如何找到客户？如何推广	
【8.成本分析】 争取客户所需花费、销售花费、网站架设费用、人力资源费用等			【9.收入分析】 盈利模式，收入，毛利	

图7-1 精益画布

使用精益画布可以使创业者更加聚焦，从而让企业建立在一个扎实的基础之上。精益画布的填充具有一套严格的顺序要求，而按照顺序填充精益画布的过程，也是不断完善精益创业商业模式的过程。

(1) 问题。分析一款产品，首先要知道它可以解决什么问题。为此，请先列出三个客户最需要解决的问题，从而确定该产品的商业目标。无论是规划自己的产品还是分析竞品，找到痛点都是重中之重。只要能够满足人性深处最原始的需求，就一定会有用户。

(2) 用户细分。只有把握住用户范围，才能有针对性地解决痛点。一个项目可能会影响很多人，用户只是其中一部分，核心用户是重中之重。对核心用户进行分析，收集他们的信息、背景及痛点等，就能清楚产品需要解决的问题。

(3) 独特卖点。一种产品不同于其他产品的地方就是独特卖点，分析产品的独特卖点可以从两个方面入手：一是在竞品分析的基础上思考这款产品的优势是什么，用户为什么买它。二是从客户问题入手，这款产品可以解决客户什么样的棘手问题。

(4) 解决方案。有了痛点和卖点，就需要通过创新激发寻找产品的解决方案。解决方案是决定产品走向的重要环节，它具体表现为产品的功能及产品功能的实现方式。在新产品开发过程中，可以学习借鉴已有产品的成功经验。

(5) 渠道。绝大多数产品的成功都需要后期的推广与运维。渠道分析的作用在于了解产品的推广方式，解决如何找到用户和如何推广的问题。例如，滴滴成立之初，没有人使用滴滴产品，它依靠员工线下逐个司机的介绍和宣传，才积累起了自己的用户群。

(6) 关键指标。产品上线后的运行情况需要一定的指标进行衡量，而设置哪些指标需要斟酌。通常情况下，要根据产品生命周期的不同阶段，设计与之相对应的指标。因为产品不同阶段的指标能够有效地衡量该阶段产品的进度以及用户使用情况。

(7) 竞争壁垒。产品想要在一段时间内不被模仿和超越，就要形成自己的壁垒。例如，产品所需资金成本高，技术难度大，模仿成本高，或是具有专利在手，其他企业想要进入需通过专利授权等。

(8) 成本分析。降低成本是任何一款产品都需要做的事，除了固定的人员工资以外，产品在开发与推广的过程中应该尽可能降低成本。例如，在产品开发初期，可先通过成本较低的方法，验证产品是否被用户需要，通过学习借鉴尽量少走弯路等。

(9) 收入分析。有了一定的用户基础后，则需要考虑盈利的事情。没有盈利模式的产品，最终会迷失自己。成功的盈利模式很多，好的产品也有很多值得借鉴之处，但要打造高收入的产品，还必须有自己独特的盈利模式。

7.3.2 MVP开发

MVP作为精益创业理论中的核心概念，指在产品设计和开发当中只具备最基本功能的产品，用于验证创业团队的商业假设，并能够为产品及其后续开发提供足够且有效的研究基础。

1. 概念界定

MVP概念最早是由弗兰克·罗宾逊(Frank Robinson)提出来的，旨在解决产品开发，尤其是产品初次发布中的问题。在很多产业中，减少产品功能会让开发、测试和生产成本大幅降低。

因此，将产品功能简化，会让投入和产出的比例更加合理。

目前，有关这个概念较为普遍的界定是：MVP 是指将创业者的创意用最简洁的方式开发出来，它可以是产品界面，也可以是能够交互操作的胚胎原型。MVP 的最大好处是：能够直观地被客户感知到，有助于激发客户的意见。

运用 MVP 这一概念的目的在于降低成本和节约资源。这一概念的核心包括两个方面：只需要最基本的功能，MVP 针对早期忠实用户。因此，MVP 需要鉴别用户痛点，了解用户最基本的需求，以及有针对性地决定开发哪些功能。

MVP 的表现形式多种多样，包括静态页面、伪装型按钮、视频、截图、PPT 和邮件、原型产品等。埃里克·莱斯认为开发 MVP 是为了让企业花最少力气，用最短的开发时间，经历一次完整的"开发—测试—认知"循环。

2. 开发过程

MVP 可以是制作和销售产品的策略，也可以是在创意产生阶段、产品原型阶段、产品演示阶段或产品展示阶段运用的概念。MVP 的显著特点是：体现项目创意、能够测试和演示、功能极简、开发成本最低甚至是零成本。MVP 的开发包括以下三个步骤。

(1) 挖掘用户痛点。用户痛点是指用户对产品或服务的原始需求或原本期望没有得到满足，由此产生期望落差且有待解决的一个问题。在产品开发过程中，准确挖掘用户痛点是企业把握用户需求，真正做到以用户为中心的重要基础。挖掘用户痛点的方法主要有深度访谈、参与式观察和头脑风暴法等。

(2) 提出产品创意。产品创意是创业团队根据自身的核心价值观，对未来企业前景和发展方向的一种期望或定位，它是由创业核心团队成员经过多次探讨、深入分析，并最终达成共识的想法。在创业之初，企业都需要将产品创意进行具体细化，并在特定的市场环境下，以最快的速度投入一个能够代表细分市场的最小化实体呈现。

(3) 形成初始产品方案。最小可行性产品方案是项目团队在调研、分析、搜集与整理相关信息的基础上，根据特定要求形成的用于开发 MVP 的计划指南。MVP 的设计包括两个方面："最小化"，即产品功能最简；"可行"，指产品紧扣市场需求，经济上可盈利，技术上可实现，资源条件具备，社会制度能够接受。

3. 开发要领

(1) 理解 MVP 的本质。MVP 起初虽然只是一种测试各种假设的手段，但是发展到今天，其根本目的并不是测试产品在技术层面是否可行，而是验证该产品是否能解决实际问题，是否有人愿意花钱购买，即从根本上判断要不要做这个产品。

(2) 理解 MVP 的多样性。MVP 类型多样，各不相同。虽然从字面上理解，MVP 应该是一个可以销售的产品，但在企业生产实践中，它却是一个与"原型"很难区分开来的概念。从模糊关键词测试、产品原型到卖给早期用户的极简产品，都被称作 MVP。

(3) 突出 MVP 的功能性。不论哪种类型的 MVP 都应具备最基本的功能。从 MVP 的呈现形式上看，其应该让用户很方便地体验到这种功能的实现方式。功能是产品存在的底层逻辑，一款产品是否有用和是否好用，关键要看它是否具备相应的功能。

(4) 重视 MVP 的质量。MVP 因为初期的低成本、快速而受到许多公司的追捧，但这些公司却忽视了MVP的潜在成本。对于低质量的MVP，若在迭代改进上的时间和精力花费较多则是非常恐怖的。这里要注意一个问题：MVP虽然是一个低成本的策略，但不意味着不讲质量。

7.3.3 产品迭代

产品迭代是针对客户反馈意见以最快的速度进行调整，将新功能融合到新的版本中。互联网时代，速度比质量更重要，客户需求快速变化。因此，不应追求一次性满足客户的需求，而是通过一次又一次迭代不断让产品的功能丰满。

1. 迭代概念的界定

迭代是一个重复反馈过程的活动，每一次迭代的结果都会作为下一次迭代的初始值，从而不断逼近目标或结果。换言之，迭代就是重复执行一系列运算步骤，从前面的量依次求出后面的量的过程。

迭代本源于一种数学求解。在一般的数学计算中，大多是一次解决问题，称为直接法；但问题复杂，需要考虑很多未知量时，直接法方向错了就可能永远无法给出答案。这时，迭代法就发挥功效了。迭代从一个初始估计出发，寻找一系列近似解，发现一定的问题求解区间，从而达到解决问题的目的。

开发一个产品，如果不太复杂，会采用瀑布模型，简单来说就是先界定需求，然后依次构建框架、写代码、测试，最后发布产品。这样，直到最后发布时，大家才能见到一个产品。这样的方式有明显的缺点，即如果我们对用户的需求判断错误，几个月甚至是几年的工作就白干了。

迭代的方式就有所不同，假如这个产品要求6个月交货，建议在第一个月就拿出一个MVP。客户体验产品后，会提出他们的修改意见，这样就可以知道自己距离客户的需求有多远。根据客户的反馈，在先前基础上进一步改进，然后拿出一个更完善的产品来给客户，让他们提意见。如此反复，直到最后拿出让客户满意的产品。

可见迭代开发就是由于市场的不确定性高，在需求没被完整地确定之前，开发就迅速启动。每次循环不求完美，但求不断发现新问题、迅速求解、获取和积累新知识，并将系统的一部分功能或业务逻辑做成MVP交付领先用户，通过他们的反馈来进一步细化需求，从而进入新一轮迭代，不断获取用户需求、完善产品。

循环迭代式的开发特别适用于高不确定性、高竞争的环境，也适合分布在全球的不同企业、不同开发小组之间的合作，其本质是一种高效、并行、全局的开发方法。例如，谷歌的开发战略就是这种"永远Beta(测试)版"的迭代策略：没有完美的软件开发，永远都可以更好，永远在更新或改善功能。

2. 迭代开发的原则

(1) 问题先行。学者托姆科(Thomke)与藤森(Fujimo)认为，如果在开发与测试阶段才建立模型，发现问题与解决问题所需的金钱和时间成本可能非常高。如果"问题先行"，也就是将问题的确认和解决移转到产品开发流程的早期，将会提高开发绩效。

李开复经常提一个关于自己的例子:在 SGI(硅谷图形公司)负责多媒体研发业务时,他由于沉迷于酷炫的 3D 浏览器技术,忽视了用户,导致自己的部门被出售,100 多名员工失业。他因此陷入抑郁,最后不得不接受心理辅导。李开复犯的错误就是技术至上,忽视了用户需求这个产品开发的核心问题。

提前发现问题并解决问题可降低成本,提高产品开发的绩效。苹果在开发 iPhone 的过程中,乔布斯举起放在口袋中被划伤的 iPhone,愤怒地说:"我们产品的屏幕是不允许这样轻易被划伤的,我要换防划玻璃屏幕,我要在 6 周之内让它变得完美。"苹果开发团队开始去找不易被划伤的玻璃,并很快发现了康宁的微晶玻璃技术。

事实上,康宁的微晶玻璃技术曾于 20 世纪 70 年代应用于汽车玻璃,终因成本太高而被打入"冷宫"。当乔布斯提出制造 1.33 毫米厚度的高强度玻璃的想法后,康宁迅速组织团队,改善玻璃生产工艺,大猩猩玻璃由此诞生。与李开复的例子相反,乔布斯采用的是"问题先行",而不是技术先行,即首先解决手机屏幕易被划伤这个问题。

(2) 快速试错。李开复经营创新工场的逻辑是:"先向市场推出极简的原型产品,以最小的成本和有效的方式验证产品是否符合用户需求,然后结合需求,迅速添加组件。"这正是迭代创新中快速试错的思路。如果产品不符合市场需求,最好能"快速而廉价地失败"。

从学习的角度看,在没有任何蓝图可循的时候,与频繁的试错能够创造更多反应机会一样,开发者通过测量可以检验各种因果关系,提升学习效果。通过尝试不同的设计,在产品各种参数的敏感度和设计的稳健度上,开发者获得对产品的直观理解。因此,多次迭代的实践学习方式比那些缺乏参与、侧重认知策略的学习方式开发产品速度会更快。

多次迭代可以使设计团队快速获取经验;迭代也将灵活性植入开发过程,使开发团队的认知能力随着新的信息而变化。当见证了很多次迭代后,设计团队就不会倾向于过分依赖某一种特定的变化,而是根据环境的变化进行调整。这样,迭代的试错反而会提高开发团队的信心和成功概率,加速设计的进程。

(3) 微着力和微创新。德国创新学者冯·希佩尔(Von Hippel)提出黏滞信息的概念,认为信息在不同的个体中转移的时候会存在黏滞,或者说,要多付出成本。在新产品或服务的开发中,一开始存在两种信息:第一种是需求信息,这类信息由用户提出;第二种是解决方案信息,这类信息由开发者在一开始提出。

要让开发者的解决方案无限接近用户的需求信息,迭代试错是低成本、快速地捕捉到用户需求的好方式。尤其对于一些深藏于用户内心深处的隐秘需求,用传统的调研方式可能很难奏效,而让用户体验测试产品,则更可能由用户反馈发现用户的真实需求。

迭代试错要挖掘出用户的隐秘需求,需要的不是颠覆性的大创新,而是微创新。开发团队可以先根据用户特征开发出符合基本要求的测试版;然后交付给领先用户在模拟环境下测试,从而证实其功能和用户需求的准确性。

如果两者的匹配不是很理想(通常都不是很匹配),就需要对需求信息和解决方案信息的位置进行再次修正、再次匹配。这个循环迭代的过程不断重复,直到获得可接受的匹配度。可见,微创新在从产品定义到生产上线的周期中扮演着非常重要的角色。

(4) 和用户一起狂欢。迭代开发还意味着亲民的用户关系——让用户参与研发过程,在体验参与中树立品牌与影响。在社交网络时代,用户参与战术既是产品开发要素,也是产品营销的重要策略。

小米联合创始人黎万强总结，小米的主战场是社会化媒体渠道。"小米跟很多传统品牌最大的不同是：和用户一起玩，不管是线上还是线下，每次产品发布的时候，我们都在想，怎样让用户参与进来。"

小米从手机硬件到 MIUI 开发的每次迭代都有用户的热情参与。一方面，核心用户对于小米的测试版产品提出很多重要的反馈意见，承担了小米产品的大部分测试职能；另一方面，在这个过程中，小米核心用户由于很强的参与感和受尊重感而对小米更加忠诚，其中一些意见领袖影响了更多普通小米用户。

也就是说，用户参与迭代开发，同时是外部创意开发、产品测试、产品营销的过程。这也是互联网企业能通过迭代减少产品交付周期的原因。另外，为了吸引更多用户，小米将硬件以接近成本的价格销售，并更快地迭代，通过软件增加用户的黏性，在增值服务上建立商业模式。

传统的营销成本占总销售额的 20%，渠道成本占 15%～20%，但通过粉丝经济，小米可以将这两项费用降到 1% 以内，从而给用户更低的价格、更好的体验，将每一次产品迭代过程变成与用户一起狂欢的过程。

3. 迭代开发的策略

产品迭代大致分为产品迭代方向、产品功能体现两部分。任何产品都有其生命周期，这个周期可大致分为初创期、发展期、成熟期和衰退期。下面将针对不同生命周期的产品，谈一下它们的迭代和开发策略。

(1) 初创期产品迭代开发。初创期产品迭代的特点是快速验证方向，因此可以暂时不考虑产品的细枝末节，只关注核心功能。在初创期，要明确产品的核心价值和特点，列出产品多端涉及的角色，以及通过什么唯一功能做关联。

(2) 发展期产品迭代开发。进入发展期，说明产品在市场上存在价值，这时候又可以分为两个阶段：功能优化完善期和初步变现尝试期。在发展期，要通过不断迭代，明确产品的功能，以及对产品进行持续优化。

(3) 成熟期产品迭代开发。进入成熟期，说明产品已经取得不错的成果，可以从原领域向相关领域扩展，扩展方向可以分为纵向和横向，扩展依据是用户的使用反馈及公司的发展定位。

(4) 衰退期产品迭代开发。在进入衰退期后，产品迭代的重点是形成良好的回退机制。这里首先需要提前通知产品各利益方，对相关赔偿进行说明，同时要做好产品的数据备份或者数据迁移，此外还需要明确下一个准备打造的产品。

扩展阅读

扩展阅读 7-7
创业公司，精益比
极致更重要

扩展阅读 7-8
创业类型解析|
假设驱动型创业：
用精益思想开展创业

扩展阅读 7-9
创业行为|参验：迭代创新的
关键

案例分析

B站的MVP开发与产品迭代

哔哩哔哩(NASDAQ: BILI; HKEX: 9626)，英文名称: bilibili，简称B站，是中国年轻一代高度聚集的文化社区和视频网站，于2009年6月26日创建。2018年3月28日，B站在美国纳斯达克上市。2021年3月29日，B站在香港二次上市。2022年9月29日，港交所官网显示，B站在香港联交所由第二上市转为主要上市，并于10月3日正式生效。

"小破站"的诞生：用爱发电，哔哩哔哩

2007年6月，一个名为AcFun的视频网站横空出世，AcFun取意于Anime Comic Fun，简称"A站"。A站以视频为载体，逐步发展出基于原生内容二次创作的完整生态，拥有高质量的互动弹幕。

随着二次元的进军，A站的势力板块也越来越庞大，金钱财富疯狂地涌入。可惜好景不长，由于用户的暴增且来源繁杂，A站逐渐在服务器负荷和内容把控上都失去了控制，各路"三教九流"之势的出现，也打击到了网站骨干力量(UP主)的士气。

这时，一直"卧底"于A站的徐逸，盯准AcFun宕机这个机会，建了一个叫Mikufans的小站。2009年6月26日，他在杭州一间小小的办公室里，重启了自己的网站，并将其改名为bilibili，简称"B站"。

哔哩哔哩源自超电磁炮拥有者御坂美琴发电的声音，在动漫作品《魔法禁书目录》中，"炮姐"御坂美琴的外号就是bilibili。因为站长bishi很喜欢"炮姐"，改名时就直接改成了bilibili，这样就有了后来的B站。

B站的成长

徐逸最初只想建立"一个动漫极客平台，一个可供大家吐槽的优秀地方"，但其社区潜能，即区别于传统视频网站的两个特质——ACG(animation，comic，game，动画、漫画、游戏)垂直圈层与弹幕功能成了B站扩张发展的重要因素。

以在国内尚属小众的二次元为切口，B站吸引了大量ACG爱好者。与此同时，大量A站用户因弹幕环境恶化、服务器不稳定等问题，也纷纷流向B站，让基于ACG的垂直圈层进一步扩大。在发轫于ACG内容的二次元垂直社区初具规模后，B站以用户沉淀和内容补充对社区进行了加固。

在用户沉淀上，B站用独特的会员制度沉淀核心用户。2014年以前，B站要求用户答题并获得60分以上才能注册会员，题目大多植根于二次元社区文化。此后B站开放全面注册，但在注册会员与正式会员之间划分明显界线，以保证核心用户的社区身份认同。

在内容层面，早期饱受版权之争困扰的B站决定推行番剧版权化。2011年B站引进*Fate/Zero*，此后开始持续采购日本新番，并将之作为B站延续至今的内容填充策略。在新番之争中，B站共取得23部播放权，其中17部为独播。日漫采购模式为B站满足用户需求、强化二次元社区属性提供了必要的内容支撑。

除此以外，B站在推动社区扩张与保证自身气质不受损之间，为内容找到了新的平衡点。首先，它用核心内容满足社区用户需求，使用户基于内容建立联系，形成高黏度垂直社群；其次，围绕用户喜好试探内容边界，找到新的内容品类，吸引潜在用户加入社区；最后，基于上述循环使社区不断扩张，形成稳固的多元文化社区生态。

B站的扩张

基于ACG内容沉淀出忠实用户群体，B站在社区的整体调性上有着强烈的二次元倾向，国产原创动画无疑是最贴合二次元社区属性、直击用户需求的PGC新品类。当视频平台频繁参与新番版权竞争时，B站开始思考新番采购模式的商业回报率，寻找新的二次元社区支撑点。《狐妖小红娘》《画江湖之不良人》《那年那兔那些事儿》等优质国创的涌现吸引了Z世代(新时代人群)的目光。热烈的用户讨论和海量的自制视频，让B站看到了国创崛起的可能性。

从2015年开始，B站陆续投资了戏画谷、绘梦动画、中影年年等多家动漫公司，此后又联合绘梦动画成立了动画制作公司哆啦哔梦。在用投资锁定中下游产能的同时，B站回溯至产业链上游，就内容源头与晋江达成合作，取得多个头部作品的动漫与游戏授权。

仅靠二次元内容无法支撑B站持续扩张，但枉顾社区调性的野蛮扩张只会招致损害。为此，B站基于用户群体的潜在需求，用非二次元向的优质内容软化"次元壁"。

在众多非二次元内容品类中，纪录片在B站的流行有先天优势。首先，纪录片爱好者本就存在于社区中，只是缺乏优质内容而未形成聚合，B站的自制纪录片则为其提供了形成垂直社群的内容支撑。其次，对B站而言，纪实类内容既能满足用户的精神需求，又不会因过度娱乐化而影响内容生态，风险性较低。

自《我在故宫修文物》爆红以后，B站从各渠道引进的纪录片命途迥异，但自制纪录片大多有着不错的反响：《人生一串》第一季播放量达5514.3万，《历史那些事》第二季还未上线就已有8.8万人追番，热播的《宠物医院》评分高达9.7分。

聚焦用户、小切口、低成本的内容生产模式，也被B站应用于对网络综艺的挖掘，2016年推出的网络综艺《故事王StoryMan》就取得了单集最高播放量259万、总播放量3521.5万的优质数据。相比之下，B站的自制网络大电影却成为用户为其敲响的警钟。2019年2月，B站首部自制网络大电影《翻滚吧大魔王》上线后，罕见地遭遇了全站差评，被打上"中二至极""小学生剧本"等标签，饶是二次元根基深厚的B站社区也表现出强烈的抗拒。

B站早期是一个ACG内容创作与分享的视频网站。经过10年多的发展，B站围绕用户、创作者和内容，构建了一个源源不断产生优质内容的生态系统，已经涵盖7000多个兴趣圈层的多元文化社区，曾获得QuestMobile研究院评选的"Z世代偏爱APP"和"Z世代偏爱泛娱乐APP"两项榜单第一名并入选"BrandZ"报告2019最具价值中国品牌100强。

B站的特色

B站最大的特色是悬浮于视频上方的实时评论功能，即弹幕。这种独特视频体验，让基于互联网的即时弹幕能够超越时空限制，构建出一种奇妙的共时性的关系，形成一种虚拟的部落式观影氛围，让B站成为极具互动分享和二次创造的潮流文化娱乐社区。

B站会员曾有过这样的感慨："因为有'弹幕护体'，看视频时不再孤单。哪怕是隔着屏幕，捕捉到熟悉的UP主也很开心。从线上的拜年祭，到线下的BML和漫展，再到纽约广场上的宅舞……一点一滴汇集起来的就是属于我们的奇迹。"

B站内容生态的核心始终是UGC内容，其中又以UP主自制内容为主。此外，B站还根据用户喜好挖掘新的内容方向，以扶持、激励等方式，鼓励UP主在PUGV(专业用户制作的视频)

内容上产出，强化社区活跃度，构建"UP主—内容—用户"关系链。

B站当下的内容布局围绕一个目标进行，那就是满足年轻人的成长需求。B站相比其他平台最大的优势莫过于理解年轻人，能够伴随年轻人成长，并深入其生命中的各种生活碎片。综艺节目是最能体现B站制作思路的原创内容品类。近年来，B站取得成功，并能够持续推出续集的综艺，本质上都是牢牢抓住了年轻人的所思所想。

"当我们打开B站热门排行，我们会发现这里每天发生的是一个年轻人毕业踏入职场，或者第一次自己租房，或者第一次买车，第一次装修，又或者踏入婚姻。一个新的生活画面在缓缓打开，着急又笨拙地表达着自己的需求。只要人的成长不会倒退，那么满足这些新需求的商业机会就永远存在。"B站副董事长兼COO李旎说。

2022年12月27日下午，B站在上海举办了2022 AD TALK营销伙伴大会，大会的核心议题就是B站2023年内容片单。梳理这份片单不难发现，无论是综艺、纪录片、影视剧或国创，还是各个节点大事件，B站主要的内容布局都正在围绕一个目标进行，那就是满足年轻人的成长需求。

B站12周年之时，董事长兼CEO陈睿曾经表示，B站的正向内容价值观包括内容的有用性，提倡用户看了内容之后的获得感。平台希望用户在B站上得到提升成长，也希望B站能和用户一起成长。显然，B站制作内容的过程中遵循的也是同样的思路。

通过深耕内容制作，B站意识到跟随年轻人的成长阶段来创造内容，最大的好处就是能够提升社区自制内容的丰富程度，帮助年轻人收获他们所需要的内容。与此同时，这种内容制作思路对于品牌主而言同样至关重要。

(资料来源：作者参考相关资料编写)

思考题：
1. B站的主要用户是谁？
2. B站创建之初面临的问题和机遇是什么？
3. B站是怎样进行MVP开发的？
4. B站采用了哪些方式进行产品迭代？
5. B站的成功营运给我们带来了什么启示？

本章小结

本章的主题是原型制作与用户测试，原型制作和用户测试分别是设计思维的第四步和第五步。它们的任务是在创意激发阶段产生的问题解决方案的基础上，以尽可能低的成本，在尽可能短的时间内做出产品的原型，并通过用户测试。本章包括三个相对独立的模块：一是快速原型，基本内容包括原型概述、原型设计和原型制作；二是用户测试，基本内容包括用户测试概述、用户测试流程和用户测试要领；三是产品开发，基本内容包括精益理念、MVP开发和产品迭代。本章的重点是用户测试和产品开发，难点是原型制作和产品迭代。

网络情境训练

一、观看与思考

在网上搜索推荐的视频,在反复观看的基础上,思考相关问题并与同学交流。

1. 罗振宇:《改变世界的箱子》

思考题:
(1) 集装箱的发明解决了什么问题?
(2) 集装箱的发明经历了哪些过程?
(3) 集装箱在大规模使用之前经历了哪些试用过程?

2. 伟易达:《洞察用户,满足需求》

思考题:
(1) 为什么说用户不一定了解自己的需求?
(2) 如何洞察用户需求?
(3) 如何满足用户需求?

3. 罗振宇:《击溃牛顿的钟表匠》

思考题:
(1) 牛顿为什么认为造不出航海用的钟表?
(2) 哈里森制造航海钟经历了哪些过程?
(3) 为什么哈里森能造出牛顿认为造不出的航海钟?

二、阅读与思考

在网上搜索推荐的资料,在反复阅读的基础上,思考相关问题并与同学交流。

1. 埃里克·莱斯. 精益创业[M]. 吴彤,译. 北京:中信出版社,2012.

思考题:
(1) 精益创业的基本逻辑是什么?
(2) 如何理解最小可行性产品?
(3) 如何进行产品迭代?

2. 阿什·摩亚. 精益创业实战[M]. 张玳,译. 北京:人民邮电出版社,2013.

思考题:
(1) 怎样制作精益画布?
(2) 怎样确定商业模式的优先次序?
(3) 产品迭代有哪些基本模式?

3. 史蒂文·布兰克. 四步创业法[M]. 七印部落,译. 武汉:华中科技大学出版社,2012.

思考题：

(1) 如何进行客户开发？

(2) 如何调动注意力解决问题？

(3) 为什么说"眼见未必为实"？

三、体验与思考

1. 观看推荐电影，将自己置身于影片所创设的情境中，体验片中人物所面临的问题。在此基础上思考当面对片中人物所面对的问题时，你将做出什么样的反应。

(1)《创业邦》。这是一部励志创业网络电影，由天使投资人徐小平和王强监制，该电影不仅以时下流行的微商创业为主题，而且由影视界和微商界顶级公司强强联合完成。

(2)《大创业家》。这是一部基于真实故事拍摄的电影，它不仅完整地展示了麦当劳的创业过程，而且诠释了麦当劳兄弟在创业前期的试错经历。

(3)《芝麻开门》。这是中国第一部互联网创业励志电影，由中国电影集团公司、北京宝亿传奇国际影视文化有限公司、华谊兄弟联合出品。

2. 回顾与思考。

学习本章之前你对一个产品的主要关注点在哪里，又是怎么评判一个产品的？学习完本章之后，你对产品又有了哪些新认识？寻找已经成功的优秀产品案例，了解产品的试错和迭代过程，分析该产品与竞品相比的优劣势，尝试发掘该产品可以继续改进的功能特性。

3. 请用"5W2H法"改进常规教室。

认真阅读书中"5W2H法"的相关内容，掌握"5W2H法"的基本结构、操作程序和操作策略，在此基础上完成表7-1中对常规教室进行的改进。

表7-1 运用"5W2H法"改进常规教室

序号	检核类别	检核内容
1	为什么(why)	常规教室不利于交流，不利于开展活动，不利于因材施教
2	做什么(what)	
3	何人(who)	
4	何时(when)	
5	何地(where)	
6	怎么(how)	
7	多少(how much)	

真实情境训练

一、阅读与思考

阅读以下节选的党的二十大报告内容，在反复阅读以下节选的基础上完成下述思考题。

江山就是人民，人民就是江山。中国共产党领导人民打江山、守江山，守的是人民的心。

治国有常，利民为本。为民造福是立党为公、执政为民的本质要求。必须坚持在发展中保障和改善民生，鼓励共同奋斗创造美好生活，不断实现人民对美好生活的向往。

我们要实现好、维护好、发展好最广大人民根本利益，紧紧抓住人民最关心最直接最现实的利益问题，坚持尽力而为、量力而行，深入群众、深入基层，采取更多惠民生、暖民心举措，着力解决好人民群众急难愁盼问题，健全基本公共服务体系，提高公共服务水平，增强均衡性和可及性，扎实推进共同富裕。

思考题：
1. 中国共产党是如何看待人民的？
2. 如何理解"江山就是人民，人民就是江山"？
3. 民本思想对企业经营有哪些启示？

二、小组讨论

阅读以下节选的党的二十大报告内容，在反复阅读与思考的基础上进行小组讨论。

全党必须牢记，坚持党的全面领导是坚持和发展中国特色社会主义的必由之路，中国特色社会主义是实现中华民族伟大复兴的必由之路，团结奋斗是中国人民创造历史伟业的必由之路，贯彻新发展理念是新时代我国发展壮大的必由之路，全面从严治党是党永葆生机活力、走好新的赶考之路的必由之路。这是我们在长期实践中得出的至关紧要的规律性认识，必须倍加珍惜、始终坚持，咬定青山不放松，引领和保障中国特色社会主义巍巍巨轮乘风破浪、行稳致远。

团结就是力量，团结才能胜利。全面建设社会主义现代化国家，必须充分发挥亿万人民的创造伟力。全党要坚持全心全意为人民服务的根本宗旨，树牢群众观点，贯彻群众路线，尊重人民首创精神，坚持一切为了人民、一切依靠人民，从群众中来、到群众中去，始终保持同人民群众的血肉联系，始终接受人民批评和监督，始终同人民同呼吸、共命运、心连心，不断巩固全国各族人民大团结，加强海内外中华儿女大团结，形成同心共圆中国梦的强大合力。

思考题：
1. 中国共产党为什么要树立全心全意为人民服务的宗旨？
2. 党的二十大为什么强调始终接受人民批评监督？
3. 上述报告内容对加深理解本章用户测试思想有哪些启示？

三、规划职业生涯

在 VUCA 时代，每个人都是自己的产品经理，每个人都要有意识地规划自己的职业生涯。那么，怎样进行职业生涯规划呢？请阅读蒂莫西·克拉克等人合著的《商业模式新生代(个人篇)：一张画布重塑你的职业生涯》，然后借助商业模式画布进行个人的职业生涯规划。

商业模式画布由 9 个方格组成，这九个方格既能揭示一个完整的商业活动所包含的全部关键要素，也能反映个人职业生涯规划中涉及的全部关键问题。请同学们在认真思考如下问题的基础上，填写图 7-2 的 9 个方格。

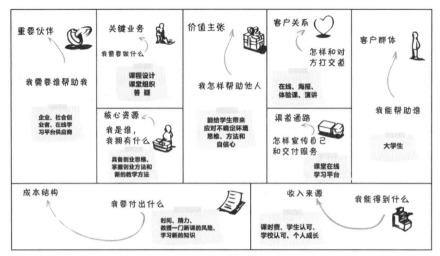

图7-2 商业模式画布

(1) 我能为谁提供服务？(客户细分)

(2) 我能为他做什么，即提供什么服务或带来什么价值？(价值主张)

(3) 我通过什么渠道为他提供服务？(渠道通路)

(4) 我怎样才能让他知道我？(客户关系)

(5) 我需要做什么？(关键业务)

(6) 我有什么？(核心资源)

(7) 我需要谁帮助我？(重要伙伴)

(8) 我能得到什么？(收入来源)

(9) 我需要付出什么？(成本结构)

创业竞赛指导

一、备战中国国际"互联网+"大学生创新创业大赛

请结合本章所学内容，在前面所做的需求分析和项目选择的基础上，完成本团队参加中国国际"互联网+"大学生创新创业大赛项目的产品开发或原型制作。

1. POV

POV 是 point of view 的简称，它的要求是提出一个独特的、具有可操作性的观点。通过前面的市场调查和问题探索，大家已经选择了自己的创业项目，这一步的要求是将所选择的项目用 POV 的方式表达出来。POV 将设计重新组织成可操作的问题陈述，它将驱动团队接下来的产品开发工作。

2. 原型制作

原型制作作为设计思维的重要步骤，既对产品开发具有非常重要的现实意义，又是参加创新创业大赛创意组展示自己产品或服务的重要方式。从以往的经验看，如果在创业计划书和项目路演 PPT 中，只是通过文字或口头语言来描述未来的产品或服务，很难给评委和投资人留下深刻印象，也很难在比赛中获得高分。

3. 产品开发

参赛项目不管是走到哪个阶段，都需要对产品开发有所思考。对初创组和成长组来说，产品已经走向市场，其重点应该放在产品迭代方面。对创意组来说，重点应放在想法的可视化方面，如MVP开发、原型制作或产品草图等。总之，通过这一章的学习，你应该拿出一定的结果进行分享，而不是停留在字面上。

二、中国国际"互联网+"大学生创新创业大赛金奖作品分析

Holoscreen三维空间立体成像仪

2018年10月，第四届中国国际"互联网+"大学生创新创业大赛全国总决赛在厦门大学举办，经过激烈角逐，西安电子科技大学(以下简称西电)几名本科生的参赛项目"Holoscreen 三维空间立体成像仪"一举夺得全国金奖。

2017年9月，在西电举办的第三届中国国际"互联网+"大学生创新创业大赛全国总决赛舞台上，还是一名大赛志愿者的张文虎，在观看全国这么多优秀的创新创业团队和项目展示时，也深受激励和启发，作为一名三维显示发烧友，他马上迸发出做一款真正的裸眼3D，带给人们真正意义上的视觉盛宴的想法。

"临渊羡鱼，不如退而结网。"张文虎与一群志同道合的小伙伴组成Holoscreen团队，立即开始项目调研。调研中他们发现：市面上有关如何实现真正的三维显示的资料很少，而传统的二维显示器都是从人眼的结构特点入手，利用双目视差原理达到视觉欺骗效果，从而实现"伪"立体视觉感。市面上的VR眼镜、金字塔展柜等都利用了此原理。

在考察过程中他们还了解到：真三维显示技术不同于传统二维显示技术，它可以弥补二维采集及显示技术的缺陷，真实地记录和再现三维场景，带给观察者完整的心理及生理上的三维信息感知。目前，真三维技术主要是体三维显示技术和全息技术，后者一般只能生成静态的三维光学场景，很多技术原理还未应用。而立体三维显示技术作为三维显示最前沿、最实用的技术，受到了国内外的广泛重视。

在调查研究的基础上，他们确定了研制三维立体显示仪的目标。经过一年多的产品开发，从最初的空间立体显算力不够、结构不稳定、投影帧率低，到后来采用GPU算法优化、激光校准反馈、DLP(digital light processing，数字光处理)高端光学芯片，产品几代更迭，最终突破了软件算法技术壁垒，实现了无须任何辅助设备，通过肉眼就可以看到无死角真实三维体，裸眼看3D的效果。

(资料来源：作者根据网上资料和大赛现场录音编写)

思考题：

1. 三维立体成像仪项目有哪些特点？
2. 三维立体成像仪的开发经历了哪些过程？
3. 在你的专业领域，有哪些可以用来参加主赛道创意组的项目？
4. 本案例对你有哪些启示？

三、中国国际"互联网+"大学生创新创业大赛参赛经验分享

如何选择和完善主赛道创意组项目

中国国际"互联网+"大学生创新创业大赛高教主赛道分为本科生创意组、初创组和成长组，其中创意组是参赛人数最多的组。从各届大赛的评比结果看，要想在主赛道的创意组胜出，选择的项目一定要有创新性，特别是产品在技术上的创新性。

在技术创新方面，较为可行的方式是"专创融合"。其具体做法是充分挖掘本校各专业的研究基地，特别是国家级、省级高新技术研发基地的在研项目，或者利用基地的实验设备与各种资源，为学生提供实现自己创新想法的条件。

另外，学生的课外科技活动，特别是一些以兴趣和竞赛为诱因形成的创客团队也是产生创新性项目的温床。上述案例中的张文虎，正是一个三维显示发烧友。从某种意义上说，正是他的个人兴趣让他对三维显示领域有了深入的了解和研究的动力。

(资料来源：作者根据网上资料和大赛现场录音编写)

第8章
创业资源与创业融资

本章目标

1. 了解创意的形成过程和影响因素。
2. 掌握个体与群体创意的激发方法。
3. 了解创业资源的种类和整合方式。
4. 掌握创业融资的路径、流程和主要策略。
5. 掌握商业模式的本质和基本特征。
6. 理解商业模式的结构和主要类型。
7. 能够借助商业模式画布进行商业模式设计和优化。

问题与情境

怎样让投资人了解你的创业项目

张华毕业于某名牌大学,经过多年的业余研究,他在室内环境污染治理方面取得了一项重大突破,市场前景非常可观。于是张华便辞去工作,准备自己创业。但是,由于多年的积蓄都用在了研究上,在七拼八凑注册了一家公司后,他便没钱购买原材料了。无奈之下,张华想到了风险投资,他希望通过引入风险投资走出困境。

为了引入风险投资,张华经过多方联系,与一些风险投资机构和个人投资者进行了会谈。在这些会谈中,虽然张华反复强调他的技术多么先进,应用前景多么好,并拍着胸脯保证投资他的公司回报绝对低不了,但却总是难以令对方相信。对投资人问到的许多数据,如市场需求量具体有多少,一年可以有多大的销售量,投资后年回报率有多高,他没有办法提供。此外,张华的公司在招聘技术骨干时也遇到了同样的难题,因为应聘者无法了解公司的具体情况,所以对公司的前景缺乏信心。

这时,曾经在张华注册公司时帮助过他的一位做管理咨询的朋友的一句话点醒了他:"你的那些技术有几个投资人搞得懂?你连一份像样的创业计划书都没有,投资者凭什么相信你?"于是,在向相关专家请教咨询后,张华又查阅了大量的资料,然后静下心来,从公司的经营宗旨、战略目标出发,对公司的技术、产品、市场销售、资金需求、财务指标、投资收益、投资者的退出等进行了分析和论证。

当然，在这个过程中，他要不时做一些市场调查。一个月后，他带着创业计划书初稿向相关专家请教，在相关专家的指点下，他又对创业计划书进行了修改和完善。凭着这份修改后的创业计划书，张华不久就与一家风险投资公司达成了投资协议，有了风险投资的支持，员工招聘问题也迎刃而解。

现在，张华的公司经营得红红火火，年销售利润已达到500万元。回想往事，张华感慨地说："创业计划书的编制与我研究的环境污染治理材料要求差不多，绝不是随便写一篇文章的事。编制计划书的过程，就是我不断理清自己思路的过程。只有企业家自己思路清楚了，才有可能让投资人、员工相信你。"

(资料来源：作者参考相关资料编写)

思考题：
1. 张华初期融资受挫的原因是什么？
2. 创业计划书会对创业者融资有哪些帮助？
3. 撰写创业计划书的过程对张华个人有哪些提升？
4. 本案例对你有哪些启示？

8.1 创业资源

创业资源是企业创立和成长过程中所需要的各种生产要素和支撑条件。对于创业者来说，只要是对项目和企业发展有所帮助的要素，都可归入创业资源的范畴。一个创业项目能否茁壮成长，成为新创企业并稳步发展，创业资源在其中起到了关键性作用。因此，了解如何看待和获取创业资源，如何通过创意整合创业资源去解决问题和创造价值，对创业者来说都是十分重要的。

8.1.1 创业资源概述

资源是指一个主体可以开发利用创造价值的各种要素的总称。对于创业者而言，凡是对其创业有所帮助的要素都可以归为创业资源的范畴。因此，可以将创业资源界定为创业者在创业过程中可获取与开发利用的各种要素的总称。

1. 创业资源的种类

创业资源的种类很多，可按不同的方式对其进行分类。其中最常见的分类方式是根据创业资源是否可见，将其分为显性资源和隐性资源。显性资源是看得见摸得着的人、财、物等有形资源，而隐性资源是看不见但实际起作用的社会、信息与政策等资源。

创业资源中的显性资源主要包括：①人力资源。人力资源是创业的基础资源，一切资源都是以人力资源为基础，并由人力资源去获取、开发和利用的，所以说人力资源是创业活动中最基础，也最重要的资源。②技术资源。技术资源是创业所需的专业技术、专业洞察力、专业技能和知识经验等,技术资源与人力资源是分不开的,所以常常将两者紧密结合。③资金与实物资源。资金和实物是创业的重要资源,但往往不是关键资源。创业需要资金和实物资源,但不一定要拥有资金和实物资源。

创业资源中的隐性资源主要包括:①社会资源。社会资源特指社会中人与人之间关系创造价值的资源特性,也称社会资本。社会资源又可分为客户资源、供应商资源和渠道商资源等。②信息资源。信息资源是对创业企业有帮助价值的所有信息,包括市场信息、项目信息等,信息往往具有四两拨千斤的妙用,甚至一条信息就可以决定创业的成败。③政策资源。政策资源是指对创业企业有相关性的一切政策,包括各级政府职能机构制定和发布的政策与法规,各级行业管理机构制定和发布的政策信息等。

2. 创业资源的特点

创业资源与普通商业资源有许多共同之处,如都具有稀缺性,都包含相同的资源种类等。无论是创业资源还是一般商业资源,都包含显性资源和隐性资源,只是在资源的构成和作用上有差异。这些差异主要表现在以下方面。

(1) 创业者自身是最重要的创业资源。新创公司一般资源极度匮乏,开始阶段往往唯一的资源就是创业者自身,其他资源都要靠创业者去开发整合,所以创业者自身是最重要的创业资源。但当企业发展壮大后,拥有的资源越来越多,创业者的作用也不再明显。

(2) 创业倚重整合外部资源。新创企业资源比较短缺,企业直接控制的内部资源不足,主要倚重整合外部资源,如投资入股、项目合作和信用贸易等。在一般商业资源条件下,企业已拥有很多内部资源,对外部资源没有那么倚重。

(3) 创业资源中隐性资源比重更高、更重要。在创业所需要的资源中,显性资源中除了创业者自身外,其他资源往往匮乏。因此,隐性资源就占据了主要成分,往往起着关键性的作用;而一般商业资源中显性资源更被重视,比重往往更高。

3. 创业资源的作用

(1) 人才和技术是基础资源。人力资源及其所附属的技术资源在创业中起着基础作用。在创业阶段,创业企业资源匮乏,以创业者为核心的人力资源是创业的基础。而技术资源是附属于人力资源而存在的,技术资源是企业开展业务的基石,在任何行业开展业务都需要具有一定的专业技术资源。所以人力及技术是创业的基础资源。

(2) 资金是重要资源。资金及其背后的财务管理在创业中起着重要作用。新创企业一般是比较缺乏资金的,而新创企业的一切经营活动都需要资金。场地、设施与设备需要购买或租赁,原材料需要采购与运输,雇用人力需要支付薪酬,所以各项环节能否顺利进行,都受到是否具有足够资金的影响。

(3) 社会资本是关键资源。社会资本也称社会资源,在创业中起着关键作用。社会资源是社会中人与人之间关系创造的价值,社会资源虽是外部的,但又可被创业企业所获取、开发和利用,在创业中往往起着关键性甚至决定性的作用。因为创业成功的关键是获得社会资源的支持,包括客户、上游供应商和下游渠道商。

8.1.2　创业资源获取

有道是"巧妇难为无米之炊",无论是有形资源还是无形资源,都对创业活动的成败具有非常重要的影响。因此,从某种意义上说,获取和积累一定的创业资源是创业的前提条件。

获取创业资源的途径可分为外部获取和内部开发两种方式。外部获取又可分为交易换取与合作换取。交易换取是指以企业自身所拥有的资金或实物为代价来换取企业所需资源的方式,如购买、租借和交换等;合作换取是指通过出让投资份额来换取所需资源的方式。在创业初期,由于新企业资源有限,多倾向于采用合作换取的方式。内部开发是指通过挖掘内部潜力,不断地沉淀、积累创业资源的方式。例如,新企业通过内部传、帮、带培养企业的业务骨干等。内部开发的缺点是周期长和失败的概率比较高;优点是资源一旦开发成功,就不易发生转移,能够成为企业的核心竞争力。

在创业资源获取的过程中,采用适当的策略可取得事半功倍的效果。纵观国内外创业活动的历史,不难发现以下策略对获取创业资源具有非常重要的作用。

(1) 用足现有资源。对创业者来说,最重大的策略是盘活、用好、用足企业的现有资源,以有限的内部资源来吸引尽可能多的外部资源。

(2) 多用无形资源。企业初创期有形资源匮乏,应该充分挖掘自身的无形资源,来撬动外界的有形资源。

(3) 广泛合作。新创企业资源虽然紧缺,但是可以通过广泛的合作,以公司未来的利益预期来换取实实在在的现实资源。

8.1.3　创业资源整合

创业需要资源,但不等于创业者一定要拥有资源。大量创业成功的案例表明,对创业而言,资源的所有权并非关键,关键是对资源的控制和利用。其实,在创业项目运作的过程中,起初的资源极其有限,随着项目发展,创业者才能够动态地通过购买、交换和合作等方式将各种所需要的资源整合进来。

1. 创业资源的整合机制

创业者整合资源的第一步就是识别利益相关者。虽然利益相关者是有利益关系的组织和个体,但有利益关系并不意味着能够实现资源整合,创业者还需要寻找利益相关者的利益共同点,并形成一套资源整合机制。其中最重要的是共赢机制,即使资源提供和使用的双方均能获益的机制。这种机制不但需要找到多方利益的共同点,而且需要以沟通和信任来维持。沟通是产生信任的前提,信任是社会资本的重要因素,是维持合作的基本条件。当信任产生的时候,资源提供方和使用双方就有了一种相互交托的关系,就可以开展更长期的合作了。

2. 创业资源的整合过程

创业资源的整合通常包括如下过程:资源整合前的准备,资源需求量的测算,资料来源的确认,资源整合计划编制,资源整合谈判。在这个过程中,创业者不是在拥有充分资源的时候才去创业，而是在资源不足的情况下通过获取和整合资源来创业。创业者的资源开发和整合能力将决定他的竞争力。初创企业资源极其有限，创业者要尽其所能，充分利用资源的最大使用价值产生最佳效率和效益。

3. 创业资源的整合原则

企业整合内部资源应遵循"整体大于个体，个体服务整体"的原则。"整体大于个体"指的是企业要整合内部各种资源，实现"1+1>2"的正效应。"个体服从整体"指的是企业每一个局部的资源的配置和利用都要服从于整体利益，要以是否有利于整体为决策判断依据，而不能只考虑个体或者小集体的利益。当个体利益和整体利益发生冲突时，要让个体利益服从整体利益。企业整合外部资源，应遵循"合作大于竞争，竞争谋求共赢"的原则。"合作大于竞争"指的是企业在整合外部资源时，要正确处理合作与竞争的关系。外部环境中的各种资源拥有者都可能与企业同时存在合作与竞争两种关系，这里的关键是如何扩大合作，同时尽量减少摩擦和竞争。"竞争谋求共赢"指的是竞争者间不仅存在竞争，也存在合作，如通过打造区域品牌，共同做大蛋糕，便可以让区域内的所有竞争者全都获益。所以，创业者应转换思维，努力创造多赢的创业生态。

扩展阅读

扩展阅读 8-1
百度为什么花一个亿收购一个微信公众号

扩展阅读 8-2
分众传媒的资源整合

扩展阅读 8-3
优客工场独创联合办公生态

案例分析

云海肴的资源整合与爆品打造

云海肴·云南菜是近年来国内一个异军突起的中式正餐连锁品牌，因其健康、时尚、美味、价格适中等特点，深受都市年轻消费者喜爱。2017 年上榜央视财经频道"最受消费者欢迎十大餐厅"，2018 年营业收入超 10 亿元，位列中式正餐连锁品牌第一梯队。"中国餐饮发展报告 2022"显示，云海肴在云南菜餐饮企业中净增长排名第一，净增长门店 14 家，门店数达到了 119 家。

云海肴的成长之路

2009 年，赵晗与 3 个志同道合的大学生把家人攒的购房首付、结婚备用金凑在一起，合伙在北京后海边上开了第一家云海肴·云南菜餐厅，结果亏得一塌糊涂。"餐厅开业时已是初冬，那年冬天北京一直下雪，特别冷，后海这边人流量很少，从开业至年关，店里很少有人光顾，平均每天亏损高达五六千元。"赵晗讲述。

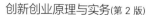

"但我们始终坚信,云南菜这个方向没有错,之所以亏损,应该是我们的选址出了问题。"赵晗的合伙人朱海琴说。朱海琴毕业于北京师范大学,是一个1986年出生的山西姑娘。她认为,云南食材符合消费升级的发展趋势,云南菜意味着生态、健康,是餐饮业中有待发掘的蓝海市场。

于是,在创业第二年,这个团队做了一个重要决定——在中关村开第二家餐馆。他们想办法说服家人支持,并多方寻找投资人。2010年,云海肴·云南菜中关村店开业。这次成功了,开业一个月,他们便开始盈利。按照在繁华商圈购物中心开店的思路,2011年他们开了第三家店,2012年又新开了2家,2013年新开了5家。到2014年,随着社会资本的注入,云海肴步入爆发期。

云海肴爆品打造心法一:品控与创新

北京金融街购物中心云海肴·云南菜餐厅的每张餐桌上都贴着一张承诺28分钟上齐菜品的绿色标签。为了让身处大都市的人们方便、快捷地吃到来自彩云之南的绿色健康食品,云海肴在品控与创新两方面下足了功夫。

云海肴有一套严格的品控体系,其采购和品控团队每年都会花费大量时间在云南采购筛选食材,很多美味因为达不到品控要求,只能忍痛割爱。为此,云海肴加大了主要食材的自主研发生产力度。

2016年,云海肴严格依照国家食品安全标准,在昆明建起了自己的米线工厂。他们花了大半年时间,砸进去100多吨大米,终于生产出了只用米和水制作、无任何添加剂且口感极佳的米线,并于2018年初出口3吨米线到美国,开创了云南米线出口的先河。

随着米线工厂投产,赵晗创业团队及时推出了云南风味快餐品牌——"刀小蛮半只鸡过桥米线",目前已在全国开了40多家店。39元一海碗滑爽可口的米线,上面慷慨地盛放了半只卤鸡,着实俘获了不少人的味蕾。

消费者能在28分钟内品尝到云南美食,云海肴的中央厨房可谓立下了汗马功劳。在北京市丰台区,云海肴有个超过1万平方米的加工物流中心,北京市云海肴餐厅所需食材的初加工和肉类的制熟环节都在这里集中完成,并统一冷链配送至各门店。

在云海肴用餐,惊喜不仅在于可以同时享用到云南多种特色美食,更在于别致的美食创新。将云南野生牛肝菌与北方人最爱的饺子融合推出的牛肝菌饺子,将黑松露、牛肝菌与牛蛙融合推出的黑松露牛肝菌焖牛蛙,让酸角与树莓相遇生成的酸角树莓汁,让人念念不忘的饭后甜点黑糖豆花,这一系列产品创新让人们感受到云南的美好与神奇。

产品的选择与创新也并不是一蹴而就的。朱海琴说:"我们做过很多消费者调研,一提到云南菜,很多人都会想到米线,其次是野生菌,第三反应是汽锅鸡。一开始,我们选择了稀缺而附加价值高的野生菌,决定把它推广为招牌菜品,没想到推广一整年以后发现,效果并没有很好。为什么?因为野生菌的品类基础不够广,喜爱它的人大多养生或者非常关注健康,又因为它价格高,所以食用场景会少很多。后来,我们换个思路选择鸡汤这个品类,推出了汽锅鸡,它在全国没有地域限制,点单场景也很广。我们甚至不用像推广牛肝菌那样强推汽锅鸡,增长也非常好,点击率可以达到70%,而牛肝菌点击率在最高峰期也只有30%~40%。"

"当然,小众食材也不是没有成为爆品的可能。后来我们把牛肝菌跟这两年很火的牛蛙结合起来,做成牛肝菌牛蛙,立刻就变得很大众,但是又保留了它的特色。这道菜后来是我们的招牌菜之一。打造爆品一定要看品类的基因够不够广谱,也就是说顾客类别够不够广,比如男性、女性、儿童、老人,全客层如果都可以去享用,那产品成为爆品的概率就高。其次看消费频次够不够高,比如在场景的应用上,是否在约会、聚会、庆生,甚至是生病等场景都能点餐。"朱海琴补充道。

云海肴的努力和用心显然得到了顾客的认可。顾客反映:"云南菜很丰富,很好吃!""吃了云南菜,更想去云南看看了!""我是云南女婿,经常和家人来云海肴吃饭,媳妇说,这里有乡愁的味道。"……

"云南有着七个气候带下生长的丰富新鲜食材,26个民族传承的烹制工艺。我们就是要把云南丰富的新鲜食材和多元的饮食文化,在都市人气最旺的地方分享给大家。"朱海琴不无自豪地说。

云海肴爆品打造心法二:把"云南根"扎得更深更牢

在云南菜中,汽锅鸡无疑是最具特色的菜品。它将鸡肉置于不加水的特制器皿内长时间蒸制,其间产生的蒸馏水与鸡肉邂逅,慢慢汇成汤汁,成就回味悠长、本真滋养的极致美味。

从第一家门店开业以来,云海肴就一直在售卖汽锅鸡,这些年至少有1000万人次通过云海肴·云南菜餐厅享用过这道美食。但赵晗总觉得,他们还没把这道云南菜的代表作做出应有的味道与意蕴。2018年,云海肴的创业团队做出一个决定:对汽锅鸡进行升级。

为此,他们深入云南深度挖掘考察汽锅鸡的美味秘诀和文化底蕴。为了让鸡汤更好喝,他们测试的鸡肉不下百余种,拿出的烹制方案不下几百种,最终选择了云南的铁脚麻鸡;为了蒸制的美味更加醇香,他们摒弃了之前使用的红陶汽锅,全部改用成本更高的紫陶汽锅,2018年的夏天,几乎整个建水县的紫陶匠人都投身到了云海肴的汽锅订单生产中。

9月开学季,云海肴适时推出了宣传连环画——"汽锅鸡的六堂课",通过语文、历史、化学、艺术、物理、烹饪六堂课的形式,从鸡的选择、汽锅的材质和制作工艺、汽锅鸡的历史文化和工艺传承等方面,多方位巧妙诠释了汽锅鸡的特点,用追求极致的态度挖掘释放其历史文化底蕴,前所未有地丰盈了人们关于这道云南美食的想象与期待。

在云海肴的餐厅,云南文化元素可谓无处不在:茶壶是尼西黑陶改良而成,茶杯造型的灵感来源是云南腌菜用的大水缸,包烧牛肝菌的盛放器皿是迷你版的虎牛铜案,餐厅门店所用"云海肴"字体为爨体,六一儿童节组织小朋友上自然课,感受云南白族扎染技术的神奇……

"走得越远,越感觉到离不开云南这片土地。云海肴要发展得更好,就要把'云南根'扎得更深更牢,汲取更多的滋养。"赵晗感叹。

2014年,云海肴将企业注册地从北京迁至云南昆明。2017年11月,云海肴在昆明南强街开办云南首家云海肴·云南菜餐厅,取得了不俗的经营业绩和市场反响。"未来云南著名的旅游景点都会有云海肴的餐厅。"赵晗说。

2018年,云海肴荣获中国食品行业卓越品牌奖、最佳品牌影响力奖。2019年第十届"中国青年创业奖"颁奖仪式在浙江杭州未来科技城举行,来自全国的32名优秀创业青年获奖,云南云海肴餐饮管理有限公司董事长赵晗成为来自云南的唯一获奖者。

2021年,云海肴线下餐厅堂食全部关停,为积极自救,与人手紧缺的盒马协商进行劳务共享,让部分员工经严格健康体检后临时到盒马"上班",合作涉及上海、北京、南京、西安、深圳、广州、昆明等多地。在保障民生的同时,云海肴更为社会带来了满满的正能量。

2023年，云海肴与深圳市政府、华远国际陆港集团、北京一亩田新农网络科技公司、华远国际陆港(大同)公司，就预制菜开发签署战略合作框架协议，拟在建立餐饮加工中心等方面展开合作。

(资料来源：作者参考相关资料编写)

思考题：
1. 云海肴在创业过程中整合了哪些资源？
2. 云海肴是怎样进行品控的？
3. 云海肴的汽锅鸡开发经历了哪些过程？
4. 云海肴为什么要扎根云南？
5. 本案例对你有哪些启示？

8.2　创业拼凑

在企业初创阶段，创业者所拥有的创业资源不但十分有限，而且大多数处于零碎状态。有关研究表明，大多数成功的创业者，都是通过拼凑的方式，创造性地利用自身有限的资源，来开发创业项目，启动创业之旅的。

8.2.1　创业拼凑的界定

尽管创业拼凑理论对如何解释资源束缚情境下的新企业创业过程做出了可理解的理论诠释，然而"拼凑"一词却并非创业管理领域的首创。从学科溯源来看，"拼凑"一词最早来自法国人类学家 Lévi-Strauss 对人类文化和人类思维的研究，他发现人们除了可以采用规范性的科学思维模式来认识世界之外，还可以采用拼凑主义的经验思维模式来改造世界。拼凑思维模式强调对现有思维元素的重新解构和整合，从而创造出新的认识规则和手段。

1981年解构主义思潮的创始人 Jacques Derrida 将拼凑理论引入哲学领域，他考察了拼凑在人文科学研究中的结构效用，发现既有的单元化的社会秩序需要不断地、连续地修补，这种修补不是偶然发生的，而是本质的、系统的和理论的，他认为这种修补性的解构主义就是拼凑。1993年，组织理论学者 Weick 分析了组织即兴和拼凑在角色结构形成及组织规范互动过程中的积极作用，从而将拼凑理论引入组织研究领域。

2003年 Garud, Karnoe 与 Baker 等同时在 *Research Policy* 上撰文，分别考察了拼凑在技术创业中的作用和拼凑对新企业创业资源整合的影响，从而正式将拼凑理论引入创业管理研究领域。随后，Baker 等学者又围绕创业拼凑开展了一系列实证研究，力图分析和识别创业拼凑的理论边界、过程模式、理论效度和测量方式，在微观和学科层面区分了创业领域和其他领域对拼凑理论的研究，厘清了创业拼凑理论对新企业创建和成长的驱动机制，从而为创业拼凑研究的理论发展和理论创新做出了重要贡献。

2005年 Baker 和 Nelson 首次提出创业拼凑的概念，从而为遭遇资源稀缺困境的初创企业提供了一种崭新的发展思路。他们认为，在资源束缚的情境下，企业可以将就利用手里现有的资源，这些资源通常是免费的或低成本的，在短时间内对其进行创造性组合，进而形成应对新问题的解决方案。此后，一些研究人员开始考察拼凑在不同管理学领域的作用模式，并形成了制度拼凑、资源拼凑、即兴拼凑、拼凑与创造力以及管理拼凑等多元化的研究视角。

8.2.2 创业拼凑的意义

创业者如何在资源高度束缚的情境下成功创业？创业拼凑理论对此做出了极好的理论诠释。创业拼凑理论揭示了创业者如何在资源高度匮乏的创业环境中整合手中现有资源，通过对有限资源的创造性利用和选择性拼凑来启动创业项目，从而为创业者创建新企业提供了一条可选择的路径创业。尽管这一理论进入创业研究领域的时间较短，但已经引起了学者们的广泛关注，被认为是创业理论研究的重要进展，对创业学术研究做出了突破性的贡献。

新创企业通常都需要各种资源来实现成长，如雇用员工、租赁办公或生产场所、购买设备、技术研发和实现首次产品销售。然而大多数新创企业都面临着严重的资源短缺，他们无法为顾客提供产品售后的可靠保障，无法为新员工提供稳定的雇用合同，也无法向银行提供抵押品以获取创业必需的启动贷款。因此，新创企业要想实现成长，必须独立自主、自力更生，而创业拼凑恰好为新企业利用现有资源向新领域拓展提供了有效的方法和对策。

8.2.3 创业拼凑的策略

创业资源通常是稀缺的，等拥有了足够的资源再去行动，其结果只能是一辈子也不可能创业，只有通过拼凑手边资源先干起来，才有实现最终目标的可能。当然，这里的拼凑不是基于常规思维的简单拼凑，而是基于创新思维的创造性拼凑。创造性拼凑既非一蹴而就，也不是高不可攀，它可以采用一定的策略，通过反复尝试实现。下面介绍的是各国创业者常见的创业拼凑策略。

1. 步步为营

创业者分多个阶段投入资源，并且在每个阶段投入最有限的资源，称为步步为营。步步为营策略首先表现为节俭，设法降低资源的使用量和管理成本。但是，过分强调降低成本，会影响产品的服务质量，甚至会制约企业发展。比如，为了求生存和发展，有的创业者不注重环境保护，在破坏环境的基础上进行生产，这样的创业活动尽管短期内可能赚取利润，但从长期来看，其发展潜力有限。因此，创业者需要有原则地保持节俭。步步为营还表现为自力更生，减少对外部资源的依赖，目的是降低经营风险，加强对所创事业的控制。很多时候，步步为营不仅是最经济的做事方式，也是创业者在资源受限的情况下寻找实现企业理想和目标的途径，更是在有限资源的约束下获取满意收益的方法。

2. 创造性拼凑

创业者所拥有的资源并不完全适用步步为营的做法，更为常见的是零碎资源的创造性拼凑，这些零碎资源可以是物质，也可以是技术，甚至是一种理念。聪明的创业者善于发掘身边资源的各种属性，将已有的资源创造性地重新组合起来，快速应对新情况，开发新机会，解决新问题,成为创业的利器。创造性拼凑的特点主要表现在两个方面:一是资源的重新组合往往用于新目的;二是将就使用,突破固有观念,抛开人们对资源和产品的固有观念,坚持尝试突破。这种办法在资源使用上经常和次优方案联系在一起,也许是不合适的、不完整的、低效率的、不全面的、缓慢的,但是在某种程度上是创业者唯一能够理性选择的。

3. 杠杆效应

杠杆效应是指以尽可能少的付出获取尽可能多的收获的现象。创业者在创业时拥有的资源有限,需要在创业过程中尽可能利用资源的杠杆效应。美国银行投资家罗伯特·库恩(Robert Kuhn)认为:企业家要具有在沙子里找到钻石的功夫,能发现一般资源怎样被用于特殊作用。它要求创业者突破习惯思维方式,打破对资源的常规认知,更充分地利用别人没有意识到的资源。资源的杠杆效应主要体现在以下五个方面:一是突破习惯思维方式,打破对资源的常规认知,更充分地利用别人没有意识到的资源;二是再利用手边资源,让有限的资源重复使用和充分使用;三是将就,即因陋就简和高效充分地使用资源;四是资源整合,将一种资源补充到另一种资源中,产生更高的复合价值;五是有限度拼凑,即不是在所有的领域拼凑,注重利用自有资源获得其他资源。

扩展阅读

扩展阅读 8-4
凯叔讲故事的产品开发

扩展阅读 8-5
"一撕得"的超级产品打造

扩展阅读 8-6
一站式服务引 4000 万元风投

案例分析

公益创业从校园出发

"绿手指"是北京林业大学校园里的一个学生公益社团。与同在学校公益社团的不少同学一样,负责人刘美辰是个典型的热心公益的"90后",她参加公益社团的动机很单纯——好玩。

地沟油引发的研究项目

地沟油是前几年冒出的社会问题,一度令人闻之色变。就在各界为怎样解决问题不停争论时,攻读环境工程学专业的刘美辰等人获悉油可以做肥皂,她所在的环保社团便马上行动起来,先把学校食堂当作试点,获得肥皂制作的基本原料。

同时,与北京一家专门从事社区公益事业的企业——北京爱思创新进行合作,后者在皂化反应等专业知识方面给予他们很大的帮助。刘美辰等人设想,社团的活动或许能在北京的高校中引起关注,继而以浪卷之势,层层推进。

参加公益创业计划

在一次北京环保协会的培训会议上,刘美辰认识了中国人民大学环保协会的同学,获知联想青年公益创业计划。"绿手指"社团参加了这个计划,并且他们的"地沟油变肥皂"项目从众多竞赛项目中脱颖而出,成功入围全国 27 强。

参加联想青年公益创业大赛,让他们更加看到了这个项目的可操作性。"联想的介入能帮助我们解决不少困难,提高组织管理能力。"加上媒体的宣传报道、公益训练营以及可能获得资金支持等潜在因素,刘美辰对未来的前景颇为乐观。

随着联想等大型企业的进入,公益创业活动正在社会上产生越来越大的影响,很多大学生也对此极为关注。与普通的商业创业不同,公益创业在启动之初并不需要那么多资源,关键是要有合适的创意与行动力。

让公益项目可持续发展

大学生从设计一个公益项目开始,通过组织化运作,可以学习和掌握公益项目的操作技能,成为具备专业知识、技能和实践经验的公益专门人才。同时,公益创业行动能帮助大学生提前完成职业选择和职业准备,解决大学生社会化不足和就业难的难题。

"绿手指"采用的是"内循环"和"外支援"互补的生存方式。"内循环"是从餐饮企业获得地沟油,制成的肥皂再返还回去,这样可以解决原料成本问题;"外支援"则是寻求可长期合作的肥皂厂商,通过他们的包装广告费用获取一定利润。

刘美辰称,与肥皂厂商合作,还相当于得到了可靠的质量"背书"。制成的肥皂除了返还餐饮企业的那部分,其他的则在举办环保低碳宣传活动时进行派发。就这样,"绿手指"终于从一个公益创业想法变成了具有可持续发展能力的公益项目。

(资料来源:作者参考相关资料编写)

思考题:
1. "绿手指"是如何利用现有资源启动创业项目的?
2. 公益创业与商业活动有什么区别?
3. 联想青年公益创业计划帮助"绿手指"解决了什么问题?
4. "绿手指"借助了哪些资源不断完善创业项目?
5. 这个案例对你有什么启发?

8.3 创业融资

如果说企业家是驱动一个公司的引擎,那么资金就是推动它的燃料。创业离不开资金,融资是创业者不可回避的问题。那么,创业需要多少资金?何时需要?从何处、向谁筹集资金?这个过程应该怎样编排、怎样管理?这些问题对于任何一个创业者来说都是至关重要的。本节创业融资就是要帮助创业者解决以上问题。

8.3.1 创业融资准备

在美国华尔街有一句流传甚广的名言:"失败起因于资本不足和智慧不足。"研究者询问创业者创办新企业最关注什么,普遍的回答就是"筹资"。资金对于创业者的重要性不言而喻,因很少有创业者一开始就有充足的资金。

1. 了解创业融资过程

创业融资是一个涉及诸多因素,比较复杂且具有较高技术含量的活动。通常情况下,成功的创业融资大致需要经过如下几个步骤。

(1) 形成正确的融资观念。 其主要包括:树立"守承诺,讲信用"的个人形象,懂得天下没有免费的午餐,关注自身资产负债率,不盲目为融资增加企业的经营成本与风险。

(2) 设立合理的发展愿景。 融资不是最终目的,创业者最应该关注的是自己最终要实现什么样的发展目标。成功的融资应该能凝聚投资方与创业公司的资源与力量,形成一个利益共同体,一起为实现企业的发展愿景努力奋斗。

(3) 制订合理的商业计划。 商业计划是投资人了解创业者和创业项目的重要途径,它应能对企业的项目和影响企业发展的条件做出合理、充分的分析和说明。

(4) 选择合适的财务顾问。 融资涉及大量财务问题,创业公司如果想对融资这一系统工程拥有明确的财务把握,应该找专业的财务顾问进行咨询和全程指导。

(5) 做好融资诊断与评估。 对公司的优势劣势、所面临的机会和风险等,进行充分的调查研究,在此基础上测算公司的资金需求和评估公司融资的必要性与可行性。

(6) 全面了解投资人情况。 全面了解投资人的投资偏好、尽职情况和投资与管理风格,找到适合自己的投资人,并在此基础上制订自己的融资方案。

2. 制定财务战略框架

创业融资过程首先是投资人通过企业的财务数据,对企业经营状况和未来前景进行了解的过程。这里的财务数据既包括现实的数据,也包括历史的数据,所以对企业的财务管理具有较高的要求。而要满足这种要求,较为有效的方式是在企业创立之初,就要制定与创业计划相适应的财务战略框架。财务战略框架不仅能为创业企业制定财务战略、确定融资需求奠定基础,也能为企业选择融资方式,制定融资策略提供整体思路。

3. 测算创业融资需求

合理地筹集创业所需要的资金是对创业者最为基本的素质要求,也是其成功创办企业的前提。筹集不到足够的资金会使企业出现资金断流,甚至被迫清算;筹集的资金过多,又会造成资金闲置,增加企业运营成本,导致企业经营效率低下。因此,创业者一定要对创业所需要的资金进行科学合理的测算。对大多数创业者而言,为保证企业在创业初期正常运转,在企业经营达到收支平衡之前都需要筹集足够的资金,用于支付各种费用,此类费用称为启动资金。在估算启动资金时,不但要充分考虑各种正常的费用支出,而且要为所有可能发生的意外情况准备必要的应急费用。

8.3.2 创业融资渠道

虽然对创业者来说,资金并不是第一位的,但一定的启动资金还是必须有的。那么,既缺经验又缺人脉的在校或刚毕业的大学生怎样才能获得这笔启动资金呢？首先，我们来了解一下创业融资渠道。

1. 私人资本融资

(1) 个人积蓄。创业者私人资本融资主要是依赖自己的存款，这是新企业创建初期的一个重要的资金来源。研究者发现，70%的创业者依靠自己的资金为新企业提供融资。即使具有高成长潜力的企业，在很大程度上也都依赖创建者的存款提供最初的资金。

(2) 亲朋好友。亲朋好友被称为早期创业企业的潜在天使投资人，是常见的启动资金的来源。事实上，大多数天使投资人在投资创业公司之前都要求创始人从朋友和家人那里得到一些资金。

(3) 天使投资。天使投资是指富有的个人直接对有发展前途的新创企业进行权益资本投入，在体验创业乐趣的同时获得投资增值。天使投资者通常是以下两类人：一类是成功的创业者，一类是企业的高管或者高等院校和科研机构的专业人员。

2. 机构融资

(1) 商业银行。银行贷款是中小企业最喜欢的融资渠道，但新企业获得这种贷款的成功率非常低。当企业发展到一定规模，具有一定的信誉、资产或其他担保时，商业银行贷款就成了创业资金的主要来源。

(2) 非银机构。非银机构主要包括信托公司、小额贷款公司、金融租赁公司和担保公司等。目前，融资性担保机构对中小微企业的帮扶作用日益增强，新创企业在没有固定资产等抵押物的前提下，凭借担保公司的信用担保就能从银行贷到周转资金。

(3) 交易信贷。交易信贷指企业在正常的经营活动和商品交易中，由于延期付款和预收货款所形成的企业间常见的信贷关系。企业在筹办期以及生产经营过程中，均可以凭借商业信用来筹集部分资金。

3. 风险投资

风险投资也称创业投资，是指风险投资者寻找有潜力的成长性企业，投资并拥有这些被投企业的股份，在恰当的时候取得高额收益的一种投资行为。风险投资多来源于金融资本、个人资本、公司资本以及各种基金等。

风险投资的领域主要是高新技术产业，包括计算机、网络和软件产业、医疗保健产业、通信产业、生物科技产业等。投资方式可分为一次性投入和分期分批投入，分期分批投入比较常见，既可以降低投资风险，又有利于加速资金周转。

风险投资者除了为新企业提供资金外，还帮助新企业识别关键员工、消费者和供应商，并帮助其制定实施运营政策和战略。由于风险投资者与承担首次公开上市的投资银行有一定的关系，风险资本支持的企业比其他企业更有可能公开上市。

4. 政府基金

对大学生及高校毕业生来说，政府基金是非常好的融资渠道。国家对大学生创业在税收优惠、创业担保贷款和贴息、免收有关行政事业性收费、培训补贴、免费创业服务等方面均给予支持。

《人力资源社会保障部 教育部 公安部 财政部 中国人民银行关于做好当前形势下高校毕业生就业创业工作的通知》(人社部发〔2019〕72号)指出，支持高校毕业生返乡入乡创业创新，对到贫困村创业符合条件的，优先提供贷款贴息、场地安排、资金补贴。支持建设大学生创业孵化基地，对入驻实体数量多、带动就业成效明显的，给予一定奖补。

各地纷纷出台了相关政策鼓励自主创业，如黑龙江省2019年设立创业专项资金1亿元，对在创业投入、创业担保贷款贴息、创业载体建设、实施创业专项活动等方面取得显著成效的市县予以奖补。

各种比赛也给予大学生创业项目资金奖励，如中国国际"互联网+"大学生创新创业大赛广东省赛组委会将给予在第六届比赛中每个获国赛金奖项目扶持奖励金45万元，每个国赛银奖项目扶持奖励金15万元。2019深圳"逐梦杯"大学生创新创业大赛设立30个奖励名额，奖金共计360万元，最高奖50万元。

5. 众筹融资

众筹，译自英文crowd funding一词，即大众筹资或群众筹资。众筹利用互联网和社会性网络服务(SNS)传播的特性，让小企业、艺术家或个人向公众展示他们的创意，争取大家的关注和支持，进而获得所需要的资金援助。

相对于传统的融资方式，众筹更为开放，能否获得资金也不再是以项目的商业价值作为唯一标准。只要是网友喜欢的项目，都可以通过众筹方式获得项目启动的第一笔资金，为更多小本经营或创作的人提供了融资的可能。

8.3.3 创业融资策略

创业 HYPERLINK "https://www.trjcn.com/lp/43709.html"融资是一个系统工程，它不但需要创业者对融资过程有比较全面的了解，而且需要其根据企业的实际情况采用适合的融资策略，这样才有可能以较低的成本获得资金，以更高的效率利用资金。

1. 统筹规划

统筹规划即从企业发展的全过程出发，全方位地思考企业的发展愿景、发展规划和资金需求，进而系统地筹划企业的全部融资活动。由于不同行业和不同企业的融资情况有较大差异，这里仅就其中的共性问题进行简要说明。

(1) 融资收益和融资成本。创业者在做融资决策时，首先需要考虑融资成本和融资收益。这里的融资成本既有资金的利息成本，也有可能包括昂贵的融资费用和不确定的风险成本。通常情况下，只有融资收益大于融资成本时，才有必要考虑融资。

(2) 融资规模和融资期限。创业者在决定融资后，便要根据主客观条件确定合理的融资规模和融资期限。融资规模过大、期限过长，会增加经营成本和经营风险；规模过小和期限过短，则可能限制企业发展。

(3) 融资渠道和投资人。不同的资金需求，需要不同的融资通道。但是，不论选择什么融资通道，都存在投资人选择问题。一般而言，选择投资人最重要的是看其信誉和专业度，同时要看其影响力及其可能提供的帮助和带来的威胁。

2. 分段实施

因为企业在不同发展阶段具有不同的融资需求特征,所以创业融资应该分段实施,而且在企业发展的不同阶段,需要采用不同的融资方式和选择不同的融资渠道。

在企业创办之初的种子期,创业者需要投入大量资金开发新产品、新工艺、新设备等,却没有任何销售收入和盈利记录,此时商业银行和公众化的证券市场不可能为其提供资本,亲朋好友资助、政府资助和天使投资是这一时期重点考虑的融资手段。

在企业产品处于开拓阶段的启动期时,资金需求量大而急迫,但由于企业成立时间短,业务记录有限,传统投资机构和金融机构对其提供资金的难度大,担保机构、风险投资机构是其重要选择。在进入成长期以后,由于有了一定的业务积累、商业信誉和抵押资产,企业的融资渠道相对比较通畅,既可以选择风险投资,也可以选择银行贷款。

在扩展期,企业迅速扩张,融资需求规模进一步扩大。但是,由于拥有了稳定的业绩,且进入了快速发展的轨道,企业市场前景相对明朗,经营风险显著降低,此时不但商业银行愿意为其提供资金支持,专门为创业企业融资服务的创业板市场也愿意为其提供支持。

3. 合理配置

企业在特定时期既需要债务融资又需要股权融资。大多数创业者一开始都采用股权融资来刺激增长,一旦企业自身的价值提高,便转而寻求债务融资。一般情况下,在投资的早期阶段,负债比出让股权更便宜,但股本投资者愿意承担更大的风险,所以股权融资在早期启动阶段是最好的选择。

那么,债务融资和股权融资到底是如何影响企业的盈利能力和现金流的呢?债务融资使企业家承担偿还本金和利息的责任,而股权融资迫使企业家放弃部分所有权和控制权。极端地说,创业者有两种选择:一是不放弃企业的所有权而背负债务,二是放弃部分所有权以避免借贷。

其实,在绝大多数情况下,债务融资和股权融资两者结合起来才是最适合的。许多新创企业发现债务融资是必要的,短期借贷(1年或者更短)通常是营运资金所要求的,并用销售收入或其他收入来偿还。长期借贷(1~5年的贷款或者5年以上的长期贷款)主要用于购买产权或设备,并以购买的资产作为抵押品。但是,在企业创建初期和高速扩张期,股权融资的效果往往更好。表8-1展示了股权融资和债务融资的优点和缺点。

表8-1 股权融资和债务融资的优点和缺点

股权融资		债务融资	
优点	缺点	优点	缺点
能提供大量的资金注入	通常仅可获得较大金额的资金	可根据需求借贷不同的金额	构成还债义务
无须支付利息	这意味着"卖掉"公司的一部分	只要偿付了,就不会影响对公司的所有权	收取利息,影响获利能力
无偿付资金的义务	风险投资人期望投资会有高回报(至少增长25%)		要求有抵押品,银行会保守地看待资产的价值
	投资者可能会要求你买下他们的股票		如果是向朋友和亲人借钱,人际关系就会随着公司破产而被破坏

创业企业在融资过程中可以实施融资组合化,合理、有效的融资组合不但能够分散、转移风险,而且能够降低企业的融资成本和债务负担。另外,创业者要经常分析宏观经济形势、货币及财政政策等情况,及时了解国内外利率、汇率等金融市场的利息,预测影响融资的各种因素,以便寻求合适的融资机会,做出正确的融资决策。

扩展阅读

扩展阅读 8-7
深坑之上:创业不等于
资源 1+1

扩展阅读 8-8
深坑之上:创业者到底
应该融谁的资

扩展阅读 8-9
深坑之上:创业融资
别"任性"

案例分析

觉华医疗凭什么获得数千万元天使轮投资

2023 年 2 月 7 日,脑科技医疗企业觉华医疗已完成数千万元天使轮融资,投资方为线性资本,启点资本担任本轮融资的财务顾问。觉华医疗专注研发基于脑科学原理的视觉功能检测和提升技术,并研发、生产、销售相关"数字药"产品,以及提供后续数据挖掘和技术服务。本轮融资将用于产品迭代、临床数据积累和创业团队组建。

觉华医疗联合创始人兼 CEO 习青松说,他和另外一位联合创始人黄昌兵是大学同学,他有 20 多年的医疗领域商业化经验,后者则有 20 多年的科研积累,二人共同创立了觉华医疗。另外,团队还邀请到国际著名视知觉、脑科学和学习训练领域专家吕忠林教授任公司首席科学顾问。据悉,黄昌兵现为中国科学院心理研究所研究员,吕忠林现为上海纽约大学和纽约大学教授,他们在过去 20 多年持续致力于视觉脑科学研究。

据悉,觉华医疗已合作研发并建立了 iAVT(个性化自适应视觉功能训练)核心技术体系,目前已基本完成了全球专利布局。iAVT 技术分为四大技术模块:精准检测技术、个性化方案制订技术、自适应训练技术和效果保障技术,即对每名患者或个体进行视觉功能的精准检测,找到功能损伤靶点,基于损害机制的异同给出特定的视觉训练方案,并在训练治疗过程中不断动态调整,以确保最终疗效。

未来公司还将拓展视野缺损(含脑部视神经中枢损伤、青光眼等)和低视力(含白内障等)等产品管线,涵盖视觉健康检测、监测、预测、治疗、康复、预防一体化的"数字药"产品。

习青松强调,上述"数字药"属于数字疗法的范畴,但有明确的疗程、有效成分和剂量以及疗效、适应症细分等要求。公司的弱视治疗产品已于 2022 年第一季度获批国家药品监督管理局二类医疗器械注册证,目前正在温州医科大学附属眼视光医院、中山大学中山眼科中心等医疗机构开展针对弱视治疗金标准"遮盖治疗"的"头对头"临床研究,试图参与制定新的专家共识和行业标准,推动临床治疗指南的发展。

至于商业化的探索,鉴于弱视"数字药"是一种全新的品类,公司计划这么走以下路线:

首先，商业模式上采用 to H to C 的模式；其次开展上市后临床研究项目，与临床专家共同完成创新"数字药"临床路径的探索和制定。截至目前，觉华医疗的产品得到了如温州医科大学附属眼视光医院、中国残疾人联辅助器具中心、华为、中国标准化研究院等用户的认可和使用，部分已建立了长期战略合作关系。

从市场需求端来看，视觉健康的重要性不言而喻——视觉是人类感觉信息来源的主体(>80%)，但存在视觉健康问题的群体非常庞大，根据世界卫生组织(WHO)的统计，视觉健康问题已经与肿瘤、心血管疾病并列为全球三大严重影响人的生存质量的疾患。据 WHO 的数据，世界范围内，视觉受损人数超过 22 亿，中国各类视觉受损人数超过 5 亿。以弱视为例，其在中国的发病率大概为 3%(4200 万人)，以 50%治疗率，人均治疗费用 0.5 万～1 万元粗略估算，弱视治疗也是 1000 亿元人民币以上的市场。

从供给端来看，目前市场的解决方案主要聚焦在眼部的用药、手术等方面，难以解决现有的很多视觉健康问题。据了解，人类的视觉系统是由眼部(称为前端)+脑部(视中枢皮层，称为后端)两部分组成的，目前临床医学上采用的技术手段主要聚焦在眼部，即视觉系统前端，很多问题/疾病难以解决，譬如老化或主要发生在后端的问题和疾病(如弱视)等。

也是针对这个空白，觉华医疗聚焦在了视觉系统的后端(脑中枢)，融合脑科技、视觉科学与眼科学和 AI 技术，通过深度开发和高效利用大脑可塑性，精准评估和高效修复缺损或退化的视觉功能，解决临床视觉健康的需求痛点问题。

据了解，仅以弱视为例，欧洲著名机构 Expertscape 更新的 2023 年生物医学领域全球专家排名显示，目前弱视基础研究主要策源地包括美国加利福尼亚大学伯克利分校、美国俄亥俄州立大学、加拿大麦吉尔大学、中国科学院心理研究所和温州医科大学等。习青松表示，从已公开发表的 SCI(科学引文索引)论文的数据、技术转化拿证速度、团队构成等维度来看，觉华医疗有一定的优势。

投资逻辑方面，线性资本合伙人曾颖哲表示："数字疗法的核心是治疗，这是改变整个医疗健康生态系统的关键。觉华团队利用 20 多年在视觉脑科学领域的研究成果推出的 iAVT 技术，独创性地利用高效自适应算法开发出个性化治疗方案帮助患者有效解决视觉健康问题，取得了全球领先的疗效数据。创始团队具有强有力的产品技术开发和商业化的能力。"

(资料来源：作者参考相关资料编写)

思考题：
1. 觉华医疗是一家什么性质的公司？
2. 觉华医疗要解决的是什么问题？
3. 觉华医疗为什么要融资？
4. 觉华医疗为什么能受到投资人的追捧？
5. 这个案例对你有什么启发？

本章小结

本章的主题是创业资源与创业融资。本章包括三个相对独立的模块：一是创业资源，主要介绍了创业资源的概念、类型和作用以及如何获取、开发与整合创业资源；二是创业拼凑，主要介绍了创业拼凑的界定、意义和策略，以及如何通过创意激发创造性进行创业资源拼凑；三是创业融资，主要介绍创业融资的渠道、政策以及如何进行创业融资。本章的基本观点是：创业者不是在拥有资源的时候才去创业，而是在没有资源的情况下去获取资源来创业，创业者的资源开发和整合能力决定了他的竞争能力。本章的重点是创业资源的主要来源与整合策略，难点是创业拼凑与创业融资。

 网络情境训练

一、观看与思考

在网上搜索相关视频，在认真观看和阅读的基础上，完成相关思考题。

1. 王朝歌等：《印象·刘三姐》

思考题：

(1) 《印象·刘三姐》涉及了哪些资源？
(2) 什么是《印象·刘三姐》成功运营最核心的资源？
(3) 《印象·刘三姐》的商业模式对你有哪些启示？

2. 纪录片：《资本的故事》

思考题：

(1) 资本是怎样赚钱的？
(2) 如何积累个人资本？
(3) 你从这部纪录片中得到了哪些启示？

3. 第七届中国国际"互联网+"大学生创新创业大赛全国总决赛冠军："中科光芯——硅基无荧光粉发光芯片产业化应用"

思考题：

(1) 本项目有什么创新之处？
(2) 本项目团队的核心资源是什么？
(3) 本项目整合了哪些资源？

二、阅读与思考

在网上搜索相关资料，在反复阅读的基础上，思考如下问题并与同学交流。

1. 史林东，王天才融资战略[M]. 北京：中国财富出版社，2022.

思考题：

(1) 融资的目的是什么？
(2) 怎样与投资人达成共识？
(3) 怎样选择适合自己的融资方式？

2. 李春佳.股权合伙整体解决方案[M].北京：中国经济出版社，2018.

思考题：

(1) 如何通过合伙制实现每个人都是创业者？
(2) 如何理解 AB 股结构模式？
(3) 同股不同权模式的融资需要注意哪些问题？

3. 徐怀玉.股权的力量：企业股权激励设计精讲[M].北京：机械工业出版社，2018.

思考题：

(1) 如何理解"一元两化"理念？
(2) 投资人怎样达成股权共识？
(3) 怎样选择适合自己的股权激励方式？

三、体验与思考

在网上搜索推荐的网站或 App，在反复体验的基础上，思考相关问题并与同学交流。

1. 喜马拉雅 App

思考题：

(1) 喜马拉雅的目标客户是谁？
(2) 喜马拉雅的核心资源是什么？
(3) 喜马拉雅整合了哪些资源？

2. 阿里巴巴的网站和电商平台

思考题：

(1) 阿里巴巴的核心资源是什么？
(2) 阿里巴巴整合了哪些资源？
(3) 阿里巴巴的商业模式有哪些创新？

3. 一米好地等众筹平台

思考题：

(1) 众筹平台的主要作用是什么？
(2) 众筹平台是如何运营的？
(3) 你是否认同众筹平台的经营方式？

真实情境训练

一、阅读与思考

阅读以下节选的党的二十大报告内容，在反复阅读的基础上完成思考题并进行小组讨论。

巩固和发展最广泛的爱国统一战线。人心是最大的政治，统一战线是凝聚人心、汇聚力量的强大法宝。完善大统战工作格局，坚持大团结大联合，动员全体中华儿女围绕实现中华民族伟大复兴中国梦一起来想、一起来干。发挥我国社会主义新型政党制度优势，坚持长期共存、互相监督、肝胆相照、荣辱与共，加强同民主党派和无党派人士的团结合作，支持民主党派加强自身建设、更好履行职能。以铸牢中华民族共同体意识为主线，坚定不移走中国特色解决民族问题的正确道路，坚持和完善民族区域自治制度，加强和改进党的民族工作，全面推进民族团结进步事业。坚持我国宗教中国化方向，积极引导宗教与社会主义社会相适应。加强党外知识分子思想政治工作，做好新的社会阶层人士工作，强化共同奋斗的政治引领。全面构建亲清政商关系，促进非公有制经济健康发展和非公有制经济人士健康成长。加强和改进侨务工作，形成共同致力民族复兴的强大力量。

思考题：
1. 党的二十大报告为什么要强调"巩固和发展最广泛的爱国统一战线"？
2. 如何理解"全面构建亲清政商关系"？
3. 上述报告内容对促进中国非公有制经济的发展有什么作用？

二、小组讨论：为什么要建立统一战线？

建立统一战线，团结一切可以团结的力量，可以说是中国共产党能够夺取中国革命胜利的重要法宝。请同学们在对湘江之战、西安事变、重庆谈判等相关党史资料认真学习的基础上进行个人反思和小组讨论。

请教师引导学生结合本章所学内容，理解统一战线的作用。同时在总结党史学习教育体会的基础上，联系学习、工作和生活实际，理解学会与人合作的重要性。

三、进行电梯推销

在商界流传甚广的电梯演讲经常被用在投资和大赛的"60秒路演"或"电梯路演"等环节，有很多优秀创业者在这个环节脱颖而出。麦肯锡认为，一个人最多记得一二三，无法记得四五六，因此，创业者要学会高度凝练自身项目的优势，在路演前做充分的准备和练习。如果你也有这样一次路演机会，你将如何准备呢？请两人一组，尝试进行"一分钟路演"电梯推销训练，注意角色互换，并尽可能拍下视频。

创业竞赛指导

一、备战创新创业大赛

现实环境中，融资渠道纷繁复杂。如果企业融资前，没有充分考虑，并做好准备，结果很可能是不仅未能找到合适的投资者，而且交易结构和条款对融资企业很不利，从而给企业今后的发展带来隐患。另外，融资意味着需要成本，同时具有不确定性。如果只是抱着试试看的态度去融资，十有八九是不会成功的，所以，认真研究分析、制定融资策略并做好充分准备，会使创业融资事半功倍。

请以小组为单位完成如下任务:

(1) 选择自己团队感兴趣的创业项目,思考企业发展战略和财务战略,明确企业的财务需求,测算创业所需要的资金量。

(2) 结合本章所学内容和案例,思考适合且可行的融资策略,制订融资方案。

(3) 为确保融资的成效,在开展融资工作之前,需做好哪些方面的准备?尝试为该融资方案的实施拟好相关准备的细节。

二、中国国际"互联网+"大学生创新创业大赛金奖作品分析

NOLO VR——5G时代全球移动VR的领航者

2019年10月15日,第五届中国国际"互联网+"大学生创新创业大赛总决赛落下帷幕。北京邮电大学的"NOLO VR——5G时代全球移动VR的领航者"项目(以下简称"NOLO VR"项目)斩获这次总决赛金奖,并被评为最具商业价值奖项目。

NOLO成立于2015年,一直专注于VR交互技术领域,核心研发团队由来自中国科学院、北京邮电大学的博士领衔。公司先后获得国家级高新技术企业、中关村高新技术企业等荣誉称号,并荣获行业内数十项大奖。

"NOLO VR"项目基于自主研发的声光电混合空间定位核心技术,首创6DoF(6 degree of freedom,6个方向自由度)沉浸式移动VR交互设备"NOLO CV1",逐一攻破了定位精准度、定位范围、刷新率、延迟等难题,用户只需支付千元左右即可享受到高品质的沉浸式VR交互体验。目前,其合作产品已广泛应用于VR游戏、教育、医疗、文旅、地产等领域。2018年3月,NOLO又推出了全球首款全沉浸式移动VR应用平台"NOLO HOME"。从这样一个发展趋势可以看出,NOLO着眼于整个移动VR生态,致力于在桌面级VR的优秀沉浸式体验与移动VR的便捷性之间架起一座桥梁,引领下一代VR硬件形态与交互标准。

在2019年世界移动通信大会上,我国华为、中兴、移动、电信、联通,韩国LGU+纷纷展出了5G(第五代移动通信技术)云VR应用,它们使用的都是"NOLO CV1"和"NOLO HOME"云渲染系统。中国的三大运营商都发布了云VR战略,NOLO是唯一交互手柄供应商,也是云渲染系统软件供应商。NOLO与三大运营商合作,在北京、上海、广州、杭州、成都等城市的旗舰营业厅铺设5G云VR体验试点,让一部分用户提前体验了云VR带来的感官颠覆。

2019年7月,NOLO宣布完成亿元级A+轮融资,本轮融资由愉悦资本领投,蓝驰创投、盛景嘉成跟投。未来,NOLO将持续深耕VR交互技术,在研发上持续投入,完善VR交互领域的产品线布局及商业化拓展,同时持续助力5G云VR项目的商用落地。

(资料来源:作者根据网上资料和大赛现场录音编写)

思考题:

1. NOLO公司自身的实力和发展优势体现在哪些方面?
2. NOLO公司和哪些外部公司构成了合作关系?
3. 这些来自内外部的资源为NOLO带来了哪些商业价值和竞争优势?
4. 这个案例对你有哪些启示?

三、中国国际"互联网+"大学生创新创业大赛参赛经验分享

在日常生活中培养产品思维

产品思维是一种能够透过现象看本质,并能在大脑中形成产品流程和框架的能力。产品思维能够帮助人们发现问题,发散、归纳、总结,最后提供解决方案的思路。那么如何在日常生活中去训练这些产品思维,最后很自然地形成这种意识和敏感度呢?

在生活中,每个人都需要保持产品意识,可以从以下几个维度去思考。

(1) 根据已知需求,思考产品的形态。例如,要从广州到上海,可以选择怎样的交通方式呢?如果对时间要求很高,想要快点到达上海,那么可以选择坐飞机;如果是外出办公,公司可以报销差旅费,那么可以选择高铁;如果资金不足,又是自己一个人出行,以旅游为目的,时间要求不高,那么可以选择坐普通火车;如果爱骑行,甚至可以骑自行车出行。不同的场景可以选择不同的交通工具。

(2) 根据交互体验,思考解决方案。例如,用电饭锅煮饭的时候,按下开关,它首先会发出"嘀"的声音,而且电饭锅上"煮饭"的按钮闪烁,这时通过听觉和视觉,用户可以知道电饭锅在正常工作。这是完成一个操作后,产品给用户的反馈,让用户知道该操作已经产生了一定的结果。

(3) 根据一个产品,思考其本质。比如说东鹏特饮这款饮料,它的口号是"累了困了,喝东鹏特饮"。可以看出,它是一款维生素功能饮料,可以帮助用户提神,补充体力。那么由此得到它的定位是:为累了困了的人提神的维生素功能饮料。

(4) 根据多个产品,思考其共性和差异性。比如同是功能饮料,宝矿力、脉动、东鹏特饮,又有哪些相同点和不同点?它们是否具有差异化优势?

(5) 根据一个话题,思考该话题所有可能性。比如电商的话题,有B2C模式,有C2C模式,也有B2B模式;在B2C模式里又有京东自营的和天猫旗舰店模式;在C2C模式里又有淘宝一手货和闲鱼二手货市场。每种模式又有其核心特点,存在的合理性。

(6) 根据不同话题,思考其共性和差异性。比如广场舞、吉他俱乐部、徒步爱好社群、骑行俱乐部等,它们共同的特点是社群、圈子,需要组织者、需要响应者、需要让响应者感受到参与度和存在感等,但具体的实现方式又存在差异。

(资料来源:作者根据网上资料和大赛现场录音编写)

第 9 章
创业计划与创业管理

本章目标

1. 理解创业计划的概念和主要作用。
2. 掌握创业计划的主要类型及其基本结构。
3. 掌握创业计划各个部分的主要内容和评价标准。
4. 掌握创业计划的底层逻辑和撰写要求。
5. 掌握创业计划的展示原则和展示策略。
6. 理解创建新企业的基本要求和实施策略。
7. 能够运用所学知识运营和管理新企业。

问题与情境

Zirtual：一个好的创意为什么会失败

假如你是一个平时工作繁忙，行程安排紧凑的大忙人，想象一下，如果能有个助理帮忙处理各种琐事，那你就能省出更多时间去做更有价值的事情。Zirtual 就是一个为中小企业的管理人员提供付费的在线私人助理服务的平台，而这个助理并不是常见的坐班或贴身助理，而是通过远程在线的方式为企业管理者服务。企业管理者可以通过 Zirtual 平台、E-mail、电话直接向助理安排任务，而助理们能够处理制定行程、预订食宿及各种各样的调查工作。互联网的发展已经开始改变劳动力的配置，Zirtual 把原先只能全职雇用的助理工作变成了可以灵活选用的短期雇用，甚至是按任务件数的"雇用"。这样一个全新的创意自然得到了投资人的青睐，2013 年，Zirtual 获得了来自 Tony Hsieh、Vegas Tech Fund 和 Mayfield Fund 共计 200 万美元的 A 轮融资。

然而，后续的发展却并不如想象中那么顺利。首先是用户体验不好，一位 Zirtual 的用户在接受媒体采访时这样描述了自己的经历：当她体验完一次在线助理服务后，她的在线助理突然"撂挑子"不干了，于是她需要自行修改授权给在线助理使用的密码。另外，为了确保安全，她又更换了一个用于支付的新信用卡，最后还得挨个向自己的用户发邮件，告知他们之前联系的在线助理已经不能联系了。这样一番复杂的操作下来，这名用户表示自己以后再也不想使用

Zirtual 的服务了，因为这些服务流程看起来非常不专业。

到了 2015 年 8 月中旬，Zirtual 突然解体，问题到底出现在哪儿呢？原来，不只是服务没有让用户感到满意，最关键的是管理层试图将数百名合同工转为全职雇员，昏招一出，彻底崩盘也就在所难免。对此，Zirtual 的创始人玛伦·凯特·多诺万(Maren Kate Donovan)反思，失败的原因是公司烧钱太快，导致现金短缺，无法维持运营。

实际上，对于 Zirtual 烧钱太快的问题，在硅谷讨论得不多，因为在经济和融资环境好的时候，融资是非常简单的事。许多初创企业的创始人把钱拿到手后，并没有好好地进行规划，只是一味地做自己想做的事情，如扩大生产、积累用户等。Zirtual 的经历绝非个案，一家初创企业如果缺少资金使用计划，在运营手段和管理方式上缺乏沉淀，一旦遇上风险，很可能会令公司陷入万劫不复之地。

(资料来源：作者根据相关资料改写)

思考题：
1. Zirtual 在创业过程中犯了哪些错误？
2. Zirtual 失败最主要的原因是什么？如果是你，你会怎么做？
3. 初创企业的经营管理应注意什么？
4. 本案例对你有哪些启示？

9.1 创业计划

"凡事预则立，不预则废。"从"问题与情境"中的案例可以看出，制订科学合理的创业计划，不仅有助于满怀激情的大学生创办新企业，而且对已经运营的企业迈上新台阶也具有十分重要的作用。那么，创业计划应该包括哪些内容？什么是科学合理的创业计划？如何才能制订出科学合理的创业计划呢？

9.1.1 创业计划概述

在现实生活中，创业计划是创业者创办企业的一份宣传性和说明性文件，它有利于让投资人或政府部门更快、更好地了解企业，进而获得投资或政府支持。当然，也有许多资深创业者从未写过创业计划，一生都是靠自有资金创业。但这并不能否定创业计划的作用，因为在当今社会，创业方式已经发生了很大变化，协作、融资已经成了大多数新创企业经常面对的问题，在这种形势下，制订创业计划的能力已经成为创业者的基本能力。

1. 创业计划的作用

创业计划，也称商业计划，是全方位描述与创建新企业有关的条件和要素的书面文件，是创业的行动导向和路线图。它既为创业者的行动提供指导和规划，也为创业者与外界沟通提供基本依据。

创业计划需要阐明新企业在未来所要达成的目标，以及如何达成这些目标。它包括对当前形势、预期需求、新企业任务的描述，几乎涵盖了企业经营的各个方面：项目、市场、研发、制造、管理、关键风险、融资和时间表等。

在某些专业领域，商业计划指的是企业计划、贷款计划或投资计划，但不论名称是什么，它都是获得任何经济来源所需要的基本文件。同时，作为一个包括企业长远目标和阶段目标的行动指南，它应该具有如下几方面作用。

(1) 有助于创业者深入思考。制订一份正式的创业计划所需的时间、精力和市场调查研究，将迫使创业者审时度势、客观理性地评判新企业。创业计划所包含的产业分析、市场分析以及财务分析，将使创业者更加全面、清醒地检查创业理想与现实之间的差距。

(2) 有助于利益相关者理解企业。这里的利益相关者包括投资者、银行、供应商以及内部员工等。创业计划书通过提供翔实的信息，让投资者产生兴趣和信心，关键信息包括创业者团队、市场潜力、经营业绩预测、资金需求及使用、权益回报、风险防范等。

(3) 有助于创业团队明确目标。创业者在创业之初但要明确自己的创业目标，而且要将它以创业计划书的形式表现出来，这有助于创业者冷静地分析和识别创业机会，明确自己的创业理想，规划自己的创业蓝图，从而使自己和创业团队对创业目标更加明确。

2. 创业计划的结构

创业计划按阅读对象进行划分，可以分为给自己看的计划、给投资人看的计划、给合伙人看的计划、给团队成员看的计划和给合作企业看的计划等。在真实的商业世界中，创业计划的体例和篇幅都会因阅读对象的不同而有较大的差异。但是，给投资人看的计划和国内外的创业大赛计划，从结构上说都包括以下几个部分。

(1) 封面。封面是创业计划书的门面，成功的创业计划往往都有引人入胜的封面。美观大方的封面会让读者形成良好的第一印象，从而产生继续了解这个创业项目或企业的愿望。创业大赛和给投资人看的计划书通常要求封面反映如下信息：项目或企业名称、理念或愿景、商标或 Logo、联系方式和编写日期等。

(2) 目录。目录紧随封面，列出创业计划书的主要章节、附录和对应页码，目的是便于读者查找计划中的相应内容。目录不仅具有指引和提示阅读的作用，还能体现创业者开展创业活动的思路。不同的企业侧重点和特色亮点不一样，这也决定了创业计划展示的先后顺序并不一样，它是创业者反复梳理后有系统、有重点的逻辑呈现。

(3) 正文。正文是创业计划的主干，它应该以读者感兴趣的方式，将创业计划重点突出、详略得当和有理有据地呈现给读者。创业计划书正文通常包括执行摘要、公司介绍、产品/服务介绍、市场分析、竞争对手分析、营销策略、财务状况、创业团队、投融资规划及退出、风险评估与管理等 10 项内容。

(4) 附录。附录既是对正文的支撑和说明，也是创业者实力和已经取得成绩的展示。创业计划书中涉及的内容需要具有佐证价值的材料支撑，这些材料通常不放入正文，而是作为附录列在计划书的最后，做到翔实有序。附录通常包含企业的营业执照、产品说明、专利证书、各种许可证明、财务报表、业务合同、市场调研数据和相关照片等。

3. 创业计划的评审

不同读者对创业计划的评审方式和评审标准是不同的，在创新创业基础教学中，主要介绍投资人和创业大赛评委的评审过程和评审标准。以风险投资人为代表的投资人评审创业计划时，评估的主要是项目或公司的投资价值。他们评审创业计划的方式被称为"五分钟阅读"。风险投资人阅读创业计划的常规步骤如下。

(1) 判断企业特性和行业。

(2) 判断计划的资本结构(负债额或投资需求资产净值)。

(3) 阅读最新资产负债表(判断流动性、净值以及负债和权益)。

(4) 判断企业家才能(这往往是最重要的步骤)。

(5) 确定企业的独有特色(找出与众不同之处)。

(6) 快速从头到尾阅读整个计划(大致浏览整个计划图、表、例证和其他部分)。

这是风险投资人考察创业计划通常的阅读步骤。对创业者付出大量时间和精力写出的计划，仅仅用5分钟来阅读，确实让人感到不公平。但是，这正是许多风险投资人真实的阅读情况，因为他们每天都会收到大量的创业计划书，"五分钟阅读"也是一种无奈的选择。当然，由于风险投资人阅读过大量的创业计划书，他们知道如何快速获取有用信息，以及在此基础上进行有效取舍，所以错误和遗漏虽然不可避免，但从总体来说正确率还是很高的。

创业大赛评委评审创业计划时，与风险投资人的阅读方式基本上是一样的，而且由于没有真金白银投入的压力，大赛评委的评审往往具有更大的主观性和波动性。不同的是，大赛评委要按大赛规定的评分标准来评分，而大赛的评分标准对项目的创新性、团队的专业背景和计划书的完整性赋予了更大的权重。另外，大赛评审书面作品的评委往往对具有较高科技含量的项目，特别是有专利的项目格外青睐，对项目的社会效益和计划书的规范性、严谨性和美观性更加看重。

9.1.2 创业计划解析

一份能够打动投资人的创业计划应能以独特的方式清晰展现创业项目的市场需求，以及创业者满足市场需求的能力和创造价值的方式。要实现这一点，创业计划首先要有合理的结构、清晰的表达和有力的证明。美国风险投资界认可的创业计划的完整提纲与我国大学生创业大赛推荐的创业计划模板比较接近，因此，在这里我们将两者结合起来，对创业计划的内容进行简要分析。

1. 执行概要

执行概要是整个创业计划的简要介绍，它的作用是简短地概括下文和引起人阅读整个计划的兴趣。通常情况下，投资人会快速浏览执行概要，了解新创企业的概貌后，觉得很有说服力和吸引力，才会继续看下去，否则计划的其他部分就不会进入其法眼。

因此，创业计划不但要通俗易懂地介绍清楚项目诞生的缘由，要解决什么问题，解决方案是什么，团队凭什么做这个项目，有什么数据或阶段性成果做支撑，具体的产品和服务呈现形式是什么，用什么样的商业模式和营销策略实现盈利目标等，而且要能以最简洁的语言、最能吸引和打动投资人的方式突出项目的特色和亮点。

执行概要是整个创业计划的总结和概括，它的目的是强化关键因素，让投资人对整个计划产生兴趣。所以要记住：执行概要应在整个创业计划撰写完后再来编写，编写的逻辑是重要的话在最前面说，而且整个执行概要不能超过 3 个页面。

2. 公司介绍

公司介绍是以"现在时"将公司的基本情况，向投资人进行简单、明了的介绍。公司介绍应对公司的基本情况，如公司名称、主营业务、注册时间、注册地点、企业法律形式、创办人、股权结构、公司规模、年收入和年利润等进行实事求是的介绍。

在创业大赛中，如果以"将来时"介绍公司，需要事先交代清楚，否则会使评委反复核实材料。所以千万要记住：投资人和评委是以项目主体的现状为出发点对项目进行评价的。公司也可以介绍其前景，但是要说明白那是前景而不是现实。

另外，在公司介绍中，还可以对公司的愿景、使命和价值观等内核层面的信息进行介绍，许多投资人对这方面信息是非常看重的。在美版的创业计划提纲中，没有单独的产品/服务介绍，所以公司的行业背景、产品或服务的独特性等也是放在公司介绍中进行说明的。

3. 产品或服务介绍

产品或服务介绍是创业计划中最重要的内容，创业项目将以何种商业形态落地，又是如何满足顾客需求的都要在这个部分讲清楚。这部分内容应包含产品的概念、性能、特点、市场竞争力，产品的研究和开发过程，产品开发的计划和成本分析，投入市场后的前景预测，以及相关专利和品牌设计，等等。

在创业项目评估时，投资人最关心的问题就是企业的产品或服务能否以及在多大程度上解决现实生活中的问题，或者企业的产品或服务能否帮助顾客节约开支、增加收入。在产品或服务介绍部分，创业者不要过多地介绍技术和使用专业术语，要尽量使用通俗易懂的语言，并附上产品原型、照片及其应用场景。

如果企业的产品尚在开发阶段，则需要说清楚完成和推出产品都需要哪些资源，如工程设计、工具、供应商、材料、合作者及客户参与等。对产品开发所使用的任何关键技术，都应该清晰地对其进行讲解，而且最好要有规范的图表做辅助。另外，对产品或服务开发的时限，可能遇到的困难和解决办法，以及预设的关键里程碑目标，等等，也需要有清楚的说明。

4. 市场分析

市场分析是投资人最看重的内容。当企业开发一种新产品或新服务时，首先要进行市场调查和市场分析。如果企业的市场调查不深入，提供信息的可信度让人怀疑，或者市场分析有偏差，投资人就可能蒙受损失。因此，企业的产品开发一定要建立在客观、深入的市场调查，以及科学、严谨的分析和预测的基础之上。

市场分析部分应包括以下内容：创业应该解决哪些难题和需求？客户在哪里及如何划分客户？潜在市场的总体规模有多大以及将会如何增长？现在的市场环境如何？市场分析部分还应介绍以下内容：市场状况、变化趋势及潜力，竞争厂商概览，本企业产品(服务)的市场地位，市场细分和特征，目标顾客和目标市场，等等。

在市场分析中，应该对竞争对手的情况进行深入细致的分析。其具体包括：竞争对手的产品(服务)是如何运作的？竞争对手的产品(服务)与本企业的产品(服务)相比，有哪些相同点和不同点？竞争对手所采用的营销策略是什么？是否存在有利于本企业产品(服务)的市场空当？本

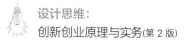

企业预计的市场占有率是多少？等等。

5. 营销计划

营销是企业经营中最富挑战性的环节，影响营销计划制订的主要因素有消费者的特点、产品(服务)的特性、企业自身的状况、市场环境、营销成本和效益等。对初创企业来说，由于产品(服务)和企业的知名度低，很难进入其他企业已经稳定的市场。因此，其营销计划的制订，必须考虑自身情况，不能照搬理论和大企业的做法。

在制订营销计划的过程中，特别要注意控制销售成本。虽然初创企业进入市场的难度巨大，需要采取比老企业和老产品更有吸引力的促销措施，但这并不意味着一定要提高销售成本。在过去的几年中，导致新企业死亡的一大原因就是靠免费、补贴等烧钱方式去打开市场，最终导致失血过多而无法维持公司正常运转。

作为创业计划书的重要组成部分，营销计划不但要讲清企业的产品或服务如何满足目标市场需求，而且要制定一系列可行策略来保证销售目标的实现。这部分通常包含以下内容：市场机构和营销渠道的选择，营销队伍和管理，促销计划和广告策略，价格决策和广告实施。

6. 运营计划

初创企业的计划应回答以下问题：企业生产所需厂房、设备情况如何？怎样保证新产品在进入规模生产时的稳定性和可靠性？设备的引进和安装情况如何？生产线的设计与产品组装是怎样的？供货者前置期的资源需求量有多少？如何制定生产周期的标准以及如何编制生产作业计划？物料需求计划及其保证措施是什么？等等。

因此，初创企业的运营计划至少应包括以下内容。

(1) 产品制造和技术设备现状。
(2) 原材料、工艺、人力等安排。
(3) 新产品投产计划。
(4) 技术提升和设备更新的要求。
(5) 质量控制和质量改进计划。

7. 创业团队

创业团队是投资人非常关注的内容之一。这部分要对企业的创始人、联合创始人和团队核心成员的情况进行比较详细的介绍。介绍的重点是：企业创始人的基本情况、工作经历、教育背景，特别是与新企业业务相关的知识、能力和相关经验；联合创始人和团队核心成员在企业中的职务、责任以及他们的专业背景、相关经验和个人优势。

企业管理好坏直接决定了企业经营风险的大小，而高素质的管理人员和良好的组织结构则是管理好企业的重要保证，所以风险投资人还会特别注重对管理队伍的评估。通常情况下，一个企业必须有产品设计与开发、市场营销、生产管理和财务管理等方面的专门人才。同时，企业管理人员在知识、能力和性格等方面应该具有互补性。

此外，创业团队还应对公司的结构进行简要介绍，具体包括以下几个方面：公司的组织机构图，各部门的功能与责任，各部门的负责人及主要成员，公司的报酬体系，公司的股权结构，公司的董事会成员，各位董事的背景资料，以及组建创业团队必须雇用的关键人员，每个职能部门预期需要的人数，人员的培训计划和薪酬福利情况，等等。

8. 财务计划

初创企业的财务计划应重点回答以下问题：满足市场和产品开发计划需要多少资金？预期创业在什么时候会具备重组的现金流？如果创业成功了将会有什么样的成长机遇？预期的初始状态和稳定状态将会有多少财务利润？要实现预期的发展目标，需要做好哪些财务上的准备？等等。

要回答上述问题，财务计划通常要包括以下内容：经营计划的条件假设、预计的资产负债表、预计的损益表、现金收支分析、资金的来源和使用。对于初创企业来说，流动资金可谓是生命线。另外，财务计划还应该包括公司的产品开发计划、产品销售计划、投融资计划和资本退出计划等。

投融资计划和资本退出计划要讲述清楚创业者对资本的具体需求和使用规划，并提供可信、极具吸引力的融资方案，要有明确的时间期限和具体的数字来呈现预测的投资回报。而投资者的退出方式，一般有公开上市、股权转让、并购和利润分红四种方式，在这部分也应对资金的退出方式及可行性进行阐述。

9. 风险防控

创业计划中风险防控部分的作用，在于体现创业者不但能正视风险存在，而且已经有了应对风险的准备。其具体内容通常包含项目在本行业、市场、人员、客户、销售以及研发环节可能面对的风险，针对这些风险制定了哪些措施来应对，企业可能还存在的附加机会等。能识别并全面分析创业项目可能面对的风险，可以进一步提升创业项目的可信度。

在风险防控部分，可以通过假设的方式，对创业过程中的非系统性风险，即由于企业自身经营不当可能遇到的风险，如创业团队风险、项目风险、技术风险、市场风险和管理风险等进行充分分析。例如，假设竞争对手降价，假设专利没有通过，假设销售计划没有完成，假设管理团队解散，等等。

此外，风险防控部分还要对源于企业之外的系统性风险，即企业自身无法左右、无法影响的，与政治、经济、社会等相联系的风险，进行全面分析。这里需要强调的是，虽然创业者无法左右系统性风险的发生，但可以通过采取适当的措施来防范、规避、转移和化解各种系统性风险，以免它们给企业带来损失。

9.1.3 创业计划撰写与展示

创业计划撰写与展示的过程实质上是收集、整理、分析相关信息，预测环境的发展变化，进而化解未来不确定性的过程。创业计划的撰写不可能一蹴而就，更不可能一劳永逸。它需要做大量的前期准备工作，如收集信息、研讨方向、核准数据和整理案例等。

1. 创业计划撰写

一份好的创业计划往往能吸引投资人的关注，也容易使其将对计划书的好感与创业者本人的态度和能力联系起来。因此，创业者在撰写创业计划时，一定要站在投资人的角度思考问题，注意从作者逻辑转换到读者逻辑,并严格遵循以下原则。

(1) 开门见山,突出主题。创业计划的目的是获取资源,创业者应该避免与主题无关的内容,开门见山,突出主题,不要浪费时间和精力写与主题无关、对投资人来说毫无意义的内容。此外,编制创业计划还要考虑阅读对象的因素,因为不同的投资人对创业计划的要求和兴趣是不一样的。

(2) 简明扼要,通俗易懂。创业者必须认识到,创业计划不是文学作品,也不是学术论文,飞扬的文采、深奥的专业术语可能不仅不能打动目标投资人,反而不利于他们阅读和理解计划内容。因此,撰写创业计划必须遵循"简明扼要,通俗易懂"的原则,尽量避免使用专业术语,追求清晰表达,不做过分渲染。

(3) 结构完整,内容规范。创业计划是一种正式、规范性文件,在结构和内容上都有要求。创业者在撰写创业计划时,最好找一份优秀的创业计划做模板。一方面,在结构上必须完整,创业计划的各个部分都应该论述到;另一方面,在内容的表述上要做到规范化、科学化,财务分析最好采用图表描述,形象直观。

(4) 观点客观,预测合理。创业计划中的所有内容都应该实事求是,力求通过科学的分析和实地调查来表达观点与看法,尤其是市场分析、财务分析等部分,切忌夸大吹嘘。对于市场占有率、销售收入、利润率等指标的预测,也要做到科学合理,数字尽量准确,不要使用大概、可能和粗略估计等表述方式。

(5) 目标明确,风险可控。初创企业不能涉及过多的业务领域,创业计划不但要目标明确,而且要把如何区分目标市场的情况描述清楚。创业不可能没有风险,创业计划中涉及的关键风险是投资人最敏感、最关注的部分。因此,在创业计划中一定要对可能出现的风险有充分的估计,同时要把如何应对和管理这些风险阐述清楚。

2. 创业计划展示

投资人在选择投资标的时除了要考虑创业项目本身的优劣外,还要考虑创业者的能力和个人魅力,而创业计划展示正是创业者展示其能力的难得机会。进行创业计划展示的一个重要指导思想就是不仅要向投资人传达信息,而且要感染和鼓舞他们。要做到这一点,创业者在进行创业计划展示时,就要注意如下问题。

(1) 做好充分准备。创业者在进行创业计划展示时一定要有备而战,备战中不但要对展示的内容、方式和应该注意的问题有所准备,而且要事先推测投资人可能会提出的问题,以及如何回答这些问题。展示的准备要由集体完成,每次展示后也要进行集体讨论,以便及时总结经验教训。

(2) 不要自说自话。创业者在进行创业计划展示时,一定要注意听众的感受,不要自说自话,要创造机会让到场的投资人也参与发言或演示,实现交流和互动。创业计划展示应保持条理清晰的风格,突出市场前景,刺激投资人的兴奋点。为此,在展示开始时,创业者应声明在展示过程中允许提问。

(3) 少用技术术语。创业者在进行创业计划展示时,一定要知道投资人关注的是产品,而不是技术。与技术有关的问题,可以准备一份专门介绍的活页,在需要的时候可以适时插入。技术类图表的出发点应该是为支持市场与产品定位预测服务的,如果没有特殊要求,不必画蛇添足地多做解释。

(4) 重视第一印象。 大多数投资人都认为，创业者给他们的第一印象对其投资决策具有非常重要的影响。如果第一印象不好，投资人对后面的讲解很可能会失去兴趣，即使勉强听下去，也会不自觉地带着挑剔的态度。那么，怎样才能让投资人形成良好的第一印象呢？得体的穿着、礼貌的言行、诚恳的态度是最基本的要求。

(5) 切忌过分自夸。 许多创业者认为创业展示的机会难得，应该在有限的时间内尽可能通过自己的表达打动投资人。基于这种考虑，创业者往往会特别健谈，甚至会不由自主地夸大自己的项目优势。殊不知这样的做法往往适得其反，因为"过分的自夸只会让人感觉你是一个梦想家或是一个眼高手低的人"。

3. 创业计划评价

据相关资料统计，投资人平均每天都能收到 50～100 份创业计划，但只有不到 10 份能进入他的法眼。而投资人看计划的时间正如前文所述，只有 3～5 分钟。那么，什么样的创业计划能受到投资人的青睐呢？大多数投资人都认为，他们看重的创业计划基本上都具有如下特点。

(1) 独特性强。 优秀的创业计划首先是一份独一无二的作品，体现着创业者独特的思维方式和价值主张，它是经过创业者反复雕琢后的创意说明，能够让读者快速了解项目的商业逻辑、独特优势和市场前景。

(2) 可读性强。 创业计划的阅读对象一般为投资人、大赛评委、政府工作人员等，他们大部分都没有在相关技术或行业领域有深入研究。因此，要用最简洁、易懂、通俗、准确的语言行文，让读者能读得懂和有兴趣读下去。

(3) 目标性强。 创业计划一定要有明确的创业目标，告诉投资人你的企业要做什么，要解决什么问题，要通过什么路径和用什么方法解决问题，要达到什么样的效果。计划中除了有总目标以外，还应设计阶段性的目标，即"里程碑计划"。

(4) 可行性强。 创业计划能否被投资人接受，关键在于计划的可行性。而计划是否可行的关键在于目标设计是否符合实际，团队、资源、执行力是否匹配，市场预期是否基于客观的调研，商业模式是否经过实际验证，等等。

(5) 预见性强。 好的创业计划一定要有预见性，要能看到企业未来发展的态势。创业计划不是对已形成的创业事实进行总结和描述，而是在此基础上对企业未来进行研判，全面、准确地预见未来商业走势，可以说是创业成功的关键。

扩展阅读

扩展阅读 9-1
贝佐斯写在一页餐巾纸上的创业计划

扩展阅读 9-2
只是时间问题

扩展阅读 9-3
波迪商店的融资

案例分析

大疆：从高校走出的世界级民族品牌

大疆创新是全球消费级无人机市场的引领者，2006年创办以来，其全球专利申请数量已超过9100件，全球授权专利超过3100件，连续多年PCT(专利合作条约)专利申请量居中国前十，在无人机领域热门市场如美国、欧盟、日本等授权专利超3000件。这个极具创新内生力的世界级民族品牌诞生于科创实力雄厚的研究型高校——香港科技大学(以下简称港科大)。公司创始人汪滔不但在港科大读研时，在导师李泽湘教授的支持下创立了大疆创新，而且在2011年首届香港科技大学百万奖金(国际)创业大赛上凭借实力晋级决赛，与云洲无人船等创业项目一起在新的起点上腾飞。

以梦为机

1980年出生于浙江杭州的汪滔，从小喜欢航模，在读了一本讲述红色直升机探险故事的漫画书之后，他开始对天空充满想象。这种想象不仅孕育了一个少年天才的飞行梦想，而且在日后改变了他的人生。

父亲见他喜欢飞机，就送了他一架遥控直升机，但他在玩的时候发现，直升机不能长时间悬停在空中不动，并且飞行高度并不是很理想，飞行时间也很短，还不是很安全。也许从那个时候开始，他就想制作一架可以随意操控的直升机了。

在杭州读完高中之后，怀揣着对飞机的梦想和热爱，汪滔进入了华东师范大学(以下简称华东师大)电子系学习。但是经过一段时间的学习后，他觉得在华东师大的学习并不能帮他实现自己的梦想。于是在大三毅然退学，转而去申请麻省理工学院和斯坦福大学等国外名校，但是因为成绩并不突出，并未申请成功，最后进了港科大电子及计算机工程学系。

来到港科大后，他深深地被港科大的学术氛围感染了，于是一改之前在华东师范大学的迷茫状态，很快就步入了正轨。

大三时，他选择了直升机飞行控制系统作为自己的毕业课题，还拿到了研究资金。为了这个研究，他们花费了大半年的时间，但却在最终的演示阶段失败了。他与两位同学的这个毕业设计只得到了一个C等级的成绩。这样的成绩在当时可以说是十分糟糕，这也让他失去了继续深造的机会。

没想到的是，他被一位名叫李泽湘的导师推荐继续读研，得到此消息的汪滔可以说是受宠若惊，原来李泽湘教授对他的课题很感兴趣，想要把他收入门下读研究生。

进入研究生阶段学习的汪滔，每天都在实验室里研究直升机的飞行控制系统，虽然他因运气好能够继续留下来读研，但是他知道当初评分不高肯定是有原因的，况且导师李泽湘冒着风险推荐了他，他也不能让导师失望，所以他要奋力一搏。

艰难起步

在汪滔完成自己毕业设计的时候，还有不少大学里的学生也在研究这个课题。在这些研究者中有本科生、研究生甚至是博士，其中有的人还取得了不少成果。但与他们相比，聪明的汪滔多了一点点商业嗅觉。在将自己有关无人机的毕业设计完成之后，汪滔就带着研究成果去参加了中国国际航空航天博览会(珠海)和中国国际高新技术成果交易会。在那里，他的设计获得了不少企业的认可。

2006年，还在读研究生的汪涛拿着筹集到的200万港币，叫上了之前与他一起做毕业课题的伙伴，在深圳车公庙一间不足20平方米的仓库里创立了自己的公司——深圳大疆创新科技有限公司。

公司刚成立的时候，本想招些懂技术的人才，可这些人前来应聘的时候，看到公司规模如此小就直接离开了。后来虽然招到了一些人，但基本上都没有无人机技术背景，很多时候都需要汪滔手把手教。

创业之初的汪滔没有任何管理经验。他一旦有了想法，就不分时间、地点地想要员工立刻实施，经常是在下班时间给员工打电话，要求完成他布置的工作。这让很多员工都受不了，再加上他的个性很强和追求完美，总是想让员工一下子就把事情做好。因此，刚刚创业就有不少员工离职，甚至有人将他的技术成果带去了别家公司。

在这段时间，汪滔整日只想着怎样做好产品，做好之后也不搞营销，以至于公司一直没有收入。这让本就不让人看好的大疆创新走到了崩溃的边缘。

此时，李泽湘教授再一次向他伸出援手，李泽湘教授与哈尔滨工业大学(以下简称哈工大)深圳校区机器人方向的教师朱晓蕊一起向大疆创新投资100万元人民币，并将哈工大机器人专业的第一批研究生带去了大疆创新。

2008年，汪滔与研发团队推出了大疆创新第一款较为成熟的直升机飞行控制系统XP3.1。XP3.1是专门给传统遥控模型飞机安装的自动飞行系统，而不是无人机整机，这款产品可以让模型飞机在无人操作下实现在空中自动悬停。

由于市面上并没有多少人做这种产品，汪滔将信息放在网上，通过论坛爱好者的自发推广进行售卖。每个月卖20多架，每架2万多元，这不仅让公司一年能有400多万元的收入，基本上实现了盈亏平衡，还陆续拿到了不少投资。

但2008年也是大疆创新最危险的一年。直升机飞行控制系统XP3.1的上市虽然给大疆创新的发展带来了转机，但在业界和市场并没有多少人理会这个成果。同年8月，大疆创新申报了实用型专利"小型无人机直升飞行控制系统"，虽然这项专利技术在当时已经比较成熟，但是其对开拓市场没有太大的帮助，所以导致汪滔与其余三位创始人不断产生矛盾。结果，在接下来的半年时间里，除了汪滔之外，其余三名创始人都相继离开了大疆创新。

三位创始人的离开对大疆创新来说无疑是个重大打击，但却也是大疆创新的转变之时。好友的离开和市场的失败，使得汪滔认识到了直升机并不能受到人们的喜欢，更多人喜欢的是多旋翼无人飞机。他没有死撑下去，这是汪滔令人佩服的一点。要知道在一条路走不通就马上摒弃换一条路，不是每个人都能有的果断。

调整方向

2010年，汪滔在飞行爱好者的论坛上发现一个热帖，里面正在讨论有关市面上流行的多轴飞行控制器，汪滔一下明晰了大疆创新未来的研究方向。随后推出的多旋翼飞行控制系统"Woo-Kong"系列让大疆创新从整体年入百万元跨入单个产品收入过千万元的门槛。但汪滔知道，这离自己梦想中的直升机模型还有很长的距离，他不敢就此休息。

2010年，航拍刚开始流行，当时的技术条件不成熟，需要用户将相机自行组装在云台上，再悬挂到当时刚兴起不久的多旋翼飞行器上，并需要自行下载好飞行控制系统。大疆创新瞄准了市场机会，将飞机和相机合二为一，并将直升机的飞行控制技术应用到多旋翼飞行器上。

从2011年开始，大疆不断推出多旋翼控制系统及地面站系统、多旋翼控制器和飞行器、高精工业云台、轻型多轴飞行器等众多飞行控制模块。

2012年，"大疆精灵"无人机正式发布，它是全球第一款无须复杂组装调试就能用于航拍的小型多旋翼飞行平台。

2013年，世界首款航拍一体机"大疆精灵 Phantom1"问世，得益于简洁和易用的特性，其一经推出就订单破万，让大疆创新很快撬动了民用级无人机市场。

2016年，大疆创新发布了他们的第一款小巧可折叠型无人机——大疆"御"Mavic Pro。"御"Mavic Pro 的发布表明消费级无人机技术已经再次突破到了全新的阶段：机型越来越小，对大众而言则使用越来越方便。

2018年，大疆创新发布"御"Mavic 2 系列无人机，包括"御"Mavic 2 专业版及"御"Mavic 2 变焦版两款。其中专业版搭载了大疆创新与哈苏共同研发的 L1D-20c 航拍相机，这是大疆创新首次和哈苏合作。

2021年，大疆创新发布了"御"Mavic 3 无人机——4/3传感器，双摄，7倍光学变焦，40分钟续航。每一项都是巨大的改进。

几年迭代，大疆创新通过技术提高了门槛，一路高歌猛进。直到现在大疆创新的民用无人机已经在全世界占领了80%以上的市场份额，堪称举世无敌，为行业之首。

《华尔街日报》曾评价道：大疆创新是首个在全球主要的消费产品领域成为先锋者的中国企业。这家公司在遭到美国政府重重阻截后，在北美仍然保持居高不下的市场占有率，其购买者包括美国军方。

多领域应用

在"杂交水稻之父"袁隆平院士的海水稻改良示范基地，多架搭载播撒系统的大疆创新无人机在田间来回穿梭播种。每架无人机每次装载15千克种子，根据设定的飞行路径，将一粒粒海水稻种子均匀地撒落到农田里。不到一分钟，无人机就已经完成了一亩地的播种作业，工作效率是人工的近30倍，每亩节省300元至400元成本。

现在大疆创新在行业应用领域已稳步发展，从无人机飞行控制系统到整体航拍方案，从多轴云台到高清图传，大疆创新以"飞行影像系统"为核心发展方向，其产品已被广泛用于航拍、电影、农业、地产、新闻、消防、救援、能源、遥感测绘、野生动物保护等领域，并不断地融入新的行业应用。

艰难转型

无人机市场，大疆创新似乎已经做到了行业天花板，超越大疆创新的只是大疆创新本身，但是暗流之下，是否还隐藏着另一个"大疆创新"？这个，也未可知。而且现在的大疆创新增长缓慢，市场渐趋饱和。要想发展，必须有重大突破。开始造车，就是大疆创新的一个关于如何离开舒适区的故事。

大疆创新在内部孵化了车载部门，这里很多骨干都是之前无人机的核心骨干，但一直没有做出特别亮眼的产品。当然也是因为这个赛道竞争异常激烈，如和车有关系没关系的公司，小米、360、OPPO……都纷纷宣布造车。小米号称准备了100亿美元造车，蔚来、理想、小鹏都在资本市场上增发融资，为技术自研、开发新车型等做准备。

这些新造车企业都是被资本养大的,对融资特别习惯。而大疆创新造车是直接用现金流去做。据了解王滔的朋友说:"这可能也与汪滔的创业史有关,他一开始就是用自己家里的钱和朋友(后来成为大疆股东)投的钱,做两架飞机,卖两架飞机,赚了钱,再做下一架飞机,否则没材料费。他不喜欢资本运作,不是个赌徒,从来没有公布什么上市计划。"

但随着竞争对手不断加大筹码,王滔可能也要转变思路,再次接触融资。这对于大疆创新是一个挑战,对于汪滔也是一个挑战。

改变与成长

公司成立17年来,汪滔很少接受媒体采访,过去3年尤甚,这使得他的大众形象还一直停留在三五年前少有的几张公开照片上:戴灰色鸭舌帽、黑色圆框眼镜,下巴留着一小撮胡须。

他是一个典型的工程师,酷爱技术,技术至上,就像他觉得大疆创新的核心价值不是品牌,而是技术一样,他不会用这个品牌到处拓展品类,更多的是从技术的衍生性角度去拓展业务。

诚如上面所说,汪滔是否融资、是否会上市,这是个挑战,有网友说:"大疆最起码初期还是那个皇帝的新装里面的小男孩,有着强烈的理想主义和乌托邦情怀。这个国家的未来不能都是资本烧出来的企业,需要一些企业去坚守。"所以,坚守还是妥协,这是汪滔与大疆创新都需要思考的。

汪滔对技术痴迷,工作上也极尽勤奋,据说他每周工作80多个小时,半夜一有想法就会与团队沟通。他有些强权,董事会有时候也管不住他,表现出来的是一副不愿意和别人合作的状态。这些也曾造成了大疆创新一段时间的离职潮,里面还有一些元老级人物。但在2021年春节前的年会上,汪滔通过远程直播对全体员工说:自己以前太高傲,认为"这个世界笨得不可思议",但其实很多事情没弄明白,却匆匆拍板。

可以看到,他也在慢慢改变。

回溯他的创业史,可以看到一个极度聪明、勤奋、勇猛、逻辑性非常强、执行力强、追求极致、产品做得好、不爱抛头露面的创业者形象,但性格中也不乏独断专行、不善交际、偏执、过度理想化等特点。

他的故事还在继续,未来将怎么样,我们拭目以待。

最后,一个插曲,曾经有人问汪滔创业成功的秘诀是什么。他说出这样一段话,送给每一个心怀梦想的人:没有不需要埋头苦干就能获得的成功,没有只靠PPT就能得到的财富,没有从天而降的高科技。追求卓越,需要无数苦思冥想的深夜,需要连续工作72小时的执着,更需要敢于大声说出真相的勇气。

(资料来源:作者根据相关资料改写)

思考题:

1. 如何理解创业计划的作用?
2. 如何理解创新与创业的关系?
3. 你是否赞同大学生和研究生在校时就开始创业?
4. 作为创业者的汪滔有哪些值得你学习的地方?
5. 本案例对你有哪些启示?

9.2 新企业创建

创业者组建了创业团队，通过市场调研和分析找到了创业机会，制订了创业计划，获得了创业启动资金，协调好了内外部关系之后，就可以开始成立新企业了。从某种意义上说，成立新企业是创业过程中最关键的环节，因为与创业过程的其他环节相比，成功创建新企业更能突出体现创业的成果。但是，作为创业者还必须清楚，当你走到这一阶段，创业的真实故事才刚刚开始。

9.2.1 新企业的组织形式

企业的组织形式也叫企业的法律形态，成立新企业只能选择法律规定的企业组织形式。创业者成立企业时，需要考虑的是确认最符合企业需求的组织形式，并结合自己的偏好、中长期需求、税收环境等，权衡每种组织形式的利弊。我国目前常见的企业组织形式有三种。

1. 个人独资企业

个人独资企业是指依照《中华人民共和国个人独资企业法》，在中国境内设立，由一个自然人投资，财产为投资人个人所有，投资人以其个人财产对企业债务承担无限责任的经营实体。个人独资企业的设立条件如下。

(1) 投资人为一个自然人，且只能是中国公民。
(2) 有合法的企业名称。个人独资企业的名称可以是厂、店、部、中心、工作室等。
(3) 有投资人申报的出资。设立个人独资企业，投资人可以用货币出资，也可以用实物、土地使用权、知识产权或其他财产权利出资。以家庭共同财产作为个人出资的，投资人应当在设立登记申请书中予以说明。
(4) 有固定的生产经营场所和必要的生产经营条件。
(5) 有必要的从业人员。

2. 合伙企业

合伙企业是指依照《中华人民共和国合伙企业法》，在中国境内设立的，由各合伙人订立合伙协议，共同出资、合伙经营、共享收益、共担风险，并对合伙企业债务承担无限连带责任的营利性组织。合伙企业的设立条件如下。

(1) 有两个以上的合伙人，并且都是依法承担无限责任者。人数上限没有限定。合伙人只能是自然人，不能是法人。
(2) 有书面合伙协议。合伙协议应当载明的事项有：合伙企业的名称和主要经营场所的地点，合伙目的及合伙企业的经营范围，合伙人的姓名及其住所，合伙人出资的方式、数额和缴付出资的期限，合伙企业的解散与清算，违约责任。
(3) 有各合伙人实际缴付的出资。其可以是货币、实物、土地使用权、知识产权或其他财产权利出资，甚至可以用劳务出资。对出资的评估作价可以由合伙人协商确定，无须验资。
(4) 有合伙企业名称。合伙企业在其名称中不得使用"有限"或者"有限责任"字样。

(5) 有经营场所和从事合伙经营的必要条件。

3. 公司制企业

公司制企业是按所有权和管理权分离，出资者按出资额对公司承担有限责任创办的企业。公司制企业主要包括有限责任公司和股份有限公司。

有限责任公司指不通过发行股票，而由为数不多的股东集资组建的公司(一般由 2 人以上 50 人以下股东共同出资设立)，其资本无须划分为等额股份，股东在出让股权时受到一定的限制。在有限责任公司中，董事和高层经理人员往往具有股东身份，使所有权和管理权的分离程度不如股份有限公司那样高。有限责任公司的财务状况不必向社会披露，公司的设立和解散程序比较简单，管理机构也比较简单，比较适合中小型企业。

股份有限公司全部注册资本由等额股份构成并通过发行股票或股权证筹集资本，是公司以其全部资产对公司债务承担有限责任的企业法人。股份有限公司应当有 2 人以上 200 人以下为发起人，注册资本的最低限额为 500 万元。其主要特征是：公司的资本总额平分为金额相等的股份；股东以其所认购股份对公司承担有限责任，公司以其全部资产对公司债务承担责任；每一股有一表决权，股东以其持有的股份享受权利，承担义务。

9.2.2 新企业的注册登记

一般情况下，企业注册流程为：预先核准企业名称→提供股东证件→前置审批→申领营业执照→备案刻章→办理组织机构代码证→办理税务登记→开设企业基本账户→进行社会保险登记→进行商标注册。具体如下。

1. 核准企业名称

申办人提供法人和股东的身份证复印件或身份证上姓名即可；申办人提供公司名称 2～10 个，写明经营范围、出资比例(字数应在 60 个内)；由各行政区工商局统一提交到市工商行政管理局查名，由市工商行政管理局进行综合审定和注册核准，并向合格者发放盖有市工商行政管理局名称登记专用章的"企业名称预先核准通知书"。

2. 提供股东证件

新注册公司申办人提供一个法人代表和全体股东的身份证各一份；相关行政机关如有新规定，由相关部门和申办人按照国家规定相互配合完成。

3. 前置审批

经营范围内有需特种许可经营项目，报送审批。如有特殊经营许可项目(特种许可项目涉及卫防、消防、治安、环保、科委等有关部门)还需相关部门报审盖章。特种行业的许可证办理，因行业情况及相应部门规定不同，分为前置审批和后置审批(特种许可项目还涉及卫防、消防、治安、环保、科委等有关部门)。

4. 申领营业执照

工商行政管理局对企业提交材料进行审查，确定符合企业登记申请，经工商局核定，即发放工商企业营业执照，并公告企业成立。

5. 备案刻章

在企业办理工商注册登记过程中需要使用图章，要求通过公安部门刻章，如公章、财务章、法人章、全体股东章、公司名称章等。

6. 办理组织机构代码证

公司必须申办组织机构代码证。企业提出申请，通过审定，由质量技术监督局签发。

7. 办理税务登记

办理税务登记应提供的材料有：营业执照副本及其复印件，组织机构代码证书及复印件，银行开户许可证复印件，法人代表(负责人)或业主、财务负责人身份证明，经营场所租房协议复印件，所租房屋的房产证复印件，固定电话，通信地址，等等。

8. 开设企业基本账户

基本账户是指存款人为办理日常转账结算和现金收付而开立的银行结算账户。企业经营活动的日常资金收付以及工资、奖金和现金的支取均可通过该账户办理。存款人只能在银行开立一个基本存款账户。开立基本存款账户是开立其他银行结算账户的前提。企业开立的基本账户的名称，应按照营业执照上的单位名称设置，具体可在企业属地任一家具有对公业务的银行金融网点开立基本存款账户。

9. 进行社会保险登记

社会保险登记是社会保险费征缴的前提和基础，也是整个社会保险制度得以建立的基础。县级以上劳动保障行政部门的社会保险经办机构主管社会保险登记。缴费单位申请办理社会保险登记时，应填报"社会保险登记表"，并出示相关证件和材料。

10. 进行商标注册

商标注册是指商标使用人将其使用的商标依照法律规定的条件和程序，向国家商标主管机关(商标局)提出注册申请，经国家商标主管机关依法审查，准予注册登记的法律事实。商标通常由文字、图形、英文、数字的组合构成。商标注册的一般程序是：商标查询→申请文件准备→提交申请→缴纳商标注册费用→商标形式审查→下发商标受理通知书→商标实质审查→商标公告→颁发商标证书。

9.2.3　新企业的组织架构

企业的组织架构也称组织结构，对企业的经营管理具有非常重要的影响。在不同的历史时期，不同规模和不同工作性质的企业，对组织架构的要求有所不同。通常情况下，规模较小的初创企业倾向于选择简单、高效的直线制组织结构；而规模大、业务头绪多的成熟企业，往往选择职能制组织结构。

1. 直线制结构

直线制是最简单的组织形式，它的特点是企业各级行政单位从上到下实行垂直领导，下属部门只接受一个上级的指令，各级主管负责人对所属单位的一切问题负责。直线制结构的优点是：结构简单，责任分明，命令统一；缺点是：要求行政负责人通晓多种知识和技能，亲自处理各种业务。

直线制结构是一种简单、高效的组织结构，大多数企业在初创时期都采用这种组织结构。但是，当企业发展到一定规模，其业务量和任务的复杂度都达到一定水平后，把所有管理职能都集中到最高主管一人身上，显然其是难以胜任的。因此，直线制结构只适用于规模较小、生产技术比较简单的企业，对生产技术和经营管理比较复杂的企业并不适用。

2. 职能制结构

职能制结构是各级行政单位除主管负责人外，还相应地设立一些职能机构。例如，在厂长下面设立生产、销售、研发等职能机构和人员，协助厂长从事职能管理工作。这种结构要求行政主管把相应的管理职责和权力交给相关的职能机构，各职能机构有权在自己业务范围内向下级行政单位发号施令。

职能制结构的优点是：能适应现代企业生产技术比较复杂、管理工作比较精细的特点，能充分发挥职能机构的专业管理作用，减轻直线领导人的工作负担。其缺点是：形成了多头领导，当行政领导和职能机构的命令发生矛盾时下级会无所适从；同时各职能部门都有各自的职责，容易出现本位主义和"有功大家抢，有过大家推"的现象。

3. 直线—职能制结构

直线—职能制结构也叫直线参谋制结构，它是在对直线制结构和职能制结构取长补短的基础上建立起来的，目前我国大多数企业都采用这种组织结构。这种组织结构是把企业管理机构和人员分为两类：一类是直线领导机构和人员，按命令统一原则对各级组织行使指挥权；另一类是职能机构和人员，按专业化原则从事组织的各项职能管理工作。

在直线—职能制结构中，职能机构和人员是直线指挥人员的参谋，不能直接对下级部门发号施令，只能进行业务指导。这种结构的优点是：既保证了企业管理体系的集中统一，又可以充分发挥各专业管理机构的作用。其缺点是：职能部门的许多工作要直接向上层领导报告请示才能处理，容易出现领导工作负担重和办事效率低等问题。

4. 扁平式结构

扁平式结构是一种高度柔性的、扁平的、能持续发展的组织结构，它是通过培养弥漫于整个组织的学习气氛以及团队和学习型组织建设所形成的一种能够认识环境、适应环境，进而能动地作用于环境的有效组织。扁平式结构减少了管理层级，使个人或部门在一定程度上有了相对自由的空间，能有效地解决企业内部沟通的问题。

扁平式结构是一种能充分发挥个人潜能的组织结构。现在流行的许多组织形式，如稻盛和夫的阿米巴模式、韩都衣舍的小组模式、罗振宇的项目团队模式，从本质上说都是扁平式结构。这种结构的突出特点是：传递市场压力，实现内部竞争，实现全员参与的经营。这种模式的适用条件是：自上而下的目标管理，自下而上的业务驱动。

扩展阅读

扩展阅读9-4
高仙机器人的商用
清洁赛道创业之路

扩展阅读9-5
云天励飞："独角兽"
快速成长背后的密码

扩展阅读9-6
帮助更多偏远地区的
人们实现高质量就业

案例分析

研祥的创业准备与发展规划

如果问你知道5G吗，你肯定会给出肯定的回答，毕竟现在5G已走入我们的日常生活中，5G手机已成为标准配置。如果问你知道工业互联网吗，你可能就要思考一下了。但如果问你是否知道5G+工业互联网，你大概就一头雾水了，这是个新的黑科技吗？有什么大用处？时至今日，5G已成为工业互联网发展过程中的恒久驱动力，其能独得工业互联网的青睐，源于其凭借技术优势能助力制造业实现"提质、降本、增效"的目标，从而使制造业走上数字化、网络化、智能化的道路。

这是2023年研祥智能大课堂的预告。作为工业互联网领域的头部企业，研祥目前已完成研祥云工业互联网平台搭建，提供从智能节点到研祥云的"端云一体化"解决方案：为智能制造、工程机械、智能交通、电力、航空航天、石油石化等30多个行业提供数据采集、智能控制、工业网络互联、边缘计算、工业大数据存储和分析技术和产品，以及工业控制过程监控、设备远程运维、设备健康管理、机器视觉检测、设备智能化控制等解决方案。那么研祥是由谁创办的公司？它是怎样发展起来的呢？

借调来到深圳

研祥的创办人叫陈志列，男，1963年6月出生，籍贯江苏，北京户籍。1987年考入西北工业大学计算机系攻读研究生，师从我国著名计算机专家康继昌教授，研究方向是并行超级计算机系统，1990年以优异成绩获得工学硕士学位。

1989年，陈志列从西北工业大学计算机专业毕业后，被分配到了一家国有科研机构下属的合资公司，这家公司不仅承接国家委派的相关计算机控制系统的开发工作，而且代理了一个台湾品牌的嵌入式产品销售。

1991年，陈志列来到深圳工作。与以往不同的是，这一次他是被借调到与公司合作的台湾企业，巩固其刚刚设立在深圳的分公司。台湾企业要求公司提供最优秀的业务和技术人员，而符合这一要求的最佳人选就是陈志列。

独自来到深圳的陈志列租了一间简陋的农房住了下来，重新开始了艰难的打拼。一年多下来，一米八几的大汉被工作折磨得不足 65 千克。面对前去看望他的老领导，陈志列坚持说这是自己锻炼减肥的结果，当领导提出要去他的宿舍参观一下时，陈志列拒绝了。

一个人在深圳坚持了一年多的时间，陈志列终于病倒了。在病床上，陈志列开始对自己的未来进行思考：台湾企业待遇虽好，但是对于人才成长却有着太多限制。陈志列总感觉头顶有一块大石头压着，似乎怎么也长不高。但是，如果离开这家企业去其他企业发展，前景也不一定乐观。

不给自己留后路

经过这几年对用户的接触，陈志列已经熟悉了中国工控市场的状况。国内的工业自动化行业起步于 20 世纪 90 年代初，缺乏有竞争力的产品，市场基本上被海外品牌占据。而当时的海外产品不但价格很高，而且适用领域有限，品种也比较有限，市场上还有很多没被覆盖的空白点。

面对难得的创业机遇，经过多年市场打拼，已经积累了丰富营销经验和技术实力的陈志列开始有了通过自主创业摆脱中国工控产业落后现状的冲动。而地处改革开放前沿的深圳，在 1992 年邓小平同志南方谈话之后，有着非常浓郁的创业氛围，这使陈志列的创业冲动很快变成了创业行动。

但陈志列自主创业的想法却受到了来自父母和亲友的强烈反对。陈志列的父亲、母亲、岳父、岳母四位老人一起找他单位领导，恳求领导劝阻。爱才心切的老领导带着四位老人的厚望与陈志列彻夜长谈。在了解了陈志列创业的决心后，老领导最后提出了一个折中建议："你如果愿意创业也可以，单位可以考虑在深圳成立一个分公司，你与公司分摊创业收益。即便你创业失败，也可以继续做公司的业务骨干。"

老领导要陈志列回去再慎重考虑一下，如果真的下定决心，单位也不会强人所难。第二天一早，满眼血丝的陈志列敲开了老领导的房门："我已经决定自己单独创业，不能给自己留下任何后路，没有破釜沉舟的勇气，就不可能取得成功！"就这样，陈志列于 1993 年在深圳注册成立了深圳研祥机电实业有限公司(以下简称研祥)，专营嵌入式产品的代理销售和技术开发。

"高手"招聘高手

凭借丰富的市场经验和技术出身的优势，陈志列稳扎稳打，通过做代理的方式挣到了第一桶金。为了进一步扩大公司的经营规模，研祥开始通过在报纸上刊登招聘广告招揽公司发展所需的人才。

1994 年 2 月，研祥的门口迎来了一个年轻人，他就是不远千里从宁波赶来公司应聘的朱军。公司的门开着，朱军走进去，房间里的人个个都在忙个不停，没有人注意到他，更不用说停下来和他打招呼了，朱军一下子有点不知所措。

过了一会儿，坐在角落里一直埋头处理仪器的高个子男人终于发现了朱军，他站起来，问明朱军的来意，便请朱军到另一个小房间里聊聊。一番攀谈之下，朱军才知道这大个子就是陈志列，不由得对他产生了好感。原来，陈志列的技术和能力在业内已经小有名气，而他之前也正好代理过朱军所在单位的产品，两人曾经就产品的性能等问题通过书信。在这里相遇，两人都觉得特别有缘分，所以很快就消除了陌生感。

陈志列对朱军的到来充满好奇，因为他知道朱军技术过硬，在单位很受重视。他为什么放弃优越的条件，千里迢迢来到他们这个小小的公司？"这是你们登的那则广告吗？"朱军说完，递了一份报纸给陈志列。陈志列一看，只见报纸的分类广告一栏登着他们公司的广告，但陈志列还是不明白，这则普通的广告有什么特别的地方能把朱军吸引过来呢？

可是，他仔细一看，不由得哈哈大笑。原来，由于打字员的疏忽，招聘广告上的"高薪诚聘高手"被打成了"高手诚聘高手"。本来就是高手的朱军，看到这则广告马上对这家公司产生了好感，觉得这家公司够胆量、有自信，于是决定过来会会高手。听完陈志列的解释，朱军也哈哈大笑起来。

陈志列问他："你现在知道实情了，后悔吗？"朱军边笑边使劲摇头："不，不会，你的确是高手！我没有来错！"朱军就这样留在了研祥，并且很快就和陈志列一起成了公司下班最晚的人。但是，他觉得很快乐，与自己过去的单位相比，这里的工作强度大，时刻要面对挑战，解决问题，工资也不高，更没什么福利。顶多在周末或者不忙的时候，陈志列才会组织大家去路边的大排档吃饭聊天。可陈志列幽默风趣、口才了得，有他在的地方就有笑声，员工们都非常喜欢和他在一起。

当然，除了这些，朱军更喜欢这里的工作气氛。他注意到，即便是陈志列提出的方案也经常遭到大家的否决。在这里，完全没有官本位思想，大家都可以畅所欲言，不需要去理会对方的级别是否在你之上。这种宽松民主的气氛如同一块磁铁一样深深地吸引了朱军。对于这个世界上许多有理想、有抱负的人来说，能和一群志同道合的人在一起，享受那种思想上的碰撞、精神上的愉悦，比丰厚的物质享受更为重要。

从代工到开发自己的产品

研祥的创业是从做代工开始的，但陈志列并不满足于此。"当时很多企业都是从代工开始的，因为没有很高的技术要求，仅仅满足生产条件就可以了。在刚'下海'的时候，我也曾计划着赚钱之后和兄弟们一起开着越野车到西藏玩玩儿，但在创业过程中这个想法逐渐转变了。"陈志列说，"一方面，代工始终是在为别人'打工'，没有形成自己的品牌；另一方面，代工产品的利润率非常低，不适合企业长期的发展需求。"

经过仔细考虑，陈志列把投资自主研发的想法在公司集体会议上公布了出来，没想到的是，研祥领导团队全部举手通过。这可以说是研祥的第一次转变。1995年，研祥成立了产品研发部，开始挖掘新产品开发能力。这个阶段，研祥一边卖自己开发的产品，一边继续做代工。之后，研祥相继成立成都、北京、上海分公司，初步形成了全国销售网络布局。

陈志列是个天生的演说家，他用富有感染力的话语，激发公司年轻人身上的冲劲。"中国制造应该成为过去，中国创造时代正在来临！""我们立志，要做最好的产品，不久的将来，让每一个中国人可以对世界说，您要买最好的产品，还是用我们中国产的！"陈志列的这些话如同一个准备出征的将军对士兵的战前宣言一般掷地有声，在他的感染下，一股为民族品牌争光的社会责任感在研发人员心中油然而生。

经过几年的努力，陈志列的理想终于变成了现实，深圳地铁一期的建设使用了西门子和研祥的产品。在许多人看来，西门子的产品一定比研祥可靠。可一期的试运行表明，如果有10次故障，9次是西门子产品出的问题。结果从二期开始到四期，深圳地铁不用西门子的产品了，只用研祥的产品。对此,陈志列自豪地说:"这个东西公关也没戏!这个责任谁能承担?现在广州地铁从一期开始,北京地铁从五期开始只用一家——研祥。"

从智能产品到智能系统

凭借过硬的产品和技术实力,研祥在特种计算机领域实现了中国第一和世界前三,并于2020年入选广东省专精特新中小企业名单。但是,勇敢的研祥人并没有就此止步,他们在陈志列的带领下,根据市场需求和国家发展战略,向智能系统提供商的集团化企业迈进。

随着社会经济的发展、生产自动化程度的提高、劳动力的解放和生活质量的改善,大量电能驱动设备投入生产、生活,人们对电力的依赖程度越来越高。供电的可靠性、连续性已经成为整个社会关心的重要问题之一。对此,研祥针对电力监控系统打造了多款专用主机,广泛应用于变电站环境监控、电力监控网络安全等应用场景。

随着计算机和网络通信技术在电力监控系统中的广泛应用,电力监控系统网络安全问题日益突出。研祥又开发出了SPC-8100B数据通信网关,针对电力监控系统网络安全应用,用于对监测对象的网络安全信息采集,为网络安全管理平台上传事件并提供服务代理功能。

在"新基建"大潮下,5G、工业互联网、AI等新技术发展受到空前的关注。以上等新技术的发展也为传统产业、传统企业的高质量发展赋能,加快了其转型升级步伐。研祥以敏锐的眼光捕捉到了"5G+工业互联网"带来的发展机遇,迅速完成了研祥云工业互联网平台搭建,提供从智能节点到研祥云的"端云一体化"解决方案。

研祥智能"5G+工业互联网"具有五大特点:50万个工业控制系统和行业应用,第三代Service Mesh微服务框架,分布式边缘计算和簇集式大数据中心相结合,低时延、高带宽、富媒体的数据传输网格,工业总线、5G、TSN(time-sensitive network,时效性网络)等通信技术支撑。

经过近30年发展,研祥的业务已经涵盖新一代信息技术、工业互联网、AI、5G基站、科技装备业、航空航天、智能制造、物联网和节能环保等多个"十四五"规划的战略性新兴产业和重点领域,并先后荣获国家级创新型企业、国家级高新技术企业、国家火炬计划重点高新技术企业、中国企业自主创新100强、中国企业500强等荣誉。

(资料来源:作者参考相关资料编写)

思考题:
1. 陈志列在创业之前做了哪些准备?
2. 陈志列创业成功的内部因素和外部条件是什么?
3. 研祥的发展规划有哪些独特之处?
4. 研祥的业务拓展借助了哪些力量?
5. 本案例对你有哪些启示?

9.3 新企业管理

新创企业的数量很多,但能够实现成长的却不多,其中实现快速成长的企业则更少,其原因在于新企业在成长过程中会遇到各种限制和障碍,会面临各种发展陷阱和挑战。在影响新企业成长的诸多因素中,运营管理是其中最为重要的内部因素。有研究表明,大多数初创企业,创业者都像无头苍蝇一样，东撞一下，西撞一下，大量时间都用于"救火"。要避免这种情况，需要创业者在制订计划阶段就对企业的运营进行系统思考，并在对相关企业进行深入研究的基础上，找到自己营销、财务和风险管理等方面的学习样板。

9.3.1 新企业管理的特殊性

如果把从新企业的孕育到创立看作从 0 到 1 的过程，那么新企业管理就是从 1 到 10 的过程，这是一个以生存和发展为核心的管理过程。与成熟的企业不同，新企业的管理有其自身的特殊性，其突出表现在以下方面。

1. 新企业具有高成长性和高风险性

新企业区别于成熟企业的重要特点之一就在于：成熟企业已经进入常规发展阶段，不再具有高成长性；而新企业则处于超常规发展阶段，极具成长潜力。新企业通常经营机制灵活，同时在产品、技术或业务的某些方面具有一定的独特性和领先性，对区域市场和细分行业的竞争能够保持良好的适应和应对，因而成长性较好。但与高成长性相对应的是，新企业的成长具有很大的不确定性和高风险性。由于技术环境的变化、商业模式的变革、竞争对手的打压、内部管理的瓶颈等，新企业的业绩波动也高于成熟企业，呈现出"易变""不稳定""高死亡率""充满风险"等特点，即新企业的成长呈现出非线性的特征，可能爆发式增长，也可能突然衰退，甚至彻底失败。

2. 新企业具有灵活性和创新性

活力是创新之源，是企业快速发展的核心动力。与成熟企业相比，新企业的突出优势就在于高层管理者更贴近客户，更容易感受到市场发生的变化，能够比成熟企业做出更迅速的反应，能够用新企业的反应速度来抗击成熟企业的规模经济。如果新企业机制灵活，那么就会以目标为导向，淡化分工，强化协作，管理者与员工形成一体，这时公司的反应速度很快，非常灵活，充满活力。与此同时，新企业管理通常也需要有较强的创新性。因为新企业会面临许多新问题，这些问题很多是管理者以前没有遇到过的，在书本和前人的经验中也找不到答案，只有敢于创新、善于创新，才能有效地解决这些问题。

3. 新企业要以生存为第一要务

新企业在创立初期的首要任务是在市场竞争中生存下来，让消费者认识和接受自己的产品或服务。在这个阶段，生存是第一位的，一切围绕生存而运作，应避免一切危及生存的做法。要尽快找到客户，把自己产品或服务卖出去，掘到第一桶金，只有这样，新企业才能在市场中找到立足点，才能有生存的基础。"别再跟我谈对新产品的构想，告诉我你能推销出去多少现有的产品"是这一时期的典型独白。重要的不在于想什么，而在于做什么，一切以结果为导向。企业里的大多数人，包括创业者在内，都要出去销售产品，这就是所谓的"行动起来"。这一阶段，企业是机会导向的，有机会就做出反应，而不是有计划、有组织、定位明确地开发利用自己所创造的机会。

9.3.2 新企业营销管理

营销大师菲利普•科特勒(Philip Kotler)认为：市场营销是个人和集体通过创造产品和价值，并同别人自由交换产品和价值，来获得其所需所欲之物的一种社会和管理过程。对既无名气又无客户的创业者来说，营销是最重要和最有挑战性的工作。它需要创业者调动一切可以调动的力量，以尽可能低的成本让自己的产品成功进入市场。为此，创业者至少应该做好如下几方面工作。

1. 产品定价

根据经典的营销管理 4P 理论，新企业要想进入市场并在竞争中战胜对手，需要制定富有竞争力的产品(product)、价格(price)、渠道(place)和促销政策(promotion)。而在 4P 中，产品战略和价格策略无疑是渠道和促销的基础，需要在创业计划制订阶段，在充分调研的基础上形成总体框架和具体措施。一般而言，新企业的产品都比较单一，对其销售有决定性影响的是产品定价。在产品定价方面，可供创业者选择的策略和方法主要有以下几种。

(1) 成本加成定价。 成本加成定价即将每种产品成本加上一个合理的利润额作为该种产品的价格。其基本逻辑是：先确定产品销售量，然后计算出产品的单位成本和利润目标，由此确定产品的价格。这种定价方法的优点是简单明了、计算方便，缺点是只关注企业自身价值链，忽略了市场环境和竞争因素的影响。

(2) 客户导向定价。 客户导向定价也称价值导向定价，指根据产品的价值以及市场需求来制定产品的价格。单纯以成本为基础的定价法具有一定的局限性，以价值为基础的客户导向定价能在一定程度上弥补其不足。但是需要指出的是，客户导向定价并不是简单地寻求客户满意，而在于通过获取更高的产品价值来实现更高的获利性。

(3) 竞争导向定价。 竞争导向定价认为，定价只是用来实现销售目标的手段，应该根据竞争状况确定产品价格。竞争意味着提高市场占有率，而提高市场占有率通常会带来更多利润。但是，如果失去理性地扎进竞争的牢笼，容易陷入为完成市场份额目标而牺牲获利性的悖论，从而颠倒了市场份额与利润之间的主次。

(4) 渗透定价。 渗透定价的策略是，在产品进入市场初期，将其价格定在较低水平，尽可能吸引最多的消费者。这种以牺牲短期利益来获得较高销售量及市场占有率的做法多为获得高额投资的互联网企业所采用。从这种做法的实际效果看，确实有许多成功的案例，但它带来的问题也是非常明显的，即容易加速非头部企业的破产速度。

2. 渠道管理

对大多数初创企业来说，通过与渠道合作进行市场拓展，几乎是毫无疑义的必然选择。有道是"渠道为王"，在今天这个买方市场时代，拥有大量销售终端资源的渠道商是所有生产者想要合作的对象。因此，了解销售渠道和有效地管理渠道，可以说是创业者必须具备的一项基本能力。当然，重视渠道并不意味着盲目依赖渠道，在渠道选择与管理过程中，需要考虑不同渠道的销售贡献度、价格贡献度和品牌贡献度，同时要特别注意互联网、大数据和区块链等技术对渠道和销售的影响。

(1) 多渠道销售。 多渠道销售是指生产者通过多种渠道，将相同的产品销售给不同的市场和相同的市场的策略。生产者采取复杂渠道策略，通过多条渠道推销某种产品，比通过某单一渠道推销更能实现市场渗透。同时，在市场商品供过于求以及竞争较为激烈的情况下，采用多渠道策略还能起到规避风险和避免渠道商漫天要价的情况。

(2) 关系营销。关系营销是指生产商不限于即时交易，与长期供应商建立顾客关系的营销策略。当顾客关系管理计划被执行时，公司必须同时注重顾客和产品管理。同时，公司必须明白，虽然关系营销很重要，但并不是在任何情况下都有效。因此，公司必须评估哪一个部门与哪一种特定的顾客采用关系营销最有利。

(3) 接触点营销。接触点营销是通过在同客户接触的关键时刻积极开展营销活动，进而快速提升客户满意度，从而促进销售的营销策略。例如，如家各单店营业额提升的切入点就是把品牌接触点的相关细节做到极致，做到让消费者一眼即知、一用即明，使消费者在潜移默化的入住过程中成为如家忠实的粉丝。

3. 营销策划

市场营销既是一种职能，又是组织为了自身及利益相关者的利益而创造、沟通、传播和传递给客户价值，为顾客、客户、合作伙伴以及整个社会带来经济价值的活动、过程和体系。作为一个过程和体系，市场营销要想取得理想的效果，不仅需要科学的规划、设计和管理，而且需要吸引关注和能够给人以愉快体验的创造性策划。下面介绍几种诞生于互联网时代的营销策略，它们值得创业者学习和借鉴。

(1) 整合营销。整合营销是指将一个企业的各种传播方式加以综合集成，其中包括一般的广告、与客户的直接沟通、促销、公关等，对分散的传播信息进行无缝接合，从而使得企业及其产品和服务的总体传播效果明确、连续、一致和提升。

(2) 数据库营销。数据库营销是利用数据库中的数据资源，以概率思维为基础进行方案设计的营销策略。它以特定的方式在网络上或是实体店收集消费者的消费行为资讯、厂商的销售资讯，并将这些资讯以固定格式累积在数据库中，在适当的行销时机，以此数据库进行统计分析和方案设计的行销行为。

(3) 网络营销。网络营销是企业整体营销战略的一个组成部分，它是为实现企业总体经营目标所进行的，以互联网为基本手段营造网上经营环境的各种活动。网络营销的职能包括网站推广、网络品牌、信息发布、在线调研、顾客关系、顾客服务、销售渠道、销售促进八个方面。

(4) 直接营销。直接营销是在没有中间经销商的情况下，利用消费者直接通路来接触及传送产品和服务给客户。它利用一种或多种媒体，理论上可到达任何目标对象所在区域，包括地区上的以及定位上的区隔，且是一种可以衡量回应或交易结果的行销模式。其最大特色为"直接与消费者沟通或不经过分销商而进行的销售活动"。

9.3.3 新企业财务管理

财务管理是企业管理的重要组成部分，它是根据财经法规制度，按照财务管理的原则，组织企业财务活动，处理财务关系的一项经济管理工作。简单地说，财务管理是组织企业财务活动、处理财务关系的工作。它是在一定的整体目标下，对于资产的购置、资本的融通和经营中现金流量以及利润分配的管理。对大多数初创企业而言，财务管理主要是由财务人员或财务代理公司实施的,创业者的主要任务是与财务管理人员共同制定财务规划,以及运用各种财务工具进行财务管理。

1. 财务规划

财务规划是创业规划的重要组成部分,它包含三项活动:设立目标、设立有形指标、衡量并调整目标和指标。在财务规划流程中,关键是要建立整合的财务报表及其与运营规划的链接。财务规划与预测的典型工作流程通常从建立财务目标开始,财务目标通常与近期和长期目标相关,且常常与有形的硬指标相联系。然后使用整合的财务报表对财务目标建立模型,以及在此基础上形成可供公司上下执行的财务指标。财务规划的基础是财务预算,它是集中反映未来一定时期现金收支、经营成果和财务状况的预算。财务预算的主要方式有以下几种。

(1) 固定预算和弹性预算。固定预算又称静态预算,是把企业预算期的业务量固定在某一预计水平上,以此为基础来确定其他项目预计数的预算方法。弹性预算是按实际业务进展编制的预算,所有的成本按其形态分为变动成本和固定成本两大部分。固定预算与弹性预算的主要区别是:固定预算是针对某一特定业务量编制的,弹性预算是针对一系列可能达到的预计业务量水平编制的。

(2) 增量预算和零基预算。增量预算是指在基期成本费用水平的基础上,结合预算期业务量水平及有关降低成本的措施,通过调整原有关成本费用项目而编制预算的方法。零基预算是指在编制预算时,对于所有的预算支出以零为基础,不考虑其以往情况如何,从实际需要与可能出发,研究分析各项预算费用开支是否必要合理,然后通过综合平衡确定预算费用。增量预算与零基预算的区别是:增量预算较易编制,但不能很好地控制不必要发生的费用;零基预算能对环境变化做出较快反应,但耗时巨大,并且需要全员参与。

(3) 定期预算和滚动预算。定期预算是以会计年度为单位编制的各类预算。滚动预算又称永续预算,其主要特点是不将预算期与会计年度挂钩,而是始终保持12个月,每过一个月就根据新的情况进行调整和修订后几个月的预算,并在原预算基础上增补下一个月的预算,从而逐期向后滚动,连续不断地以预算形式规划未来的经营活动。定期预算与滚动预算的区别是:定期预算以会计年度为单位定期编制;滚动预算不与会计年度挂钩,连续不断向后滚动,始终保持12个月。

2. 财务报表

财务报表是反映企业或预算单位一定时期资金、利润状况的会计报表。我国财务报表的种类、格式、编报要求均由统一的会计制度做出规定,要求企业定期编报。财务报表是财务报告的主要部分,包括资产负债表、利润表、现金流量表或财务状况变动表、附表和附注。财务报表应按期报送所有者、债权人、当地财税机关和开户银行等有关部门。

(1) 资产负债表。资产负债表是反映企业资产、负债和所有者权益三方面内容的财务状况报表,并满足"资产=负债+所有者权益"的平衡式。我国企业资产负债表采用账户式结构,分为左右两方,左方为资产,右方为负债和所有者权益。资产负债表各项目均需填列"年初余额"和"期末余额"两栏。其中"年初余额"栏内各项数字应根据上一年年末资产负债表的"期末余额"栏内所列数字填列。

(2) 利润表。 利润表也称损益表，它是反映企业在一定会计期间的经营成果的报表，记录本期企业收入、费用和应该记入当期利润的利得和损失的金额与结构情况。我国企业的利润表采用多步式格式，主要编制步骤和内容如下：以营业收入为基础，减去营业成本、税金及附加、销售费用、管理费用、财务费用、资产减值损失，加上公允价值变动收益和投资收益，计算出营业利润；以营业利润为基础，加上营业外收入，减去营业外支出，计算出利润总额；以利润总额为基础，减去所得税费用，计算出净利润。

(3) **现金流量表。** 现金流量表是反映企业在一定会计期间现金和现金等价物流入和流出的报表。我国企业现金流量表采用报告式结构，分类反映经营活动产生的现金流量、投资活动产生的现金流量和筹资活动产生的现金流量，最后汇总反映企业某一会计期间现金及现金等价物的净增加额。现金流量表可以反映企业现金流量的来龙去脉，主要包括经营活动、投资活动及筹资活动三大部分的现金流量。

除上述三大报表外，还有所有者权益变动表和财务报表附注。所有者权益变动表反映本期企业所有者权益总量和结构的增减变动情况，特别是要反映直接记入所有者权益的利得和损失。财务报表附注一般包括如下项目：企业的基本情况、财务报表编制基础、重要会计政策和会计估计以及差错更正的说明和重要报表项目的说明等。

3. 财务分析

财务分析是以会计核算和报表资料为依据，采用一系列专门的分析技术和方法，对企业的过去和现在有关筹资活动、投资活动、经营活动、分配活动的盈利能力、营运能力、偿债能力和发展能力等进行分析与评价的经济管理活动。

(1) 盈利能力分析。 盈利能力是指企业获取利润的能力，也称为企业的资金或资本增值能力。它通常表现为一定时期内，企业收益数额的多少及其水平的高低。企业盈利能力的衡量指标主要有营业利润率、成本费用利润率、盈余现金保障倍数、总资产报酬率、净资产收益率和资本收益率。

(2) 营运能力分析。 营运能力指的是企业的经营运行能力，即企业运用各项资产以赚取利润的能力。营运能力分析包括流动资产周转情况分析、固定资产周转情况分析和总资产周转情况分析。这些分析揭示了企业资金运营周转的情况，反映了企业对经济资源管理、运用的效率高低。企业营运能力的衡量指标主要有存货周转率、应收账款周转率、营业周期、流动资产周转率和总资产周转率等。

(3) 偿债能力分析。 偿债能力是指企业偿还到期债务的能力。能否及时偿还到期债务，是反映企业财务状况好坏的主要标志。通过对偿债能力的分析，可以考察企业持续经营的能力和风险，有助于对企业未来收益进行预测。企业偿债能力包括短期偿债能力和长期偿债能力两个方面。

(4) 发展能力分析。 发展能力也称企业的成长能力，是企业通过自身的生产经营活动，不断扩大积累而形成的发展潜能。企业能否健康发展取决于多种因素，包括外部经营环境、企业内在素质及资源条件等。企业发展能力的衡量指标主要有营业收入增长率、资本保值增值率、资本积累率、总资产增长率、营业利润增长率等。

扩展阅读

扩展阅读 9-7
从有限责任公司到
个体工商户

扩展阅读 9-8
手持利剑，为企业
保驾护航

扩展阅读 9-9
颠覆传统家政业的
"小管家"

案例分析

李子柒崛起与复出背后的秘密

2023 年 1 月 31 日，四川子柒文化传播有限公司发生工商变更，杭州微念品牌管理有限公司退出股东行列。该公司由李佳佳(李子柒)、蒲倩云分别持股 99%、1%。在与资本的较量中，李子柒为何能赢？

在去年 10 月央视节目《鲁健访谈》中，李子柒向观众坦诚谈论了自己的未来规划，表示仍然会拍视频、做栏目，希望将中国传统文化推广出去，或许会慢一点，但她不担心"过气"。李子柒的这份自信来源于粉丝的大力支持。

尽管停更已久，她的粉丝数据却没有太大跌幅。据统计，她在某视频网站的粉丝数据甚至反向上涨 50 万，播放数据仍在攀升。李子柒是何方神圣？她凭什么能获得亿万人的关注和支持？这还要从她的成长经历说起。

成长经历

李子柒，本名李佳佳，1990 年出生于四川绵阳。幼年时期，李子柒父母离异。1996 年，父亲早逝。因为继母对她不好，爷爷奶奶心疼她，便接她回了家。

爷爷做过乡厨，善于农活，也会编制竹器，邻居有了红白喜事，都乐意找他帮忙。在爷爷做饭的时候，她便在一旁打下手。

此外，李子柒还曾和爷爷一起做木工，陪奶奶做饭，庄稼成熟时她也会下地干活。那时候尝到的美食，则是她记忆中挥之不去的好味道。李子柒耳濡目染学到的很多东西也成了其日后短视频作品的重要素材。

在李子柒读小学五年级的时候爷爷去世了，奶奶开始独自抚养她，生活也变得难以为继。2004 年，李子柒为了谋生，开始在城市中漂泊。其间她露宿过公园的椅子，也曾连续吃了两个月的馒头。在做服务员的时候，一个月的工资只有 300 元。

有了相对稳定的工作后，她开始拜师学习音乐。2009 年，李子柒找到了在酒吧打碟的工作。2012 年，因为奶奶生病需要人照顾，她便回到了家乡。奶奶是她唯一的亲人，她不想自己离开的时候，奶奶悄无声息地走了。

回家以后，收入来源没有了，她们的生活还得继续，靠种地显然养活不了自己，更何况还要考虑奶奶生病住院的开销等。为了生计，李子柒开了家淘宝店，试着做点小生意。

营销策略

在开淘宝店之初，李子柒的生意仅仅是勉强维持生存。为了生意更好，李子柒接受了弟弟的建议，开始拍一些无厘头的短视频，在网络上发布引流。

摸索一段时间后，她便转而拍一些自己真正拿手的事，如做饭。后来，她便将自己短视频的主题转为美食。这期间，她开始钻研拍摄和剪辑技术，一条短视频往往要拍上好几天。同时，她也注意选择更有影响力的平台发布自己的作品。

此时各类平台上的生活短视频已经很多，但和其他美食博主不一样的是，她将农村生活放到了网络上，拍摄的时间跨度拉得非常大。因为精美的构图和悠闲的生活节奏，她的视频更像是一部田园纪录片，受到了无数人的追捧。

2015年，李子柒开始自拍自导古风美食短视频。早期，她的视频虽然创意有余，但质量很一般，如3月发布在美拍上的《桃花酒》，特写都是模模糊糊的。

为了提高拍摄质量，她请教了美拍特效视频制作达人@密码大叔，此人后来成了她的师父，教给她很多拍摄和剪辑方法。他建议李子柒换单反相机拍摄，李子柒才买了一台旋转屏的单反相机，又花了120元配了一个三脚架。

在拍摄内容的选择上，和奶奶生活在一起的李子柒选择了最熟悉的农村生活。在为自己的短视频定位时，她最初设定的话题取自俗语"四季更替，适食而食"，后来在编辑的建议下，改成了"古香古食"。

2015年4月，短视频《樱桃酒》被某短视频平台CEO点赞，并推到首页热门。受《樱桃酒》成功的鼓励，她开始筹拍《自制兰州拉面》。为了拍摄这个短视频，她不但特意去兰州拜师学习，而且在拍摄和剪辑上也精雕细刻。苍天不负苦心人，11月该视频发布后，全网播放量达5000万，点赞量60万。

2016年是微博光芒四射的一年，依靠话题打榜体系以及短视频、直播等新内容载体，平台用户数和活跃度增长接连超预期，微博市值超过了推特。更重要的是，那一年微博推出了扶持内容原创者的计划，处在爆发期的视频内容成了重中之重。

一路辛苦打拼的李子柒幸运地成为微博扶持的对象。同时，一些专业的制作人和平台也开始关注这个网红新人，并以各种方式同她进行合作。就这样，本是为了增加自己淘宝店人气而拍视频的李子柒，无意间跑偏，成了可以靠流量挣钱的网红。

事业转型

2016年是短视频创业的风口，已经在网络上有了人气的李子柒也顺势而为，专攻田园古风短视频制作，实现了自己的事业转型。

当时各类短视频遍地开花，在大多数人拼段子、拼搞笑的大市场环境下，李子柒是一匹不走寻常路的黑马。她不是网红脸，也不露大长腿，完全靠对"古风美食"的挖掘，以及对田园风光和中国传统文化的诗意展现，在激烈的短视频竞争中脱颖而出，打造了一个"古风"形象，成了"2017第一网红"。

2017年，李子柒正式组建了自己的团队；6月16日，她获得新浪微博超级红人节十大美食红人奖。2018年，她的原创短视频在海外运营3个月后，获得YouTube银牌奖。2019年8月，她获得超级红人节最具人气博主奖、年度最具商业价值红人奖。

这期间，她曾用了一年多的时间还原了文房四宝在古代的制作过程，也用古法制作过手工酱油，甚至以一人之力在院子里用木头和竹子搭了一座茅草棚和秋千架。从造面包窑、做竹子家具、做衣服到烤全羊、酿酒……总之，没有李子柒做不出来的东西。但是，在李子柒大火的背后，其实是她对美的感受和独特表达。

例如，在最近更新的一段视频里，李子柒选择了酱油这个选题。令人惊讶的是，她并不是从酿制开始，而是从播种黄豆开始，跟拍了生长、收获、蒸制、制曲、酿造、翻晒、压榨、过滤、提纯、熬煮等多道工序，最后还用卤肉饭、窑鸡、腌黄瓜、白灼菜心四道菜展示了酱油的具体运用场景。

短短 11 分钟的视频，构图考究、剪辑明快、色调清新，对话寥寥，除了舒缓清幽的背景音乐，只有流水潺潺、虫鸣鸟叫和劳作时的环境声响。岁月如诗，青春如画，这就是李子柒的风格，也是其作品吸引人的地方。

2019 年 12 月 14 日，李子柒获得《中国新闻周刊》"年度文化传播人物奖"。2020 年 1 月 1 日，李子柒入选《中国妇女报》"2019 十大女性人物"。2020 年 5 月 19 日农业农村部官网发布消息，李子柒受聘担任首批中国农民丰收节推广大使。

但是，在真实世界中，李子柒远没有视频中那般光鲜亮丽。为了拍摄出满意的视频，她常常要忙到凌晨 3 点，而休息两个小时后，5 点钟她又要开始新一天的工作。因为长期熬夜剪视频，李子柒患上了眼肌痉挛，发病时眼皮不停抽搐，睁不开眼睛。

从对视频制作一窍不通的小白到以拍摄短视频为生的超级网红。李子柒一路走来，可谓充满困难和坎坷。不懂的东西，一点一点去学；不会的东西，一遍一遍去试；拍视频的时候，一遍一遍去拍，直到拍出自己想要的结果。这，才是她成功的真正原因。

(资料来源：作者参考相关资料编写)

思考题：
1. 李子柒为什么能在众多视频制作者中脱颖而出？
2. 李子柒的早期经历对她的事业发展是否有帮助？
3. 你是否认同李子柒的事业转型？
4. 李子柒的事业停摆揭示了初创企业管理中的哪些问题？
5. 这个案例对你有哪些启示？

9.4　新企业成长

根据生命周期理论，企业注册成立后，一般都遵循创立初期、发展期、成熟期、衰退期四个阶段的顺序发展。人们通常把处于创立初期和发展期的企业界定为新企业。在这两个阶段，新企业能否生存和健康成长至关重要，这既关系到创业的成败，又关系到企业今后能否持续发展。创业者必须清晰地了解：新企业管理有怎样的特殊性？是哪些因素在驱动新企业的成长？新企业的成长又面临哪些挑战？创业者该为新企业成长做哪些准备？如何进行新企业成长管理？

9.4.1 企业的生命周期

所谓企业的生命周期是指企业发展与成长的动态轨迹,即从一个创业想法到企业真正创立,再不断发展至成熟,最后走向衰退的整个过程。如图9-1所示,企业的生命周期可以形象地划分为两个阶段,分别是呈上升趋势的企业成长阶段(孕育期、婴儿期、学步期、青春期、盛年期),以及呈下降趋势的企业衰退阶段(稳定期、贵族期、官僚期)。

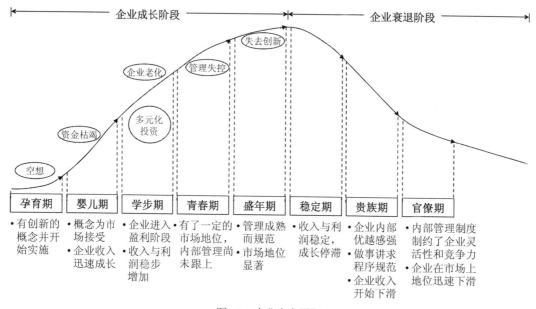

图9-1　企业生命周期

对初创企业而言,更重要的是把握企业成长阶段,致力于创造更多的价值和财富。为了确保企业顺利成长,创业者应当处理好各个时期的关键问题,并随时注意发展过程中可能出现的问题,见表9-1。

表9-1　企业成长阶段曲线详解

所处周期	关键问题	可能出现的问题
孕育期	责任与风险的承担 概念付诸行动	创业空想
婴儿期	资金流的有效运转 市场的争夺	因资金流枯竭而失败
学步期	收入与利润的双重成长 企业的有效控制	分权而造成企业失控 过于多元的投资导致现金流枯竭
青春期	管理制度与流程的建立	管理失控 企业老化 企业内部权力斗争
盛年期	企业创新精神的培养与巩固	企业老化

9.4.2 新企业成长面临的挑战

随着产品或服务逐步被市场认可，销售收入不断增加，企业规模不断扩大，成功穿越初创期"死亡陷阱"的新企业会表现出强烈的成长冲动。但真实的情况是新创企业的数量很多，能够实现成长的企业并不多，其中实现快速成长的企业则更少，其原因在于新企业的成长会遇到各种限制和障碍，会面临各种发展陷阱和挑战。

1. 内部管理复杂性增强

新企业的快速成长体现为市场的快速扩张、顾客数量的规模化增加、职工人数的大幅增长等，也会吸引各种组织(包括竞争对手、潜在投资人、管制机构、新闻媒体等)的注意力，同时需要获取更多的资源以支撑其成长，这就使得企业内部的管理工作在短时期内快速增加。尽管创业者开始在组织内部设立职能部门和管理组织，制定各种必要的规章制度和流程，试图强化职责分工和协调配合，逐步进行管理授权和分权，然而由于企业规模的急剧扩张、创业团队管理技能的不足、缺少有管理经验的员工、部门分工不够科学合理等，企业内部管理往往杂乱无序，问题常常容易演变为危机，创业者需要花费大量的时间"救火"。部门间的协调配合和"救火式"的管理方式融合在一起，增加了企业整体管理的复杂性。

2. 外部环境不确定性增加

企业的快速成长吸引了众多竞争对手的进入，改变了行业的竞争状况，让新企业的市场环境变得更加不确定。行业内的成熟企业开始注意新企业所在的细分市场，凭借资金、技术、品牌和成熟的销售网络等种种优势向成长中的新企业发起挑战或进行打压。行业内众多跟风创业的小企业则"搭便车"，对产品既不进行创新，也不进行广告投入，只是一味地模仿，利用低成本、低价格和地域性优势抢占市场。众多竞争对手的加入使得消费者有了更多的选择，竞争变得越来越激烈，一度的蓝海逐渐变为红海，产品价格可能迅速下降。这就迫使新企业加大产品创新力度，调整市场战略，进行地域市场扩张，进入新的细分市场，或开始尝试多元化经营等，但这些情况无一例外地增加了企业活动所面临的不确定性，使其经营环境变得更加复杂。

3. 市场容量限制

市场是企业得以生存和发展的土壤。一旦企业实现了初期的快速成长，很快就会有其他的企业跟进，竞争就会变得越来越激烈；而且先进入的企业成长速度越快，跟进的企业就越多，新企业就会在更短的时间内面临更激烈的竞争，信息发达和市场开放使这种规律更加明显。一方面，在市场容量有限的前提下，众多竞争对手的加入会阻碍新企业的成长。另一方面，新企业是在行业内的细分市场开始创业和经营的，随着规模的扩大，创业初期的区域市场容量将无法满足其快速发展的需要，创业者必须寻求扩张。扩张的路径主要有两条：地域扩张和产业延伸。但地域扩张往往受到各地文化、法律和市场环境的影响，产业延伸则会面临资源不足、管理分散等多元化经营的相关障碍。如果创业者不能很好地解决这些问题，市场容量的局限性就会变得明显，最终像一堵墙一样阻碍企业继续扩张和成长。

4. 人力与资金约束

新企业的成长还面临极大的资源约束，尤其是人力资源和财务资源的缺口。伴随着业务快速发展，新企业迫切需要吸引大批人才，虽然新创企业良好的创业氛围和广阔的发展前景也能打动一部分人，企业也有充分的用人自主权，但总体而言，由于发展的不确定性和高风险性、能够提供的薪酬难有竞争力、管理不够规范、办公环境较差、企业的社会声望不高等，多数新企业对优秀人才的吸引力不足，导致较大的人力资源缺口。同样，为了支撑快速成长，新企业有了新的需要，如不断增加固定资产投资，招聘更多员工，加大研发投入，建立销售网络和强化营销推广等，这就要求有更多的资金投入。同时，日常管理运营费用也大幅增加，但在创立初期和成长期，多数新企业的自由现金流入不足，而且不够稳定，无法满足企业快速成长的需要，导致较大的资金缺口。

9.4.3 新企业成长管理

企业成长是一个动态的过程，是通过创新、变革和强化管理等手段整合资源并促使资源增值进而追求持续发展的过程。创业管理者除了需要为成长做好准备外，还需要结合新企业的管理特性，遵循企业成长规律，抓住成长管理的重点。

1. 确立企业的愿景、使命和核心价值观

企业愿景、使命和核心价值观是引领企业发展的灵魂，它们虽然无形，但却渗透在企业发展的方方面面。企业愿景又称为企业宗旨，是指企业长期发展的方向、目标、目的和自我设定的社会责任与义务等，描述了企业在未来社会里会是什么样子。企业使命是指企业在社会经济发展中所应担当的角色和责任，是指企业的根本性质和存在的理由。企业核心价值观是指企业在生产经营活动过程中逐渐形成的，由组织成员共同遵守和分享的同一价值观念、价值判断和行为准则。对于新企业而言，其核心价值观一般是创业团队，尤其是企业创始人自身价值取向的体现，这种价值取向直接而又深远地影响着企业的成长和发展。在遇到困难和挫折时，有共同愿景、使命和核心价值观的企业能够齐心协力、共克时艰，没有共同愿景、使命和核心价值观的企业则会分崩离析、各自逃难。因此，在新企业成长过程中，创业者必须适时地提出能够凝聚人心的愿景、使命和核心价值观，从而形成强大的组织力量。

2. 管理好支撑企业持续成长的人力资源

人才是支撑企业成长的关键要素，是企业的核心资产。从根本上说，企业的成长基于人力资源的成长，企业的发展基于人力资源的发展，快速成长企业的一个共同特点就是有强有力的人力资源管理。从某种意义上说，技术可以模仿，商业模式可以模仿，唯有人才队伍无法模仿。因此，新企业在成长过程中必须通过建立包括"招聘、培育、使用、挽留"在内的人力资源管理体系，打造一支优秀的人才队伍。其具体措施包括以下几点。

(1) 提供有竞争力的薪资待遇。
(2) 提供广阔的成长空间。
(3) 营造良好的工作环境。

(4) 让员工参与经营管理。
(5) 实施成果分享计划。

3. 注重资源整合与资源管理

新企业的人力、财力、物力资源相对匮乏,仅仅通过自身的滚动发展往往速度缓慢,所以,借助合作伙伴、金融机构、政府部门、社会团体,甚至竞争对手的力量来发展壮大自己便显得更加重要。这也是快速成长企业特别擅长的策略,其具体措施包括以下几点。

(1) 建立战略联盟。
(2) 成立合资公司。
(3) 兼并和收购。
(4) 引入创业投资。
(5) IPO(首次公开募股)上市融资等。

企业在整合资源的同时,还要加强对资源的有效开发和利用。运用 IPO 等方式虽然可以为企业募集大量资金,迅速壮大企业的规模,提高企业的知名度,但是,如果企业不能很好地利用所获得的资源,不能为投资者创造价值,最终还是会走向失败。另外,企业还要通过保持和发扬创业精神,为企业的成长不断注入新的活力。

扩展阅读

扩展阅读 9-10
名创优品为什么能
卖爆 100 个亿

扩展阅读 9-11
微信的产品迭代与
商业布局

扩展阅读 9-12
"三只松鼠"的
品牌秘诀

案例分析

罗辑思维的快速成长与组织创新

2023 年 1 月 1 日零点,深圳书城,得到 App 创始人、北京思维造物信息科技股份有限公司董事长罗振宇为第八场《时间的朋友》跨年演讲画上了句号。与 2022 年不同,今年跨年演讲的舞台不再是大型体育场,台下也不再空无一人。8 年多前,罗振宇立下了一个目标——连续 20 年,办 20 场跨年演讲。8 年多来,得到不断应变、蜕变、求变,从无到有,从小到大,发展为一个大型知识服务平台。

横空出世

2012 年 12 月 21 日,一个名为"罗辑思维"的知识型视频脱口秀节目在优酷、喜马拉雅等平台隆重开播,主讲人罗振宇的独特风格给观众留下了非常深刻的印象。同时,同名微信公众号还在每天清晨 6 点 30 分"自虐"般准时推送罗振宇本人 60 秒语音的生活感悟,启发听众对生活的感知和思考。

《罗辑思维》双管齐下的闪亮登场迅速引起了社会各界的广泛关注，一时间收听、收看和讨论《罗辑思维》成了爱学习的人的时尚之举，而有关《罗辑思维》创办人的各种信息也成了人们街谈巷议的话题。

罗辑思维是罗振宇与新媒体人申音合作打造的自媒体。罗振宇毕业于华中科技大学新闻专业，后来又在中国传媒大学获得了硕士和博士学位。毕业后的罗振宇在中央电视台工作多年，2008年辞职后成为自由职业者，先后担任过《决战商场》《中国经营者》和《领航客》等电视节目的主持人，以及第一财经频道的总策划。

《罗辑思维》以"知识分享"为中心，然后根据指定主题，如"权力之下无真相""民意真的可信吗""迷茫时代的明白人"等寻找破题依据，提出解决方案。在这个选题、破题、证题的过程中，为观众奉上知识的营养鸡汤。

罗振宇把自己视为"手艺人"，而《罗辑思维》节目则是一个为大众提供"有种"看法、搬运"有趣"知识的"有料"节目。为了让节目做到极致，罗振宇甚至摒弃了提词器。这就意味着，一旦节目当中出现一个错误，他就要将整个节目从头再录。

罗振宇近乎疯狂的质量追求和死磕精神让《罗辑思维》一出场便给人以强大的视觉和听觉冲击，而其节目主题和内容的新颖性、广阔性和深刻性也带给观众一种醍醐灌顶的感受，满足了观众在21世纪对精神安慰的渴求。

飞速崛起

罗振宇超强的演说魅力、独特的思维方式和丰富的知识储备，加上申音的媒介产品经营推广经验，使《罗辑思维》借助自媒体兴起的浪潮迅速红遍了大江南北。

2013年8月，罗辑思维进行了首次社群会员招募，即便会员权益几乎没有实质性的内容，但仅仅4个小时5500个会员名额就悉数售罄，罗辑思维进账160万元，当日也被认为是自媒体最有意义的一天。

时隔4个月后，罗辑思维进行第二次会员招募，24小时内，2万个会员席位同样悉数售罄，又是无须付出实质性的会员权益成本，罗辑思维单凭节目名气、罗振宇个人魅力，就成功进账800万元。

但令人遗憾的是，罗、申这对搭档由于对公司未来发展方向的分歧，不得不于2014年5月和平分手。申音离开罗辑思维后，罗振宇重新注册了北京思维造物信息科技有限公司，同时引入"脱不花"李天田为公司联合创始人和CEO，负责公司的运营管理。

"脱不花"是广告、培训和管理咨询界年轻的"老司机"，她既有丰富的管理经验，又有超强的经营意识。罗、李搭档后的罗辑思维不但有了更强大的社会影响力，而且开始从更广阔的领域探索公司的盈利模式，从而形成了更强的赚钱能力。

例如，2014年7月，罗辑思维"天马行空"地进行了月饼销售活动。在"可以测试真爱"的包装之下，罗辑思维月饼最终完成订单20271笔，总销量23214盒。至此，电商成了除会员收费、自己出书和图书推广收益外的又一收入来源。

2015年10月，罗辑思维正式对外宣布完成B轮融资，估值13.2亿元。短短不到3年时间，仅靠一个"胖子"的娓娓讲述，就发展为播放累计超过2.9亿人次、微信订阅号用户突破530万人、微信群超过2000个的互联网第一知识社区。

罗振宇本人作为自媒体创业的缔造者也成了万众瞩目的焦点人物，2014年、2015年连续两年，获得中国互联网年度人物奖提名，成了一个著名的IP。

转型升级

2015年12月，罗辑思维开始向知识运营商方向转型。这个被罗振宇称为决定公司命运的转型源于2015年的上半年田溯宁对罗辑思维的访问。田溯宁是中国互联网教父级人物，他对当时的罗辑思维提出了两点建议：

第一，他认为罗辑思维干的事情太多，建议稍微收一收，可以继续卖书，但月饼、大米等就不要卖了。然后集中精力做一件重要的事，即转型做知识运营商。而所谓的运营商，就是把所有复杂的事情交给自己来运营，然后给公众提供一个通用而简单的服务。

第二，建议公司所有人必读一本书——《出版人》。这本书中有一句特别重要的话：为新兴的中产阶层去生产一本新闻周刊。这句话包含两个要素：第一个要素是人，为新兴的中产阶层服务；第二个要素是时间，以一周一本的频率去出版刊物来影响人。

田溯宁的建议为罗辑思维的发展指明了方向。

2015年12月，罗辑思维旗下的App"得到"上线，标志着罗振宇放弃流量思维，而专注产品思维。此后，罗振宇把自己的内容完全放在了"得到"平台上，而他本人也渐渐蜕变成平台上一个普通的产品生产者。

2017年3月，《罗辑思维》节目全面改版。节目形态由原来的视频改为音频，由周播变成小日播节目(周一到周五连续播出)，节目长度由原来的每期50分钟缩短至单集8分钟以内；播出平台只限于罗辑思维旗下的得到App。

对此，罗辑思维CEO李天田表示："得到App才是我们真正想做的事，罗辑思维只是它的一个MVP。不超过一年，罗辑思维的内容只是得到App上的一部分。"这使罗辑思维终于摆脱了对于罗振宇个人IP的过度依赖，开始向真正的平台型公司转型。

目前，得到App已经有"通识教育"和"能力教育"两大板块的终身教育产品和服务。从做好自己到一直做好自己，不仅仅是一个企业发展战略的选择，更是紧跟社会形势、政策环境、市场需求的必然要求。

组织创新

为了适应公司的业务发展，罗辑思维在组织建设上进行了大胆的创新。在罗辑思维，员工不但不用坐班、不用打卡，而且无部门、无层级、无KPI(关键绩效指标)。那么，在这样一个"五无"公司，员工是如何实现高效协作的呢？罗辑思维的解决方法是：项目制。

罗振宇曾明确表示："罗辑思维是一个以项目为载体的去中心化组织，这种组织架构没有上下级之分，除了技术团队和财务之外，全部是纵向编队的战斗小组。一个小组的基本配置是三个人，他们既要懂商品，也要懂创意和内容，还要懂服务；而公司则从利润中直接与小组进行分红，形成内部创业机制。"

CEO李天田也曾说过："我们的员工每个人都有个基本岗位，保证可以拿到基本工资，用这种方式把一些常规工作，比如行政、前台、人力、编辑等岗位扛起来。但是主要收入来自项目分红，只要有小组愿意接受，连财务都可以进项目组。"

罗辑思维项目制的运转方式是五步法：

(1) 立项。确定项目的负责人，有竞争则采取对决(PK)制度，人人皆有机会成为一个项目的负责人。

(2) 找人。带着奖励制度在全公司找人，确定好项目负责人后要决定好分配机制，最大化地发挥项目制的作用。

(3) 执行。三位"长老"，即罗振宇、李天田、吴声有一票否决权。有人员进出的机制，项目成员是可变动的。为项目发展中需要增加的人员预留资金池。

(4) 结算。项目结束后立即结算。

(5) 复盘。项目结束后，不仅内部复盘，还将复盘的结果对外发布。

罗辑思维的项目制也并非一成不变，在组织进化过程中，有些项目变成了长期项目，如2014年开始的图书项目；有些项目仍然是短期项目，如惊鸿书箱。伴随着项目的变化，人员组合的方式和分配方式都会演变。

项目制下需要的公司文化是成年人文化。一个拥有成年人文化的公司，往往能提供较高的协作效率。从某种程度上讲，所谓的成年人文化，即理性的目标性文化，对事不对人。

那么，什么是成年人呢？一是对自己负责，有任何事情自由选择的权利，有明确的权利义务边界。二是对别人负责，对队友负责，对团队负责，对事情负责。

建立成年人文化的公司，即让员工像成年人一样行动。成年人的行动准则是什么？第一，遇到问题时应解决问题，而不是抱有这个不关我的事的态度。第二，成年人往往能进行具有建设性的沟通。第三，成年人是行动派，自己先做起来，然后要求其他人一起做。

在上述行动准则中，建设性沟通是关键所在。而所谓建设性沟通，即关心沟通对象的动机和目标。往往巨大的沟通障碍在于，我们仅仅关注外在的目标，而忽略内在的动机。

跨越沟通障碍的方法是：遇到沟通障碍时，不在价值观层面做讨论，永远把解决问题当作唯一目标。不做有罪推定，建立多元化的沟通机制，事情摊在牌面上讲。

(资料来源：作者参考相关资料编写)

思考题：
1. 罗辑思维的成长经历了哪些重大转变？
2. 罗辑思维是一个什么样的组织？
3. 罗辑思维的转型对组织建设有什么要求？
4. 罗辑思维的项目制有哪些独特之处？
5. 本案例对你有哪些启示？

本章小结

本章的主题是创业计划与创业管理，它是在前述各章学习的基础上，对创业活动进行系统思考和整体设计，并将其付诸创建和管理新企业的过程。本章包括四个相对独立的模块：一是创业计划，基本内容包括创业计划概述、创业计划解析以及创业计划撰写与展示；二是新企业创建，基本内容包括企业的组织形式、企业的组织架构以及企业的发展规划；三是新企业管理，基本内容包括新企业管理的特殊性、新企业营销管理和新企业财务管理；四是新企业成长，基本内容包括企业的生命周期、新企业成长面临的挑战和新企业成长管理。本章的重点是创业计划的撰写与展示，难点是新企业的营销管理和财务管理。

网络情境训练

一、观看与思考

在网上搜索推荐的视频，在反复观看的基础上，思考相关问题并与同学交流。

1. 周鸿祎：《10 页 PPT 的商业计划》

思考题：
(1) 商业计划的作用是什么？怎样通过 PPT 去实现？
(2) 投资人最关注的是什么？
(3) PPT 的呈现应该注意哪些问题？

2. "初创公司致命伤？——全球十大创业家陈五福谈初创企业困难处理"的视频

思考题：
(1) 初创企业通常会遇到哪些困难或问题？
(2) 产品品质问题的核心是什么？如何解决？
(3) 好的财务应当履行哪些职责？

3. 第四届中国国际"互联网+"大学生创新创业大赛总冠军："中云智车——未来商用无人车行业定义者"路演视频

思考题：
(1) 本项目的亮点是什么？它是怎样展现的？
(2) 本项目的展示还存在哪些问题？应该怎样改进？
(3) 本项目的展现方式对你有哪些启发？

二、阅读与思考

在网上搜索推荐的资料，在反复阅读的基础上，思考相关问题并与同学交流。

1. 邓立治. 商业计划书：原理、演示与案例[M]. 2 版. 北京：机械工业出版社，2018.

思考题：
(1) 如何设计商业计划书的基本结构？
(2) 如何理清商业计划书的展示逻辑？
(3) 如何进行参赛作品打磨？

2. 安德鲁·查克阿拉基斯，史蒂芬·史宾纳利，杰弗里·蒂蒙斯. 我是这样拿到风投的：和创业大师学写商业计划书[M]. 梁超群，杨欣，王立伟，译. 北京：机械工业出版社，2015.

思考题：
(1) 怎样推销你的愿景？
(2) 怎样用数字讲故事？

(3) 怎样准备商业计划书的撰写？

3. 布赖恩·芬奇. 如何撰写商业计划书[M]. 邱墨楠，译. 5 版. 北京：中信出版社，2017.

思考题：

(1) 计划书为何而写？写给谁看？
(2) 如何理解计划与预算的区别？
(3) 如何检验商业计划书？

4. 赵延忱. 点规模渗透——低成本可持续的新产品销售套路[M]. 北京：中国人民大学出版社，2008.

思考题：

(1) 如何理解点规模渗透？
(2) 新企业的市场营销有哪些特点？
(3) 新企业的市场营销需要注意哪些问题？

三、体验与思考

1. 在网上搜索《新创企业的十大管理陷阱》，在反复观看的基础上，将自己置身其中思考如下问题并与同学交流。

思考题：

(1) 新创企业的发展为什么不能走捷径？
(2) 为什么不能给对整体运营贡献很少的家庭成员提供高薪待遇？
(3) 为什么说节约法律费用是一种目光短浅的做法？

2. 登录"世界创业实验室"网站，体验网站中的内容并思考相关问题。

"世界创业实验室"是"世界经理人"网站旗下的一个创业互动板块。"世界经理人"网站是世界经理人集团旗下专为企业家和经理人而设的商人门户，目前用户数量在全球同类网站中排名第一。世界经理人集团 1999 年成立于美国纽约，由 1999 年的诺贝尔经济学奖得主罗伯特·蒙代尔教授担任主席。世界经理人集团是全球领先的战略咨询、管理培训、人力派遣、商业媒介机构。"世界创业实验室"包含"如何创业""大学生创业""创业计划""创业计划书""创业项目""创业故事""特许经营项目库""初设商海"八个主题，资讯丰富、链接方便，是准创业者了解创业知识、模拟创业实践的一个实用平台。请登录"世界创业实验室"网站，在充分体验的基础上，回答下面的问题。

思考题：

(1) 通过浏览本网站，你感觉自己最喜欢哪个主题？你对创业真正了解多少？
(2) 通过对本网站各个主题的体验，你的收获是什么？
(3) 依据"初涉商海"的 6 个项目，模拟一次微创业，然后写下自己的体会。

3. 新企业选址。

创业选址是创业者需要面对的一个难题，对于一些缺乏经验的创业者，对选址工作几乎不知从何入手。其实，创业者不妨将选址的各个方面划分成不同的因素，然后一一评定，这样选址工作自然就变得有条不紊了。选址时应该注意的因素可划分为交通因素、商圈因素和物业因素，请同学们结合团队的创业项目，在对这些因素进行认真分析的基础上，为自己的新企业选址。

真实情境训练

一、阅读与思考

阅读以下节选的党的二十大报告内容，在反复阅读的基础上完成下述思考题。

全面建设社会主义现代化国家，最艰巨最繁重的任务仍然在农村。坚持农业农村优先发展，坚持城乡融合发展，畅通城乡要素流动。加快建设农业强国，扎实推动乡村产业、人才、文化、生态、组织振兴。全方位夯实粮食安全根基，全面落实粮食安全党政同责，牢牢守住十八亿亩耕地红线，逐步把永久基本农田全部建成高标准农田，深入实施种业振兴行动，强化农业科技和装备支撑，健全种粮农民收益保障机制和主产区利益补偿机制，确保中国人的饭碗牢牢端在自己手中。树立大食物观，发展设施农业，构建多元化食物供给体系。发展乡村特色产业，拓宽农民增收致富渠道。巩固拓展脱贫攻坚成果，增强脱贫地区和脱贫群众内生发展动力。统筹乡村基础设施和公共服务布局，建设宜居宜业和美乡村。巩固和完善农村基本经营制度，发展新型农村集体经济，发展新型农业经营主体和社会化服务，发展农业适度规模经营。深化农村土地制度改革，赋予农民更加充分的财产权益。保障进城落户农民合法土地权益，鼓励依法自愿有偿转让。完善农业支持保护制度，健全农村金融服务体系。

思考题：
1. 为什么说全面建设社会主义现代化国家最艰巨最繁重的任务仍然在农村？
2. 加快建设农业强国能带来哪些创业机会？
3. 树立大食物观能带来哪些创业机会？

二、小组讨论

阅读以下节选的党的二十大报告内容，在反复阅读和思考的基础上进行小组讨论。

完善科技创新体系。坚持创新在我国现代化建设全局中的核心地位。完善党中央对科技工作统一领导的体制，健全新型举国体制，强化国家战略科技力量，优化配置创新资源，优化国家科研机构、高水平研究型大学、科技领军企业定位和布局，形成国家实验室体系，统筹推进国际科技创新中心、区域科技创新中心建设，加强科技基础能力建设，强化科技战略咨询，提升国家创新体系整体效能。深化科技体制改革，深化科技评价改革，加大多元化科技投入，加强知识产权法治保障，形成支持全面创新的基础制度。培育创新文化，弘扬科学家精神，涵养优良学风，营造创新氛围。扩大国际科技交流合作，加强国际化科研环境建设，形成具有全球竞争力的开放创新生态。

加快实施创新驱动发展战略。坚持面向世界科技前沿、面向经济主战场、面向国家重大需求、面向人民生命健康，加快实现高水平科技自立自强。以国家战略需求为导向，集聚力量进行原创性引领性科技攻关，坚决打赢关键核心技术攻坚战。加快实施一批具有战略性全局性前瞻性的国家重大科技项目，增强自主创新能力。加强基础研究，突出原创，鼓励自由探索。提升科技投入效能，深化财政科技经费分配使用机制改革，激发创新活力。加强企业主导的产学研深度融合，强化目标导向，提高科技成果转化和产业化水平。强化企业科技创新主体地位，发挥科技型骨干企业引领支撑作用，营造有利于科技型中小微企业成长的良好环境，推动创新链产业链资金链人才链深度融合。

思考题：

1. 党的二十大报告为什么强调坚持创新在我国现代化建设全局中的核心地位？
2. 如何理解创新驱动发展战略？
3. 上述报告内容对你有哪些启示？

三、企业参访

教师组织学生观看《建国大业》，以中华人民共和国的创建为案例，帮助学生了解中国共产党和中华人民共和国创建的艰难历程，理解组织发展的根本动力和影响因素。

相关学习资料：瑞金中共苏区、陕甘宁边区、"一五"计划。

请教师帮助学生在观看的基础上，理解新企业创建与管理的特殊性，带领学生参访新企业，组织学生思考并讨论如下问题。

思考题：

1. 中华人民共和国成立之初我党面临哪些挑战？
2. 新创企业发展面临的最大问题是什么？
3. 新创企业如何制定发展规划？

创业竞赛指导

一、备战中国国际"互联网+"大学生创新创业大赛

请结合本章所学内容，完成本团队参加中国国际"互联网+"大学生创新创业大赛的创业计划书和PPT。

1. 撰写创业计划书

在本章"真实情境训练"和之前各章训练的基础上，结合本团队所选创新创业竞赛项目，以及本章所学内容，按中国国际"互联网+"大学生创新创业大赛的要求，撰写创业计划书。

2. 制作路演PPT

在本章"真实情境训练"和之前各章训练的基础上，结合本团队所选创新创业竞赛项目的创业计划书，按中国国际"互联网+"大学生创新创业大赛的要求，制作本团队的路演PPT。

3. 进行路演排练

在本章"真实情境训练"和之前各章训练的基础上，结合本团队所选创新创业竞赛项目的创业计划书、路演PPT进行路演排练。

二、中国国际"互联网+"大学生创新创业大赛金奖作品分析

中云智车——未来商用无人车行业定义者

2018年10月15日,第四届中国国际"互联网+"大学生创新创业大赛在厦门大学圆满闭幕。北京理工大学创业项目"中云智车——未来商用无人车行业定义者"以1150分获得全场最高分,问鼎大赛冠军。

北京理工中云智车科技有限公司成立于2018年2月,它是由北京理工大学特种无人车辆创新基地和方程式赛车队孵化而来的。该团队自成立以来不断突破自身限制,掌握关键技术,先后推出系列无人车车型并投入实际应用,形成了"模块化车规级无人车通用底盘+订制化功能上装及算法"的无人车整车研发与生产的新模式。

公司已经构建了完整的技术研究、生产加工、整车装配和测试体系,在河北固安完成了年产量1500台的生产基地建设。公司预计2018年销售收入800万元,2019年销售收入4000万~6000万元。

在大赛闭幕式上,项目负责人倪俊感慨地说:"我们依托学校的学科优势资源,促进军用先进技术向民用领域转化应用,并最终从全国64万个项目中脱颖而出,可以说没有学校创新基地的支持,没有这些年的创新实践积累,我们就不可能获得这个总冠军。"

(资料来源:作者根据网上资料和大赛现场录音编写)

思考题:
1. 中云智车项目有哪些特点?
2. 如何理解创新与创业的关系?
3. 你有哪些参加创新创业大赛的资源?
4. 本案例对你有哪些启示?

三、中国国际"互联网+"大学生创新创业大赛参赛经验分享

如何选择和完善主赛道初创组的项目

中国国际"互联网+"大学生创新创业大赛高教主赛道初创组的参赛项目有以下要求:工商登记注册未满3年,且获机构或个人股权投资不超过1轮次。参赛申报人须为初创企业法人代表,须为普通高等学校在校生或毕业5年以内的毕业生。企业法人在大赛通知发布之日后进行变更的不予认可。法人股权不少于10%,成员股权合计不得少于1/3。

初创组的评分标准是:创新性20分、商业性40分、团队情况30分、社会效益10分。从这个标准可以看出,初创组对项目的商业性和团队情况更为看重,它强调项目投资价值、项目成长性及项目成长空间。由此对初创组项目选择的建议是:已经有了被市场接受的产品或服务,项目的成本控制、市场销售和财务数据良好且具有较高的成长性。

上面的中智云车项目给我们树立了一个很好的榜样。第一,它充分挖掘了学校的资源,依托特种无人车辆创新基地,实现了"专创融合"和跟踪科技前沿。第二,它能紧密结合国家和军队建设需求,通过重大课题研究提升项目的科技含量。

在商业模式设计方面,中智云车项目也非常值得学习。其突出表现为项目的产品定位立足

于满足军队的装备要求，实现了以需定产。同时，军用先进技术向民用领域转化，实现在了新兴民用无人车领域竞争中的降维打击。

基于上述分析，初创组的项目选择需要特别关注毕业5年内校友的创业情况，因为在校生创办的企业很难在商业性上达到稳定的运营状态。当然，更为积极的措施是将学校的创新创业教育作为一个系统工程进行整体思考，对在校生的创业想法和创意组比赛项目，要给予及时的指导和扶持，对学生毕业后的创业实践，也要给予同样周到的指导和服务。

(资料来源：作者根据网上资料和大赛现场录音编写)

参考文献

[1] 吴晓义. 创新思维[M]. 北京：清华大学出版社，2016.
[2] 吴晓义. 创新心理解析[M]. 长春：吉林教育出版社，2000.
[3] 吴晓义."互联网+"大学生创新创业教程[M]. 广州：广东教育出版社，2021.
[4] 吴晓义. 创新思维训练[M]. 北京：国家行政学院出版社，2019.
[5] 吴晓义. 创业基础：理论、案例与实训[M]. 北京：中国人民大学出版社，2019.
[6] 卡罗尔•德韦克. 终身成长[M]. 楚袆楠，译. 南昌：江西人民出版社，2017.
[7] 拉里•基利，瑞安•派克尔，布莱恩•奎因，等. 创新十型[M]. 余锋，宋志慧，译. 北京：机械工业出版社，2014.
[8] 大前研一. 创新者的思考[M]. 王伟，郑玉贵，译. 北京：机械工业出版社，2013.
[9] 汤姆•凯利，乔纳森•利特曼. 创新的艺术[M]. 李煜萍，谢荣华，译. 北京：中信出版社，2013.
[10] 帕迪•米勒，托马斯•韦德尔-韦德尔斯伯格. IESE 商学院最受欢迎的创新课[M]. 魏群，译. 北京：中信出版社，2013.
[11] DIRKSEN J. 认知设计：提升学习体验的艺术[M]. 简驾，译. 北京：机械工业出版社，2013.
[12] 张振刚，余传鹏. 创新平台：企业研究开发院的构建[M]. 北京：机械工业出版社，2013.
[13] 文森特•赖安•拉吉罗. 思考的艺术[M]. 金盛华，李红霞，邹红，等译. 北京：机械工业出版社，2013.
[14] 爱德华•德•博诺. 六项思考帽[M]. 冯杨，译. 太原：山西人民出版社，2013.
[15] 克莱顿•克里斯坦森. 创新者的窘境[M]. 胡建桥，译. 北京：中信出版社，2014.
[16] 埃里克•莱斯. 精益创业：新创企业的成长思维[M]. 吴彤，译. 北京：中信出版社，2012.
[17] 约翰•阿代尔. 非凡创新：做更好的自己 做成功的领导者[M]. 马林梅，译. 北京：中国电力出版社，2013.
[18] 刘，洛帕-布兰顿. 想象力第一：释放可能的力量[M]. 王蕾，译. 上海：华东师范大学出版社，2013.
[19] 张振刚，陈志明. 创新管理：企业创新路线图[M]. 北京：机械工业出版社，2013.

[20] 克拉格·瓦格，约逊·卡格，彼得·伯特瑞特. 创新设计：如何打造赢得用户的产品、服务与商业模式[M]. 吴卓浩，郑佳朋，译. 北京：电子工业出版社，2014.

[21] 顾亦鸣，梁嘉. 图解思维[M]. 北京：北京大学出版社，2014.

[22] 凯斯·索耶. 创新[M]. 何小平，李华芳，吕慧琴，译. 杭州：浙江人民出版社，2014.

[23] 亚里·拉登伯格，夏罗默·迈特尔. 创新的天梯[M]. 司哲，张哲，译. 北京：机械工业出版社，2014.

[24] 龙飞. 知识创新管理的忙乱效能研究[M]. 北京：经济科学出版社，2014.

[25] 戴维·罗伯逊，比尔·布林. 乐高：创新者的世界[M]. 田琴华，译. 北京：中信出版社，2014.

[26] 井上达彦. 模仿的技术：企业如何从"山寨"到创新[M]. 兴远，译. 北京：世界图书出版公司，2014.

[27] 德鲁·博迪，雅各布·戈登堡. 微创新：5 种微小改变创造伟大产品[M]. 钟莉婷，译. 北京：中信出版社，2014.

[28] 罗伯托·维甘提. 第三种创新：设计驱动式创新如何缔造新的竞争法则[M]. 戴莎，译. 北京：中国人民大学出版社，2014.

[29] 蒂姆·哈福德. 适应性创新[M]. 冷迪，译. 杭州：浙江人民出版社，2014.

[30] 金荣汉，金钟沅. 快思慢想：那些不可思议的创意本能[M]. 申涛，译. 北京：北京联合出版公司，2014.

[31] 宫承波. 创新思维训练[M]. 北京：中国广播电视出版社，2014.

[32] 郎加明. 创新驱动世界：制创新权与金三极创新思维[M]. 北京：人民出版社，2014.

[33] SOLISB. 互联网思维：传统商业的终结与重塑[M]. 周蕾，廖文俊，译. 北京：人民邮电出版社，2014.

[34] 马特·金登. 创新之力：将创意变为现实[M]. 谢绍东，杨田田，译. 北京：电子工业出版社，2014.

[35] 赵新军，李晓青，钟莹. 创新思维与技法[M]. 北京：中国科学技术出版社，2014.

[36] 李善友. 颠覆式创新：移动互联网时代的生存法则[M]. 北京：机械工业出版社，2014.

[37] 何燕. 小米，你也可以学得会[M]. 北京：人民邮电出版社，2014.

[38] 迈克尔·莫布森. 反直觉思考：斯坦福大学思维自修课[M]. 王昭力，译. 北京：中国友谊出版公司，2014.

[39] 项建标，蔡华，柳荣军. 互联网思维到底是什么：移动浪潮下的新商业逻辑[M]. 北京：电子工业出版社，2014.

[40] 梅纳德·韦布，卡莉·阿德勒. 用互联网思维工作[M]. 冯艳，译. 北京：中信出版社，2014.

[41] 夏露萍. 真正的问题解决者：社会企业如何用创新改变世界[M]. 刘冉，译. 北京：中国人民大学出版社，2014.

[42] 江晓东. 像金融投资一样做创新：世界企业高效创新的 8+1 秘诀[M]. 北京：机械工业出版社，2014.

[43] 赵大伟. 互联网思维独孤九剑[M]. 北京：机械工业出版社，2014.

[44] 东尼·博赞. 博赞记忆术[M]. 陆时文，译. 北京：化学工业出版社，2014.

[45] 唐孝威，何洁，等. 思维研究[M]. 杭州：浙江大学出版社，2014.

[46] 那子纯. 思维创新[M]. 北京：中国人民大学出版社，2014.

[47] 夏洪胜，张世贤. 企业创新[M]. 北京：经济管理出版社，2014.

[48] 奇普•希思，丹•希思. 让创意更有黏性：创意直抵人心的六条路径[M]. 姜奕晖，译. 北京：中信出版社，2014.

[49] 爱德华•德博诺. 12 堂思维课[M]. 韩英鑫，译. 上海：华东师范大学出版社，2014.

[50] 维杰•库玛. 企业创新 101 设计法[M]. 胡小锐，黄一舟，译. 洪华校译. 北京：中信出版社，2014.

[51] 吕丽，流海平，顾永静. 创新思维——原理•技法•实训[M]. 北京：北京理工大学出版社，2014.

[52] 大卫•迪绍夫. 元认知：改变大脑的顽固思维[M]. 陈舒，译. 北京：机械工业出版社，2014.

[53] 钟殿舟. 互联网思维：工作、生活、商业的大革新[M]. 北京：企业管理出版社，2014.

[54] 栾玲. 苹果的品牌设计之道[M]. 北京：机械工业出版社，2014.

[55] 熊友君. 移动互联网思维：商业创新与重构[M]. 北京：机械工业出版社，2015.

[56] 黄亚生，张世伟，余典范，等. MIT 创新课：麻省理工模式对中国创新创业的启迪[M]. 北京：中信出版社，2015.

[57] 罗伯特•鲁特—伯恩斯坦，米歇尔•鲁特-伯恩斯坦. 创意天才的思维方法：世界著名创意大师的 13 种思维工具 [M]. 王美芳，王蕾，译. 北京：电子工业出版社，2015.

[58] 里德•霍夫曼，本•卡斯诺查，克里斯•叶. 联盟：互联网时代的人才变革[M]. 路蒙佳，译. 北京：中信出版社，2015.

[59] 罗杰•马丁. 商业设计：通过设计思维构建公司持续竞争优势[M]. 李志刚，于晓蓓，译. 北京：机械工业出版社，2015.

[60] 许可，左娟，苏晨辉，等. 体验互联网新思维[M]. 北京：经济管理出版社，2015.

[61] 余锋. 精益创新[M]. 北京：机械工业出版社，2015.

[62] 理清，周倩. 互联网时代的商业迷局[M]. 北京：中国铁道出版社，2015.

[63] 贾君新. 如何用互联网思维创富[M]. 北京：北京时代华文书局，2015.

[64] 朱迪切，爱尔兰. 创意型领袖：从 CEO 到 DEO[M]. 王沛，译. 北京：人民邮电出版社，2015.

[65] 张东生，张亚强. 基于 TRIZ 的管理创新方法[M]. 北京：机械工业出版社，2015.

[66] 莫勇波，张李敏. 成功者之剑：创新密码[M]. 北京：人民邮电出版社，2015.

[67] 东尼•博赞，巴利•博赞. 思维导图[M]. 卜煜婷，译. 北京：化学工业出版社，2015.

[68] 马克•道奇森大卫•甘恩. 创新简读[M]. 李小丽，译. 上海：上海大学出版社，2015.

[69] 亨利•埃茨科威兹. 国家创新模式：大学、产业、政府"三螺旋"创新战略[M]. 周春彦，译. 上海：东方出版社，2006.

[70] 爱德华•德•博诺. 水平思考法[M]. 冯杨，译. 太原：山西人民出版社，2008.

[71] 加里•R.卡比，杰弗里•R.古德帕斯特. 思维——批判性思维和创造性思维的跨学科研究[M]. 韩广忠，译. 4 版. 北京：中国人民大学出版社，2010.

[72] 派翠莎•哈蒙. 创新者的大脑：一本教你从无到有的创新指南[M]. 莫漠，译. 福州：

福建教育出版社，2012.

[73] M. 尼尔·布朗，斯图尔特·M. 基利. 走出思维的误区：批判性思维指南[M]. 张晓辉，马昕，译. 北京：世界图书出版公司，2012.

[74] 罗伯特·布伦纳，斯图尔特·埃默里，拉斯·霍尔. 至关重要的设计[M]. 廖芳谊，李玮，译. 北京：中国人民大学出版社，2012.

[75] 黄晓庆，魏冰. 创新之光：企业专利秘籍[M]. 北京：知识产权出版社，2013.

[76] 杨勇，张驰，张国生. 第四只苹果会砸中谁——TRIZ 经典模型创新路线图[M]. 广州：广东经济出版社，2013.

[77] 理查德·布兰森. 一切行业都是创意业：我创立维珍商业帝国的故事[M]. 屈艳梅，蓝莲，译. 北京：同心出版社，2013.

[78] 顾伟宁. 创意经济的内涵及理论渊源[J]. 对外经贸，2013 (9)：124-125.

[79] 陈伟雄，张华荣. 创意经济：缘起、内涵与分析框架[J]. 经济问题探索，2013(2)44-48.

[80] 詹姆斯·韦伯·扬. 创意的生成[M]. 祝士伟，译. 北京：中国人民大学出版社，2014.

[81] 史蒂文·约翰逊. 伟大创意的诞生：创新自然史[M]. 盛杨燕，译. 杭州：浙江人民出版社，2014.

[82] 游柯. Fab Lab：无边界的创新实验室[J]. 广西城镇建设，2014(12)：48-53.

[83] 克里斯·安德森. 创客：新工业革命[M]. 萧潇，译. 北京：中信出版社，2012.

[84] 杨方儒. 贫创新：苹果和它的对手们[M]. 杭州：浙江人民出版社，2013.

[85] 李时椿，常建坤. 创业学：理论、过程与实务[M]. 北京：中国人民大学出版社，2011.

[86] 梁巧转，赵文红. 创业管理[M]. 北京：北京大学出版社，2007.

[87] 唐纳达·F. 库拉特科，杰弗里·S. 霍恩斯比. 新创企业管理：创业者的路线图[M]. 高嘉勇，刘星，译. 北京：机械工业出版社，2009.

[88] 伊查克·麦迪斯. 企业生命周期[M]. 王玥，译. 北京：中国社会科学出版社，1997.

[89] 张玉利. 企业家型企业的创业与快速成长[M]. 天津：南开大学出版社，2003.

[90] 张玉利. 创业管理[M]. 2版. 北京：机械工业出版社，2011.

[91] 董青春，董志霞. 大学生创业基础教师用书[M]. 北京：经济管理出版社，2012.

[92] 贺尊. 创业学概论[M]. 北京：中国人民大学出版社，2011.

[93] 卢福财. 创业通论[M]. 2版北京：高等教育出版社，2012.

[94] 罗伯特·D. 赫里斯，迈克尔·P. 彼得斯，迪安·A. 谢泼德. 创业管理[M]. 7版. 北京：机械工业出版社，2009.

[95] 王国红，唐丽艳. 创业与企业成长[M]. 北京：清华大学出版社，2010.

[96] 李文忠. 创业管理：案例分析·经验借鉴·自我评估[M]. 北京：化学工业出版社，2011.

[97] 刘平，李坚，王启业. 创业学——理论与实践[M]. 北京：清华大学出版社，2011.

[99] 梅强. 创业基础[M]. 北京：清华大学出版社，2012.

[100] 威廉·A. 萨尔曼. 创业企业融资[M]. 北京：中国人民大学出版社，2002.

[101] 吴瑕. 融资有道：中国中小企业融资经典案例解析[M]. 北京：中国经济出版社，2009.

[102] 朱恒源，余佳. 创业八讲[M]. 北京：机械工业出版社，2016.

[103] 张耀辉，朱锋. 创业基础[M]. 广州：暨南大学出版社，2013.

[104] 刘志阳. 创业管理[M]. 上海：上海人民出版社，2012.

[105] 魏炜，朱武祥. 发现商业模式[M]. 北京：机械工业出版社，2012.

[106] 李时椿. 创业管理[M]. 2版. 北京：清华大学出版社，2010.

[107] 刘沁玲，陈文华. 创业学[M]. 北京：北京大学出版社，2012.

[108] 徐俊祥. 大学生创业基础知能训练教程[M]. 北京：现代教育出版社，2014.

[109] 蔡剑，吴戈，王陈慧子. 创业基础与创新实践[M]. 北京：北京大学出版社，2015.

[110] 亚历山大·奥斯特瓦德，伊夫·皮尼厄. 商业模式新生代[M]. 黄涛，郁靖，译. 北京：机械工业出版社，2016.

[111] 刘世忠. 商业模式参谋：实战·策略·案例[M]. 北京：电子工业出版社，2013.

[112] 刘亚娟. 创业风险管理[M]. 北京：中国劳动社会保障出版社，2011.

[113] 马立军. 论商业模式与企业战略的关系[J]. 市场周刊(理论研究)，2010(9)：13-14.

[114] 夏清华. 创业管理[M]. 武汉：武汉大学出版社，2007.

[115] 杨安. 创业管理：大学生创新创业基础[M]. 北京：清华大学出版社，2011.

[116] 杨华东. 中国青年创业案例精选[M]. 北京：清华大学出版社，2011.

[117] GREINERLE. Evolution and Revolution as Organization Grow[J]. Harvard Business Review, 1972, 76(3)：37-46.

[118] WOODS ECR. Modern Theories of Entrepreneurial Behavior:A Comparison and Appraisal[J].Small Business Economics, 2006，26(2):189-202.

[119] MORRIS M, KURATKO D. Corporate Entrepreneurship[M]. Boston:Harcourt College Publisher, 2002.

[120] Stevenson H. The Heart of Entrepreneurship[J]. Harvard Business Review,1987,2(4):483

[121] SHANE S, VENTAKARAMAN S. The Promise of Entrepreneurship as A Field of Research[J]. Academy of Management Review, 2000, 25(1)217-226.

[122] ECKHARJT, SHANE SA. Opportunities and Entrepreneurship[J]. Journal of Management, 2003(29)29(3):333-349.

[123] SA SHANE. Finding Fertile Ground[M]. Philadelphia: Wharton School Publishing， 2005.

[124] BAKER T, NELSON R E. Creating Something from Nothing: Resource Construction through Entrepreneurial Bricolage[J]. Administrative Science Quarterly, 2005，50(3):329-366.

[125] BRÜDER J，PREISENDÖRFER P. Network Support and the Success of Newly Founded Businesses[J]. Small Business Economics, 1998，10(3):213-225.